羅光全書

冊十六

中國哲學的展望

臺灣學生書局印行

自序

這一册書名爲中國哲學的展望，實際上則是一册哲學論文集。一共四十三篇，有一篇是附錄吳德生資政的大作，本文的四十三篇，有二十二篇爲近四年的作品，分散在雜誌和報章上，有二十一篇爲以往的作品，收集在牧廬文集裡。牧廬文集雖已由先知出版社出版，然流傳不廣，大家都少看到。把以往和近四年我所作關於哲學的文章，收集成册，以便研究哲學的學人，交換意見。

論文集的文章當然沒有系統，不能像一册專書，前後各篇有嚴密的連繫。這册論文集也不例外；然而却稍有例外，則是所談的哲學問題，都集中在兩點：第一點是儒家哲學思想，第二點是聖多瑪斯的士林哲學思想。書中的各篇論文，都包括在這兩種思想以內。

近三年我專心寫中國哲學思想史，已經由先知出版社出版了第一和第三兩冊。在研究中國哲學思想史，我漸漸找到儒家思想的傳統，清理出來儒家哲學傳統的線索，也看到儒家哲學思想的中心點。

儒家哲學思想的中心是爲生生，由生生而有仁。從這個中心點，上溯易經的宇宙變易之道，進而入到萬有的性理和人的心，下而到人生之道的仁義禮智信，上下連貫，形上和形下相通。

年青時我研究聖多瑪斯的士林哲學，後來再旁及西洋的現代哲學。後來在羅馬教中國哲學思想，有時以中西哲學互相比較；近兩年輔大和中國文化學院哲學博士班請我開中西哲學比較研究課，我便以儒家思想和聖多瑪斯的士林哲學思想作比較研究，也寫了幾篇文章。最近在我們的學術界頗有人提出中國哲學將來的發展問題。是恢復中國傳統的哲學呢？是放棄傳統而接受西洋哲學呢？是中西哲學共融呢？我對這些問題作了一點研究，費了一番思索，寫了中國哲學的展望，自我哲學，和力行哲學和中國傳統哲學精神三篇文章。這三篇文章既是從研究所得，我便把研究的問題以往和最近所寫的文章，都收集起來，結成這冊論文集，以就正於高明。

民六六年四月廿七日序於天母牧廬

中國哲學的展望

目錄

自序……I

第一編 展望

中西哲學的比較研究……一
中國哲學的展望……二一
行的哲學與中國傳統哲學精神……三三
自我哲學……四一
儒家的形上學……五九
儒家的心性論……七三

易經的生生思想……九一
生生之理……一〇五
儒家的發展哲學……一二五
儒家的整體宇宙論……一四九
漢朝陰陽五行的思想……一六九
論儒家的誠……一九五
中國文化的特質……二一五
傳統文化與現代文化融合發展……二二五
道統與法統……二三九

第二編 專論

孔子思想系統觀……二五一
孔子的人格……二七一
孔子的人文主義……二七七

孔孟的生活修養……二八七
論周濂溪通書的誠……三〇三
王陽明論心……三一九
王船山的易學……三三九
聖多瑪斯哲學的特點……三六九
聖多瑪斯的形上學……三八一
聖多瑪斯哲學對於中國哲學的可能貢獻……四〇一
太極・道・第一實有體……四一七

第三編　生　活

生活的快樂……四五三
奮鬪中的快樂……四六一
愛的哲學……四六九
自我的意義……四八三

我們的人文主義……四九五
蔣總統精神生活序……五〇五
蔣總統的人生觀之體認……五一三
宗教信仰與文化交流……五三三
聖經的愛與儒家的仁……五四三
從宗教觀點談倫理……五五五
宗教信仰與哲學……五六七
中國傳統文化與天主教信仰……五八七
中國文化中罪的型態和意義……五九九
歷史哲學的價值……六二五
試談歷史哲學……六四一
中國和天主教的歷史哲學思想……六五三

附錄

吳經熊·中國文化的發展方向……六七七

第一編 展望

中西哲學的比較研究

我常常怕談中西文化的比較研究或中西哲學的比較研究，不單因為範圍太廣，而且也因為問題太深。誰敢說自己精通中西的文化或中西的哲學呢？今年中國文化學院的哲學博士班卻要求開中西哲學比較研究一課，又要求我擔任這門功課的教授，同時又因為在輔仁大學哲學博士班和碩士班我開有形上學一課，我便把中西哲學比較研究的範圍縮到形上學的範圍內，就形上學的各種重要問題：如真理、如存有、如自我、如自由、如善惡、如美，就中西哲學思想分別予以研究。在分別予以比較研究以前，我先作一個綜合的介紹，就中西哲學的普遍性質，作一番比較。

一、中西哲學的對象

在談一門學術時，我們首先要說明這門學術所研究的對象，以能明瞭這門學術的性質。

哲學所研究的對象，是追求事物的高深理由。朱熹曾解釋大學的格物致知，是對於每椿事物加以追求，以達到事物的天理。這種格物致知，便是哲學。中國在西洋哲學剛傳入中國時，稱之爲格致之學。

1. 中國哲學的對象

儒家哲學所研究的對象，是追求事物的天理。孔子所說的下學而上達，即是由對於事物的研究，以上達天理的智識。求知天理，爲儒家歷代哲學的共同目標。

但是儒家哲學 求知天理，不在於求知事物的最高事理，而是在求以天理而達到人生之道，使人成爲君子聖人。因此儒家哲學的研究對象是生命，是生命之道。

儒家哲學爲求知天理；天理是什麼呢？

在易經裡我們找不到天理這個名詞，我們祗看到「乾道，坤道」「天道，地道」。道字在易經裡指着乾坤天地變化的原則，也就是後代所說的天理。中庸以『天命之謂性，率性之謂道。』這個道字便是人的生活之道，和易經所說的人道相同。

宋朝理學家也提出了理字，後又提出了天理的名詞，張載以理在氣內，朱熹則以理和氣相分，程明道却講「道」，以道在性內。道與理的分別，道爲行的原則，理爲存有的理由，兩者都和性相同。

人性之理或人性之道，都稱爲天理，理學家以天和性和理，意義相等。但是宋明理學家却都喜歡談天理唯一，人和物同理，祇有正偏的不同。人得天理之正或全，物得天理之偏。這個天理或理究竟是什麼？

這個理不能指着人物的性，否則人性和牛性和馬性相同了。那麼這個理是指着人物之性以上之理，爲人物之性的基礎，也包含在人物之性內；這個理乃是易經所說的「生生之理」，即是人物生存之理。

易經講天地的變易，變易的目的爲生生，使萬物能够生存。孔子講『天何言哉！四時行焉，百物生焉。』（論語陽貨）中庸以至誠之人能盡性以盡人性，盡人性以盡物性，盡物性以『參天地之化育。』（第二十二章）宋明理學家以人得天理之正和全，可以把天理圓滿地表現出來，萬物則祇得天理的一部份也祇能表現這一部份。人所得全部的天理，就是生命之理，人的生命是整個的生存，萬物則各得生命的一部份。人因此和萬物一體，在生命上彼此相連，於是有一體之仁，以達到天人合一。

普通人都以礦物沒有生命；但是中國哲學家則以生命爲生存的表現，礦物也有自己的生存的表現，所以生字便用之於一切的物。

天理即是生生之理，中國哲學爲追求天理之學，生生之理便是中國哲學的對象。生生之理雖是人的生存之理，但也是人的生活之道。儒家哲學從形而上的天地變易之道，追求到人的生活之道；因此一般學者都認爲中國哲學乃是人生哲學，而沒有形上學哲理。實際上中國哲學有形上學又有人生哲學，好比中國古代法律有刑法又有民法，不是如同一些學者所說祗有刑法。中國的人生哲學以形上學爲基礎，西洋的人生哲學則以宗敎信仰爲基礎。

不僅是儒家哲學的研究對象爲生生之理，道家和佛敎哲學也都以生生之理爲對象。道家老莊講「道」，「道」爲形上之道；然而老莊從形上之道追求到人生之道，「道法自然」，人也該法自然；道無爲，人也該無爲。形上之道爲人生之道的基礎，人生之道爲道家哲學的研究對象，莊子因而進到「至人」和「眞人」，以人的生命合於「道」，達到常存的快樂。

佛敎的哲學，爲宗敎信仰的一部份，由唯識到修行，由修行到得道，最後進入涅槃，達到常樂我淨。

因此，我們可以說中國哲學的對象，在於研究生生之理，使人達到成全的生命。

2. 西洋哲學的對象

西洋哲學的對象也在於求知事物之理，然而所求的事物之理爲事物存有之理，而不是事物生存之道。西洋哲學追求事物之理，爲求知眞理。

希臘古代哲學討論宇宙構成的原素，柏拉圖追究觀念的實在性，亞里斯多德則綜合全部哲學思想，分爲理則學、自然哲學、形上哲學、倫理哲學，僅在倫理學討論人的生活原則。然而亞氏的哲學思想，都是抽象學理，沒有講人生的修行之道。

中古西洋哲學以聖多瑪斯的哲學爲代表，他集哲學和神學的大成。聖多瑪斯以亞氏爲師，窮究「存有」之理，分析有和存在的特點，下到自然哲學，講明物質的特性，條述理智認識的程序，再以哲理解釋宗敎信仰，構成神學大全。在人類的理智思維上，他已達到了最高峰。

近代西洋哲學則派系複雜，思想多有所偏，唯心論、唯物論、實徵論、懷疑論，都是在認識論裡旋轉，祇有士林哲學繼承聖多瑪斯的學派。現代西洋哲學的派系更形混亂，如印象論、存在主義、唯物辯證論、價値論、實用主義、數理邏輯、語意論等，似乎願意從中古的抽象形上學轉入實際的人生問題，然都祇有片面的理論，而不能成一圓滿的體系。各派的目的都在追求眞理，却沒有顧到人生。雖有存在主義和實用主義和人生相接觸，然都不能進入人生的堂奧。

因此，我認爲中西哲學在研究的對象上有所不同。中國哲學的對象在求人生之道，西洋哲學的對象在求事物之理。

二、中西哲學的性質

現在討論東西文明比較研究的人，常說東方文明爲精神文明，西洋文明爲物質文明。胡適之曾說中國文明爲三輪人力車的文明，西洋文明爲汽車的文明，三輪車較汽車不見得更屬精神，汽車比較三輪車不見得更屬物質。所以拿精神和物質去評判中西文明，不能有適當的結論。

中西哲學的性質，我們從所研究的對象方面去觀察，我們可以得一結論：即是中國的哲學是一種動性的哲學，西方的哲學是一種靜性的哲學。這種結論當然也祗是相對的評判。

中國哲學是一種動性的哲學，因爲所研究的對象爲生生之理，生生是動的，中國哲學便常從動的方面去研究事物。

易經的研究對象爲宇宙的變易，宇宙的變易，在哲學方面，由太極生兩儀，兩儀生四象，四象生八卦；在象形方面，由爻的變化而推測人事的吉凶；在數理方面，由天地之數到大衍之數，而後用爲筮占之用。這一切都是從動的方面，去研究宇宙變化的歷程。

中庸談人性，以『天命之謂性，率性之謂道。』中庸所重的不在於天命之性，而在於率性之道，乃談「誠之」，以說明人生之道。

孟子講性善，所注意之點，在於存心養性，以養浩然之氣。荀子講性惡，以禮義改正人性之惡，而成人爲之善。

宋明理學家都以主敬主靜，爲修身之道，使人心能顯明天地之仁，和萬物爲一體。

老子以無形之道，爲宇宙萬物的根源，由道而生一，一生二，二生三，三生萬物，也是講宇宙變化的過程。莊子進而講人生之道，要人墮棄形骸，保養精神，以精神之氣與道相合。

佛教所重的在於四諦，四諦爲苦集滅道，使人從生命的生老病死之痛苦裡，解脫出來，斷盡塵緣，以禪觀而得道。

中國儒釋道的哲學，都在人生的變動裡，追求人生之道。生命爲一動性體，整個宇宙的生命，循環不息。

但是中國哲學的動性，不是絕對的動性，而是動中有靜，靜中有動。所謂動中有靜，乃是在宇宙人物的變易裡，有常存的天理。天理爲生生之理，在生生之理中，有些不變的原則。在不變的原則中，以中正的原則爲最普遍。易經在爻的變化中，特別注重中正，中爲上卦和下卦的二和五爻，這兩爻居在上下兩卦之中。正爲卦中陰陽兩爻所應在之位，陰爻不宜在陽爻以上，陽爻應居在上卦之第五位中爻。中正所代表者，乃宇宙變化中在時間和空間的適宜位置。由易經的思想，中庸乃有中庸的原則，事事都該在從容中道。由中道乃有禮有樂，以節制人情使合於中道。於是在變化的動中有不變而靜的原則。然而這些原則，並不是靜止不動，而是常在變化之中，以指導變化的途徑。所以動中乃有靜，靜中乃有動。

中國哲學的動性，和人的具體生活相連。中華民族的具體生活爲農業生活。農業生活雖有春夏秋冬四時之變，然而四季每年循環，農業生活便在具體上少有變換。因此中國的哲學思想雖是動性哲學，在具體人生的表現上，反而爲靜的保守性傳統。

西洋哲學所研究的對象爲事物之理，事物之理爲靜性之理，常存不變。西洋古代和中古的哲學，所講的是物之性，是物的存在；對於人，也是講人性，這一切思想，都是形而上的靜性思想。惟有對於人的心靈生活和倫理生活，乃講心理學和倫理學，就人的活動而予以研究，然而常停在抽象的學理上。近代西洋哲學遂起反動，由靜性而趨於動性。英國洛克的實徵派哲學，由感覺而談經驗；黑格爾由絕對精神的變易而談正反合的辯證論；柏格森以生命活力而談直覺，又談時間的虛僞；存在論的海德格以自我爲常向理想的追求；數理邏輯學的懷德海主張一切都在變，連神學和宗教信仰也隨時代而變遷。尤其西洋的當代藝術，更是以動爲表現的原則。但是，若祇有動而沒有靜的原則，一切都成了相對；相對論在當代西洋哲學裡爲一種共同的趨勢，連人性和性律都成了隨時代而變的認識。結果，動的藝術既沒有表現對象的可能，因爲一幅畫或一尊銅像是靜的，不能表現一個人或一隻馬繼續行動，於是藝術家便以畫和彫刻來表現一個動的思想，西洋當代畫和彫刻便成了抽象的理想畫和彫刻，沒有個體的對象。同樣，西洋的當代哲學，由反對中古抽象的形上學而轉入動的哲學，由於動的對象沒有方法可以表現，又轉而爲表現抽象的理想之哲學。當代的西洋哲學已經不研究客體的事物之理，而祇是研究種種抽象的理想。例如存在論、數學邏輯論和現象論各派哲學，除了抽象的理想外，並沒有具體的對象，比較中古的哲學更抽象更難懂。

從動和靜的性質，又從研究的對象，進而討論中西哲學的精神性和物質性，則很難劃出界限。若要講哲學的性質，應以所研究的對象爲標準。中國哲學所研究的對象爲人生，而且是人的精神生活，使人達於天人合一或與道或與眞如的合一，中國哲學的性質當然是一種精神性的哲學。西洋哲學所研究的對象爲物之理，以追求眞理爲目標，眞理祇是一種抽象性的則思想，無所謂是精神性或物質性。但若所研究之物完全是物質，或是祗限於感覺性之理，則這種哲學便屬於物質性。西洋古代的哲學從柏拉圖、亞里斯多德到聖多瑪斯，所研究之對象，有物質物之理，有精神體之理，而且注意人的倫理生活，這種哲學應稱爲屬於精神性的哲學。近代的西洋哲學的實徵主義以感覺智識爲主，唯物辯證論以宇宙萬有盡爲物質，實用主義以合於實用者爲其理，這些哲學思想是屬於物質性的思想。當代的西洋哲學所謂數學邏輯、所謂語意邏輯和現象論，本不是以物質爲對象，然而屬於這些派別的哲學家，不以人的精神爲重，並且有意排斥精神；這種思想所構成的哲學便也屬於物質性的哲學了。存在主義本是注重人的精神生活，以追求理想的我爲目標，可以說是精神性的哲學；然而有的存在主義的哲學家根本否認人的精神價值，存在主義便也不能稱爲精神性的哲學了。

問題當然還在於什麼是「精神」？大家對於精神的解釋多不相同。中國哲學以「神」爲精神。神無形無跡，變化神妙。人心爲神；天地的變易也是神妙莫測，具有神性。（所謂神，不是神靈或鬼神）中國哲學的精神性，在於使人心和天地的神性相通。天地的神性或者代表上天之德、或者代表道、或者代表眞如。這種超乎物質的生活，乃是精神生活。西洋哲學對於精神，有很清楚的定義。精神和物質相對，本性彼此不同，而不像中國哲學所說的清濁程度不同。物質的特性是量，精神的特性是自動；由量的特性乃有時間性和空間性，由自動的特性乃有生命。中國哲學從易經到宋明理學，也常以生命爲神。但西洋哲學除了聖多瑪斯的士林學派，講論人生的目的，在於和絕對精神體的天主相結合，其他哲學則講物質物或精神體之理，或講一種思想，都是抽象的學說，和精神生活不相關。所以從這方面去說，西洋近代哲學不是屬於精神性的哲學。然而我認爲以精神性和物質性去分別哲學，頗不適當；因爲哲學爲一種學術，學術自身除了神學講論精神體的至高神靈外，都研究天地間的事物，無所謂精神性或物質性，至多能有抽象性或具體性。

若以爲文化可以分爲精神性文明和物質性文明，而哲學爲文明的中心思想，因此哲學可以隨着文明也分爲精神性哲學和物質性哲學；我仍舊認爲這種分法不對，而且我也不贊成文明分爲精神性和物質性的分類。文明爲現世生活方式的結晶，即爲文化的結晶，現世生活的方式，雖不都屬於物質，然也超出不了物質，那麼怎樣可以將文明分爲精神性文明和物質性文明呢？最多可以說，西洋的生活方式，趨於物質享受，中國的生活方式，趨於看重精神生活。若按趨勢去分別文明，祇能以趨勢爲文明的特點，而不以趨勢爲文明的性質。東方文明看重精神生活的趨勢，在科學和工商業發達以後，是否還可以保全，乃是一大疑問。祇要看現在臺灣的生活趨勢，我們就知道這個疑問的嚴重。在西洋文明裡，本來有一種强有力的宗教信仰，迫着人們趨向超於現世的精神生活，可是科學和工商業的勢力，減削了宗教信仰的影響力，使人們趨向物質享受；我們中國已經被青年人厭棄的傳統思想，是否可以抵抗趨向物質享受的慾望，眞使我們懷疑。當然，這並不是不可能。西洋的基督信仰，現在正和物慾趨勢搏鬪，中國的傳統精神也要和物慾趨勢搏鬪，若基督信仰和中國傳統精神結合一起，則可以領導全世界人類和物慾趨勢搏鬪，使人類愛好精神生活，免除爲物慾而起的各種戰爭。

三、中西哲學的方法

我們研究過中西哲學的人，我們都知道研究中國哲學較比研究西洋哲學更困難。不僅是因爲對於西洋哲學有許多介紹的書籍，把每位哲學家的思想都解釋明瞭，對於中國哲學則沒有這類的介紹書；而是因爲中西哲學所用的方法不同。

中國歷代講論哲學的人，即是中國的哲學思想家，爲講論自己所研究的對象，常用文學家的方法。文學家的方法在於求文章之美，喜用同義字而不與以說明，喜用譬喻和排比，每篇文章自成一單體，不和前後文章互相連貫。因此，中國的哲學思想家不用分析研究法，不用系統的研究法，沒有寫過一本有系統的思想著作，只有篇篇的文章；而且每篇文章也不是專門討論一個問題，還有大部份的著作不是文章，而祇是語錄。

邏輯學在中國便不發達，因爲在文學裡不多用邏輯，所發達的乃是修辭學和文章作法。中國哲學思想家對於每個問題，常不直入問題中心，祇在圍着問題繞圈子，用同義的話去解說。所用的名詞在意義上屢屢前後不同，例如論語中的仁字，孔子屢予以不同的說明。又例如中庸的誠字，祇有外圍效果的解釋。

中國哲學的對象，爲人的精神生活，精神生活乃是神秘莫測，不留形跡。詩人們描寫人的感情，只能用日月風雨和山水花草去配襯；有時感情濃厚以至於沒有言語可以形容，『欲說還休，却道天凉好個秋！』（宋・辛棄疾詞）因此，道家的莊子祇用譬喻來表示『得道的生活』，佛教禪宗則根本上否認文字的效用。

西洋哲學家研究對象的方法，是用科學家的方法，重在分析，重在指定名詞的意義，重在有系統的證明。因此西洋哲學常以理則學爲第一步，每一個名詞有自己的定義，在一書裡前後意義相同，對於所研究的每一對象，加以必要的分析，（佛經上的分析，則是煩雜瑣碎，越分越亂），每一命題必要與以證明。

使用這種方法最精密的一位哲學大家，則是聖多瑪斯；他在他的神學集成裡，對於每一章每一個問題，都使用理則學方法，前後一律，絲毫不亂。

這種研究方法，即是科學方法。至於現代人所提倡的科學方法，則在於多用歸納法而少用演繹法。現代人批判中古哲學，以爲僅用演繹法，則不能有新的思想，因爲在演繹時，結論已經包含在前提裡面。但是這種批判並不合理，假使演繹法的結論是包含在前提裡，結論便不是新的發明，同樣歸納法的結論，也包含在前提裡，便也不能有新的發明了。但是歸納法的結論，可以成爲科學上的新發明，則演繹法的結論也可以成爲哲學上的新學理。當然，我們並不能以哲學完全用演繹法爲合理，因爲像黑格爾構想一種前提，構成一種哲學系統，完全是理想的抽象思想並不合於實事。同樣，其他哲學家也是自己構成系統思想，互相衝突，沒有實際的根據，遂引起科學家的鄙視。

爲研究西洋哲學，難處在閱讀哲學家整套的著作，深入他們的思想。但是沒有追索名詞意義的困難，也沒有歸納作者意見的必要。所要做的工作，在綜合作者書中的思想，作一簡單明瞭的大綱。寫西洋哲學史的人，就是在寫每位哲學家的思想大綱，著明思想大綱各點的出處，不要引用作者的文句。

爲研究中國哲學，則應首先閱讀每位哲學思想家的全集，摘錄關於哲學思想的文句，然後綜合予以研究，尋出作者思想的系統，再又進而研究作者所用名詞的意義，最後把作者的哲學思想之文句，按照系統予以分段，每段加以說明。因此，寫中國哲學史的人，不能不多引用所研究的哲學家著作的原文，否則所言無據，成爲自己的臆想。我現在寫中國哲學思想史，也用這種方法，不用普通西洋哲學史的方法。然而，引用原書文句也不宜太多，以免哲學史成爲學案，也免引用文句儘爲增加篇幅。凡事都要有中庸之道，過與不及都不合理。

中西哲學所用的研究方法不同，研究中西哲學的方法也不相同。

四、中西哲學的特點

由以上所講的三點，我們可以簡單地指出中西哲學的幾種特點。特點中有優點有缺點，沒有一種哲學，可以視爲完全的思想系統。

中國哲學的第一特點，即是人生哲學。中國哲學的對象即是生命，生命之理在人的生命中完全可以表現。中國哲學的特點，即在表現生命之理，使人的精神和天地的精神相結合。爲使人的精神和天地精神相結合，應從事倫理方面的修養；因此，中國哲學的特點，在講人生的倫理，在講修身的途徑，使人看來似乎祗是一種倫理哲學或人生哲學。然而在倫理哲學的深處，有形上的哲理。我們可以看人生哲學爲中國哲學的特點，然而不能以人生哲學包括全部的中國哲學，更不能詆毀中國哲學沒有形上學。

中國哲學的第二個特點，在於人文哲學。中國哲學和宗敎信仰相分，哲學不含有宗敎信仰。哲學思想的起源，起於宗教信仰；中國哲學的起源在詩經和書經裡，也和宗教信仰相連。但是到了戰國時代，抽象的思維方法已經開始，中國哲學便和宗教信仰相分離，哲學所用的「天」，和詩經書經的「天」，意義便不相同；但不和書經和詩經的「天」相衝突，而且以書經和詩經的「天」爲基礎。因此，中國哲學裡不包括宗教信仰，但也不反對宗教信仰，骨子裡隱藏着對於「上天」信仰的思想，却不顯露出來，所謂的對象乃是「人」，可以稱爲人文哲學。

中國哲學的第三個特點，在於注重實際人生。儒家素常以治國平天下爲己任，范仲淹有『先天下之憂而憂，後天下之樂而樂。』的精神。因此儒家的哲學常和政治思想相連。儒者也常以讀書致用爲自己的責任。道家雖爲避世思想，然而避世也是一種人生觀，也是要見諸實行。佛教哲學爲宗教哲學更不能是空想。因此中國的哲學和實際生活相接近，也是爲解決人生的實際問題。到了民國學者大喊中國哲學爲古董，爲前代的遺物。那是因爲時代環境改了，實際的生活也改了，指導人生的哲學所以要改。這正表示中國哲學接近人生。假使中國哲學不接近人生，和時代不相關，那又何必罵中國哲學爲古董呢？

西洋哲學的第一特點，在於形上學。西洋哲學所研究的對象爲事物之理，事物之理常爲形上學理，形上學理互相連貫，便結成形上哲學。西洋哲學都在形上方面講話，雖然形上學的名詞起源於亞里斯多德，但柏拉圖已經有了自己的形上學。聖多瑪斯的中心思想爲「存有」，「存有」思想結成了形上學，乃充全部哲學和神學的基礎。康德和黑格爾的思想，都爲形上哲理；馬克斯的唯物論也有自己形上的原理。現代和當代反對中古形上哲學的各派哲學，也都自成一形上系統；就使數學邏輯和語意哲學本爲兩種方法論，然也成了形上的哲學主張。存在論和現象論，則有目的建立一種新的形上學。

西洋哲學的第二個特點，在於認識論。認識論爲形上學的第一部份，研究認識的價值，討論認識眞理的可能性。在中國哲學裡可以說沒有認識論，祇有名學研究名和實的關係，各派哲學對於名實都主張名實相符。西洋哲學從希臘時代就有懷疑論，中古時代有共名和實的問題，近代則都集中在認識論。首先有英國洛克和休謨等人的實徵論，後有康德和黑格爾等人的唯心論，還有馬克斯的辯證唯物論，再有美國的實用主義，又有士林學派的實有論，都在討論人的理智是否可以認識對象。就連當代的數學邏輯論和語意哲學也還是一種認識論。大家爭論咻咻，不得要領。

西洋哲學的第三種特點，和中國哲學的第三種特點相異，即是常在抽象的玄理中，和實際生活不相連接。聖多瑪斯雖然注重人的精神生活，然而他的玄理則高高在上，和人生不相關，至於康德、黑格爾和現代的西洋數學邏輯語意學和人生有什麼關係。因此，在西洋乃引起反響，馬克斯思想和美國實用主義主張以和於實用的思想爲眞理。其他許多青年根本輕看哲學，以哲學爲玄想，無重於實際，而傾向東方的精神生活思想。

結　論

中西哲學在目前都處於一敗不振的地位，而中國哲學幾乎是一敗塗地。兩者所受的攻擊都來自科學，中國哲學則又更受西洋哲學的攻擊。

科學攻擊哲學，以哲學的方法是演繹、是抽象、是虛空。當代西洋哲學家便採取科學的歸納法，從現象而到原則性的假設。結果，當代西洋哲學支離破碎，已經沒有對天地事物之理的系統認識，步上了科學的後塵。但是西洋科學家則體會到當代科學智識的危機，因爲科學分門別戶，愈分愈細，研究科學的人對社會對人生已經失去了完整性的智識，於是乃提倡科學的哲學。

實際上，在中西古代的哲學中，包含有科學的智識。在宇宙裡，不是講物質和天地的構成嗎？那時的科學智識在今天的科學家看來，乃是粗淺的兒戲；然而那些科學智識，乃是當代的科學。既然古代的哲學能够和科學並行不悖，爲什麼現在的哲學不能採用今日的科學智識，又爲什麼科學不能奉哲學爲人生導師呢？在這一點上，西洋哲學今後應加努力。

中國今天研究哲學的人，常以中國傳統哲學爲腐敗的糟糠，竟醉心於西洋的近代和當代哲學，而不知他們所醉心的學派，在西洋已經成了昨日的黃花。例如目前中國青年醉心於存在論和現象論以及語意哲學和數學邏輯，而這些學派在歐美却已走過了自己的時代，不足新奇了。

五四運動時提倡新思想，打倒孔家店，結果所提倡的新思想却是馬克斯唯物論，所打倒的是中國的傳統文化。今天我們讀當時所寫的新思想運動的文章，很希罕那樣幼稚的思想，竟能風行全國。想來必因爲當時民智閉塞，驟聽一點新鮮的口號，便大家跟着一齊跑。

中國哲學研究人的精神生活，乃是哲學的正當途徑。造物主創造了萬物，都是爲着人，宇宙一切由人主宰，人則代表萬物認識造物主，而和造物主相合。這是儒家的天人合一，也是道家和佛教所講的「合於道」「合於眞如」。西洋哲學以人的生命來自造物主，而人和造物主的關係則屬於宗教，哲學雖予以研究，但不以爲主題。

我認爲哲學的主題，應該是人的生命，對於別的事物的研究乃爲充實人的生命，使人的生命更有發揚，以達到盡物性而盡人性。

因此中西哲學可以互相溶合，各以所長補對方之所短，以求新的發展。我們不要重中輕西，也不要重西輕中，要以哲學爲人生導師的看法，以有系統的分析研究，踏上建立中國新哲學的途徑。

中國哲學的展望

爲講『中國哲學的展望』，我在書桌上放了六册參考書：任卓宣教授的哲學到何處去，方東美教授的科學哲學與人生，賀麟先生的當代中國哲學，殷海光教授的思想與方法，項退結教授的邁向未來的哲學思考，黃公偉教授的中國近代學術思想變遷史。這六册書或多或少，都直接的或間接的提示中國哲學在將來的趨勢。但是我今天的演講，不是來介紹這六册書的內容，也不是來批評這幾位作者們的意見。我祇是從這些書和由別的書中，對於中國當代哲學看到兩種趨勢，由這兩種趨勢中，提出對中國哲學將來的發展，將我所有的看法，和大家談一談。

中國當代哲學有兩種趨勢；一種趨勢，是整理傳統的哲學思想；一種趨勢，是傾向科學思想。

一、中國當代哲學的趨勢

1. 整理傳統的哲學思想

把中國當代哲學的時間範圍，我們劃定由民國初年到民國六十六年，在這六十六裏，研究哲學的學者所發表的著作，大部份都是整理中國傳統哲學思想的著作。

早一期的研究哲學的學者，研究了中國的傳統思想，以自己的思想，加以發揮，以適應當前變遷的社會。

這一期學者，有康有為，譚嗣同，章太炎，歐陽竟无，熊十力。康有為為今文經學者，研究春秋公羊傳，深信漢朝的緯書，創孔子改制說，想創立孔教。譚嗣同為康有為的弟子，但喜歡研究佛教和西洋科學，乃倡『仁說』，把佛教、基督信仰和物理學的觀念，混合一起，去發揮程明道和王陽明的『仁一元』『仁一體』的思想。章太炎號稱民國初期的國學大師，精於古文經學，長於考證，喜歡老莊，竊取西洋的無政府主義、個人放任主義，以發揮道家的自然主義。歐陽竟无深信佛教，研究法相宗和唯識論，以佛學和王陽明學說相參。熊十力為歐陽竟无的弟子，參稽佛老的思想，歸於佛教體用不二，融會儒家中庸的誠。

民國第二期研究哲學的學者，則傾心西洋哲學，對於傳統哲學常加攻擊，但是他們當中有幾位致力整理中國傳統哲學，著作中國思想史。

在第二期的哲學者，有梁啓超，梁漱溟，胡適，馮友蘭，錢穆。

梁啓超為康有為的弟子，對於中國傳統哲學有深刻的研究。但他傾心於西洋的學術思想，一意提倡新學。然而在用西洋學術方法整理中國傳統哲學思想的工作上，可說是第一人。對於墨子和佛教思想的整理，著有墨學十辨和佛學十講，在學術史方面，他著有清代學術概論和中國近三百年學術史。

梁漱溟是研究東西文化比較的人，雖崇拜西洋文化，然他還是以為中國文化更能提高人生的價值。

胡適的思想，大家都知道得很清楚。在思想上他宣揚杜威的實用主義，倡導「打倒傳統的思想和制度」。但是在研究學問上，他則專門考據中國傳統思想的書。他所寫的中國哲學史上卷，在哲學思想上雖不深入，然而在研究的方法上，則是第一册有系統的中國哲學史。

接着來的，為馮友蘭的中國哲學史，他用的研究方法為胡適的研究方法，在解釋中國歷代哲學家的思想上，相當深入。

錢穆教授爲一位研究歷史的學者，他用歷史的考據法，整理中國的傳統思想，所寫的中國近三百年學術史和朱子新學案，代表他的史學見解。

2. 傾向科學思想

傾向科學思想，乃是從第十八世紀以來，歐美學術界的大轉變。科學的研究在最近三百年裏，直飛突進，使世界的人類生活，改換了面目。歐美的學術界乃興起反對形上學的趨勢，傾向實驗的科學。

英國的實證論（實徵論），康德的哲學，黑格爾的唯心論，達爾文的進化論，孔德的社會論，馬克思的唯物論，溫德的實驗心理學，杜威的實用主義，羅素和懷德海的數學邏輯，卡納普的語言邏輯，維根斯坦的邏輯哲學，以及現象論、存在論和行爲哲學，都傾向科學。海德格的存在哲學雖力求回到『存有』的形上學，然而還脫不了『實際的存在』。

在這種哲學的趨勢下，中國當代的哲學思想，當然也向這個方向走；何況中國當前的社會正是由農業而轉到工業，而且曾經受到歐美的政治和經濟的壓迫，社會一般的青年都追求科學智識，政府也極力提倡科學技術。中國當前的學術風氣，乃是研究科學。

當清朝末葉，朝廷想對抗西洋的侵略時，便提倡研究西洋科學。張之洞主張「中學為體，西學為用。」嚴復翻譯天演論，到了民國，胡適極力宣傳實驗主義，陳獨秀李大釗宣傳唯物實徵論。丁文江則正式提出以科學去反玄學，形成科學與玄學之爭。後來中國的學術界所有的思想，祇有馬克思唯物論、羅素的數學邏輯。康德的思想雖有吳康教授的介紹，接受的人很少。到了臺灣，則有存在論。社會上一般人的思想，則是功利主義和相對的價值論。

近年以來，研究中國傳統哲學的風氣漸漸展開。方東美教授、黃公偉教授、唐君毅教授、牟宗三教授都在這方面費他們的心力。我們天主教的幾位哲學教授則介紹新士林哲學的思想，我自己本人，有意融會中國傳統儒教哲學和士林哲學，嘗試一種中國的新哲學。

二、中國哲學的展望

一種新的思想，不能憑空產生，必定要有適當的環境。思想的環境，有以往思想的遺產，有民族的民族性，還有在變遷的社會生活。新的哲學思想常由一兩位天才的哲學家首創，然後有別的學者去發揮。天才哲學家創立一種新的哲學時，常運用自己所知道的以往的哲學思想作為根基。

中國哲學將來新的發展，就要運用以往的傳統思想。傳統思想可以運用多少，則看發展中國哲學的學者具有天才多少。天才多的學者，自己多有新的思想，天才少的人則新的思想少，傳統的成份便多。可能有的人主張以西洋哲學作根基，來建立中國的新哲學。假使主張這種新哲學的人具有很高的天才，他也可以建立一種新哲學。又假若他所建立的新哲學能爲中國許多學者所接受，便可成爲中國的新哲學。然而這種可能性並不高。即使假設成爲事實，則對於中國文化傳統的繼承，必將發生一種大變動。

我們則是主張在中國傳統哲學的根基上，建設中國新的哲學。從這種觀點去看，我們要研討兩個問題：第一、中國傳統哲學的特性，第二、中國現代人對於科學的傾向。

1. 中國傳統哲學的特性

中國的傳統哲學是一種生命哲學。

西洋傳統的哲學，以『存有』爲根基，以『存有』爲出發點。聖多瑪斯的神學和哲學，是建立在『有』、『存在』、『潛能』、『行』、『實體』的幾個觀念上。近代的西洋哲學，雖然反對這些傳統的哲學觀念，但也找不到別的新的觀念來替代。

中國的傳統哲學以『生存』爲根基和中心。亞里斯多德的形上學以『有』爲研究對象，以『有』爲宇宙萬物的基礎。中國哲學也講『萬有』；但不從『有』的方面去研究，而是從『生』的一方面去研究。中國哲學以每個『有』都是『生』，即是說每個『有』都是動的，都是在生化。

中國傳統哲學的宇宙論，不像西洋的宇宙論研究『物』，而是研究『生命』的來源。易傳講『易有太極，是生兩儀，兩儀生四象，四象生八卦。』（繫辭上，第十一章）周敦頤的太極圖說：『無極而太極，太極生陰陽，陰陽生五行，五行成男女，男女生萬物。』老子的道德經也說：『道生一，一生二，二生三，三生萬物。萬物負陰而抱陽。』（道德經第四十二章）所謂生，乃是生化。這種宇宙論講萬物的由來，也就是生命的由來。

朱熹集儒家理學的大成，以每一物有理有氣。天地祇有一理一氣，萬物所有的理和氣又各不相同；所以他接受程伊川的主張『理一而殊』和『氣有清濁』。天地萬物祇有一個理，這個理是生生之理，若用士林哲學的術語說是存有之理。士林哲學說每一個物都是『有』，朱熹說每一個物都是『生』。這個生生之理，在每一個物裏，因所稟受的氣有清濁程度不同，表現的程度便不一樣。物的氣濁，生生之理便表現有偏；人的氣清，生生之理便表現的完全。

人之所以爲人之理，即是完全的生生之理；這個完全的理就是人性。人性之理是什麼呢?大學稱爲明德,孟子稱爲四端,即羞惡、辭讓、惻隱、是非之端,朱熹稱爲仁義禮智之天理,天理的表現在於人心。朱熹總括人心的四德,稱人心爲仁,『仁者,生也。』因此可見,理學家所講的理,爲生生之理;而人的生生之理,則是人心靈明生活之理,也就是精神生活之理。因此人性善惡的問題,纔成爲兩千年的哲學問題。

由人性的天理,發揮爲人的修身之道,在於正心誠意;發揮爲齊家之道,在於孝;發揮爲治國平天下之道,在於仁政;發揮爲精神生活的至善,在於贊天地之化育,以達到天人合一。

中國的傳統哲學,可以用這個大綱來描寫。中國的哲學以人的生命爲生活,以發展人的精神生活爲目標。中國古來求學的人,都以「成聖」作爲求學的終向。這種哲學是一種活的哲學,也是一種具體的實際生活的哲學。

2. 對於科學的傾向

在古代的思想裏,哲學和科學不分。到了近代,科學發達了,科學由哲學裏分出去了,而且有代替哲學的企圖。中國的傳統哲學也就是中國古代的科學。自從戰國末期,『氣』的觀念變成了哲學的觀念,同時陰陽五行的觀念也進入了哲學的領域。到了漢朝,陰陽五行的思想盛行社會，由哲學到宗教，由宗教到政治，由政治到日常生活，一切都由陽陰五行來支配。陰陽五行不僅是哲學上所說每一個『生生』的元素，並且也是天地萬物的物理上的原素。氣不是一個哲學上的抽象原素，乃是天地萬物在物理上的具體構成素。普天地祇有一個氣，氣分陰陽五行，萬物都由陰陽五行而成，不單是物，一切的人事現象和天地間的自然現象也是由陰陽五行而成。於是天地萬物彼此相通，人事和自然現象互相連貫。人事的吉凶，可以卜卦去預測，也可以有天象的預示，如天災、日蝕、月蝕等天象。在日常的生活裏，行事要選擇日子，建屋修墓要選擇地位，結婚要選擇八字。還有音樂、醫學、以及政治設施，都要按照陰陽五行之道去進行。

這種思想是中國傳統的哲學思想，也是中國傳統的自然科學思想。民國以來，西洋的自然科學傳進了中國，西洋科學的實驗證明中國陰陽五行的思想都是錯誤的，都是烏有的。於是一般青年人都認爲中國的哲學，一部份是迷信，一部份是玄想。丁文江和胡適大喊打倒「玄學鬼」。

在亞里斯多德的哲學裏，也有當時的自然科學思想，這些思想也是錯誤的。但是亞氏的自然科學思想不多，而且不是哲學的重要部份；這些錯誤思想便不影響他的哲學。中國傳統的陰陽五行則是傳統哲學的中心部份！

哲學和科學的關係，無論學者們怎樣去看，我則以爲兩者的關係是不該混合爲一也，不應該相脫離，而是要彼此有分別。不能把自然科學的物理學和心理學作爲自然哲學，也不能不顧現在的自然科學，隨意去空談宇宙論。中國傳統哲學裏的氣、陰陽、五行等觀念，一定應該修改。

聖多瑪斯的宇宙論所有元形（Forma）和元料（Materia）兩個觀念，在現在物理學進步很快的時代，仍然可以存在。因爲這兩個觀念不是具體的物理觀念，乃是哲學的抽象觀念。在一般的常識裏，我們都知道每種物的構成，都要有原料，都要有加工的圖形。一張桌子有桌子的原料和桌子的圖形。原料是什麼，由物理學去講，可以是原子，可以是電子，可以是新發明的什麼子。圖形是什麼，由建造工程人去設計。但是原料和圖形，對每一種物體都是構成素。聖多瑪斯依據亞里斯多德的思想把原料和圖形抽象化而成爲元形和元料兩個觀念，這兩個觀念常可以存在，兩個觀念的解釋，可以隨時代而變。

三、結　論

誰也不能預言中國哲學將來的面貌和內容，誰也不便給哲學家指定路線！我祇就我自己的看法，談一談中國哲學的展望。

中國哲學在將來的發展，若要繼續以往中國哲學的傳統精神，則要走向發展精神生命的路線。哲學的目的在研究事物的最高理由，研究事物的最高理由，在於人去研究；人去研究一件事物的最高理由，乃是人的心靈生活；人對於自己生活的每樁活動，常有一種目的，目的常在追求自己心靈的更高更完滿；因此哲學的研究工作，乃是追求精神生活更完滿之道。

西洋的哲學追求眞理，眞理的智識，也是人的精神生活之一部份。中國哲學追求人生之道，由眞理的智識貫進情意的生活，使知行合一。中國的哲學家，也是人格高尙的聖賢。

發展中國傳統哲學的這種特性，不能用康德的思想，也不能用黑格爾的思想，更不能用馬克思的思想。還有羅素的數學邏輯和卡納普的語意邏輯，以及杜威的實用主義，都不適合中國哲學的特性。存在論的創立人齊克果本來是從人生問題出發，追求提高精神生活的哲學；然而後來海德格轉入了一種存有和虛無的形上學。依我看來，士林哲學的路線，和中國傳統哲學的路線，有許多相同之點，可以和中國哲學相融會，給中國哲學發展出來一種新的系統思想。

理氣、陰陽、五行的傳統觀念，在中國哲學的發展裏，要有新的意義，要脫離自然科學的物理性質。若不能達到這種理想，則寧可用別的觀念和術語去替代。

缺乏邏輯，缺乏系統，乃大家對中國傳統哲學所承認的弱點，應力求予以補充。

西洋當代的哲學排斥傳統形上學的純淨抽象觀念，注意具體的實體。當代唯一的形上學存在論，也注意有的存在。但常停在抽象的理論上，沒有貫通到人的生命上。中國的傳統哲學研究人，由人去看宇宙；而且由人的生命去看宇宙。

胡適曾嘗試用杜威的實用主義，去代替中國的傳統哲學，實際上則走在墨家求利的一路，不受傳統儒學的重視。毛澤東圖謀以馬克思的共產主義代替中國的傳統哲學，結果造成恐怖的反人性社會。許多別的人很天眞地打算以科學代替中國傳統哲學，現在却大喊社會思想空虛，極力主張復興傳統文化。祗有蔣總統給了中國哲學一種新的方向，提倡『行的哲學』，他不是專業的哲學家，但很有哲學家的眼光和見識。他從王陽明的良知學說，發展王陽明的知行合一，選出一個『行』字，以『行』爲生命。每一物都有行，行出自物性，行爲善；即是說每一物按照自性都有行，行便是傳統哲學的生化，也是王船山所說的『性日新而命日降』。行乃每物的天性，也就是人的天性，天性之行爲本體之善，使本體得完滿。

繼續這種路線，發展中國傳統哲學的『生生』，發揚中國傳統哲學之『仁』，使中國傳統的聖賢觀念得有新鮮的意義，爲傾向科學的青年，具有强的吸引力，以嚴整的理則方法，結成一個新的哲學系統；這是中國哲學的展望。

（民六六年二月一日在中國天主教哲學會演講稿）

行的哲學與中國傳統哲學精神

一、

中國哲學的特點在於講論生命。西洋形上學以『有』爲研究對象；『有』爲一最普遍的觀念，也爲一最單純又最抽象的觀念。『有』在人所認識的對象裏，爲第一個對象；在人的思維裏，爲最基本之點。宇宙中的一切都是『有』，每一客體也是『有』。

『有』加上一個『存』字，表示實際存在之有，西洋哲學研究『存有』，就是研究萬物的最基本點。知道了『存有』是什麼。明瞭了『存有』的理由，認識了『存有』的價值，我們便可以進而研究物體和人，再進而研究人生。

中國的哲學則以『有』爲生。物體從本體方面去看是『有』，萬物稱爲萬有，從實際方面去看是『存在』，從存在的內容方面去看是生命，生命即是生化，即是行。凡是物都不是靜止不動的，而是靜中有動。

易經乃中國第一部哲學書，易經的哲理講論宇宙的變易，以乾坤、陰陽、天地，代表兩種變易的原素，兩種原素運流不息，互相結合互相分離，循環周轉，宇宙乃變易不停。這種不停的變易，目的在於生生。繫辭乃說『生生之謂易』（繫辭上，第五章）『夫乾，其靜也專，其動也直，是以大生焉。夫坤，其靜也翕，其動也闢，是以廣生焉。』（繫辭上，第六章）易經以萬物的化生，由於天地相交，『天地感而萬物化生』（咸卦，彖）『天地不交而萬物不興。』（歸妹卦、彖）『泰，則是天地交而萬物通也。』（泰卦，彖）易經看着宇宙間爲一生命的洪流，長流不息，乃說：『天行健，君子自强不息。』（乾卦，文言）

易經的思想在中庸裏很系統地表現出來。中庸第二十二章，以至誠的聖人，發揚了自己的性而發揚人性，發揚人性而發揚物性，發揚物性乃能參天地的化育。天地的化育在於化生萬物。人性和物性都有生理，發揚人性物性，就是發育生理使人物有舒暢的生存。性之理便是生之理，發揚生之理稱爲誠。『誠者，天之道也；誠之者，人之道也。』（中庸第二十章）天地的生化常是自然不息，誠是天地的特性。人則有自由，可以按照人性之生理使自己的生命發揚，也可以反背人性之天理而摧殘自己生命。人的生命在於精神，人性的生理爲精神生命之理，即孟子所說的仁義禮智四端，爲人心生來所有。人要誠於自己精神生命之理，發揚而有聖人的全德和浩然之氣。

宋朝理學家繼承了這生命之理的思想。朱熹以理一而殊。天地萬物所有的性理同一，這同一之性理爲生命之理，好像西洋哲學的存在之理。每一物都存在，每一物也就有生命之理。存在由靜一方面去看，生命由動一方面去看。但是同一生命之理，在每一物中又不相同，因爲生命的表現程度不相同。在礦物裏，生命不能表現；在植物裏，生命稍有表現；在動物裏，生命的表現較高。在人則生命全部表現。朱熹說物得理之偏，人得理之全。原因在於人得天地的秀氣，人心最靈明。人心具有善的本性，善的本性稱爲明德，『明明德』就是發揚人性的高尙生命，就是中庸之誠。王陽明以善的本性爲良知，發揮良知使見於事，乃是致良知，是知行合一。

理學家又稱人的心爲仁。朱熹說人得天地之心爲心，天地以生物爲心，化生萬物乃是仁，人心便是仁；因爲仁即是生，桃仁杏仁指着桃和杏的生命中心，手足痲木不仁指着手足沒有生命。每物每人旣有生命，生命自然而然有表現，每物每人就都要求保全自己的生命，也要求發揚自己的生命，沒有一物一人自己摧毀自己。仁便有愛惜的意義，稱爲『愛之理』。孔子乃說仁者立己立人，達己達人。

萬物既都有同一的生命之理，(生命指着動的存在)在生命上便彼此相連，張載乃在西銘說：『乾稱父，坤稱母，民吾同胞，物吾與也。』王陽明在大學問主張人和萬物在仁上爲一體，即「一體之仁」。

這種生命哲學思想，爲中國的傳統哲學思想，也是中國哲學的特色。

二、

蔣總統在思想方面，可以說有五部基本的書：大學、中庸、陽明傳習錄、三民主義、聖經。從這幾部基本書裏結成了一種中心思想，即是『行的哲學』，行的哲學上承中國傳統哲學的生命哲學，下開中國將來哲學的途徑。

蔣總統對於行的哲學有一篇演講，題目爲『行的道理』。在這篇演講裏，總統　蔣公很明顯地說明行的哲學爲生命哲學。(蔣總統言論彙編，第十四冊)

『古今來宇宙之間，只有一個行字纔能創造一切，所以我們的哲學，唯認知難行易爲唯一的人生哲學，簡言之，唯認行的哲學，爲唯一的人生哲學。』

『這個「行」字所包含的意義，要比普通所說的「動」廣博得多，我們簡直可以說「行」就是「人生」。……人生自少到老，在宇宙中間，沒有一天可脫離「行」的範圍。可以說人是在「行」的中間成長。……我們要認識「行」的眞諦，最好從易經上「天行健，君子以自強不息」一句話上去體察。』

易經以宇宙因氣而變易不息，氣有陰陽；陰陽因結合之道繼續變易，生化萬物。每一物體無論人或物，也都繼續生化。每一物的生化即是生存的變易，就是稱爲生命。生命的變易乃是行。行是自然的，是出自本性的，是生命的表現，是生命的完成。在人的生命上來說，人的生命的表現和完成，乃是人心的仁道的表現和完成，也就是明明德，就是誠，就是致良知。

蔣總統說：『所謂行，祇是天地間自然之理，是人生本然的天性，也就是我所說的實行良知。』

生命自然有變易，變易自然繼續不息。生命的變易就是行。生命沒有行便活不了，便是死的，便已經不是生命。蔣總統說：『宇宙與人生，無時而不在行進之中；……無一刻是眞正休止而不行。』

生命的自然發揚和完成，乃是生命的善，易經說『一陰一陽之謂道，繼之者善也。』

（繫辭上第五章）所以「行」常是善的。蔣總統說：『動則多半是他發的，行是應乎天理順乎人情的。……就其結果和價值來說，動有善惡，而行則無不善。』

但是人爲什麼不常是善而多是惡呢？因爲人有自由作主的心，心能受私慾的掩蔽，行不能表露，大學所以講『明明德』，中庸所以講『誠之』，王陽明所以講『致良知』。蔣總統乃講『力行』，『我們以革命爲『力行』爲天下倡，就是造成普遍的風氣，恢復人類的本性，亦就是要恢復我們民族固有仁愛的德性。』

結 語

從上面很簡單的說明，可以明瞭地看出『行的哲學』，就是生命哲學，而且是人的精神生命之哲學。這種哲學繼承易經、中庸、大學、和宋明理學『生生爲仁』思想，在今日的中國予以發揮，以貼合總理所講的「知難行易」和王陽明的「知行合一」。最後再進一步發揮中庸參天地化育的理想，以基督的博愛而愛人，達於和造物主——上帝（天主）的『天人合一』。

這種哲學思想指示中國哲學在將來發展的途徑。第一，說明中國哲學的中心思想並不是昨日黃花的老古董，而是在今日仍舊具有生活的魄力。第二，指示中國哲學在將來仍舊須要繼續發揚精神『生命哲學』，在天地人物的大結合中顯出生命的活力，使人的精神浩然與天地相終始，而且能超越宇宙以上，和絕對精神的造物主相接。這種哲學絕對不是唯物的辯證論，也不是祇講認識論的洛克，休謨，和康德以及現象論的主張，並不是僅看現實的美國實用主義，而且較比常在焦慮中的存在論更適合人生。這種哲學乃是中國的生命哲學。

自我哲學

『我』已經成了當代的思潮，也成了當代思想的象徵。在社會生活的各方面的表現，都要求尊重自我的人格。西洋的當代哲學，也以『我』爲研究的對象，存在主義則以自我爲中心，深入討論。

從歷史哲學去看，人類理智的發展，先由外在的具體印象，進到外面對象的思考，乃先有詩歌後有散文。再由對外面對象的思考，進到研究對象的因素，乃由散文進到哲學著作，又由研究對象的因素，進到外面物體的研究，於是便有科學的發展。對外面物體既有深入的研究，乃進而對自我本體深入觀察，由外界的對象進入內在的自我，自我的意識便漸漸在思想界佔據重要的地位，我們中國的思想史，便是由詩經而到書經，由書經而到易經以及戰國百家的哲學，後來發現了零星的科學思想，到了近代科學纔興盛。同時歐美思想中的『自我』思想也流入了自由中國，大家也就注意每個人對自我的自尊心，教師要尊重學生的人格，父母也要尊重兒女的人格。自我意識代表人類思想經過幾千年的發展，已經到了成熟階段，由幼年進入了成年。

從哲學方面說，自我哲學乃是西洋哲學歷代累積的結果。希臘最早的哲學，講論宇宙的原素，思想很粗糙，後來柏拉圖和亞里斯多德，研究外界的物理，形上形下都研究入微。中古聖多瑪斯則以宗教信仰的啓示，在哲學方面研究人的本體，講論人的靈魂。西洋哲學因此在抽象方面研究物體和人，已經到了至高的境地，無以復加。好比文藝復興時代，人體美的客觀靜態描繪，因着彌格安琪洛和拉法厄爾的畫已經登峰到極，以後的西洋畫便轉入主觀動態的印象派畫和未來派畫。西洋哲學在中古以後也轉入了主體的研究人的認識能力，乃有實徵論，觀念論，實在論各派的哲學。德國的唯心論，企圖把主體和客觀相連，以絕對精神的我和非我作辯證。柏格森的唯心論則轉入主體的自身，存在論乃以自我作爲中心，深入討論，『自我』便成爲當代西洋哲學的特徵。

爲研究『自我』，先要有形上學的本體論，研究了存有、實有體、個體、位稱等等問題，又要有心理學，研究了人的靈魂、理智、意志、情感等問題。且要有現代人心靈上的空虛煩悶，要求解脫的企圖。結合這各方面的哲學思想，纔能認識『自我』，纔能系統地講論『自我』，西洋以往的形上本體論，常在抽象方面研究對象，常以共同的普遍觀念爲研究的唯一門徑；具體的個體（單體）則不能成爲研究的對象。現代的西洋哲學逐漸注意具體的事物，最後把最具體的個體『自我』，成爲哲學思考的中心點。

在中國哲學裡，『自我』問題沒有明明提出，但是却隱隱地常爲哲學思想的核心。中國哲學爲人的生命哲學。人的生命不是空空的抽象問題，而是最具體的研究對象。儒家哲學由天地之道到人道，由人道到人性，由人性到人心。由人心而發揚人性，使人的生命和天地萬物的生命相合爲一。人的生命乃是每個人『自我』的生命，『自我』是每個人不相同，理學家乃講氣質之性，乃講改換氣質。這都是『自我』問題。

因此，『自我』哲學可以連接西洋古代和現代的哲學，又可以連接中國哲學和西洋哲學。另外能够顯示中國哲學的特性，以發揚自我的心靈生命爲目標。

一、自我的認識

亞里斯多德和聖多瑪斯都以『有』的觀念，爲人所認識的第一個觀念，中國哲學則以

『物』爲第一個觀念，人對於自己的認識對象，首先所認識的，就是一個『有』或一個『物』加以分析。但若從分析方面去看，則『有』或『物』將是最後的一個觀念，即是把一切的特性，都加以排除，最後留下祗是一個『有』或『物』。故荀子和墨子都以『物』爲最大的共名。

然而『有』或『物』爲人所認識第一對象時，『有』或『物』都是一個很模糊，很籠統的對象，人在認識中祗知道在外面有一個對象，對象究竟是怎樣的對象則不管，要再進一步分析時，纔知道對象的內容。因此人在認識中的第一個觀念，是一個非常具體的觀念，也是一個內容非常簡單的觀念。研究哲學的人，把人對外物所有觀念，層層分析，如同抽蕉一樣，把一切特性都抽淨了，留下祗是一個『有』的觀念；這個最後的觀念，是一個最抽象的觀念，也是一個內容最空虛的觀念。所以，『有』或『物』可以是最具體的觀念，也可以是最抽象的觀念，內容則都是非常簡單。

這個『有』或『物』的觀念，和『自我』的觀念有什麼關係呢？『有』若看爲認識的第一個觀念，這個『有』乃是『存有』，即是一個具體的有，人在開始認識時，是在剛開明悟的時期，是一個小孩，不會反省，祗知道看外面的東西；但是在小孩的心靈中，所意識到的第一個『存有』該是他自己；雖然這種意識，非常薄弱，非常簡單，似乎不存在。人要意識到自己的『有』。程顥，陸象山和王陽明講格物致知，以反觀自心的理，便知道一切事物之理；所謂理，即是『存有』，即是生生，若不意識到自己的『存有』，則不會知道別的事物的『存有』。亞里斯多德和聖多瑪斯雖不講這層先後的次序，然他們都主張認識來自感覺的經驗；人對自我存在的經驗，先於對別的事物的經驗，因此，認識的第一個觀念，所謂『存有』觀念，乃是對於『自我』的第一個觀念。人先認識了自我的『存有』，然後認識非我的存我。德國唯心論的費希特和黑格爾，都以先有我，而後有非我，再後非我與我相合，而有自我的意識。他們的正反合辯證式，以我爲正，非我爲反，自我意識爲合。爲合的自我意識是完全的自我意識，乃是人的最後意識。

人在認識的歷程中，一方面由具體而到抽象，把一個具體對象的各種特性，予以分離，最後祇留一個『存有』的觀念。另外一方面，則由簡單籠統的認識，進到複雜的認識，從第一個單純的『存有』觀念，再認識這個『存有』的特性，使對這個對象，能有整體的認識。現代的科學擴展了人認識的範圍，使人對於宇宙間的物體，能夠認識更清楚。現代的哲學承受前代哲學思想的遺產，對於客體也能有更詳細的觀察。這些觀察最後都集中到認識的主體之『自我』，不僅是有完全的自我意識，也有對自我的客觀認識。『自我』在認識的歷程中，成了最後的重點，一切的智識都相幫人認識自我。

現代西洋哲學批評中古形上學爲懸空的抽象學，中國現代學者詆毀形上學爲幻想的玄學。實際上，形上學不是懸空的幻想，也不是遠離人生的玄學，乃是一切學術的基本原理；不僅哲學有基本原理，就是自然科學和人文科學也有基本原理。不過西洋中古哲學，所注重的對象爲抽象的共通觀念和原理，對於具體的事物則不予以研究。亞里斯多德曾經否認具體的個體，能夠成爲哲學的研究對象。因此，在古代，哲學不談『自我』。現代哲學則注重具體的現象，英國實徵論注重感覺，馬克思唯物論注重物質，德國法國的唯心論注重心靈活動，美國的實用主義注重實事，當代的現象論注重現象，行爲論注重行爲，存在論注意自我的存有，由外面的具體對象，進到人身的具體現象，然後進到了『自我』。正當歐美的社會，在各方面都抬舉『自我』時，哲學也以『自我』爲研究對象，應是時勢所趨，不僅是一種風氣，而是學術思想的自然歷程。

人若認識了自我，便可以認識別的客體，我們雖不贊成陸象山和王陽明所說『心外無理』，然而我們的認識是以自我爲基礎；一個觀念若是在『自我』以內沒有過體驗，這個觀念就不大清晰；若是在『自我』以內有過體驗，我們對這個觀念就認識更清楚。至於心理方面的知識，都要按照『自我』的經驗作推論。我們雖不能贊成唯物認識論以經驗作認識和批評的唯一標準，然而『自我』的經驗必定是認識的基礎。

在抽象的思考上，士林哲學可以說是達到了最高峰，歐美哲學乃轉入具體對象的研究上，中國哲學則有很好的途徑，儒家、道家和佛教，都由具體的人生，追求生命的大道。人在研究各種學術時，都爲求自我生活的成全。各種客觀的科學，看來似乎和人的自我生活沒有關係，實際上則常使自我生活的範圍擴張；而各種的哲學思想，便常成爲每個人自我的依據。中國哲學很明顯地以人生爲目的，較比西洋哲學更能避免許多奇奇怪怪不切實的謬論。

二、自我的意義

中國哲學講自我的意義的，祇有佛教，佛教以萬法唯識，識來自自我的要執。禪宗更以破除我執，明見眞如，纔有眞正的自我。在西洋哲學裡，『自我』的觀念常和位稱（人稱）(Person)、同一性 (Identity) 兩個觀念聯合在一起，有些學者以『自我』爲行爲的主人，有些學者以『自我』爲自我意識。存在論學者以自我爲向理想之我的追求。但是『自我』的意義，非常複雜，包含中西哲學的許多重要觀念。綜合起來，則有下列三項意義：

自我是一個獨立生活的位稱主體。

自我是同一自我的反省意識。

自我是繼續對自我完成的追求。

1. 自我是一個獨立生活的位稱主體

普通人常說我是我，我自己做這個做那個。一個剛會說話的小孩就會說我要這個那個。在小孩在普通一般人的心理上，『我』是行動的主人。西洋語文的文法，有位稱，第一第二第三位稱—我你他，我是主體。

主體在哲學上所含的意義很多，我是主體，因為我是『存有』，我是『實體』，我是『自立單體』，我是一個『位稱（人稱）』，我常是『同一的』我。

我是『存有』，不是虛無，也不是抽象的『有』，而是具體的『存有』。存在主義的沙爾特以『自我』的存有，不是有而更是無；那是因為存在主義看『自我』的存有，為一個極度有限的有，極不完全的有，要想超越『自我』的限制，便踏入無限的虛無。然而自我的有限之有，乃是一實際的『存有』，而且是一個具有高度價值的『存有』。

『存有』之中有許多不同的『存有』，『自我』是一個實體的存有。實體（Substance）在近代哲學裡為一個爭論很激烈的觀念，近代哲學都想予以否決。洛克和休謨認實體為不可認識的對象，因為超於感覺以上，康德認為實體至多可以作為一個先天的範疇。至於羅素和懷德黑等人更不承認有實體的觀念，但是我們認爲若是放棄『實體』的觀念，則一切的哲學思考，都祇在物體的外面繞圈子，沒有把握到物體的本體。中國哲學雖沒有實體的觀念，然而却常講體和用，沒有體則沒有用，不能祇有用而沒有體。

『自我』是一個實體，自己獨立存在；爲自己的存在不依靠另一物體；是主體，不是附體。顏色、重量、特性，都是附體，又附在一個主體上，自己不能獨立存在。『自我』則獨立存在。所謂獨立存在，並不是說自有，『自我』的存有由父母而來；但『自我』出生以後，便是一個獨立主體，我的一切活動都歸於我，而我不是另一主體的活動。因此『自我』是我的生活的主人。

『自我』又是一個單體（個體）。實體有本體成素的元形和元質（Forma, Materia），按中國理學家的主張是有理和氣。實體還是一個共通的觀念，實體成爲實際的存在，則是一個單體，單體除元形和元質所構成的物性以外，還有自己的個性，個性和實際存在（Existence）相聯，但來自物性的元質，中國理學則說來自氣。氣分清濁，每人所禀受的氣清濁不同，每人乃有氣質之性遂不相同，每人由氣所有的才和情，也不相同。單體便是具有個性的實體。

每一實體在實際上都是單體，『自我』的單體和物的單體不同，『自我』又是一個位稱或人稱。

位稱在中古哲學裡指着一個理性的單體，人的特性是在於理性，一個單體的人便是一個理性的位稱。位稱和單體的區別，乃是位稱在單體以上加上了理性。

近代哲學以位稱爲一個單體，在理智和情感的行動，自己表現自己。一個理性的單體，是自己理性行動的主人，他自己知道自己所願意的事，自己便表現自己是他自己而不是另一個人。這種表現是在思想方面，是在情感方面。

一個位稱爲能是『我』，還須常知道自己是同一個位稱，這個位稱應具有同一性，我是我自己，而且常是我自己，小的時候是我，大了老了還是同一的我。否則，同一個位稱可以是我是你是他。

同一性的問題，在近代哲學上是一個很困難的問題；因爲近代西洋哲學大概都不願意接受『實體』的觀念，既然不承認單體是實體，單體便時常在變，單體的同一性便沒有根據。當代哲學解釋同一性或說是身體的同一性，或說是記憶的同一性，或說是自我意識的同一性。但是這些解釋，若不假定有一個不變的實體作基礎，都不能使同一性就爲同一性。人的身體雖常是一個，然而身體的外形和成素則常變。若要肯定說身體不變，則不是物理和生理上的不變，而是哲學上身體的觀念不變，這種哲學上的不變身體，不就相當於『實體』的觀念嗎？爲認識同一性，必定須有記憶，但是記憶中所有對於一客體的同一性，要假定有一客體，否則同一性祇是主觀記憶中的同一性，主觀的記憶則常可以錯，同一性便不能保全了。至於自我意識也是主觀的一種活動，也不能成爲同一性的基礎。一個位稱常是同一的位稱，因爲位稱的實體不變，實體的附體則常變。我常是同一的實體，我乃對於自我常有同一性的自我意識。

所以說『自我』是一個獨立生活的位稱主體，即是說我是這一個自己作主體的人。一個小孩，雖自己不能反省，不知道自己是主體，也沒有自我意識，然而這個小孩也有『自我』，他很合理地說『我要這個』，『這個東西是我的』，他知道分別我和非我。

2. 自我是同一自我的反省意識

現代的哲學，常說『自我』就是自我意識。自我意識是一種反省意識，一個人自己反省，自己知道也體驗到自己是自己，而不是別人，這種自我的反省意識，不是一種最先的直覺，有的哲學家說一個人對於自己有直覺的意識，不經過別的觀念，不用思索，自己直覺地體驗到自己。這種最先的直覺，我們不能有，我們所有的最先的直覺，不是反省意識，而是一種模糊的印象，感覺到自己的存在。如同小孩所有的自我的印象。經過了許多對外經驗，認識了許多外面客體，一個人纔知道反省，纔會有自我意識。

自我意識是一種斷續的意識，小孩子沒有，成年人在睡覺時在醉酒時也沒有，然而小孩和睡覺或醉酒的人有自我。自我意識便不能是『自我』的整個意義。

但是自我意識使『自我』的意義很完美。一個小孩雖有『自我』，他的『自我』還未成熟。睡覺或醉酒的人雖有『自我』，他們的『自我』則是不能自主的『自我』。『自我』的意義要求一個人自己作主，他便應該知道自己在選擇，自己在決定，自己在負責。自己知道這一切，這便是自我意識，有了自我意識，一個人對於『自我』纔眞正體驗到『自我』的存在。

法國存在主義者馬瑟爾（Marcel）以我的存在是『是』而不是『有』，他注重『是』，以我是我，眞正體驗到我是我，也眞正表現我是我，而不僅僅是一個『存有』。現在歐美的青年都在高聲呼喊『我是我』，因而反對傳統，反對社會範疇，處處要自己做主，事事表現和人不同，結果流入於濫用自由，破壞了『自我』的位稱。

中國理學家很注重自我的反省意識，他們沒有使用這個名詞，而用的名詞則是反觀自心之理。程顥、陸象山、王陽明，都主張靜坐，反觀自心的性體，反觀性體時，要廓除自己的私見，直見自心的天理，自己的眞我乃就顯明。在這一點上，程顥和朱熹雖不贊同，但大家都以私欲習氣為假我，天理道心則是真我。王陽明傳習錄上卷記載王陽明和蕭惠的問答，陽明指出『真己』在於性之生理，生理稱為仁，仁理在主宰時稱為心。心乃是『真己』軀體之我也受心的主宰，在這種主張上，中國儒家似乎埋沒了人的個性，祇以理想的抽象人性作為『自我』。儒家的『自我』為一理想的成全的我，這個理想的我雖是每個人都有，但是理想的我的表現和成就，是在每人所稟的氣質中去實現，因此理想的我不能脫去情和才，不過須要情和才的個性，不阻礙『真己』的完成。因此，人要認識自己的心，知道自心的天理，纔是一個真正的『自我』。

『自我意識』使『自我』的意義很完滿。

3. 自我是繼續對自我完成的追求

存在論所主張的『自我』，乃是對自我完成的追求，海德格很明顯地表示這種思想。一個人自己反省，便見到『自我』的存在，非常有限，非常不成全，便不以現在的『自我』作為『真我』。他又知道自己的存在出自一個無限的絕對的有，出自全美全善的天主，天主在造我的這個『自我』時有一個成全的理想，這個理想便是『真正的我』，是我的『理想的我』。我於是繼續向這個『真正的我』，以求實現。現在的我既不是真我，理想的我還沒有實現，於是現在的『自我』，乃是向理想的我的追求。追求的目的，不能達到，人生便有無窮的苦悶。

在普通一般人的思想中，也常爲自己懸着一種理想，盡力去追求。人不能安於現實，現實常是不完全的。但是『自我』的本體，不能安置在這種追求上。這種自我完成的繼續追求，顯示出『自我』的本體，即是顯出『自我』是個有限的有，這個有量的有具着無限的潛能，常要求使潛能成爲現實。潛能成爲現實，『自我』便更完成。例如人求學問，學問是無止境，然而人多一分學問，他自己便更加完成。

中國儒家的思想都集中在這一點，人要盡心盡性。每個人的『自我』，要誠於自己的本性，『率性之謂道。』(中庸第一章)『自我』因誠於自己的本性，遂能發揚。儒家的理想自我，爲一個發揮人心的仁道，贊天地化育的聖人。人必須定志成聖，努力不息，終有成功的一日。然而儒家在成己的工夫中，有克己的工夫，克己是克制『自我』，所克的『自我』，不是眞正的我，而是毀壞本性本心的假我，即是私慾。

道家也以『自我』須加完成，莊子所說的『眞人』便是眞正的『自我』。道家的『自我』，在於割除對社會名利富貴的貪求。以宇宙祗有我一人，然後以自身之氣相合而通於『道』，看破生死以成『眞人』。

佛家以自我的完成，在於破除一切物執我執，進入涅槃，和眞如相結合，完成了眞正的我。

三、自我的完成

世界的各種哲學和宗教，都以完成自我爲目的。人的生命乃每一『自我』的生命，『自我』不願毀滅自己，不願接受死亡，而願追求超越死亡以繼續生命。哲學雖不能超越死亡，不能超越宇宙，但承宇宙爲永久存在的整體，『自我』和宇宙的存在相結合，『自我』便能永久存在。儒家的天人合一和道家的冥合於道，主張『自我』的生命與天地而長終，而且也主張『自我』的生命，擴大到無限，能够充塞天地，或與天地萬物，或與『道』成爲一體。西洋的哲學承認自己的範圍，乃以『自我』的完成，歸之於宗教。東方的佛教，便是一種自我完成的宗教，西方的天主教乃是西方的自我完成的宗教，西方雖然也有基督教，但對於自我完成信仰，來源出自天主教。

我們若把中國儒家的自我完成的發展，和天主教的自我完成的發展，互相比較，便能看到兩者互相銜接，由中國儒家的哲學思想，可以進入天主教的宗教信仰。

儒家主張人爲宇宙整體的一份子，宇宙整體由造物所造，禀受運行的天則，人的自我發展，使自我的生生之理的仁道，發揮於日常的生活。日常的生活因着生生之理的仁道，貫通於宇宙整體的運行中，和天地萬物互相調協，合於宇宙整體的天籟。然而因人性中有氣的濁性，發爲情慾，情慾掩蔽人心的天理，阻礙仁道的發展。人便該克制情慾，反觀人心的天理，使仁道能够發揚，『眞我』得以完成而成聖人。

天主敎信仰以人受造於天主，具有靈魂和肉體，靈魂具有永久生命。人的『自我』即是靈魂的永久的生命，乃儒家所說的心靈生命，由集義去發揮。靈魂上有天理，天理顯於良心。良心便是良知，王陽明以良知爲是非之心，人人都有，不能泯滅。良知之知，應見於行事；然而因爲人有私慾，私慾常使天理被掩蔽。爲什麼私慾常會掩蔽天理呢？這是性的善惡，惟人有心靈的自由，心靈自作主宰。心靈爲什麼因着私慾而傾於惡呢？那是因爲人生來帶有一種原罪的流毒，流毒亂了人的心靈。爲使人能够勝過這種原罪的流毒，基督降凡人世，賜人以寵佑，助人堅定意志以向善。

『自我』的生命，由心靈的生命作代表，心靈的生命以心靈作主宰。心靈雖是有限的本體，却有無限的潛能，爲實現這些潛能，『自我』便具有無限的希望，常希望更能成全自己。心靈的潛能，爲理性的潛能，求知，求愛；知爲知眞理，愛爲愛和美。

天主乃是絕對的『存有』也就是絕對的眞美善。人的『自我』生來傾向於絕對的眞美善。祇是以自己的有限之有，沒有能力可以達到絕對的眞美善；而且因着生來所帶的原罪流毒，『自我』是處在絕對不可能成願望的境地。基督下凡，賜給人的寵佑，旣助人排除原罪的流毒，又助人達到絕對的眞美善。

絕對眞美善的天主，爲人的造主，又爲人的救主，他是無所不在；因爲他旣是絕對的精神體，不受時空的限制，又因他對所造的人物，須要以他的全能繼續予以保持，否則人物就要歸於絕對的虛無。這樣天主是在人以內又在人以外。

人的『自我』以自己的心靈傾向絕對的眞美善，絕對的眞美善旣也在人的心靈內，『自我』反觀自己的心靈便能和天主相接。

儒家主張人的心以天地之心爲心，天地之心爲仁，人的心也是仁。人反觀自心能體會仁道，將仁道予以發揮，人的心靈乃和天地萬物相接合爲一體。天主敎的信仰主張天主是仁愛，人心便也是仁愛，人的『自我』，藉着基督所賜的寵佑，可以發揮自己的仁愛，自心仁愛的對象，第一是眞美善的天主，第二是一切衆人。『自我』發揮了自心的仁愛，便在自己心內和天主相接。同時在愛天主的愛裏，也愛別人而和別人相接。

『自我』的心靈和絕對的眞美善相接，便體驗到一種不能勝過的障礙；因爲絕對的眞美善爲絕對的精神體，『自我』則是人，人是有肉體的有限體，人的心靈藉着感官而認識客體；因此便不能認識絕對的精神體。

但是，人的『自我』的心靈，有時能因對於絕對眞美善的熱望，間而超過自己的感覺，直接和絕對精神體相接，心靈也體驗到這種接合。然而這種接合是間而實現的，是可有而不可求的。心靈祇是處在被動的地位，絕對精神體則處在主動的地位。心靈雖是被動，然在另一方面則又是主動，即是應該主動的掃除心靈對於事物的一切繫戀。儒家主張爲實現心靈的仁，應掃除私慾，仁道旣現，『自我』便能天人合一而與天地萬物爲一體。天主敎信仰要求『自我』掃除對於事物的繫戀，心靈淸明，祇有對於絕對眞美善之愛；然後纔可以被絕對精神體所動，體驗到一時的接合，這種接合不是用感覺，也不是由理智的推論，而是精神和精神體的相接。當相接時，肉體完全沒有知覺，理智也是靜虛，沒有任何觀念，沒有任何語言文字，可以描述，祇能稱爲神秘的靜觀。在這種神秘的靜觀裡，『自我』體驗到和絕對眞美善的接合，可以滿全自己所有的無限希望。然而這種接合祇是間而可以有的，而且不可求的『自我』乃更增加對於接合的希望；永久接合的希望，乃是在於身後，靈魂脫離了肉體；因此，『自我』能參破生死，自信在死後，『自我』能完全發揚，永久和絕對精神體相接合，使自心對於眞美善的無窮希望，也使心靈對於眞美善的無限潛能，都能實現，這就是天主敎所信的身後永福。永福即是『自我』的完成。

民國六五年五月寫於羅瑪旅次

儒家的形上學

一、

哲學沒有形上學，就像一座房屋缺乏根基，形上學不正確，哲學便會像建築在沙灘上的房屋經不起風吹雨打。歐美的哲學界雖然在十八世紀和十九世紀盛行唯物的科學思想，一種打倒形上學的呼聲，形成了一股思潮，然而那些呼喊打倒形上學的哲學派系，自身却變成了形上學，企圖作爲哲學的。民國初年中國的人生觀論戰，丁文江和胡適之等人呼喊打倒玄學鬼，也是隨着歐美的思潮，並沒有新的意義。

但是，可希罕的事，則是歐美的科學思潮在企圖打倒形上學時，科學自身却建立科學哲學，以哲學的方法和思想解釋學原則，使分門別類的科學能有共同的聯繫，這不是科學要求以形上學作基礎了嗎？

形上學並不是限定在西洋傳統的形上學以內；形上學是尋求事物最高理由的學術。科學當然也應有最高理由，別的事物也應當有最高理由；形上學便不是玄學鬼，便不是空中樓閣或幻想，而是不可缺的學術。

西洋哲學在傳統上大別為三類：一類為實踐的哲學，包括宗教哲學和倫理學。一類為自然界哲學，包括宇宙論和心理學。一類為形上學，包括認識論和本體論。

認識論為哲學的出發點，哲學在於研究物的理由，研究工作是人去研究，人作研究是用理智；那麼，第一個問題應該是問理智是否可以認識對象？理智的認識有什麼價值？認識論便是形上學的第一個問題；而且歐美的近代哲學都集中在認識論，以認識論作了形上學，如英國的實徵論，德國的唯心論，康德的理性批評，奧國的語意邏輯，羅素和懷德里的數學邏輯，胡塞爾的現象論。

本體論在西洋哲學傳統裡，乃是形上學的本論。形上學研究事物的最高理由，事物在分析的過程通過單體，種，類，到最後的大類，例如張三是人，人是動物，動物是生物，生物是物，物是有。『有』便是事物的最高理由。凡一事件的最高理由該是『有』，若是沒有乃是無，便無所謂研究。

西洋形上學乃以『有』爲對象，研究『有』的含義。由『有』的含義引伸出哲學的共通原則，如同一律，矛盾律，因果律等。『有』以下的『物』，則是宇宙論的對象；因爲物已是形而下之器。宇宙論研究『物』的構造，講論元形和元質。

二、

哲學在中國沒有成爲一種系統的學術，祇有各種有關的思想，也沒有專門討論哲學問題的有系統的書。因此，不能把中國的哲學思想按照西洋哲學的系統加以分類。但是哲學爲研究事物的理由，中西都相同。而在研究事物的理由時，中國古代學者也研究事物的最高理由；這一部份的研究，便可以稱爲中國的形上學。

中國學者所研究事物的最高理由，在於『形而上者謂之道。』（易繫辭上，第十二）道爲事物的最高理由，對於『道』的研究便可稱爲形上學。

老莊講道形而上之道，以道爲萬物的根源，老莊研究『道』的哲學爲形上哲學。

儒家也研究『道』，易經就是研究『道』的哲學書。第一，易經說明自己的內容，『易之爲書也，廣大悉備，有天道焉，有人道焉，有地道焉，兼三才而兩之故六。六者非它也，三才之道也。』（繫辭下第十章）三才爲天地人，天地人代表萬有。易經便是研究萬有之道。

天地在易經由乾坤代表，『天尊地卑，乾坤定矣。』（繫辭上，第一）易經所研究乾坤之道，在於乾坤的變化，易的意義，就是變易。『在天成象，在地成形，變化見矣。』（繫辭上，第一）『是故形而上者謂之道，形而下者謂之器，化而裁之謂變，推而行之謂通，舉而措之天下之民謂之事業。』（繫辭上，第十二）這裡所講的變、通、事業，即是天道地道人道。易經所研究的道，爲天地人物，即萬有的變化之道。

西洋形上學的『有』，由於分析外面的事物而取得這個共通的觀念。分析的過程到了『有』，不能再加分析，沒有較比『有』更單純更共通的觀念。

中國古代學者研究萬有變化之道，是從動的方面去研究『有』。中國學者觀察外面的自然現象。『易與天地準，故能彌綸天地之道。仰以觀於天文，俯以察於地理，是故知幽明之故，原始反終，故知死生之說。』（繫辭上，第四）『古者包犧氏之王天下也，仰則觀象於天，俯則觀法於地，觀鳥獸之文，與地之宜，近取諸身，遠取之物，於是始作八卦，以通神明之德，類萬物之情。』（繫辭上，第二章）

八卦以陽陰兩爻錯綜而構成。易所講的天地萬物變化之道，乃是陰陽變化之道。

『一陰一陽之謂道，繼之者善也，成之者性也。』（繫辭上，第五）陰陽變化所成的，即是物性。陰陽變化，繼續不息，乃成萬物。萬物由陰陽的變化而生。易經所講的變化之道，便是生化之道。『生生之謂易。』（繫辭上，第五章）

孔子在論語裡也由觀察外面的自然現象而得到萬物生化的結論。『天何言哉！四時行焉，百物生焉，天何言哉！』（論語陽貨）

易經觀察自然界的現象，看到萬有都在變動，這種變動周流不息，變動的目的在於化生萬物。易經便研究萬有的生化之道。

『夫易廣矣大矣！以言乎遠則不禦，以言乎邇則靜而正，以言乎天遠之間則備矣。夫乾，其靜也專，其動也直，是以大生焉。夫坤，其靜也翕，其動也闢，是以廣生焉。』（繫辭上，第六章）

『彖曰：大哉乾元，萬物資始，乃統天。』（乾卦，彖）

『彖曰：大哉坤元，萬物資生，乃順承天。』（坤卦，彖）

易經的天地，乾坤、陰陽，都是指着萬有變動的兩種動力或兩種元素。萬有都由陰陽而動，動的現象由天地而代表。易經以乾坤爲萬物生化的根源，天地爲萬物生化的基礎。

『彖曰：泰，小往大來，吉亨，則是天地交而萬物通也。』（泰卦，彖）

『彖曰：咸，感也，柔上而剛下，二氣感應以相與，止而說。……天地感而萬物化生。』（咸卦，彖）

『彖曰：姤，遇也，柔遇剛也。……天地相遇，品物咸章。』（姤卦，彖）

『彖曰：歸妹，天地之大義也。天地不交，而萬物不興也。歸妹，人之終始。』（歸妹卦，彖）

易經對萬物的觀察，『近取諸身，遠取諸物。』從人身去觀察，人由男女相合而生，乾坤和天地代表男女。『歸妹，人之終始。』由人而到物，物的化生，也由陽陰兩元素，天地代表陽陰，因此『天地感而萬物化生。』『天地相遇，品物咸章。』易經所以說：『乾道成男坤道成女。』（繫辭上，第一）

中華民族的農業民族，農人的生活在春夏秋冬四季變化之中，以求五穀的化生。春夏秋冬代表宇宙的變化，宇宙的變化，便是爲使萬物化生。因此，易經乃說：

『天地之大德曰生。』（繫辭下，第一）

三、

萬有的變化之道。漢朝易學傾向卦氣，所謂卦氣，乃一年四季陰陽相交之氣。漢朝京房孟喜以卦爻配一年的節氣和日數，處處表示追求萬物化生道；祇是他們的研究不從形上的理論去研究，却從形下的卦氣去相配，成爲一種唯物的天人相應論。

宋朝理學家則放棄了漢朝易學的思想，而從形上的理去研究化生之道。

宋朝理學以『道』爲理、朱熹說：『在物爲理，處物爲義。理是在此物上，便有此理。』(朱子語類，卷九十五) 理，就是物理，是物之所以成物的理由。各物有各物，各物所有的理又同是一種。朱熹以萬物之理，理一而殊。

『問理與氣？曰：伊川說得好，曰理一而殊。合天理萬物而言，只是一個理。及在人，則又各自有一個理。』(朱子語類，卷一)

『曰：太極只是萬物之理。在天地言，則天地中有太極，在萬物言，則萬物中各有太極。』(朱子語類，卷一)

一物不能具有兩個理，否則不成一物。天地萬物也不能同具一個理，否則彼此沒有分別。朱熹和二程等人所講理一而殊，乃是天地萬物之理同是一個理，同一個理在每一物中所表現的程度不相同。爲什麼表現的程度不相同，原因來自氣。氣有清濁，濁氣使理不能表現，清氣使理可以表現。這個同一而又表現不同之理，即是生生之理。萬物都因着生生之理而存在。

『存在之理爲生生之理，萬物因天地的生生之理而化生，因此能够存在。每一物的存在，即是爲能生存，生存即是存在，萬物乃得天地之理爲理，每一物的生存，因着所稟氣不同，存在不相同。不僅是存在不同，而且存在的發育也不相同；這就是同一生生之理，在每一物內各不同；「理一而殊」。……生生之理，在天地萬物中爲同一之理；但每個物體都具有理和氣，理雖相同，氣則有異。氣的分別，在於清濁。氣清，則所有之理，正正當當都表現出來；即是生生之理，都能表現出來；也就是具有圓滿的生命，這就是人。氣濁，則所有之理，祇能表現一部份，便是偏而不全，生命的意義很淺，或者沒有生命；這就是人以外的物體。』(註一)

萬有的化生，由理和氣而成，理氣同時存在，互相限制，互相成全。每一『有』或『存有』，由動一方面去看都是生化，因爲存有由化生而來，本體又常爲生化而變易。沒有一個『存有』不變，沒有一個變易不是爲『生化』。

從化生的由來去研究，儒家有幾個學說系統。易經的系統是『易有太極，是生兩儀，兩儀生四象，四象生八卦。』這個系統乃是儒家各派的基礎。

揚雄模擬易經作太玄建立了一個以玄爲根基的系統，他在太玄書裡，以天地人爲三元，以方、州、部、家爲四重。四重爲一首，一首有三方，九州，二十七部，八十一家。以家爲起點，八十一家成爲八十一首。八十一首，仿效易經的六十四卦。

司馬光作潛虛，以虛作中心，建立另一系統。邵康節又以數爲中心，建立一種系統。但最普通又爲學者所接受的，則是周敦頤的太極圖，『無極而太極，太極動而生陽，動極而靜，靜而生陰，靜極復動。……陽變陰合，而生水火木金土。五氣順布，四時行焉。……乾道成男，坤道成女。二氣交感，化生萬物。萬物生生而變化無窮焉。惟人也，得其秀而最靈。』（太極圖說）

由易經到太極圖說，中間經過了漢朝的易學和道教的煉丹術，太極圖說結合了其中的變遷。

從生生之道，研究出來幾項共通的原則。

『各物有自己的位和時』，這條原則可以稱爲『時位律』，易經的卦爻完全按照這條定律去解釋。由『時位律』乃有『中正』的觀念。

『週而復始』，這條原則可以稱爲『循環律』，易經的卦顯示這項定律，漢朝的卦氣和宋朝的易國，根據這項定律成立系統。由這條定律乃有『自强不息』的觀念。

『陰陽兩相調協』，這條原則可以稱爲『動靜律』，每一變動都由陰陽兩元素而成，單一不能變，陰陽互相調協，而不互相矛盾。每素恰得其當，則不過也不及。由這條定律乃有『中庸』的觀念，以及『動中有靜，靜中有動』的觀念。

四、

生生之理稱爲仁，例如桃杏仁就是生命之所在。宋朝理學家乃以人心所有之理爲仁，人心爲性的實現，也是生命的中心。人心若不仁，人就沒有生命。

就生生之理去看，人和物都是一樣，而且互相聯繫。因此理學家張戴在西銘裡說：『乾稱父，坤稱母，民吾同胞，物吾與也。』王陽明在大學問裡說人和物有一體之仁，以人和物在生命上的一體，因爲人爲維持生命，吃礦石的藥，吃植物的蔬菜，吃動物的肉。在生命上，人和物相連。

仁表示生命，仁也表示愛護生命。萬物都有生存，萬物也都愛惜自己的生存。既然在生命上，人和物互相聯繫，人便因愛自己的生存，推而愛他人的生存，再推而愛萬物的生存。這就是中庸盡性則盡人性，盡人性則盡物性，盡物性則贊天地的化育，仁便成爲『愛之理』朱熹說：

『愛非仁，愛之理爲仁。心非仁，心之德爲仁。』（朱子語類，卷二十）

生命來自天地，天地化生萬物，代表上天愛物之心。人得天地之心爲心，人心乃有仁。

『人之所以爲人，其理則天地之理，其氣則天地之氣。理無迹，故於氣觀之。要識得仁之意思，是一箇渾然溫和之氣，其氣則天地陽春之氣，其理則夫地生物之心。』（朱子語類，卷六）

人心既是仁，仁爲愛之理。人生來便是善，孟子主張性善，以人心具仁義禮智之端。朱熹主張本然之性爲善，氣質之性因着氣的清濁可善可惡。

仁義禮智既生來具在人心，人心由氣而成，氣爲陰陽之清氣，清氣中也含有五行之氣。漢朝儒者已把金木水火土和五常之德相配合，木配仁，火配義，金配禮，水配智，土配信。宋朝理學家接受這種思想，以五德由五行之氣而來，把倫理和形上學相連了，倫理的問題進入了形上學的本體論。性善惡的問題，五常和五行的問題，格物致知的問題，爲歷代儒家的中心問題。而問題之所在，不在倫理學的善惡和道德問題，而在本體倫的性理問題。

人性和人心既然具有愛護生存的仁，又具有仁義禮智的四端，人的生命便在於發揮人心之仁和仁義禮智之端。一個完全的人，要實踐這種生命；所以聖人爲完人。一個不完全的人，稱爲小人。完人和小人，不僅是在倫理道德上有分別，就是在本體上也有分別，因爲聖人發揚了自己的人性，小人則沒有發揚自己的人性。

結 論

戴東原說：『觀象於天，觀法於地，三極之道，參之者人也。凡天之文，地之義，人之紀，分則得其專，合則得其和。分也者，道之條理也；合也者、道之統會也。條理明，統會擧，而貴賤位矣。生生者，化之原；生生而條理者，化之流。分者，其進；合者，其止。進者，其生；止者，其息。……是故生生者仁，條理者禮，斷決者義，藏主者智。智通仁，發而秉中和，謂之聖。』(戴東原，法象論)

這一段文章，很簡略地說出了儒家的形上學思想。由觀察物象而得生生之道。生生有分有合，有流與止。由生生之道而到人之仁，進而有仁義禮智之理。方東美教授說：『儒家形上學具有兩大特色：第一，肯定天道的創造力，充塞宇宙，流衍變化，萬物由之而出。『易曰：大哉乾元！萬物資始，乃統天。』；第二，强調人性之內在價值，翕含闢弘，發揚光大，妙與宇宙秩序，合德無間。『易曰：大人者，與天地合其德，與日月合其明，與四時合其序，與鬼神合其吉凶，先天而天弗違，後天而奉天時。』簡言之，是謂天人合德。』(註二)

方先生所說兩大特色，第一即是生生之理，第二即是人性之仁。生生之理和人性之仁，就是儒家的形上學。

註：

(一) 羅光，中國哲學思想史。(三)頁五〇〇，先知出版社　民六十五年版。

(二) 方東美。中國形上學史之宇宙與個人。頁四〇哲學與文化月刊第二卷第七期，民六十四年七月

儒家的心性論

儒家的哲學思想以人爲中心，上溯人的來源乃講宇宙，旁究人的發展，乃講人和萬物一體。在這種人文哲學的思想中，作爲樞紐的中心點，則是人性和人心。因此由中庸大學，到孟子荀子，然後到宋明的理學家，性和心成了儒家思想的核心。

儒家研究性和心，由人的生命出發。人的生命不是生理的生命和心理的生命，孟子稱這兩方面的生命爲人的小體，和禽獸相同；人的生命乃是精神的生命，爲人的大體，以心思之官爲主體。儒家研究人的精神生命，追究精神生命的來源，研討精神生命的發展。在西洋哲學裡，對於這些問題，有認識論、心理論和倫理學；中國儒家哲學則合併在性論和心論裡。

儒家研究哲學，和道家墨家一樣，不是高談哲理，而是講論實際人生之道，實際的精神生活，在於發揚人性，中庸所以說：『率性之謂道。』然而在這種「率性」之道的實行時，發生了一個很大很難的問題，就是「惡」的問題。爲什麼緣故有許多人不率性而行呢？既然不率性，便不能發揚人性，人而有禽獸之行！追究惡的根由，儒家便有性的善惡問題。

爲什麼緣故人作惡呢？因爲人心使人作惡？人心爲什麼使人作惡呢？因爲人心生來傾於惡？人心爲什麼生來傾於惡呢？或者者因爲人性本來是惡，或者是因爲人心生來有種阻礙，使人不能率性而行，以致於動而不中節。於是善惡問題，成爲人性人心的善惡問題，進入了形上的本體論。在西洋哲學裡，善惡問題是人的行爲和行爲規律的關係問題，由倫理學去討論。儒家却把善惡問題成爲形上的本體問題，以爲善惡來自人的本體，因爲人的本體或善或惡，人的行爲乃有善惡。因此儒家的形上學，不在於講論人物的本體，而是在於講道善惡的形上本體，成爲形上倫理學。

然而倫理學不足以範圍儒家的哲學；儒家的哲學不僅討論善惡問題，進而討論精神生活的發揚。人的精神爲心靈，心靈的發揚在於發揚人心之理，人心之理爲生生之理，即是仁。仁的發揚，貫通天地萬物，使人和天地萬物爲一體，盡心而有浩然之氣，盡性而參天地的化育。在西洋哲學裡，則這種思想已由倫理學進入了天主教的神秘生活論，邁進神學的最高領域。

一、心性的來源

儒家的哲學以宇宙爲一整體，易經根據天地人三才而作卦，單卦爲三爻，複卦爲六爻。由宇宙的變易，推測人事的變易，以決吉凶。易經的「十翼」更進而以天地之道，作爲人之道的根據，『天行健，君子自強不息。』人的生活之道，遵照天地運行之道而定。

人既是宇宙整體的一部份，人的本體和宇宙的整體一定相連。然而這種相連不是物質方面的相連，也不是物理方面的相連，而是在形上的本體方面的相連。人的本體由理和氣而成，理成人性，氣成人形，和性要氣乃有人心。

中庸說：『天命之謂性。』朱熹以命爲命令，天的命令，天的命令即是『天生萬物，有物有則。』天命乃是天則。天則即天地運行的規則，爲宇宙間的自然律，自然律來自創造萬物的上天。人的人性，禀承宇宙間的天則，來自天命。理學家如程顥程頤，都以天、性、理、心爲異名而同指一實。性爲理，理稱天理。程頤說：『自理言之謂之天，自禀受言之謂之性，自存諸人言之謂之心。』（語錄）

宇宙既爲一整體，宇宙之理祇是一個理，朱熹乃說『天地有一太極，萬物各有一太極。』程頤乃主張理一而殊。人性之理爲天地之理，也爲萬物之理。然而却又不能說人之性爲牛之性，牛之性爲馬之性，萬物之性乃各不相同即是理一而殊。

人得天地之理以爲性，人得天地之心以爲心，人性人心都來自天；來自天則與生俱來。告子所以說：『生之爲性。』孟子不讚成；然而宋朝理學家二程却也說『生之爲性。』生之爲性，在二程的思想裡，還有另一種意義。性即理，理祇一個理，這個理爲天地之理，乃是生生之理，爲天地化育萬物之道。『生之爲性』，即是生生之理爲性。人性爲生生之理，人心乃有天地之仁道。

『人得天地之心以爲心』，這是宋朝理學家的主張，爲一貫的邏輯結論，心爲性爲理，人性來自天地之理，人心便來自天地之心，所謂天地之心，朱熹雖不願解爲造物者之心，但也不願解爲呆木的自然，所以他說天地有心却似無心，實際上天地之心代表好生之德，好生之德在天地的運行中，自然流露，顯示造物者愛惜萬物之心。老子曾云：『天地不仁，以萬物爲芻狗。』儒家則以天地有好生之德，有仁心；人乃得天地之仁心以爲心。

二、性和心的意義

唐君毅教授在中國哲學原論的論性篇，曾標舉儒家歷代學者論性的觀點，他說：孔子對習言性，告子即生言性、孟子即心言性，荀子對心言性，中庸即性言心，王充即命言性，二程即生道言性又即理言性，朱子以理氣言性，我們可以看到在理學家以前，儒家都由用的方面去論性，宋朝理學家纔從體方面去論性，程頤所以批評荀卿和楊雄不識人性，所講的性乃是情。

在西洋哲學裡，人性有兩個名詞，一個是 Essense，一個是 Nature。第一個性，爲本體論的性，即人之所以爲人之理，爲人的本體之成素。第二個性，爲人生活之道，是倫理規律的基礎。倫理上所稱的性律，便是發自這個性。一個是靜的性，爲人存在的理由；一個爲動的性，爲人生活的標準，在應用上，兩個性的內容雖不相同，然而在根本上是相同的，因爲動之性以靜之性爲根本，兩者是異名而一實。儒家論性，從人生之道去討論，便是西洋的動之性。但是理學家則由人之本體方面去論性，便是討論西洋的靜之性。然而同時理學家却不注重人之所以爲人之理，而更注重人之所以做人之道，以人性爲人生之道；這也可以說是符合理學家所說：動中有靜，靜中有動。

性爲理，理爲人所以成爲人的理由。人和物一樣，人的本體由理和氣而成，理成人性，氣成人形。理在天地萬物中爲同一之理，然因萬物所稟的氣不同，理的表現乃不同，物性乃有異。朱熹作一個譬喻說：如同天上只有一個月亮，反映在湖中江河中則有許多月亮。天地萬物的理，同爲生生之理，這個理的表現，即是生命的表現，因着氣禀不同，礦物只有存在而沒有生命，植物則有生理的生命，動物又有感覺的生命，人則有全部的生命，且能自己明瞭生命的意義。這種生命爲精神的生命，由集義而發揚。因此，理學家說人得『理之正』，物則得『理之偏』。所謂『理之正』，是全部的生生之理，可以正大光明地實現於人的生活。

人的靈性，在於人的心，人心爲靈。心既靈，纔能顯示人性之理。理學家常說：性不可見，由心而顯。性爲抽象之理，具在人心裡，心能知道性理，也能表現性理，因此孟子和荀子都由心去講性。孟子以人心生來具有仁義禮智的善端，人的心便生來傾於善，因此他主張性善。荀子則以人心生來傾於惡，因此他主張性惡。理學家不以心有善惡，但主張人的善惡由心而定。

理學家以人性爲理，理即天理，理在人心自然昭明，大學稱爲明德，中庸稱爲中，宋朝理學家曾有未發和已發的問題，程頤和呂大臨曾有論「中」的書信，呂大臨以七情未發時即是性的本體，中即是性；程頤指點他的錯誤，認爲未發之中，祇是性的體段或氣象。楊時和他的門生，便講求靜坐以體驗未發時的氣象，湘學派的胡宏和張栻批評這種靜坐流於空虛。這種問題都是性由心而顯的問題。

然而心是否就是理？二程以心、性、天、理同一意義，陸象山和王陽明更主張心和理爲一；朱熹則以性爲理，心爲氣之靈，兼統性情。人的善惡，雖根於性的善惡，然而善惡實現而成爲事實，則由心而定，因爲人心是靈。能知天理，能作主宰，這種思想由荀子而來，理學家加以發揮。

人爲行事，該以天理爲規律，人便該知道天理；理學家乃有格物致知的問題，天地萬物同一理，理便在萬物，也在人心。人心虛靈而靜，可以知，可以思。程顥主張心無內外，反觀自己的性理，便知天理。天理由人心自然流露，大學稱爲明明德，中庸稱爲誠。程頤則以格物爲研究事物的理，由事物的理而知人心的天理，然後勉力修行『敬以持內，義以方外。』朱熹繼承了程頤的主張，陸象山繼承了程顥的主張，成爲關於致知格物的兩派學說。王陽明捨棄了朱熹和陸象山的格物致知說，建立了他的致良知的學說。陽明以良知爲天理、爲心、也爲性。良知自然昭明，人反觀自心良知，在行爲時，則致良知於事事物物，良知之知的昭明，是對事物而顯，良知顯時也就致良知之理於事物。因此良知的昭明就是事物合於良知之理，知行便就合一，這一層道理，相似於天臺智顗的心觀。智顗以佛性在人心的最深處，爲無明所掩，人在當前意識的一念中，破無明，顯佛性。

心在西洋哲學裡，相當於靈魂 Anima，也相當於現代西洋哲學的理性 Mind。靈魂在西洋哲學裡爲生命的根由和中心，人有生理、感覺和理性三層生命，然而三層生命的根由和中心祇能是一個，所以人祇有一個靈魂，這個靈魂具有三層生命的本能。人的三層生命以理性生命爲最高，代表人的特性，人的靈魂乃稱爲靈魂。靈魂爲人的本體之一部份，人的本體之另一部份爲肉體。西洋現代哲學不講靈魂而講理性，因爲現代哲學不願講實體（Substance），祇講用。理性 Mind 僅是一本本能。儒家的心爲體，知和情則爲用。

西洋哲學的靈魂具有兩項本能，一爲理智、一爲意志，理智可以知道，意志可以主宰。儒家的心有知，又爲身的主宰。西洋哲學的靈魂爲精神體，儒家以心虛靈而靜，稱爲神。但是儒家不以心爲魂，雖然儒家的魂魄也指着心靈和肉身，然而魂魄的意義則在於生命的根由，魂爲陽氣，魄爲陰氣，陽氣和陰氣就是人的生命的根由，心則是人的精神生命即德性生命的根基，代表人之所以爲人。孟子稱之爲大體，耳目之官爲小體，體爲人和禽獸所共有，大體則是人所專有。

三、性的善惡

性善性惡的問題，爲儒家哲學的一個中心問題，從孟子一直到清朝的顏元、李塨，兩千多年都討論這個問題，而且也是儒家所以講性和心的緣因。

善惡的問題在西洋哲學裡，也是一個很棘手的問題。古代波斯哲學已經主張有善惡兩神，善神爲善的根由，惡神爲惡的根由。天主教的神學以善來自天主，惡來自魔鬼。然而這種根由爲外在的根由，爲善惡的最後根由。至於人爲什麼行善或行惡呢？善惡的根由，應該在人以內。

普通說來，人行善行惡，因爲人願意行善行惡。但是人爲什麼願意行善或行惡呢？則是因爲人生來是傾於惡。爲什麼人生來傾於善或傾於惡呢？儒家答說是因爲人性是善或是惡。

儒家的主張各有不同：告子以性可善可惡，孟子以性爲善，荀子以性爲惡，揚雄以性分三品，張載以氣質之性可善可惡，程頤以善惡都出於性，朱熹乃集合前人的主張，以理爲善，氣則可善可惡。

告子、孟子、荀子、揚雄祇講到性善或性惡，或可善可惡；這種性的善惡由心而顯露出來，因此，實際上這種性的善惡，乃是心的善惡。理學家乃進一步追問心爲什麼有善惡，緣因則在於氣。

朱熹的解釋很詳細；人由理氣而成，理成人性，氣成人形；形爲具體的存在。人的具體存在包含心靈和身體。因此性和心有區別：性爲理，必則有理有氣，程頤乃說『自性之有形而言謂之心，』張載說『和性與知覺，有心之名，』朱熹則說：『心兼性情。』總之，心含有理和氣。

理爲天理，爲人的本體之性，沒有善惡可言，因爲理爲形而上的抽象之理，屬於人的本體，爲人『存有』的理由，不在倫理的範圍內。朱熹乃說理無善惡，如要談善惡，祇能說理是善。從理一方面說，朱熹隨從張載和二程的思想，稱理爲人的本然之性或天地之性，本然之性乃是善。

氣有清濁，各人所稟受的氣有不同的清濁程度。氣若清，則人性之理明瞭地顯於人心，也就見於行事；氣若濁，則能使人心不顯露人性之理，人的行事乃向於惡。這種理和氣相結合之性，稱爲氣質之性，氣質之性有善有惡。氣質之性就是每個人的個性，也就是具體之性。所謂天然之性，即抽象之理，實際不存在，存在之理必定要賦於氣，因此實在的性都是氣質之性，本然之性祇存在理想之中。凡是實際之性既都是氣質之性，則凡是實際之性都有善惡。

孔子曾說唯上智與下愚不移，理學家都認爲聖人爲上智，聖人所稟受的氣爲最清之氣，聖人的氣質的性便是善。下愚則爲稟受重濁之氣的人，氣旣重濁不容易改變。然而聖人和下愚的人不多見，一般的人所稟的氣淸濁不同，善惡也不同；他們的氣質也就可以改換。

氣即形，形能使理在人心可以顯露或不可以顯露；這種形，稱爲情。理學家如二程和他們的門生，都以情爲性之動，朱熹則以情爲心之動。按理說，情的根基來自性，情的本體則在於心。所謂喜怒哀樂，爲心的喜怒哀樂；人之所以喜怒哀樂，當然根之於人性。人的喜怒哀樂，和狗的喜怒哀樂所以不相同。

情也稱爲欲，因外物的感引而動。氣淸的人所有情慾淸，動時，不會掩蔽人心的天理，於是動而中節，天理便見於人的行動，便稱爲率性而動，也稱爲明明動，也稱爲誠，也稱爲和。氣濁的人，情慾旣動，遂掩蔽天理，動而不中節，乃有惡，朱熹便說性沒有善惡，情則有善惡。

孟子當時已主張克慾，理學家更以節慾爲修身的重要條件。節慾即是爲節制情慾的衝動，使情慾不掩蔽人心的天理。王陽明爲致良知主張格物爲格除物慾。

克慾爲消極的一面，積極的一面爲改換氣質。氣本來是本體的因素，必不能改，否則人的本體便改變了。然而氣所成的形，即是情慾則可以改換，改換情慾，理學家稱爲改換氣質。

朱熹因此把惡的根由在於氣，淸朝顏元、李塨都不讚成這種主張，因爲氣所成的爲才，喜怒哀樂也是才，孟子曾說所謂不善，不能說是才之罪，才是才能，才能祗能說高低，不能說善惡，才高的人不一定善，才低的人不一定惡。孟子雖也曾說過情可以有善有惡，實際上情本身無所謂善惡，善惡是在情動時，中節或不中節。

現在心理學主張有些人生來具有某種傾向，這種傾向可以是向善，可以是向惡，例如有人生來傾向淫，有人生來偸竊，有人生來則喜歡慷慨幫助人。不過生來具有特別傾向的人並不多。所以不能以人性善惡去解決善惡問題。善惡問題爲倫理問題，是行爲和行爲規律的關係，不能牽入形上學的本體論。當然從具體方面說，善惡問題必定牽涉到人，人爲什麼做善，人爲什麼做惡。然而這個問題已經超出哲學的範圍，哲學沒有辦法可以解答，必要進入神學以內，由宗教信仰予以答覆。

四、盡心盡性

儒家論性論心，以善惡問題爲核心；然而儒家學者的目標則是發展人的精神生命。天地運行的目標在於生生，易經說生生之謂易。天地因此有好生之心和好生之德，天地萬物所有的理，也就是生生之理。生生之理乃是物性，而生生之理不是靜的存有之理，乃是動的化育之理。理在物內，常是動，常要化育、常要發揚。

儒家以物性在物化成之時，祗有基本之理，這種基本的性理，隨着物的存在而繼續發育，如同植物和動物以及人的生命，在化成物而開始存在時，生命祗是一個基本生命，後來逐漸發育成長，若不發育便要枯萎。人的生生之理，不在於生理和感覺的生命，而在於心靈的生命，心靈的生命爲倫理道德的生命，儒家用一個名詞作代表，稱爲仁。仁爲生，仁也是愛。人的精神生命便是愛自已的生命，也愛別的人和物的生命。孔子說立已立人，達已達人。

爲發育仁的生命，第一步在於保全人的人性，人性爲生理，爲人生之道，若是人性被摧殘了，仁的生命便缺乏根基。如同孟子所說牛山濯濯，並不是因爲沒有生命的種子，而是因爲樵夫和牛羊把長出來的草木，都摧折了。孟子主張養心養性，保存平旦心中所有的夜氣，這種平旦的夜氣，是人心沒有被任何情慾所動，清明見底。宋朝楊時和他的弟子羅豫章以及再傳弟子李延平，主張靜坐，保全未發的氣象。

爲能養心養性，宋朝理學家都主張守敬，程頤更主張守敬爲主一。心主於一，按照張栻的解釋，在於專於所做的事，凡事都要心必在焉。同時主一也就是大學所說的正心。

心得其正，人性之理則能表現於行事，便實現中庸所說的『誠』程顥生性瀟灑開朗，以人心得正，人性之理自然流露於行事上，不必勉强，如孟子所說不要偃苗助長。他認爲知與行自然合一，知道天理便自然行動合於天理。佛敎的華嚴宗主張理事融通無礙，以佛性爲理，存在人心，人修行成佛，佛性即現在事上，事即理，理即事，理事融通。程顥和後來陽明都受華嚴的影響。王陽明也曾分人爲利根和鈍根。利根之人，知良知，便自然致良知，鈍根的人，則須克己修行。程頤則主張一般人都該修行，除聖人自然行善以外，一般人都要勉强修行，使心中的性理，實現於行事。湘學派的胡宏和張栻，特別强調實踐修行，以免蹈於禪宗的空虛。

人性之理，即是人性，繼續發育；所謂發育並非改變人性，而是人性之理繼續完成。好比人的生命在生理，感覺和智識方面，由幼小而到成熟，繼續發揚，然而生命的基本並不變。王船山乃有『性日生，命日受』的主張。

人性之理在仁道中，發育滋長，以至人性之理能全部發揚；這是儒家所稱的『盡性』。一個人發揚了自己的個性，便能發揚人的人性，發揚了人性，也能發揚萬物的物性。中庸第二十二章說『能盡其性則能盡人之性，能盡人之性則能盡物之性，能盡物之性則可以贊天地之化育。』

人性之理和天地萬物之理相同，同爲生生之理，同爲仁。一個人發揚自心的仁道，成爲一個仁者，仁者立己立人，達己達人，而且仁民愛物，和天下的人同憂同樂，如范仲淹所說『先天下之憂而憂，後天下之樂而樂。』又要佐人君行仁政，使天下治平，天地運行之道不受人間罪行的阻撓，天地人物都在天然的和諧內生育，風調雨順，萬物化生。仁者乃能贊天地的化育。

張載在西銘裡主張『民吾同胞，物吾與也。』王陽明在大學問裡 主張人與 物有一體之仁。都是發揮中庸的思想。人若盡性，便能與天地萬物相合爲一。在生命上，人和天地萬物相通。人和物，都是得天地之理，得天地之氣。理相同，氣雖有異；然而天地的元氣，週遊萬物，因着元氣週遊，萬物纔能化生。人的心，禀有天地之氣，人所禀之氣爲天地秀氣，使人的生命之理可以完全發揚。人在發揚性理時，發揮仁道，人的心因着所具的秀氣，乃和週遊萬物的元氣相通，人心之氣遂成爲浩然之氣，充塞天地。道家莊子的養生之道，要求人的氣和元氣相合，人乃能長生。儒家不講長生，祇講浩然之氣，浩然之氣不是像道家所說以生理的方法去培育，而是由集義所生。浩然之氣爲仁道，爲人的精神生活之最高峰，由於發揚人心的仁義禮智之端以完成。浩然之氣，即是和天地萬物合而爲一，即是贊天地的化育，即是盡性。

禮記的論禮論樂兩篇，標出宇宙間有天樂，也說明禮以天地爲本。歷代的文人詩家，也常歌詠宇宙間的天籟。宇宙爲一活的整體，生命週流不斷。在沒有生命的山水石巖中，生命的元氣也週流。中國古人常信風水之說，以山水也有氣脈。宇宙整體的生命，在人的生命中全部顯露。人因着自己的心，體驗這種生命，進而滲入宇宙的整體生命。宇宙整體生命的週流，爲無知覺的自然運行，理學家繼承易經的思想，稱之爲神妙莫測，稱之爲天地之賾。人心參入宇宙的整體生命，則爲有意識的參加，稱爲仁，仁爲生，也爲有知覺，因爲人心是靈。人心有意識地發揚了人性之理，即是生生之仁，也就有意識地調節人的社會，使和自然的宇宙相調協，宇宙自然界的天籟，便能顯現於人類的社會，乃有世界的大同。

儒家的盡心盡性，以心去發揚性。人心之仁，既能參入天地的化育，和天地萬物相通，發爲浩然之氣；又能調節人類的生活，同宇宙整體生命的週流相和諧，實現全體的和平，不僅是一個人和天地相合爲一，也是整個人類和宇宙整體相合爲一。由宇宙整體生命再上進於造物者的天心，人心和天心相通。儒家的聖人，能够達到這種境地；聖人的偉大，就在於盡心盡性。

民國六十五年五月寫於羅馬旅次

易經的生生思想

一、易經的變易

易經的『易』，究竟是什麼呢？普通講易經的人都以『易』有三種意義：變易、簡易、不易。我也認爲易經有三種意義，即是變易、簡易和生生之道。就這三種意義去解釋易經的『易』，則『易』便不能視爲宇宙之源的實體。

有的學者，把易經的『易』看作宇宙之源的實體。如吳康教授在所著的宋明理學一書講周濂溪通書的誠，以誠和易經的易相通，爲宇宙萬有的本體。

易經的易爲變易，因爲易經一書講宇宙的變易。變易不是本體，而是本體的動作，即是理學家所說的『用』。宇宙變易的本體，在起源時是太極，由太極而有兩儀，兩儀爲陰陽，陰陽爲氣；變化的本體便是氣。

太極，在後代解釋易經的學者看來，即是未分陰陽之氣，張載稱爲太虛之氣，周濂溪稱之爲無極，祇有朱熹稱太極爲理。

朱熹的宇宙論和西洋哲學的宇宙論相彷彿，不講宇宙的源，祇講物的本體，物的本體由理和氣兩元素而合成；然而理和氣都不是在物以前各自存在的實體，祇是物體的兩種元素，兩者可以有分別，但不能分離。這一點和亞里斯多德以及聖多瑪斯的宇宙論很相似，朱熹不承認有不和氣結合的理，也不承認有不和理結合的氣。但在抽象方面，則承認有超越物體之理，爲天地之理，又承認有未分陰陽之氣，爲天地之氣。

易經的宇宙論不是講物的本體，而是講宇宙的起源，和宇宙的變化，總稱之爲易。在學理方面，易傳講述宇宙起源和變化，先有太極，太極生兩儀，兩儀生四象，四象生八卦。（繫辭上，第十一）。在表現方面，有象和數，象爲卦象，數爲占數。象和數代表宇宙的變化，用形而下的圖形，表現形而上的學理。

易經所講的變化：第一、爲宇宙的變化，先有天地，次有天地的現象，後有萬物。乾坤代表天地，八卦代表天地的現象，六十四卦代表萬物。第二、爲人事的變化，人事變化中有吉凶，有倫常，占卦以知吉凶，天道範圍人道的倫常。

二、變易的意義在於生生

易經所講的變化，以宇宙的變化爲主，由宇宙的變化再推出人事的變化。宇宙變化的意義在那裡？

易傳以伏羲作卦，『古者包犧氏之王天下也，仰則觀象於天，俯則觀法於地，觀鳥獸之文，與地之宜，近取諸物，於是始作八卦，以通神明之德，以類萬物之情。』（繫辭下，第二）易傳在這一章，說出易經變化的意義，在於『通神明之德，類萬物之情。』周易本義注解這兩句話說：『神明之德，如健順動止之性，萬物之情，如雷風山澤之象。』這種解釋等於沒有解釋。

『通神明之德』，神明指天地的神明，易傳說：『天地之大德曰生』。（繫辭下，第一）天地之德既稱爲德，則和老子所說天地不仁，（道德經，第五章）意義不相同。老子以天地的變化完全自然而動，沒有目標，沒有主動。易傳稱天地之德，德表示有心，而且有善心，宋朝理學家乃以天地有心，朱熹說：『天地以生物爲心者也，而人物之生，又各得夫天地之心，以為心者也，故語心之德，雖其總攝貫通，無所不備，然一言以蔽之，則曰仁而已矣。』（朱熹，仁說，朱子大全，卷六十七）天地之德，即是天地之仁。天地既有心，有仁，則天地乃不是蒼蒼之天和厚厚之地，而是天地之神明，而且是詩經書經所說的皇天上帝。

『類萬物之情』，易傳說：『八卦以象告，爻象以情言。』（繫辭下，第十二）八卦以爻的排列成一圖形，圖形代表天地的一種現象或代表一物象，卦的意義便由象而說明。爻代表變化，變化則起感應，感應稱為情。爻的感應，在易傳的同一章中，舉有數項：剛柔雜居，愛惡相攻，遠近相取，情偽相感。在爻辭裡，也有很多地方談到萬物之情，咸卦象曰：『天地感而萬物化生，聖人感人心而天下和平，觀其所感，而天地萬物之情可見矣。』恒卦象曰：『日月得天而能久照，四時變化而能久成，聖人久於其道而天下化成，觀其所恒，而天地萬物之情可見矣。』大壯卦象曰：『大者，正也，正大而天地之情可見矣。』萃卦象曰：『萃，聚也，……聚以正也，……觀其所聚，而天地萬物之情可見矣。』象辭所說的萬物之情，由『感』『恒』『正大』『聚』可以見到，即是說天地萬物的變化，常有感，有恒，有正大，有聚。由這幾種感應去求感應的意義，可以見到萬物之情的意義，在於生生。咸卦的象說：『咸，感也。柔上而剛下，二氣感應以相與，止而說，男下女，是以亨利貞，取女吉也。』這是談男婚女嫁，生育子女。咸卦象辭接着就說：『天地感而萬物化生』。恒卦以恒為萬物之情，在象辭裡說：『六五，恒其德，貞，婦人吉；象曰：婦人貞吉，從一而終也。』恒也歸結到夫婦之道，大壯卦的卦象代表二月，陽氣漸壯盛，萬物發生，大壯的象辭乃說：『大者壯也。』指着萬物的生氣壯盛。萃卦代表廟祭，因爲萃爲聚，聚代表家人和祖先相聚，象辭說：『王假有廟，致孝享也。』廟祭爲祭祖的祭祀，祭祖表示祖宗有後人繼傳。因此，可見萬物之情在於二氣相感應而化生萬物，即是生生。

易經以乾坤兩卦爲基礎，所有變化都在這個基礎上循環。乾卦和坤卦的意義從象辭中可以看出，乾象說：『大哉乾元，萬物資始，乃統天。雲行雨施，品物流行。』坤象說：『至哉坤元，萬物資生，乃順承天，坤厚載物，德合無疆，含弘光大，品物咸亨。』這兩段象辭，都是說萬物生生之道。萬物的化生，以乾爲始，由坤而成。易經本義解釋說：『始者，氣之始；生者，形之始』。萬物由氣而成，氣始於乾，氣由坤成了形，乃能化生萬物。因此，乾坤代表萬物生生的根源。在象辭裡，乾又代表天，坤代表地，天爲生物，有『雲行雨施』，地爲生物，載着山水。有了雲雨，於是『品物流行』；有了山水，於是『品物咸亨』。

易經的變化，莫非陰陽兩爻的變化，陰陽代表天地，陽爲乾爲天，陰爲坤爲地，陰陽的變化，也就是天地的變化。陰陽的變化爲合或分，易經便常講天地相交或不相交。天地相交則萬物化生，不交則萬物不生。泰卦象說：『泰，小往大來，吉亨，則是天地交而萬物通也』。否卦彖說：『大往小來，則是天地不交而萬物不通也』。益卦彖說：『天施地生，其益無方』。咸卦彖說：『天地感而萬物化生』。姤卦彖說：『天地相遇，品物咸章也』。革卦彖說：『天地革而四時成』，歸妹卦彖說：『天地不交而萬物不興，歸妹，人之終始也』。節卦彖說：『天地節而四時成』。易經的彖辭凡說到天地。必定和萬物化生相關連，『天施地生』即是乾始坤生的思想。天地革或節使四時成，四時乃爲化生萬物的必要程序。孔子曾說：『四時行焉，百物生焉。』（論語，陽貨）

三、生與時

在易經裡宇宙的變化，由卦象彖去表現；在漢代易學裡，宇宙的變化常由四季去代表，成爲卦氣論。然而易經雖不多講四時，但是『時』字在易經的卦象裡，却非常重要。

宇宙的變化，在時間和空間裡運行，漢朝易學的四季配合四方代表宇宙的變化；易經的象彖則以位和時代表宇宙的變化，位是爻在卦象裡所有的位置，位置是空間。爻的位置變動，卦便有變易。位，在卦裡又代表時，即是爻的位置在天地變化和人的生命中所代表的時。對於位置，易經常以中正爲主。對於時，則頗多變化，乾卦的六爻，就代表六個時候，每個時候有適當的生活：『初九，潛龍勿用。九二，見龍在田，利見大人。九三，君子終日乾乾。九四，或躍在淵。九五，飛龍在天，利見大人。九六，亢龍有悔。』

不僅是爻的位置代表時候，一卦的象也代表時候，易經的許多卦的象辭，都說這一卦對於時的意義很重要。『豫之時義大矣哉』，豫卦代表順着天意而動，動得其時。『隨時之義大矣哉』，隨卦象徵隨時而動，適合動的時機。『頤之時大矣哉』，頤爲養，天地養萬物，按時予以食。『大過之時大矣哉』，大過象徵生命雖過了時，還可以興旺，『老夫得其女妻，……枯楊生華。』『險之時用大矣哉』，坎卦代表險隘，『行險而不失其信』，險則能產生高尚的人格，『君子以常德行習敎事』。『遯之時義大矣哉』，遯卦象徵『當位而應，與時行也。』『睽之時用大矣哉』睽卦代表異而有同，在事上意見不同時也能求互相通。『蹇之時用大矣哉』，人遇困難時，知道應付，困難使人振作精神。『解之時用大矣哉』當危險能够解除時，便能產生所希望的結果，『天地解而雷雨作，雷雨作而百果草木皆甲坼』。損卦的象辭說：『損益盈虛，與時偕行。』一切都有適當的時候。益卦的象辭也說：『凡益之道，與時偕行。』萬物的生長，隨時而動。『姤之時義大矣哉』，姤卦象徵天地相遇之時，『品物咸章』。『革之時大矣哉』，革卦象徵天地革新之時，四時乃能成立。豐卦的象辭說：『天地盈虛，與時消息，而況於人乎，況於鬼神乎！』時的價值被舉揚到了最高點。『旅之時義大矣哉』，旅居在外時，也可以守應守之道。

上面引了十四卦的彖辭，都指出卦在時上的重大意義，時字在易經的卦辭裡，代表適當的時候，也代表適應時候的精神。儒家很看重時，孟子稱讚孔子爲『聖之時者』。

時在易經的重要，應從生生的思想去追求。易經講宇宙的變化，宇宙的變化由一年四季去代表。古人講宇宙的變化時，當然去看天地的現象，天地的現象最能代表宇宙變化的，第一是日夜，第二便是四季。四季在天象方面有各種變化，在地上事物方面也有各種變化。四季的變化對於中國以農爲主的人，所有意義在於五穀的生長。農人心中所想的和眼睛所看的，就是五穀。一年四季的次序，就是五穀生，長，收，藏的次序，四季的廿四節氣，也都是和五穀的生長有密切的關係。四季和廿四節氣，指明五穀生長收藏的適當時候。在每一個節季時，天上的雲雨風露都要有適當的配合，而且寒暑溫熱也要適得其時，五穀才可以生長收藏，否則便有水旱之災，五穀不能長成，人的生命就受威脅。因此『時』在農業的生活裡，非常重要。這種重要的意義，便表現在易經的彖辭裡。因着時的這種意義，便可以看出易經所講的宇宙變化是以生生爲目的，宇宙的變化爲使萬物化生。由宇宙變化對於萬物化生的意義，進到人事變遷，人事變遷就是人的生命的活動，人的生命活動也該常有適當的『時』，時便可以表示人事的吉凶和人格的高低。

四、生與乾坤

王船山講解易經，主張乾坤並建，以易經所講的宇宙變化，建立在乾坤的基礎上。八卦和六十四卦所有變化，都是陰陽兩爻的變易；陽爻陰爻乃是卦象的元素和基礎。在易經裡，陽陰以乾坤爲代表，陽爲乾，陰爲坤，乾又代表天，坤代表地。易經的生生，常以乾坤天地爲根源。

乾卦彖辭說：『大哉乾元，萬物資始』，坤卦彖辭說：『至哉坤元，萬物資生』。乾坤同稱爲元，萬物由乾坤而開始生存。朱熹以『始者，氣之始；生者，形之始』。萬物由氣而成，乃是中國儒道兩家哲學的傳統思想，陰陽即是兩氣。易經又常以天地相交而萬物化生，天地代表陽陰，代表乾坤。

萬物化生既由陰陽二氣，『潛龍勿用，陽氣潛藏。』（乾卦，象）兩氣未分之時，應有一氣，因兩由一而來，易傳乃說：『是故，易有太極，是生兩儀，兩儀生四象，四象生八卦，八卦定吉凶。』（繫辭上，第十一），兩儀代表陰陽，學者都同意，太極的本體是什麼？學者的見解則不相同。漢朝易學者以太極爲太一，爲北斗星；宋朝張載以太極爲太虛之氣，朱熹以太極爲理。按照儒家的傳統思想，太極爲氣的本體，爲萬物之本源。

萬物的本源爲一，易傳說：『天下之動，貞夫一者也。』（繫辭下，第一）禮記說：『禮必本於太一，分而爲天地，轉而爲陰陽。』（禮記卷七）萬物本源之一，稱爲太極，太極的本體，按照張載所說：『太虛無形，氣之本體。』（正蒙，太和篇）太極稱爲太虛，也和周濂溪以太極而無極的思想相似。

由太虛之氣，分爲陰陽之氣，陰陽相結合，即是天地相交，萬物化生。陰陽的名詞，在易經裡有，代表陰陽之爻，陰陽兩爻又代表兩氣。氣的名詞，在易經裡很少，觀念也不清楚；但在咸卦的象辭裡，有『二氣感應以相與』，二氣的思想，在易經裡雖沒有成熟，但已經常以剛柔代表陽陰，以天地代表兩氣。萬物的化生，便由天地相交以生。

易傳說：『一陰一陽之謂道，繼之者善也，成之者性也。』（繫辭下，第五）宋朝理學家都注意易傳的這幾句話，朱熹解釋說：『這一段話說天地生成萬物之意，不是說人性上事。』（朱子語類，卷七十四）朱熹以天地造化，流行不止，化生萬物，整個宇宙爲一活的生機，陰陽之道，循環不息。

到了漢代，五行的思想盛行，於是在兩儀陰陽以下，不談四象而談五行。陰陽兩氣結合成金木水火土五行，由五行結合化生萬物。這種思想在周濂溪的太極圖表現得很清楚。

五、生與仁

易經的生生，在宋朝理學家中被解釋爲仁，仁爲生命的所在，譬如桃仁杏仁。在易傳裡說：『夫乾，其靜也學，其動也直，是以大生焉。夫坤，其靜也翕，其動也闢，是以廣生焉。』（繫辭上，第五）繫辭所說『大生』和『廣生』，指着乾坤爲生命的發祥。

易經以天地有心，『復其見天地之心乎』，周易本義注釋說：『積陰之下，一陽復生，天地生物之心幾於滅息，而至此乃復可見。』易經又以天地萬物有情，萬物之情在互相感應而化生。宋朝理學家乃以人得天地之心而爲心，得萬物之情而爲情；天地之心在於生物，萬物之情在於互相感應，人之心和情便是仁。

仁字在易經裡祇有五處：乾卦文言說：『君人體仁，足以長人』，復卦象曰：『休復之吉，以下仁也。』繫辭上第四章說：『安土敦乎仁，故能愛。』繫辭上第五章『仁者見之謂之仁……顯諸仁，藏諸用。』繫辭下第一章說『天地之大德曰生，聖人之大寶曰位。何以守位，曰仁。』王弼注易『以下仁也』，仁是陽。至於繫辭的仁，則和愛和生相配。天地以生物爲中心，因爲天地愛萬物；天地愛萬物的表現，在於使萬物化生。

生和仁相配，在後代的儒家裡成爲一個中心的思想。孔子的仁，和生相配；孔子所講的生，不是生理的生命，而是精神的生命，『夫仁者，己欲立而立人，己欲達而達人。』(論語，雍也) 立己立人，達己達人，充實自己的生命，也充實別人的生命，生命的充實，即是人格的充實。這種充實自己精神生命的思想，充滿易經的全部書，乾卦說『乾，元亨利貞』，便是代表精神生活的發展。文言說：『元者，善之長也；亨者，嘉之會也；利者，義之和也；貞者，事之幹也。君子體仁足以長人，嘉會足以合禮，利物足以和義，貞固足以幹事。君子行此四德者，故元亨利貞』，宋朝理學家以元亨利貞配仁義禮智，又配春夏秋冬。春夏秋冬代表生理生命的發育，仁義禮智代表精神 生活的發育。生和仁的相配，即是生理生命和精神生命的相配。生理生命的發育，因着天地好生之心而生發，天地好生之心又以四時的順序養育生命；人的精神生命賴着聖人的仁而生發，又賴聖人適時的敎養而發育。豫卦象辭說：『天地以順動，故日月不過而四時不忒，聖人以順動，則刑罰清而民服』。

宇宙的變化，神奇莫測，萬物的生命，更是機變神妙。唯有聖人能够研究推測這種變化，『夫易，聖人之所以極深而研幾也。唯深也，故能通天下之志；唯幾也，故能成天下之務；唯神也，故不疾而速，不行而至』。(繫辭上，第九) 聖人通了天下之志，乃能以天道敎人，助人發展精神生活。

人的精神生活，發展到了最高程度而成爲大人，如同古代聖王，則和天地鬼神相通：『夫大人者，與天地合其德，與日月合其明，與四時合其序，與鬼神合其吉凶。先天而天弗違，後天而奉天時。天且不違，而況於人乎！而況於鬼神乎！』（乾卦，文言），周易本義注釋說：『有是德而當其位，乃可以當之。人與天地鬼神，本無二理，特蔽於有我之私，是以梏於形體而不能相通。大人無私，以道爲體，曾何彼此先後之可言哉！先天不違，謂意之所爲，默與道契。後天奉天，謂知理如是，奉而行之。』這是朱熹以自己的理氣論解釋易經，當然可通，然過於簡易，易經文言的話，深含神秘生活的意味，道家莊子講冥合於道，孟子講浩然之氣，張載講民胞物與，王陽明講一體之仁，都以人的精神生活發展到最高點，則和天地的生命結合，冥合爲一。易經以占卦斷人事吉凶，聖人之心則知道吉凶，不用占卜，不僅是知道天地之理，乃是直接和天地之心，天地之志相通，即是和天地的生命相通。

六、結　語

易經一部書，本身含有幾分神秘性，同時又具有古代的學術思想，因此，後代講易經的人，都可以各自獨創一說。現代講易經的人，又可以把易經和西洋的科學相比配，舉凡天文，數學、物理都可以有資料。

我則認爲易經爲中國哲學的基本書，另外是儒家哲學思想的根本。中國哲學和西洋哲學有一個很大的不同點，西洋哲學講物的本體，中國哲學 講物的化生。講本體的哲學注重分析，注重形而上的哲理。講化生的哲學注重和諧，注重形而下的變。這種中國哲學出自易經和道德經。道德經因祇講自然，把人的生命淪爲無情無生氣的物；易經則講生生之仁，乃能使人和天地相合而求一種和諧的生活。

易經講宇宙變化，以生生爲目的，生生來自天地好生之德，乃成爲愛之仁。天地萬物的生命互相聯繫，互相協助；人得天地之心爲仁，知道愛自己的生命，也愛人物的生命。在這種愛之中，人盡自己之性以參天地的化育。天地好生之德，代表造物者的愛心。詩經書以人的生命，歸之上天，受上天的照顧。上天乃立君王，生聖人。君王聖人，以上天之愛，愛着人民。易傳說：『與天地相似，故不違；知周乎萬物而道濟天下，旁行而不流，樂天知命，故不憂；安土敦仁，故能愛』。（繫辭上，第四）周易本義注說：『此聖人盡性之事也。天地之道，知仁而已。』

生生之理

我們研究中國哲學，形上學，或人生哲學時經常遇到一個問題，即是「天道」和「天理」。和這個問題相連的，則是「道」和「理」。關於「道」和「理」的問題，唐君毅先生曾在他所著的中國哲學原論一書裏，作了詳細的討論，他的結論說：「至於謂理皆從分與別方面說，而與道之從總的與合的方面說者不同，則雖大體上能成立，亦未有盡然者。」（註一）

王船山先生將理分為「一定之理」和「不一定之理」，「一定之理」為道，「不一定之理」為事理，事理乃一事所以成之因。『天下有道不可云天下有理，則天下無道之非無理，明矣。』（註二）

錢穆先生曾說：理在先，一成不變；道則生，變動不居。（註三）嚴靈峯先生反對這一學說，認爲道在先，一成不變，理由道而生，道因理而見。（註四）

我曾在儒家形上學一書裏解釋「道」和「理」的意義，我認爲中國古人以「行動的原則」爲道，以「事物本體之所以然」爲理。（註五）兩者相分，但不相離。秦漢以前的經書多談人生哲學，因此多說「道」；秦漢以後，特別是宋明的儒家多談性理，乃多說「理」。但是中國的人生哲學常以法天爲最高標準，易經以天道爲人道所自從，因此天道和天理，道和理，便常常聯絡在一起，而且也常互相通用。

一、天道、天理

1. 書經的天道

古書言天道，以書經爲始。王船山註釋尚書「多士」篇說：『這道者，必以天爲宗也，必以人爲其歸。』（註六）書經講天道，以天道爲上天授予人的生活規律，和天命的意義不同，書經天命，以天所授予一個人的使命和行動規則。天道是對一般人設立的，天命則是對於一個人所規定的。

孔穎達「尚書序」說：「伏犧神農黃帝之書，謂之三墳，言大道也。少昊顓頊高辛唐虞之書，謂之五典，言常道也。至于夏商周之書，雖設教五倫，雅誥奧義，其歲一揆。」

尚書『大禹謨』說：「滿招損，謙謙受益，時乃天道。」

尚書『益稷』說「帝庸作歌曰：勑天之命，惟時惟幾。」

尚書『湯誓』說：「有夏多罪，天命殛之。」

尚書『湯誥』說：「天道福善禍淫，降災于夏，以彰厥罪，肆臺小子，將天命明威，不敢赦。」

尚書『仲虺』說：「欽崇天道，永保天命。」

尚書『盤庚上』說：「先王有服，恪遵天命，茲猶不常寧，不常厥邑，于今五邦。今不承于古，罔知天之斷命。矧曰：其克從先王之烈，若顛木之有由蘖，天其永我命于茲新邑，紹復先王之大業，底綏四方。」

2. 易經的天理

由天道而轉到天理當以莊子爲第一個人。唐君毅先生論莊子書中的「理」字說：『其理之主要涵義，乃在其言天理或天地萬物之理。』（註七） 唐先生引據莊子書中的「天理」：

養生主篇「依乎天理」，刻意篇「循乎天理」，天運篇「順之以天理」，盜跖篇「從天之理」，秋水篇「未明天地之理」。唐先生結論說：『莊子所謂天地萬物之理，即天地萬物之變化、往來、出入、成毀、盛衰、存亡、生死之道。』（註八）

易經的傳和莊子的思想相接近，易傳所講的乾坤道，天地之道，乃是乾坤天地變化之理。以這種變化之道，以範圍人的生活，因此便稱爲道，把宇宙的形而上之道和人生的倫理之道互相結合，結成了天道和人道，道心和人心範圍了後代的儒家。

『彖曰：大哉乾元，萬物資始乃統天。……乾道變化，各正性命。』（乾卦）

『初六，履霜堅冰至。象曰：履霜堅冰，陰始凝也。馴致其道，至堅冰也。六二，方大不習無不利，象曰：六二之動，直以方也。不習無不利，地道光也。』（坤卦）

『乾道成男，坤道成女。乾知大始，坤作成物。乾以易知，坤以簡能。』（繫辭上，第一）

『易簡而天下之理得矣。天下之理得，而成位乎其中矣。』（繫辭上，第一）

『一陰一陽之謂道，繼之者善也，成之者性也。仁者見之謂之仁，知者見之謂之知，百姓日用而不知，故君子之道鮮矣。』（繫辭上，第四）

『易與天地準。故能彌綸天地之道。仰以觀於天文，俯以察於地理。是故知幽明之故，原始反終，故知死生之說。』（繫辭上，第四）

『昔者，聖人之作易也，將以順性命之理，是以立天之道，曰陰與陽；立地之道，曰柔與剛；立人之道，曰仁與義。』（說卦，第二）

易傳辭釋卦爻的變化象徵宇宙的變化，宇宙的變化具有變化之道。宇宙變化萬千，好比六十四卦所有的爻，變化複雜；但是這千千萬萬的變化，都是以乾坤兩卦變化之道爲基礎。乾坤之道因此稱爲天地之道，『易與天地準，故能彌綸天地之道。』

王船山說：『周易之書，乾坤並建以爲首，易之體也。六十二卦錯綜乎三十四象而交列焉，易之用也。……屯蒙以下，或錯而幽明，易其位；或綜而往復，易其幾；互相易於立位之中，則天道之變化，人事之通塞，盡焉。』（註九）

易經在最初只有乾道坤道，後來參入了陰陽，陽爲乾，陰爲坤，每卦都由陰陽兩爻結合而成，便能明顯地把一切變化之道都歸合到陰陽的變化。自漢以後，儒家以陰陽五行解釋易經，造成了卦氣的種種圖解；王弼註易，一掃這些邪說，提出易經的義理，保持陰陽的變化之道。宋朝理學家由周濂溪開端，將宇宙的變化都包含在陰陽變化以內。『無極而太極，太極動而生陽，動極而靜，靜而生陰，靜極復動，互爲基根。……五行一陰陽也，陰陽一太極也。……乾道成男，坤道成女，二氣交感，化生萬物，萬物生生，而變化無窮焉。』（註一〇）

3. 理學家的天理

周濂溪在太極圖說沒有說到「理」，只引易經的話：『立天之道，曰陰與陽，立地之道，曰剛與柔，立人之道，曰仁與義。』在通書裏說：「天道行而萬物順，聖德化而萬民化，大順大化，不見其迹，莫知其然謂之神。」（順化第十一）

張載的正蒙也講「道」和「天道」。正蒙的第一句話即是：「太和所謂道。」王船山註說：『太和，和之至也。道者，天地人物之通理，即所謂太極也。』「太和篇」又說：『天道不窮，寒暑也；衆動不窮，屈伸也。』『天道春秋分而氣易，猶人一寤寐而魂交』『以是知萬物雖多，其實一物無無陰陽者。以是知天地之變化，二端而已矣。』正蒙的第三篇名爲「天道篇」，開端說：『天道四時行，百物生，無非至教；聖人之動，無非至德，夫何言哉。』正蒙的第四篇爲「神化篇」，篇首說：『神，天德；化，天道；德其體，道其用。』正蒙最後一篇乾稱篇下說：『天包萬物於內，所感所性，乾坤，陰陽二端而已矣。』『天性，乾坤，陰陽。』『天地生萬物，所受雖不同，皆無須臾之不感，所謂性即天道也。』『若道，則兼體而無累也。以其兼體，故曰一陰一陽，又曰陰陽不測，又曰一闔一闢，又曰通乎晝夜，語其推行。故曰道；語其不測，故曰神；語其生生，故曰易；其實一物，指事異名耳。』

周濂溪和張載都以「道」爲行動之道，天道爲天地變化之道，天地變化之道。在於陰陽的變化，陰陽的變化常不可測，因此稱爲神。朱子解釋太極圖說云：『天地之間，只有動靜兩端，循環不已，更無餘事，此之謂易也。』

程明道曾說：『夫天地之常，以其心普萬物而無心；聖人之常，以其情順萬事而無情。』(答張橫渠書)

程明道曾告韓持國說：『道即性也。若道外尋性，性外尋道，便不是聖賢論天德。』(端伯傳師說，二程全書，遺書第一)

『一人之心，即天地之心，一物之理，即萬物之理。一日之運，即一歲之運。』(呂與叔東見二先生語，二程全書，遺書第二，上)

『生生之謂易，是天之所以爲道也。天只是以生爲道，繼而生理者，即是善也。』(同上)

『萬物皆只是一個天理，己何與焉。至如言天討有罪，五刑五用哉。天命有德，五服五章哉。此都只是天理自然當如此。』(同上)

『所以謂萬物一體者，皆有此理，只爲從那裏來生生之謂易，生則一時生，皆完此理。人則能推物。則氣昏推不得，不可道他物不與有也。』(同上)

『言天之自然者，謂之天道；言天之付與萬物者，謂之天命。』（明道先生語，二程全書，第十二）

『一陰一陽之謂道，自然之道也。』（明道先生語，二程全書，第十二）

『天下之理，終而復始，所以恒而不窮。恒非一定之謂也，一定則不能恒矣。惟隨時變易，乃常道也。天下常久之道，天地常久之理，非知道者，孰能識之。』（伊川註易經恒卦）

二程的天道，和周子張子所講的天道意義相同。天道乃是自然之道，即是宇宙變化之道。這種變化之道，在天地之間，也在人的心理。

邵康節也說：『天生於動者也，地生於靜者也。一動一靜交，而天地之道盡矣。』（觀物內篇）

朱熹講天理，雖也是講宇宙變化之理；但他的講法則不相同。他把理和氣相分，作爲宇宙萬物的二元，理在宇宙萬物中只是一個。

『天下只有正當道理，循理而行，便是天。』（朱子語類）

『天地之間，有理有氣。理也者，形而上之道也，生物之本也。氣也者，形而下之氣也，生物之具也。』（語類）

『問一理之實，而萬物分之以爲體，故萬物各具一太極。如此說，太極有分裂乎？曰：

本只是一太極，而萬物各有稟受，又各全具一太極耳。如月之在天，只一而已，及散在江湖，則隨處而月，不可謂月分也。』（語類）

總結上面各代學者對於天道天理的主張，可以分成兩系，一系是書經的天道，一系是易經的天道或天理。書經的天道是上天對於人設定的規律，上天自己遵守，人當然更當遵守，天道和人道相連。易經的天道乃是宇宙變化之道，屬於形而上，易傳把這種宇宙變化之道，和書經的天道相貫通，因此便用之於人生，成了人道的根本。

宋明理學把中庸的「天命之謂性，率性之謂道。」和古文尚書「皐陶謨」的「道心惟微，人心惟危。」聯接一起，由易經到中庸、大學結成一個系統，而在這個系統裏作爲連貫的線索的，乃是天道或天理。在宇宙變化上，以天道爲基礎；在君主治國上，也以天道爲基礎；在人生的倫理道德上，更是以天理爲基礎。因此我們爲研究儒家的哲學思想，必定要了解「天道」「天理」的意義。

二、生生之理

1. 天道爲生生之理

易經講天道，以乾道爲剛、坤道爲柔；乾道爲動，坤道爲靜；乾道資始，坤道資生。這一切形容詞都形容天道表現的德能，而不表示道的意義。為什麼乾道剛坤道柔呢？為什麼乾道動坤道靜呢？天道的意義乃是為萬物化生。生生之理，乃是天道或天理。

易經乾卦，『彖曰：大哉乾元，萬物資始，乃統天。』

王船山註釋說：『易之言元者多矣，惟純陽之為元，以大和清剛之氣，動而不息，無大不屈，無小不察，入乎地中，出乎地上，發起生化之理，肇乎形、成乎性，以興起有為而見乎德，則凡物之本，事之始，皆以此倡先而起用，故其大英與倫也。』（周易內傳，卷一，頁六）

坤卦彖曰：『至哉坤元，萬物資生，乃順承天。』

王船山註釋說：『陰非陽無以始，而陽藉陰之材以生萬物，形質成而性即麗焉。相配而合，方始而即方生，坤之元所以與乾同也。』（周易內傳，卷一，頁十九）

易經的天地之道，即是乾坤之道。乾坤之道，在後代的註釋中，都解為生生之道，乾道坤道相合而生萬物。

由乾坤進為陽陰，陽陰之道在註釋中更成為生生之理。易經『繫辭上』說：『一陰一陽之謂道，繼之者善也，成之者性也。』徐復觀先生解釋說：『繫辭上的所謂「一陰一陽之謂道」的道，即乾彖所說的「乾道變化」的「乾道」，亦即是生生不息的天道。……「繼之者善也」的「繼之」的「之」字，我以為指的是由上面一陰一陽的變化而來的生生不息。一陰一陽的結果便是生育萬物，所以繼之而起的，便是生生不息的作用。……「繼之者善也」的善，在此處還是形而上的性質，此形而上性質之善的性格是仁。』（註一一）易經而且明明說：『生生之謂易。』（繫辭上第五）『天地之大德曰生。』（繫辭下第一）『夫乾其靜也專，其動也直，是以大生焉。夫坤其靜也翕，其動也闢；是以廣生也。』（繫辭上，第五）

宋明理學家根據易經這種思想，便常以天地之道在於化生萬物。周濂溪說：『天以陽生萬物，以陰成萬物。生，仁也；成，義也。』（通書，順化第十一）『天以春生萬物，止之以秋。秋之生也既成矣，不止則過焉，故得秋以成。』（通書，刑第三十六）

張載易說解釋『乾，元亨利貞』說：『乾之四德，終始萬物，迎之不見其始，隨之不見其後，然推本而言，當父母萬物，明萬物資始，故不得不以元配乾。坤其偶也，故不得不以元配坤。』

二程全書上說：『生生之謂易，是天之所以爲道也。天只是以生爲道。』（二程全書，遺書第二。上）

程伊川說：『道則自然生萬物，今天春生夏長了一番，皆是道之生後來生長，不可道却將既生之氣，後來却要生長，道則自然生生不息。』（二程遺書第十五）

程明道說：『天地之大德曰生。天地絪緼，萬物化醇，生之謂性，萬物之生意最可觀。』(二程遺書第十一)

朱熹說『天地別無勾當，是以生物爲心。一元之氣，運轉流通，略無停閒，只是生出許多萬物而已。』(朱子語類)

戴東原說：『一陰一陽，蓋言天地之化不已也。一陰一陽其生生乎。其生生而條理乎，以是見天地之順，故曰一陰一陽之謂道。』(原善上，章三)『易曰，「天地之大德曰生。」氣化之於品物，可以一言盡也：生生之謂歟。』(原善上，章四)

在易經以外，儒家以天地之道在於生生，大家都引據孔子論語上的話：『天何言哉！四時行焉，百物生焉！天何言哉！』(論語，陽貨)王船山註解說：『四時行，百物生，莫非天理發見流行之實，不待言而可見。聖人一動一靜，莫非妙道精義之發，亦天而已，豈待言而顯哉。』(四書訓義，卷二十一)

中國古代以農立國，以農夫的眼光去看宇宙的變化，莫非爲使五穀生長，日月雨露，風霜寒暑，春夏秋冬，一年節氣，都和五穀的生長有密切關係。

天地之道既是萬物之理，萬物得着這種理而生，本身也就具有這種生生之理，這種生生之理在萬物是相同的。生生之理以陰陽相結合而成，陰陽結合應守剛柔動靜的原則，應按一定的位置：「天尊地卑，乾坤定矣。」（繫辭上，第一）『至哉坤元，萬物資生，乃順承天。』（坤卦，彖）而且還要有一定的次序，『是故君子所居而安者，易之序也。』（繫辭上，第二）

這些原則，位置和次序，包含在生生之理以內，在萬物裏面自然而成。惟獨在人方面，則由人心去感應，由人自己去體驗，因此，生生之理在人方面乃稱爲仁。

2. 生生之理稱爲仁

「仁」在儒家的思想裏乃是中心思想。孔子在論語裏以「仁」作爲全德，「仁人」作爲最高的人格。宋明理學根據孔子的思想，乃以天地之道就是仁。這種思想，易傳已經開其端：『天地之大德曰生，聖人之大寶曰位，何以守位？曰仁。』（繫辭下，第一）

張載曰：『天道四時行，百物生，無非至教。聖人之動，無非至德，夫何言哉。天體萬物不遺，猶仁體四事無不在也。』（正蒙，天道篇）

二程遺書說：『醫家以不認痛癢謂之不仁，人以不知覺不認義理爲不仁，譬最近。』（二程遺書二，上）

朱熹說：『天地之大德曰生。天地絪縕，萬物化醇，萬物之生意最可觀。此元者，善之長也，斯所謂仁也。仁與天地一物也，而人特自小之，何哉！』（語類）

『仁是個生理，若是不仁便死了！人未嘗不仁，只是爲私慾所昏，克己復禮，仁依舊在。』(語類)

仁字和生字意義相同，在普通用語上也有，例如桃仁，杏仁，代表菓子核中的生命根源，仁字不單單是生，而且包括「生生之理」的原則，位置和次序。

戴東原說：『生生之呈其條理，「顯諸仁」也。惟條理是以生生。顯也者，化之生於是乎見。藏也者，化之息於是乎見。生者，至動而條理也。息者，至靜而用神也。花木之株葉華實，可以觀夫生。果實之白(即核中之仁)全其生之性可以觀夫息。』(原善上，章四)

「仁」除生生之理以外，還包含體驗這種 生生之理的意義。在萬物以內，都有生生之理，但只有人能體驗這種生生之理；因爲人有心，人心虛靈神妙能知，而又能愛，乃能體驗生生之理。

二程遺書說：『所以謂萬物一體者，皆有此理，只爲從那裏來生生之謂易，生則一時生，皆完此理，人則能推，物則氣昏推不得，不可道他物不與有也。』(二程遺書，上)

萬物都有生生之理，但是萬物因所受的氣濁，沒有理智，便昏塞不能推知生生之理，人則可以推知可以體驗，人的生生之理便稱爲仁。

「仁」字普通解釋爲人與人，即是兩個人所有的倫理關係，即是我與非我的關係。我與非我的關係，當然是人與人的關係。然而人在生活中所有與非我的關係，並不限於人，也擴展到物，人與物的關係也稱爲仁。

人與人的關係，人與物的關係，都以生活爲出發點，於是仁字和生字從倫理方面看，「仁」和「生」結合在一起，因此可以說：仁是生的表現，也是生的完成。

我與非我的關係，第一是彼此相接近，彼此相幫助，這就是愛。除愛以外，我與非我的關係還要包含其他許多的關係，因此，仁便包括一切的善德。

孔子曾以兩句話來表達仁的關係：『夫仁者，己欲立而立人，己欲達而達人。』（論語，雍也）自己願意生活，也要使別人能夠生活，自己願意好好生活，也要使別人好好生活。這就是仁的意義。推廣這種仁道，在人與物的關係上也要表現出來，那時便能「仁民而愛物」。但是這種推廣仁道上，有該守的次序。人和人的次序，人和物的次序。儒家反對墨子，反對佛教，便是因爲他們摧毀了這種次序。

朱熹說：『天地以生物爲心者也，而人物之生，又各得夫天地之心，以爲心者也。故語心之德，雖其總攝貫通，無所不備，然一言以蔽之，則曰仁而已矣。……或曰：程氏之徒言仁多矣。蓋有謂愛非仁，而以萬物與我爲一，爲仁之體者矣。亦有謂愛非仁，而以心有知覺，釋仁之君者矣。今子之言若是，然則彼皆非歟？曰：彼謂物我爲一者，可以見仁之無不愛矣，而非仁之所以爲體之眞也。彼謂心有知覺者，可以見仁之包乎智矣，而非仁之所以得名之實也。……抑泛言同體者，使人含胡昏緩而無警切之功，其弊或至於認爲己者有之矣。專言知覺者使人張皇迫躁，而無沈潛之味，其弊或至於認欲爲理者有之矣。』（朱熹仁說，朱子大全，卷六十七）

朱子不贊成以萬物一體去解釋仁，怕不懂的人昏昏胡胡以物我同一，失去脩身進德的工夫，「而無警切之功」。後來王陽明的門生就有了這種流弊。但是理學家由仁而講宇宙萬物一體，則是「生生之理」的「仁」所有的自然發展。

3. 宇宙一體

今年是戊戌政變殉難的譚嗣同逝世九十週年，譚嗣同的思想，以他所寫的「仁說」爲中心。他對「仁」的解說，「仁」爲「通」，「仁」能貫通萬物。他說：『仁以通爲第一義，以太也、電也、心力也。』（註一二）『是故仁不仁之辯，于其通與塞。通塞之本，惟其仁不仁。通者，如電線四達，無遠弗屆。』（註一三）譚氏主張宇宙萬物息息相通，本不孤立，只是人用許多名義把萬物都分開了。

因『仁』而宇宙萬物成爲一體，這種思想並不是譚嗣同的發明，譚氏卻以歐洲的科學思想去解釋「仁」使萬物相通，聽起來很新穎。

萬物一體的思想，在易經和董仲舒的春秋繁露已開其端，但是第一位學者正式提出的乃是張載。張子在他的西銘裏明白地說：『乾稱父，坤稱母。予玆藐焉，乃混然中處。故天地之塞，吾其體，天地之帥，吾其性。民，吾同胞，物，吾與也。』王船山註釋說：『塞者、流行充周；帥，所以主持而行乎秩序也。塞者，氣也，氣以成形；帥者，志也，所謂天地之心也。天地之心，性所自出也。父母載乾坤之德以生成，則天地運行之氣，生物之心在是，而吾形色天性，與父母無二，即與天地無二也。由吾同胞之必友愛，交與之必信睦，則於民必仁，於物必愛之理，亦生必而不容已也。』（張子正蒙註卷九）

氣成萬物的形體，天地之心造成萬物之性，天地之心爲生生之理，萬物之性相同，惟人心能體驗天地之心而爲仁，能仁民而愛物。

伊川語錄說：『問仁，曰：此在諸公自思之，將聖賢所言仁處，類聚觀之，體認出來。孟子曰：惻隱之心，仁也。後人遂以愛爲仁，惻隱固是愛也，愛自是情，仁自是性，豈可專以愛爲仁。』（二程遺書第十八）

二程遺書說：『所以謂萬物一體者，皆有此理，只是爲從那裏來生生之謂易，生則一時生，皆完此理，人則能推，物則氣昏推不得，不可道他物不與有也。』（二程遺書，上）

伊川語錄說：『問曰：人有言盡人道謂之仁，盡天道謂之聖，此語何如？曰：此語因無病，然措意未是。安有知人道而不知天道者乎？道，一也，豈人道自是人道，天道自是天道？中庸言：盡己之性，則能盡人之性；能盡人之性，則能盡物之性；能盡物之性，則可以參天地之化育；此言可見矣。』（二程遺書第十八）

人性爲理，來自天，與天地之道或天地之理相同。萬物之性也是來自天，也是同時於天地之理，因此人與萬物之理相同，人和萬物因着相同之理，故可相通。所以學者說仁是通，仁使人和物相通，而成爲一體之仁。

王陽明說：『故見孺子之入井而必有怵惕惻隱之心焉，是其仁之與孺子而爲一體也。孺子猶同類者也，見鳥獸之哀鳴觳觫而必有不忍之心焉，是其仁之與鳥獸而爲一體也。鳥獸猶有知覺者，見草木之摧折而必有憫恤之心焉，是其仁之與草木而爲一體也。草木猶有生意者也，見瓦石之毀壞，而必有顧惜之心焉，是其仁之與瓦石而爲一體也。是其一體之仁也，雖小人之心亦必有之，是乃根據於天命之性，而自然靈昭不昧者也；是故謂之明德。』（大學問）

天地以生物爲心，人物得天地之心以爲性，人物都有生生之理，萬物因着「生」而互相通，互相感應。人才能體驗這種相通的一體之仁，而參天地之化育，以貫徹儒家天人合一的理想。

在中華民族生活上，生生之理的表現，在於家族，在於孝，家族乃是父母生命的延續，孝是生命延續的象徵。另一種生生理的表現，在於民族，民族即是中華民族生命的延續，個人的生命，在民族的生命中延續不斷。

從「生生之理」的「仁」去比較儒家的思想和天主教的思想，我們可以發現一個很重要的相同點，當然天主教的教義以「愛」爲中心，儒家以「仁」爲中心，兩者很相同。但是最重要於一點，還是關於仁的本質，兩者有相同之點。第一，儒家以仁來自天地之心，天地之心在上古乃是上帝之心，天主教以仁愛來自天主，天主的本性是仁愛。第二，儒家以仁的意義在於生，所謂「仁民而愛物」「一體之仁」，都是在保全和發展生命上將「仁」表現出來，「仁」的最好表現在於「立已立人」，「達已達人」。天主教的仁愛以基督爲成全的模範，基督降生爲給人以生命，使人成爲天主的子女。第三，儒家的「仁」，以宇宙爲範圍，「仁」的最高表現，在能參天地的化育，發揚萬物的生命。天主教所講基督的愛，不僅予人以生命。也給萬物的生命一種生存的意義。聖保祿宗徒在致羅馬人書第八章說明這一點：『凡受造之物都熱切地等待天主子女的顯揚；因爲受造之物被屈伏在敗壞的狀態之下，並不是出於自願，而是出於使它屈伏的那位所有的決意；但是受造之物仍懷有希望，得享天主子女的光榮自由。』（第八章第十九—二十一節）還有一點最重要的是儒家以『仁』使人、萬物、天地和『天』相結合，神人萬物整體地相結合而於「仁」中；天主教的教義說明天主造人和萬物的計劃，使萬物結合於人，人結合於天主。原罪使這個計劃破壞了，基督降生，重整這個計劃，聖保祿宗徒說，『或是世界，或是生命，或是死亡，或是現在，或是將來，一切都是你們的；你們却是基督的，而基督是天主的。』（格前，三，22）

民六十一年七月廿一日於天母牧廬

註：

(一) 唐君毅。中國哲學原論上冊。頁十一。人生出版社。民國五十五年版。

(二) 王船山。讀四書大全說、卷九，頁五。船山全集，華文書局。

(三) 錢穆。道理。民主評論第六卷第二期。頁三十。

(四) 嚴靈峯。論道理。民主評論，第六卷第六期。頁一五〇。

(五) 羅光。儒家形上學。評四七，中華文化出版事業委員會出版，民四十六年五月再版。

(六) 王船山。尚書引義，卷五、頁十一。

(七) 唐君毅。中國哲學原論，上冊頁十六。

(八) 唐君毅。中國哲學原論，上冊頁十八。

(九) 王船山。周易內傳，卷一頁一。

(十) 周敦頤。太極圖說。

(十一) 徐復觀。中國人性論史（先秦篇，頁二〇六－二〇七），民五十二年版。

(十二) 譚嗣同。仁說、仁學界說。中國學術名著今釋語譯、近代編。西南書局。

(十三) 同上。

儒家的發展哲學

「發展」(Development)這個名詞，現在已經成了社會、經濟、政治、哲學和神學上學術名詞，在社會學裏有社會發展論，在經濟學裏有經濟發展論，在政治學上有發展的國家，在哲學上有發展哲學，在神學上有發展神學。通常用「發展」時，常用之於經濟，但是在學術思想方面，「發展」應該包括社會的整體發展，經濟發展只是整體發展中的一部分，而且還不是最高的部分，因此，現在乃有「發展哲學」和「發展神學」。

「發展哲學」講論整體發展的意義，從哲學方面研究發展的原則。社會的整體發展，在於追求社會各方面的發展；社會乃是人的社會，社會發展便是人的發展。講論人的發展，就走入哲學的範圍，於是新起了「發展哲學」，而且更又產生了「發展神學」；因爲講人的發展，離不了神，不只是牽涉到宗敎，乃是進到了宗敎的核心。基督降生賜給人類救恩，使人得到成全的發展，基督的敎義不是「發展神學」嗎？儒家的哲學以盡人性去盡物性，去參天地的化育；這不又是「發展哲學」嗎？

「發展」這個名詞，用到學術上而成爲學術名詞，當然是現在學術界的現象，這種現象在先是政治界的事實，第二次大戰以後，在國際上爲稱呼經濟落後的國家或地區，不能再用「落後」這種名稱，既有開罪這些國家人民的嫌疑，又只表示靜止不動的消極現象。目前，這些地區的國家，都在追求發展；因此稱呼這些地區爲正在發展中的國家（Developing Countries）。但是這個稱呼，只是一種廣義的稱呼；若是仔細去推求，則歐美的經濟發展到高度的國家，也是「正在發展中的國家」，因爲他們的社會，並沒有達到整體的發展，它們所有的發展，是科學，經濟，社會制度的發展，至於人的全部發展，另外是精神的發展，則尙須努力去追求，從這方面去看，整個人類的歷史，就是人類發展史。

當代的存在哲學，所有中心思想，在於發展「自我存有」。存在哲學家：祁克果，海德格，雅士培，沙特和馬賽爾，大家的思想各不相同，但是在不同中有相同點，就是以「存有」爲自我，以「存有」爲追求更成全的『自我』。他們都認爲「自我存有」是在世界限內的存在，「自我」常追求超過這種界限，趨於無限，可惜「自我」覺到力不從心，於是便生出心的沉悶和痛苦，雅士培雖講絕望中的希望。沙爾特則逃不了空無的失望，尼采的超人不過是對於失望悲觀的反抗，只有馬賽爾相信基督的救恩；存在哲學便可以稱爲西洋的發展哲學。

天主教在亞非和中南美各洲的地域中，正在努力協助各國的社會發展，因此乃產生一種新的問題。促進社會發展和傳播福音有什麼關係？神學家便從事研究，構成一部份的新神學，名爲發展神學。

現在，我國政府正在力求發展，而且更努力復興中國傳統文化；因此，我便來談一談儒家的發展哲學，看看我們是不是也有發展理論，但這不等於說易經有現代的數學和天文學；我所有的目的，只不過顯示儒家的哲學可以用之於現代的「發展」，而且可以成爲追求「發展」的理論根基。

一、發展人性

1. 人性與人心的善端

歐洲的中古哲學，重在分析，偏於靜。歐洲中古哲學論人時，專講人性，把人性分爲精神和物質，以人之爲人在於有精神的靈魂。在歐洲中古哲學裏所講的人，是抽象的人類，是一切人的範圍。歐洲現代的哲學則轉而注重個體，不談抽象的人性，而談這一個一個的活人。這個活人乃是我，我便成爲現代歐洲哲學的中心，作爲存在論的主題。歐美人現在談發展，就是談發展自我。例如：發展我個性，尊重我的人格，人的自由就是『我能成爲我自己』。因此，現在歐洲的哲學，已經放棄已往討論抽象觀念的路線，走向研究「這個存有」的動的趨向。

中國儒家哲學，看來也是一種研究抽象觀念的哲學；因爲儒家研究人，就是研究人性，研究人心，研究人性的善罪，研究人心的善端。但是，我們往深處去分析，則可以看到儒家所研究的人性，是注意這個人的個性，而不是注意空泛的人類之性。

中庸第一章所說的「天命之謂性」，乃是論到空泛的人類之性。但是在講論「誠」道時，則是說每個人要誠於自己的性，要儘量發展自己的性。孟子說性善爲心的傾向，朱子講性善性惡爲氣質之性，心和氣質之性都是每個人自己所有的，而不是空泛的人類之性。朱子稱空泛的人類之性，爲「本然之性」，或「天地之性」。

儒家論人，第一在於發展人性，人性來自天，『天命之謂性』。然而人性究竟是什麼呢？朱子說：人性是理，『性只是理』（朱子語類），但是理又是什麼呢？朱子說：『理也者，形而上之道也，生物之本也。』(朱子語類)。人性便是所以爲人之理。說來仍舊很空泛，不能捉摸。朱子却另外有一句話，『性即理也，在心喚作性，在事喚作理。』(朱子語類)性是人心的理。人心有什麼理呢？大學第一章說：『大學之道，在明明德。』孟子解釋明德爲人心的善端，爲人心的良能：『無惻隱之心非人也，無羞惡之心非人也，無辭讓之心非人也，無是非之心非人也。惻隱之心，仁之端也；羞惡之心，義之端也；辭讓之心，禮之端也；是非之心，智之端也。人之有是四端也，猶其有四體也。』(孟子，公孫丑上)又說：『仁義禮智，非由外鑠也，我固有之也；弗思耳矣。』(孟子，告子上)仁義禮智便是人心之理，也就是人之性。

漢朝儒家以五行夾入易經的思想裏，把仁義禮智便是人心之理，也就是人之性。漢朝儒家以五行夾入易經的思想裏，把仁義禮智變爲五德，加一「信」德，以配合五行之氣，班固解釋五德說：『人生而應八卦之體，得五氣以爲常，仁義禮智信是也。』(白虎通，性情)宋朝理學家以仁義禮智配易經乾卦的元亨利貞。元亨利貞乃是乾的性理；因此，仁義禮智便是人的性理。朱子語類說：『或問仁義禮智，性之四德，又添信字，謂之五性，何也？』仁義禮智稱爲性之德，稱爲性，可知儒家以發展人性，便是發展人心的仁義禮智之善端。

2. 個性——情慾、智力

善端在每個人的心裏，是不是一樣呢？按理說應該是一樣，因爲人性是天生的，又因爲人之所以爲人之理，凡是人都有，不能有多有少。

但是儒家性善性惡的問題，卻就在於這一點；若是人心的善端都是一樣，爲什麼人有善惡呢？荀子根本否認人心的善端，以人心有惡端。漢唐儒家乃把人性分成高下幾品，朱子遂進而研究每個人的心，主張性同而心不同，張載曾說：『合性與知覺，有心之名。』（正蒙，太和篇）朱子乃說：『心統攝性情。』（朱子語類）性爲理，情爲氣。凡是人，所有的理相同，所有的氣則差別不等。氣分清濁，人所有的氣雖然清，可是清中又有純不純的差別。因此，每個人所有的氣，構成每個人的個性。氣的清濁程度，和情慾的清濁程度，和理智力的敏鈍程度，互成對比。

人心是人一身的主宰，以發號施令時，反應的效力看人的個性若何。氣清的人，理智力強，看事很清楚，情慾又清，不妄動，心的主宰力便強大，人常行善。氣濁的人，理智力鈍，情慾重濁，心不能常作主，人便作惡。

爲發展人性，中心點就在於心能作主宰，使情慾不淹沒心的善端。中庸第一章說：『喜怒哀樂之未發謂之中，發而皆中節謂之和。中也者，天下之大本也；和也者，天下之達道也。致中和，天地位焉，萬物育焉。』中和之道，在儒家思想裏非常重要，因爲實際上就是發展人性之道。人心的明德，能够被情慾所掩沒；人爲明明德，要使情慾在動時皆能中節。若是常不中節，那便會使人心的善端漸漸被摧殘。孟子曾說：

『牛山之木嘗美矣！以其郊於大國也，斧斤伐之，可以爲美乎？是其日夜之所息，雨露之所潤，非無萌蘖之生焉，牛羊又從而牧之，是以若彼濯濯也。人見其濯濯也，以爲未嘗有材焉，此豈山之性哉。』『雖存乎人者，豈無仁義之心哉！其所以放其心者，亦猶斧斤之於木也，旦旦而伐之，可以爲美乎！其日夜之所息，平旦之氣，其好惡與人相近也者幾希。則其旦晝之所爲，有梏亡之矣。梏之反覆，則其夜氣不足以存，夜氣不足以存，則其違禽獸不遠矣。人見其禽獸也，而以爲未嘗有才也，是豈人之情哉。故苟得其養，無物不長；苟失其養，無物不消。孔子曰：操則存，舍則亡，出入無時，莫知其鄉，惟心之謂與。』（孟子，告子上）

中庸稱人心之本然狀態爲中，孟子稱之爲夜氣。中庸指示人致中和，不失人的本性；孟子教人養心，以發展人心的善端。孟子用培養樹木的警諭，來講人的發展人性，說得更生動。每個人的心境不同，發展個性的努力也隨人而異。

3. 發展人性的步驟

凡是人都有情慾，凡有情慾的人遇到所好所惡的對象，他的心必要動，怎麼樣使心動時皆中節呢？大學第一章裏舉出了幾個步驟。

『欲脩其身者，先正其心；欲正其心者，先誠其意；欲誠其意者，先致其知，致知在格物。』

智識是人的特有物，禽獸不能夠有。發展人的智識，爲現代每個人所追求的目標。人心是無限的，追求智識的慾望也是無限；因著這種無限追求智識慾望的推動，各項學術的研究遂繼續前進，造成了現在的科學時代。但是人們追求智識，不是爲智識而求智識乃是爲增高自己生活的興趣和享受，智識是爲人生。

人生是人的生活，而不是禽獸的生活；人的生活在於精神的飽滿，精神充於肉體。肉體的行動也有精神的意義。心是一身的主宰，肉體要受心的主宰，才能把精神的意義加之於一切行動之上。心的主宰，等之於現代歐美哲學所講的「自我意識」。因此爲發展人性，使人的生活充實，便要「正心」。

存在論的哲學家主張發展自我，超越「自我存在」的限界，趨向於更高的自我，以絕對超過的存在爲終點，人的自由就在於選擇超越限界的自我。這種發展的步驟，在於使自我意識趨向於絕對無限的存在。

儒家爲發展人性，主張正心，也就是使人的心在動時常看著超於現實的天道，天道是無聲無臭無形無象的上天和人交接之道，能使人的精神發揚光大。天道在人的心內，稱爲明德，稱爲道心，人若反身而誠，情慾便不能掩沒心內的天道，人性乃能發展，性的四德善端仁義禮智便會發育光大。孟子乃說：『吾善養吾浩然之氣。』（孟子，公孫丑上）。這種生活就是人的精神生活。精神生活不是和物質生活相對立，而是一個人的整體生活。人的生活整個受心的主宰，肉體行動具有精神的意義，人的整體生活，便是精神生活。只有當肉體行動不受心的主宰，受情慾的激蕩而以物質爲目標，才有物質生活。

4. 發展人性的物質條件

儒家和道家和佛教有所不同之點，在於不摒棄物質，而使物質有精神的意義。道家和佛教都摒棄形色以求精神的解脫，物質在道家和佛教的思想中，是發展自我的阻礙。儒家則認爲物質是發展人性的工具和條件，人只要能主宰物質，物質可以協助人性的發展。

人是集合精神和肉體而成的，雖然人常覺到肉體加給精神許多限制和桎梏，因而意識到自我似乎處在肉體的牢獄裏；但是人不能擺脫肉體，而且還愛自己的肉體。人的生活又是精神和肉體的整體而不可分的生活。因此，物質不應是罪惡，而應是人的生活的一部份。儒家便看重物質的發展。

物質的發展，爲發展人性的先決條件，人若沒有飯吃，怎麼可以會講仁義呢？孟子主張每個人要有恒產，恒產可以養家，然後才可以教人行仁義之道。只有少數的人，有勇氣在饑寒中守仁義，一般人都做不到。孟子說：

『無恒產而有恒心者，惟士爲能。若民則無恒產，因無恒心，放僻邪侈，無不爲已！及陷於罪，然後從而刑之，是罔民也。焉有仁人在位，罔民而可能也！是故明君制民之產，必使仰足以事父母，俯足以畜妻子，樂歲終身飽，凶年免於死亡，然後驅而之善，故民之從之也輕。』（孟子，梁惠王上）孔子更進一步，主張要使民富。富不單擁有足以養家的恒產，還要有所畜裕，使家中人有所享受。

『子適衛，冉有侍。子曰：庶矣哉！冉有曰：既庶矣，又何加焉？子曰，富之。曰：既富矣，又何加焉？曰：教之。』（論語，子路）

通常都說物質富足時，人便放僻邪侈。社會犯罪的現象，常隨貧富而異。臺灣經濟繁榮了，社會犯罪的案件也隨著加多了。但是，我們進一步去研究，罪惡的加多，並不是直接導源於物質的發展，而是導源於缺乏教育。孔孟的看法，也在於這一點。受了良好教育的人，在貧窮時知道守窮，在富貴時知道守禮不驕；沒有受了良好教育的人，窮時濫，富時驕奢。經濟愈繁榮的社會，道德教育要愈高，社會的人才知道合理地享受財富。所可惜的，就是經濟越繁榮的社會，道德教育越低，社會裏的犯罪怎麼不會不加增呢？孔子因此主張：『既富矣，教之！』

有了財富，怎樣合理地使用呢？第一，自己享受。享受財富不是使精神受物質的制梏，而是使物質幫助精神的發揚。

『子曰：何傷乎！亦各言其志也。曰：暮春者，春服既成，冠者五六人，童子六七人。浴乎沂，風乎舞雩，詠而歸，夫子喟然嘆曰：吾與點也。』（論語，先進）

歷代名士學子，都效法孔子這種志趣，遊山玩水，飲酒作樂。蘇東坡曾經說：『君子可以寓意於物，而不可以留意於物。寓意於物，雖微物足以爲樂，雖尤物不足以爲病。留意於物，雖微物足以爲病，雖尤物不足以爲樂。』（蘇軾，寶繪堂試）儒家主張役物而不役於物。

第二，善用財富，在與人同樂。在論語上，還有一次。孔子和門生各言其志。

『子路曰：願聞子之志，子曰：老者安之，朋及信之，少者懷之。』（論語，公冶長）

安老懷幼，是用自己的財富，去安養老人們，去愛育小孩子們，這是孔子的志向，也是每個富人都可以有的志向。現代社會一個很大的問題，即是貧富不均，經濟發展時富者愈富，窮者愈窮；富者一日揮霍幾萬元，窮者一日買飯都不易賺到。這種現象不能稱爲社會發展，社會發展，要使財與人共。孟子曾主張君王與民同樂，意思也就是在於財富與人共。

『孟子見梁惠王，王立於沼上，顧鴻雁麋鹿，曰：賢者亦樂此乎？孟子對曰：賢者而後樂此，不賢者雖有此不樂也。詩云：經始靈臺，經之營之，庶民攻之，不日成之。……文王以民力爲臺爲沼，而民歡樂之。……古之人與民偕樂，故能樂也。湯誓曰：時日害喪，予及女偕亡。民欲與之偕亡，雖有臺池鳥獸，豈能獨樂哉。』（孟子，梁惠王上）

共產黨實行共產，把人民的財產都充爲國有，政府富足，人民則作牛馬，這種政策違反孔孟君主與民同樂之道。政府爲人民服務，不是人民供政府的奴役，孟子又伸說：與民同樂的君王，才可以王，不然必定要敗亡。『今王與百姓同樂，則王矣。』（孟子，梁惠王下）

經濟發展，爲社會發展的條件，不能成爲社會發展的目的。

二、人性的發展

1. 仁民（親民）

法國存在論哲學家主張「自我開放」，以求自我存在所有限界的超越，人生的痛苦，都因於自我封閉而成爲孤獨。人的自我開放，首先向著問題的「你」，由「我」到「你」，再進而達到「絕對的你」——神，馬賽爾稱這種自我開放爲「交融」或「融通」。

儒家的發展哲學，在發展人性，人性發展便是擴充自我，擴充的圓周，第一個圓周是『四海之內，皆兄弟也。』，即是大學的「親民」，第二個圓周是「大同」，第三個圓周是「萬物一體」，第四個圓周是天人合一。大學上說：

『大學之道，在明明德，在親民，在止於至善。』（第一章）

中庸上說：

『唯天下至誠，爲能盡其性；能盡其性，則能盡人之性；能盡人之性，則能盡物之性；能盡物之性，則可以贊天地之化育；可以贊天地之化育；則可以與天地參矣。』（第二十二章）

由我到你，由你到人，由人到物，由物到天地。人性的發展，越走越廣，越廣越成全。人心的善端：仁義禮智，應該培養發育，使人性發揚，擴充人心的範圍。人心由自我向外開放時，第一個接觸的對象是一個『你』，即是一個同類的人，普通是自己的父母。孟子說：『孩提之童，無不知愛其親者。』（盡心上）儒家稱『我與你』相交之道爲仁，「仁」即『二人』相交。

二人相交，有消極和積極兩方面：消極方面在取消足以妨礙相交的惡行。孔子說：

『己所不欲，勿施於人。』（論語，顏淵，衛靈公）

這是一項消極的標準，我所不願意的事，一定爲我有害，那麼爲『你』也可能有害，我便不要把這樁事加在『你』身上。

積極方面在於促進相交，從善的方面去爲「你」做事，孔子說：

『夫仁者，己欲立而立人，己欲達而達人。』（論語，雍也）

這是一項積極的標準。我自己追求一個更好的「我」，建立我的人格，通達我的事業，我便使『你』也能『立你』『達你』。這也是基督福音所說的『愛人如己』。

孟子講說這種「仁愛」爲推己及人。

『老吾老，以及人之老，幼吾幼，以及人之幼。天下可運於掌也。……故推恩足以保四

海，不推恩無以保妻子，古之人所以大過人者無他焉，善推其所爲而已矣。』（孟子，梁惠王上）

什麼叫做推恩呢？推恩是按自己的心去推測別人的心，把愛自己的愛，推到別人身上。我心所固有的良能，爲仁義禮智，「我」和「你」相交時，把我心的良能擴充到「你」，孟子說：

『凡有四端於我者，知皆擴而充之矣，若火之始然，泉之始達。苟能充之，足以保四海，苟不充之，不足以事父母。』（孟子，公孫丑上）

「大學之道，在明明德，在親民。」人心的明德皆發揚於外時，第一步就是「親民」，親民即是仁民，仁民即是愛民，愛民不單單是君王愛民，而是每個人都愛別人。人心之愛，擴充到「你」，成爲仁民愛人。

我所接觸的「你」，儒家歸併爲五類，稱爲五倫：君臣、父子、兄弟、夫婦、朋友。每一倫的關係，名目雖不同：君禮，臣忠，父慈、子孝、兄友，弟恭，夫唱婦隨，朋友信，骨子裏都是一個仁字。五倫便是擴充「我」的第一個範圍。

2. 大同

「我」和「你」的相交，是個人和個人的接觸，個人和個人相交，「我」是一定，「你」則不一定；「我」所接觸的「你」，今天可以是這個人，明天可以是另一個人。既然「我」和每一個「你」相交時，都是擴充我心的仁，我心的仁便可以擴充到每一個人，於是便有「四海之內，皆兄弟也。」（論語，顏淵）的博愛。

既然我有四海之內皆兄弟的博愛，我便求能爲四海之內的兄弟去服務，使他們都可以有生活的幸福。儒家便主張從事政治，以造福人羣。孔子志在『老者安之，少者懷之。』『或謂孔子曰：子奚不爲政？子曰：書云孝乎！惟孝友于兄弟，施於有政。是亦爲政，奚其爲政乎。』（論語，為政）

我雖不在政府做官，也可以在我的崗位上爲旁人服務，就是從政。我若在政府裏任職，便要有范仲淹所說古仁人之心，『先天下之憂而憂，後天下之樂而樂。』（岳陽樓記）

古來仁人之心，以天下的憂樂，爲自己的憂樂，追求大同的幸福：

『大道之行也，天下爲公。選賢與能，講信修睦。故人不獨親其親，不獨子其子，使老有所終，壯有所用，幼有所長，矜寡孤獨廢疾者皆有所養。男有分，女有歸。貨惡其棄於地也，不必藏於己；力惡其不出於身也，不必爲己。是故謀閉而不興，盜竊亂賊而不作；故外戶而不閉。是謂大同。』（禮記，禮運）

王船山作「禮記章句」說：

『天下爲公，謂五帝官天下，不授其子。選擇與授，謂選賢能而禪之也。講信者，講說期約而自踐之，不待盟誓。修睦者，修明和睦之敎，而人自親，不待兵役也。凡此皆人道之固然，堯舜因之以行於天下。……不獨親其親，老其老以及人之老也。不獨子其子，幼其幼以及人之幼也。終，生養而死葬也。用，各得其職業也。有分，謂分田制度無侵並之者也。有歸，室家不相棄也。貨惡其棄於地，不欲以有用置無用而已。力惡其不出於身，可以有爲而不偸也。此皆民俗之厚，不待敎治，而無非禮意之流行也。』

『謀，相傾軋之術。閉，塞絕也。盜竊，盜之小者。亂賊，賊之大者。外戶，戶樞在外而反掩之，足以蔽風雨，禦猛獸而已。閉，鍵扃也。大同，上下同於禮之意也。』（王夫之，禮記章記，華文書局，船山全集，第四冊，卷九）

王夫之解大同爲上下同禮之意，是就在禮運篇大同的實際意義。但是在政治思想和儒家哲學裏，大同已經代表天下大同的理想。國父孫中山先生就以這種理想，採取禮運篇的大同政治哲理。

天下大同思想，由中庸的思想去看，就是『能盡其性，則能盡人之性。』

3. 萬物一體

中庸說：『能盡人之性，則能盡物之性。』這種境界較比大同的理想更進了一步，我發展「自我」，擴充到「你」，由「你」擴充到四海之內的人，由四海之內的人擴充到萬物。易經的宇宙論是整體的宇宙論，宇宙萬物同爲一體。『是故易有太極，是生兩儀，兩儀生四象，四象生八卦。』（繫辭上，第十一），兩儀爲陽陰，代表天地。四象爲春夏秋冬四時，代表陽和陰的變化。八卦爲萬物，代表陰陽的結合。若太極是太虛之氣，萬物則都同爲氣。張載說：『太虛不能無氣，氣不能不聚而爲萬物，萬物不能不散而爲太虛，循是出入，是皆不得已而然也。』（正蒙，太和篇）

張載的這種思想，很有道家的氣味。他並且說：『太氣無形，氣之本體。其聚其散，變化之客形耳。至靜無感，在之淵源。有識有知，物交之客感耳。客感客形，而無感無形，惟盡性者一之。』（正蒙，太和篇）朱子說：『客感客形，與無感無形，未免分截作兩段事。聖人不如此說，只說形而上，形而下而已。』朱子以張子所分客形客感與無形無感，不是聖人之說，實際上則是客形客感的本身，不合聖人之道，而是老莊之道。

朱子主張宇宙萬物同一理。

『問一理之實，而萬物分之以爲體，故萬物各具一太極。如此說，太極有分裂乎？曰：本只是一太極，而萬物各有稟受，又各全具一太極耳。如月之在天，只一而已。及散在江湖，則隨處而月，不可謂月也。』（朱子語類）

萬物之理相同，氣則不同。王陽明接受張子和朱子的思想，主張萬物一體，彼此相通。

『風雨雷露日月星辰禽獸草木山川土石，與人原只一體。故五穀鳥獸之類，皆可以養人。藥石之類，皆可以療疾。只爲同此一氣，故能相通耳。』（王陽明語錄，全書第二十一）

我怎麼可以體驗出來和萬物一體，彼此相通呢？張載說：

『大其心，則能體天下之物。物有未體，則心有外。世人之心，止於聞見之狹。聖人盡性，不以聞見。梏其心，其視天下，無一物非我。孟子謂盡心則知性知天以此。』（正蒙，大心篇）

發展人性，推廣自己的心，擴充自我。『其視天下，無一非我。』

王陽明說明爲體驗『無一物非我』，在於擴充心中之仁。

『大人之能以天地萬物爲一體也，非意之也，其心之仁本者是其與天地萬物而爲一也。豈惟大人，雖小人之心，亦莫不然，彼自願小之耳。』（王陽明，大學問）

『天下之人心，其始亦非有異於聖人也，特其間於有我之私，隔於物慾之蔽，大者以小，通者以塞，人各有心，至有視其父子兄弟仇讎者，聖人有以憂之。是以推其天地萬物一體之仁，以復其心體之同然。』（王陽明全書卷三）

「仁」不僅是我你二人相交之道，也是世界大同之道，且是萬物一體之道，擴充自心之仁，可以體萬物而無遺。

4. 天人合一

『能盡物之性，則可以贊天地之化育；可以贊天地之化育，則可以與天地參矣。』我推廣自己的心，以『無一物非我』，我將擴充自我與天地相合，我的心包有宇宙。

爲體會萬物一體，在於擴充心內之仁。這個「仁」，不僅是愛惜，而是生生之道，宇宙的萬物，沒有不求自己的生存的物，就是沒有生命的土石，也不願意自行分化，而是因著外力而遭破壞。有生之物，則求生的傾向，顯而易見；人則更有求生的意識。

萬物求生之理，出自物的本性。物的本性之理和天地之道相同。天地之道在於使萬物發生。朱子說：

『天地別無勾當，只是以生物爲心。一元之氣，運轉流通，略無停閒，只是出生許多萬

物而已。』（朱子語類）

天地以生物爲心，這種思想來自易經。易經繫辭說：『天地之大德曰生。』（繫辭下，第一章）王船山說：『天地之大德曰生，天地生於道，物必由其所生，是道無有不生之德，亦無有卒於陰之理矣。』（周易外傳，卷四）

天地有生之德，萬物也由天地稟受了好生之德。好生之德在人稱爲仁。朱子說：『仁是個生理，若是不仁便死了。人未嘗不仁，只是爲私慾所昏。克己復禮，仁依舊在。』（朱子語類）

「仁」不單代表生生之理，也代表生生的秩序，在天地萬物之中，每物所有的生生之理，彼此相連，彼此相助。礦物助植物，植物助動物，動植礦又都爲助人的生命。這種生生之秩序，也就是生生之理，稱爲仁。

我發揚自心之仁，便可以和天地相通，以贊助天地的化育。天地以生物爲心，天地的變化使萬物發生；我發揚自心之仁，贊助天地去發生萬物，我的心和天地的心相合了，成爲孔子所崇拜的仁人，仁人爲人格最完美的人，高出聖人以上。

天地而有生物之心，則不能是塊然無靈的自然界的天地，應當上升到書經和詩經的上天或上帝。上天有好生之德，以生物爲心；我的精神和無形無限的上帝相合。到達這樣的境界，自我的發展到了極限，止於至善。

『大學之道，在明明德，在親民，在止於至善。』中庸的至誠，在盡我性，盡人性，盡物性，贊天地的化育，與天心相參。這就是儒家的發展哲學。

結論

蔣總統常以中庸大學兩本書，是我國歷代的基本人生哲學，總統曾經講過『中庸之要旨與將領之基本學理』：

『今天我要將我國古代最精微正確的人生哲學即中庸之道講授給大家，這是我們個人修己立身成德立業之要道，我們將領要完成革命的任務，不可不透徹明瞭這個哲學的理論。』（蔣總統言論彙編，第十二卷，頁二九二）

『天命就是宇宙推演無盡之生命，論其本體，就是天性天理，也就是自然運行之理，論其跡象，則是一切動植飛潛繁衍無窮的生命。』（同上，頁二九九）

總統認定為中國現代的發展，理論的根基還是大學中庸所傳的發展哲學。這種哲學是舊又新，舊是原則，新是解釋。

教宗保祿六世在一九六七年所發表『世界民族發展』的通諭裏，說明世界人民發展在於人的完全發展：

『擺脫貧窮，生活安定，身體健康，事業穩固：在不受任何欺壓且避免一切妨害他們人格尊嚴的環境中承擔更多責任，增加學識；簡單地說，求取更多的工作，學習更多的事，收穫得更該豐富，以便更能發展人格，這就是今日人們所企望。』

『人間社會患著嚴重的病症，其病因不單在於自然資源缺乏，或生產有人壟斷，乃特別在於人與人之間，民族與民族之間缺乏友愛。』

近代社會的發展，基本還是在於仁愛，我們爲促進中國社會的發展，就應遵照儒家的發展哲學，擴充自己心中之仁。

民國六十一年四月六日天母牧盧

儒家的整體宇宙論

最近我閱讀兩本書，一本是法國天主教神父德日進（Pierre Teilhard de Chardin）的人的現象（ The Phenomenon of man ），一本是陳立夫資政的人理學研究。德日進神父主張宇宙是整體的和動態的宇宙，而且常繼續演化。陳立夫資政承認儒家以宇宙是一個生生不已的大動體，是時時在動在變的大生命。我因此想到儒家易經的宇宙論，和現在歐美最新的德日進宇宙論很相似；因此，便系統地把儒家的整體宇宙論寫出來，表示對儒家哲學可以有新的解釋。

德日進是一位進化論者，曾發現「北京人」，他的宇宙論主張宇宙爲一整體，由基本物質，漸漸演化，在基本的物質中，藏有意識的「生命能」，「生命能」，漸漸在適合的自然環境裏演化，由物質而有生命，由生命而有思想的反省意識，這個反省意識是人和禽獸相分的鴻溝。人和禽獸以及別的物體雖然相分，但仍是相連，而且相通。整個宇宙是一體，而且是活的，繼續在創造。

儒家的宇宙論，主張宇宙萬物爲一體，一體的交通線是生命，宇宙生生不息，這一點儒家和德日進的宇宙論很相似；但是不同之點則是德日進主張生命的進化，這種新的進化論在儒家裏沒有；還有德日進信仰宇宙有一位創造的尊神，尊神從上以一種最高的吸力使宇宙團結爲一，且使生命向完善裏進化，這種信仰在儒家的宇宙論不是完全沒有，然而很暗昧不明。

一、宇宙爲一整體

1. 宇宙整體的構成

宇宙是怎麼樣開始的呢？易經上說：

『是故易有太極，是生兩儀，兩儀生四象，四象生八卦。』（繫辭上，第十一）

甲　宇宙的元始是太極。周敦頤解釋太極爲無極，無極乃是無形象。張載解釋太極爲太虛。

『無極而太極……太極本無極也。』（周子太極圖說）

『太虛無形，氣之本體。』（張載，正蒙，太和篇）

太虛無形之氣，中間含有動靜相感的性能，因著這種性能，太虛之氣乃有絪緼相盪，動靜相續的變化。因著這種變化而生陰陽二氣。易經稱這種動靜相感的性能爲『生生之道』，張載則稱之爲『太和之道』。

『天地之大德曰生』（繫辭下，第一）

『易之爲書也不可遠，爲道也屢遷，變動不居，周流六虛，上下无常，剛柔相易，不可爲典要，唯變可適。』（說卦，第五）

『太和所謂道，中涵浮沈升降，動靜相感之性，是生絪緼相盪，勝負屈伸之始。……散殊而可象者爲氣，清通而不可象者爲神，不如野馬絪緼，不足謂之太和。』（張載，正蒙，太和篇）

太虛之氣，絪緼相盪，動靜相續，於是氣乃成形，有聚有散，成形的氣，爲陽爲陰。陽爲清氣，陰爲濁氣；陽氣的性，剛；陰氣的性，柔。

乙 陽氣和陰氣成形後，即形成爲天地，陽氣淸高爲天，陰氣重濁爲地。

邵子說：『天生於動者也，地生於靜者也。一動一靜交，而天地之道盡矣。』（邵雍，觀物內篇）

張子說：『地凝陰，凝聚於中；天浮陽，運於外；此天地之常體也。』。（張載，正蒙，參兩篇）

朱子說：『天地初開，只是陰陽二氣。這一個氣運行，磨來磨去，磨得急了，便除去許多渣滓，裏面無處出，便結成個在中央，氣之淸者便爲天，爲日月，爲星辰，只在外常周環運轉。地便在中央不得，不是在下。』（朱子語類）

丙 氣既形成了天地，又形成了天地的性能，天爲乾，地爲坤；代表天地陰陽之氣的本性能力。易經對於乾坤，講的很多。

王船山說：『乾坤者，在天地爲自然之德。而天之氣在人，氣暢而知通，氣餒而知亦无覺。地之理在人，耳目口體從心知，心知之所不至，耳目口體无以見功，皆此理也。』（王夫子，周易內傳，卷五，繫辭上，註解「乾知大始，坤作成物」）

乾的性能爲「元亨利貞」，坤的性能爲「元亨，利牝馬之貞」。

王船山註解乾的性能說：

『乾本有此四德，而功即於此效焉。以其資萬物之始，則物之情情，皆變其條理，而無不可適；惟元故亨，而亨者大矣。以其美利利天下，而要與以分之所宜，故其利者皆其正，而惟而正，萬物之性命正，萬事之紀綱則抑以正而利也。其在占者爲善，始而大通，所利皆貞，而貞無不利之象。德福同源而不爽，非小人所得與焉。就德而言之爲四，就功而言元亨，惟具元而貞，斯利理無異也。此卦即在人事，亦莫非天德。』（王夫之，周易內傳，卷一，周易上經，註乾，元亨利貞）

王船山又註坤卦說：

『凡卦有取象於物理人事者，而乾坤獨以德立名，盡天下之事物，無有象此純陽純陰者也。除陽二氣，絪縕於宙合，融結於萬彙，不相離不相勝，無有陽而無陰，有陰而無陽，有地而無天，有天而無地。故周易竝建乾坤爲諸卦之統，宗不孤立也。』（王夫之，周易內傳，卷一，周易上經。註，坤元亨，利牝馬之貞）

丁　陽陰二氣，既成天地，繼續絪縕變化，乃生四象，八卦或五行。四象，八卦和五行都代表陽陰的變化，陽陰變化在於結合，結合變化在於盛衰。四象爲老陽老陰少陽少陰，老陽爲純陽，少陽爲初陽，老陰爲純陰，少陰爲初陰。純爲盛，初爲漸盛。五行爲木火金水土。木爲春，陽的初盛和陰的初衰，火爲陽盛和陰衰，金爲陰的初盛和陽的初衰，水爲陰盛陽衰，土爲陽陰的中和。八卦也是陰陽盛衰結合的代表。

因著陽陰盛衰的結合，化成天地間的萬物；因此乾坤稱爲萬物之元。周敦頤說：

『無極之眞，二五之精，妙合而凝，乾道成男，坤道成女，二氣交感，化生萬物。萬物生生。而變化無窮焉。』（周濂溪，太極圖說）

『陰非陽無以始，而陽藉陰之材以生萬物，形質成而性即麗焉。相配而合，方始而即方生。坤之元所以與乾同也。』（王夫之，周易內傳，卷一，周易上經，註彖曰：至哉坤元）

戊　天地萬物爲一整體，在形上方面，因爲天地萬物同一氣，而且同一理。天地萬物之氣，都是陰陽之氣；天地萬物同一理，都是乾坤之理。陰陽之氣，雖是性質不相同，而且陽氣之中，盛衰清濁的程度不同，陰氣之中，盛衰清濁的程度也不同，但同是太虛變化而生之氣，可以稱爲同一氣。

萬物的種類和單體，性質有異；性質相異的理由，在於每個物體所稟的氣，程度不等，有陽盛陰衰，有陰盛陽衰，清濁不同。發而既是一氣，彼此可以相通。王陽明說：

『風雨露雷日月星辰禽獸草木山川土石，與人原只一體，故五穀鳥獸之類，皆可以養人。藥石之類，皆可以療疾。只爲同此一氣，故能相通耳。』（王陽明語錄，全書第二十二）

朱子且以萬物同一理，王陽明也有這種思想。『理一而殊』爲朱子的一種特殊的主張：

『問一理之實，而萬物分之以爲體，故萬物各具一太極。如此說，太極有分裂乎？曰：本只是一太極，而萬物各有稟受，又各全具一太極耳。如月之天，只一而已。及散在江湖，則隨處而月，不可謂月分也。』（朱子語類）

天地只有一個理，萬物所得的理就是天地之理，但是理在每個物體裏的情形不同，因爲是和氣相結合，每個物體的氣則程度不等，因此理在每個物體的表現也就不同了。就好比月亮映在水中，水中所映的月，隨著水的不同就不相同。水當然都是水，可是水的清濁不同，水的容器也不同，便使所映的月不同。然而月亮只是一個，理也只是一個。

2. 宇宙整體的意義

甲 儒家的整體宇宙觀，雖然是由易經的形上宇宙變化而來，建立在同一氣同一理的原則上，但並不是物質的整體宇宙論。馬克思的辯證唯物論主張宇宙爲一整體，整體的構成，在於同一物質，宇宙萬物都是物質，而是同一物質，物質循著辯證律而變化，乃是宇宙間的形形色色。馬克思强調辯證唯物論和以往的唯物論不同，因爲辯證唯物論主張物質且有自動自變的性能，不需要外在的發動力，又主張物質的變化，可以有由量而到質的變，稱爲躍進或突變。達爾文以及後代的進化論，雖然不是馬克思的先驅，但是唯物論的進化論者，也是主張宇宙的物質，生命由物質進化而來。儒家的整體宇宙觀，不是唯物的宇宙觀，也不是進化的宇宙觀；因爲儒家承認有精神，人的心就是精神體，儒家又不講進化，只講宇宙的變化，變化乃是陰陽兩氣的結合，由陰陽的結合而成物，物則沒有進化。

乙　整體宇宙的意義，在於萬物彼此相通。儒家主張萬物的相通和道家佛教所講的不同。道家莊子有齊物論，以萬物都相等相齊，一根毫體可以等於泰山，一粒小米可以齊於山丘。

『以差觀之，因其所大而大之，則萬物莫不大；因其小而小之，則萬物莫不小。知天地之爲稊米也，知毫末之爲丘山也，則差數覩也。』（莊子，秋水篇）

『通天下一氣耳，聖人貴一。』（莊子，知北遊篇）　　『天地與我並生，萬物與我爲一。』（莊子，齊物論篇）

莊子的萬物相通，因萬物同爲一氣；而這種氣即是「道」之氣，萬物在道以內，道在萬物以存，萬物因「道」而在；萬物便因「道」而相通。

佛教講萬法圓融，『所以天台的中道，是假定萬法的本體爲一，一又爲實，於是所謂空與假，所謂平等與差別，都能相融於本體，萬法的本體即是眞如，……歲括起來即是萬法相攝，一念包攝萬法，因爲萬法同一眞如。』（羅光，中哲學大綱，下冊，頁三一〇，臺灣商務印書館）

佛道都以萬物爲空，只有「眞如」或「道」是實體，萬物同一實體，便相通相融。

儒家以萬物爲有，萬物雖然同一理同一氣，然而氣有陰陽淸濁之別，萬物因此則不相同，各不相同的實體，怎樣可以相通呢？儒家說是在乎「生生之理」。

丙　生生之理，有兩種意義，第一，每個物體都有求生之心。求生即是求存在，求生之心即是保持存在的天然傾向，宇宙間的每個物體，都有這種保持自己存在的傾向，不單是生物有求生的傾向，就是無生物的礦石，也有保持存在的天然傾向，石頭和金屬也不自動分化，只有遇到外面强力的侵蝕時才分化消散。

保住存在的天然傾向，即求生之心，發自天性，萬物由天地所稟受，即由天地所得。因爲『天地之大德曰生。』（易經繫辭下，第一）朱子說：『天地別無勾當，只是以生物爲心。』（朱子語類）王船山說：『天地之大德曰生，天地生於道，物必肖其所生，是道無有不生之德，亦無有卒於陰之理矣。』（王夫之，周易外傳，卷四）萬物由天地所生，稟有天地之道，道是生生，萬物便都有生生之道。由著生生之道，萬物互相感應。

唐君毅先生說：『此中之性，只是一生命之上升而擴大之性，即一生而又生，以成其生之充實性，故此性，並只是生生之理，生生之道。然人有此生生之理，生生之道，以爲其性，則其生命之沿其心思之所及，以及上升擴大，即可至於對此心思所及之天地萬物之所在，亦皆視爲我生命之所在。而此性，此理，此道，遂爲一使我之生命，通於天地萬物之生命，而見其爲一體，使我之生命或人之生命者。』（中國哲學原論，下冊，原性篇頁三三七。）

我雖不讚成以人性等於生生之理，但是承認在性上有生生之理。因著生生之理，人與萬物相通，相通即是感應。

唐君毅先生又說：『此感應之事，即此性此理之表現爲生之事，故此性此理亦即感應之理；而離此感應之理，亦無生之理。明道（程明道）亦極重視此天下之物無獨必有對，以相感應之事，乃致於中夜思之，而手舞足蹈。』（同上，頁三四一）

王船山註解「復卦」說：

『復見其天地之心乎，此推全體大用而言之，則作聖合天之功，於復而可見也。人之所以生者，非天地之心乎？見之而後可以知生，知生而後可以體天地之德，體德而後可以達化。知生者，知性者也。知善而後可以善用吾情；知用吾情，而後可以動物。』（王夫之，周易內傳。卷三，周易上經）

生是物之性，凡物都由自由的本性且有求存在的傾向，因著這種傾向，萬物互相感應。

丁　萬物在求生的傾向中，互相感應，感應之道是仁，這是生生之理的第二種意義。

唐君毅先生解釋程明道的生生之理說：『此中，就人與物相感應，而渾然與物同體，不見物之與我爲二，而一齊生言，名爲「仁」；就此感應之變化無方，而妙用不測言，名曰「神」；就此生物之事，及其中我之生命之氣，與所感之物之氣之流行不已言，名曰「易」（中國哲學原論，頁三四二）

仁字，在宋朝理學家中，常解釋爲生。

『天地之大德曰生，天地絪縕，萬物化醇，生之謂性，萬物之生意最可觀。此元者，善之長也，斯所謂仁也。仁與天地一物也，而人特自小之，何哉！』（二程遺書，卷十一）

『天地以生物爲心者也。而人物之生，又各得天地之心，以爲心者也。故語心之德，雖其總攝貫通，無所不備，然一言以蔽之，則曰仁而已矣。』（朱子，仁說）

『彖曰：大哉乾元，萬物資始，乃統天。……在天謂之元，在人謂之仁。天無心，不可謂之仁，人繼天不可謂之元，其實一也。故曰元亦仁也，天人之謂也。（王夫之，周易內傳，卷一，周易上經）

在一切物體裏，生生之理是一種自然的傾向，按著物性自然流行；在人心裏，求生之心的流行，要經過人心的主宰而後行，人心按照人性之理去行，便是誠於人性之理，誠於人性之理時就是仁。中庸所以說：『唯天下之至誠，爲能盡其性。』（第二十二章）盡自己的性，然後能盡人性，能盡物性，能贊天性之化育，贊天地之化育便是仁。

戊　仁字在整體宇宙論裏，有兩層意義：第一層意義，爲生命的延續。易經裏有『天行健』，（乾卦，象曰）『反復其道，七日來復，利有攸往。』（復卦）『繼之者，善也；成之者，性也。』（繫辭上，第四）都是表示宇宙之氣的流行，周流不息，使生命延續不停。

健爲天之德，天行一晝一夜，周而復始。王船山註解復卦說：

『反復其道，七日來復，天行地。天之運行，恒半隱半見，日過一度，周而復出於地。於此可想陰陽具足屈伸於幽明，而非有無也。七日者，數極則反之。大概舊說謂自姤至復，於易卦天數俱不合。今不從之。』

『利有攸往，剛長也。不動則漸嚮於消，動則必長往而進焉。繼起之善，相因必至。故雖一陽乍生而可謂之長。』（王夫之，周易內傳，卷二，周易上經）

易經的「繼之者，善也；成之者，性也。」天地生物之心，常相繼續，當然是善。天地繼續有生物之心，物乃繼續完成。物的完成則是生於物之本性。在物體裏這種繼續完成的現象，按照物性自然而行；但是有人心的人，則要體貼萬物這種繼續完成的天性，而與以協助，即是說『贊天地的化育』，因此稱爲仁。仁的第一層意義，乃是人協助萬物延續自己的生命。天地萬物無心，不能講「仁」，只能說「生」；人有心，則應有『仁』。

『天地之心不易見，於吾心之復幾見之爾。天地無心而成化，而資始資生於形氣方營之際，若有所必然而不容已者，擬之於人則心也。乃異端執天地之體以為心，見其窅然而空，塊然而靜，謂之虛靜，謂之常寂，謂之大圓鏡，則是執一嗒然交喪，頑而不靈之體以為天地之心而欲效法之。』（王夫之，周易内傳，卷二，周易上註，註釋復卦）

王船山以乾坤為天地之德，代表天地之心，乾之性為健，坤之性為順，健順相合，天地乃動靜不息。

己　在整理宇宙論裏，仁的第二層意義，是萬物在求存在的自然傾向裏，有互相聯繫之理，有互助之道。王船山註釋『繼之者，善也。』

『繼者，天人相接續之際，命之流行於人者也。其合也有倫，其分也有理。仁義禮智不可為之名，而實其所自生。』（王夫之，周易内傳，卷五，繫辭上傳）

萬物和人生在求存在的傾向裏，有互相聯繫的原則。人和人相聯繫，有仁義禮智；人和物相聯繫，也有愛也有義。『己所不欲，勿施於人』，是人和人在求生存時的一條大原則。『數罟不入汚池……斧斤以時入山林。』這是孟子所說人與物在求生存時的一條大原則。

萬物的生存相聯繫，植物需用礦物，動物需用植物，人則需要動植礦各種物體，以維持並發育生命。這種聯繫一方面是需要，一方面是供給；需要的一方面有享受，供給的一方面則是犧牲。然而這種生活的現象，並不是違反天道，並不是互相鬭爭，互相毀滅，而是按照天道，互相協助，互相完成。儒家不像佛教戒殺生，但教人取之用之要按天道，不虐待生物，不糟蹋物件。

在這種有需要有供給的聯繫中，萬物的生存互相連成一個系統，所以王陽明說：『故五穀鳥獸之類，皆可以養人。藥石之類，皆可以療疾，只爲同此一氣，故能相通耳。』（王陽明全書，卷第二十一）

但是，人的生命，雖賴動植礦等物去維持，人卻不能摧殘各種物體，而且還要愛惜這些物體，愛就是仁的表現。王陽明便以仁去講與萬物一體，而稱爲一體之仁：

『故見孺子之入井而必有怵惕惻隱之心焉，是其仁之與孺子而爲一體也。孺子猶同類者也，見鳥獸之哀鳴觳觫而必有不忍心焉，是其仁之與鳥獸而爲一體也。鳥獸猶有知覺者，見草木之摧折而必有憫恤之心焉，是其仁之與草木而爲一體也。草木猶有生意者也，見瓦石之毀壞而必有顧惜之心焉，是其仁之與瓦石而爲一體也。是其一體之仁也，雖小人之心亦必有之，是乃根於天命之性，而自然靈昭不昧者也。是故謂之明德。』（王陽

明，大學問）

這種人心之仁，可以稱爲感情；人與萬物一體之仁，乃人心愛萬物之情，然而這種情來自人的天性。

整體的宇宙，即是天地萬物一體；萬物一體的根基在於宇宙爲一理一氣，萬物一體的中心在於生生之理，萬物一體的實現在於一體之仁。

3. 人在宇宙整體中的意義

甲、人是宇宙的一份子

宇宙即是一個整體，天地萬物便是這種整體的份子，人是萬物的一種，人便是宇宙整體的一份子。人的氣是天地之氣，人之理是天地之理，人之心是天地之心。董仲舒說：

『爲生不能爲人，爲人者天也。人之本於天，天亦人之曾祖父也。此人之所以上類天也。人之形體化天數而成，人之血氣化天去而行，人之德性化天理而義，人之好惡化天之暖清，人之喜怒化天之寒暑，人之受命化天之四時，人生有喜怒哀樂之情，答春秋冬夏之類也。』（董仲舒，春秋繁露，第四十一，爲人者天）『天地之符，陰陽之副，常設身，身猶天也，數與之相參，故命與之相連也。天以終歲之數成人之身，故小節三百六十五，副日數也。大節十二分，副月數也。內有五臟，副五行數也。外有四肢，副四時數也，乍視乍瞑，副晝夜也。乍剛乍柔，副冬夏也。乍哀乍樂，副陰陽也。心有計慮，副度數也。行有倫理，副天地也。此皆暗慮著身，與人俱生。』（同上，第五十六，人副天數）

董仲舒把人比配天象，呆板穿鑿，不是漢以前儒家的思想，也不是漢以後儒家的傳統，但是儒家確實以人象天地，爲天地中的重要份子。

人既是宇宙整體的一份子，人不能有離開天地的存在，人的生命在宇宙之中。儒家不明明講人死後的生存，即使承認魂靈在人死後能夠存在，魂靈也在天上。

儒家的人生哲學事事以法天爲標準，天道爲人道的模範。易經的卦，即是按天地的變化去推測人事變化的吉凶，儒家的禮，以天爲基礎。禮記說：

『故聖人參於天地，並於鬼神以治政也，處其所存禮之序也，其所樂民之治也。』（禮運）

至於社會流傳的風水，瑞祥，災應，相術，更是以天地之氣和人的氣相通，作爲原則。禮記又說：

『故人者，天地之心，五行之端也，食味別聲被色而生者也，故聖人作則，必以天地爲本，以陰陽爲端，以四時爲柄，以日星爲記，月以爲量，鬼神以爲徒，五行以爲質，禮義以爲器，人情以爲田，四靈以爲畜。』(禮運)

儒家的藝術常表現宇宙的整體，山水畫中有草木鳥獸和人，人的畫像中也常有山水爲背景。畫中的神韻就在於表現宇宙整體的生意，人的生命融合在宇宙之中。

西洋的哲學和神學相連，雖以人爲宇宙萬物的一類，但是主張人有超於天地的生命，天地爲物質，人的靈魂爲精神，精神的生命乃是永遠的生命，趨於天地之上，而且在人死後脫離宇宙而有生命。

乙、人爲萬物之靈

儒家承認人爲宇宙整體的一份子，但又承認人爲萬物之靈，所以常講天地人三才，人稟天地之秀氣，有虛靈之心，由天地相結合而生，和天地相比配而成三才。易經的卦紋爲三爲六，都可作天地人三才之義。天在上，地在下，人居天地之中，人代表萬物。

『故人者，其天地之德，陰陽之交，鬼神之會，五行之秀氣也。』(禮記，禮運)

『天德施，地德化，人德義。天氣上，地氣下。人氣在其間。……天地之精所以生物者莫貴於人，人受命乎天地。故超然有以倚；物疢疾莫能爲仁義，唯人獨能爲仁義。物疢疾莫能偶天地，唯人獨能偶天地。人有三百六十節，偶天之數也，形體骨肉，偶地之厚也。上有耳目聰明，日月之象也。體有空竅理脈，川谷之象也。心有哀樂喜怒，神氣之類也。觀人體，一何高物之甚，而類於天也。』（董仲舒，春秋繁露，第五十六，人副天數）

『二氣交感，化生萬物。萬物生生，而變化無窮焉。惟人得其秀而最靈。形既生矣，神發知矣，五性感動，而善惡分，萬事出矣。』（周濂溪，太極圖說）

朱子以人得氣之正，故能通理，禽獸得氣之偏，故閉塞而無知：

『自一氣而言之，則人物皆受是氣而生。自精粗而言，則人得其氣之正且通者，物得其氣之偏且塞者。惟人保其正，故是理通而無塞；物得其偏，故是理塞而無所知。』（朱子語類）

人得秀氣，清氣，正義，人心乃靈，能通事理，乃爲萬物之靈。天地生物之心，乃先於人心。

丙、宇宙的整體因人而實現

人有靈，能通理。理之通，不僅在於能有知識，而更在於天地萬物之理由人心，能夠通達於外。

朱子主張理一而殊，他主張萬物同一理，然因氣的清濁不同，理在物體內乃不同。理在本身上是光明昭著，稱爲明德。光明昭著的明德，在受重濁之氣的土石裏，一點也不能顯明於外。在受重濁程度稍輕的植物裏，光明昭著之理稍可顯露。在受清秀之氣的人心裏，光明昭著之理乃可完全顯露了。

所謂光明昭著之理是什麼呢？乃是生生之理。生生之理，在土石裏不能顯出，土石沒有生命；在植物裏開始顯露，植物有生理的生命；在動物裏交顯出來，動物有感覺；在人心裏，完全可以顯露出來，人有心思之知。

人既有心思之知，能夠反觀自己的心，能夠觀察天地的變化，從這兩方面，人乃知道宇宙萬物爲一體，且有一體之仁。

一體之仁在人心稱爲明德，稱爲仁，稱爲道心。人應發揚心中的明德，仁民而愛物。宇宙整體的事實，本來隱在萬物的本性裏，因著人心的仁，乃成爲一種活的事實，成爲一種顯明的事實。

人發揚心中的明德，就是誠於自己的人性，誠於自己的人性，便能誠於萬物的物性。因此中庸說：

『唯天下之至誠，爲能盡其性。能盡其性，則能盡人之性。能盡人之性，則能盡物之性。能盡物之性，則可贊天地之化育。可以贊天地之化育，則可以與天地參矣。』（中庸，第二十二章）

儒家的人生理想，在一個仁字和一個誠字。錢穆先生講朱子論仁說：『天地之生人與萬物，便是天地之德顯諸仁，人與萬物生生不絕，皆是顯天地之仁也。特此人與物之生成，是天地之德之藏諸用也。天地自把那生生之仁藏在人與物之中，逐人逐物又各自生生。是天地所用以顯其生生之仁者。』（朱子新學案，第一冊，頁三五五）

然而萬物無知，不能識天地之仁，唯人有知，乃能在自己心中識天地之仁。即是明德。用『誠』以明德，進到和天地相參，能够和天地相參，乃是以自心之仁和天地之仁相結合。

漢朝陰陽五行的思想

一、齊學

胡適之說：『陰陽的信仰起于齊民族，後來經過齊魯儒生和燕齊方士的改變和宣傳，便成了中國中古思想的一個中心思想，這也是齊學民族的背景。』（註一）所謂齊學的民族背景，是齊國濱海，人民頗多溟想，富於宗教迷信，方士很多。儒士在初起時，和方士的關係很密切。馮友蘭曾說：『蓋儒士禮樂專家，而禮樂原來最大之用，在於喪祭。喪祭用巫祝，亦用禮樂專家，此二種人乃常在一處之同事。……在秦漢儒家之人亦為陰陽家之人；儒士為

方士。』(註二)

儒士即是方士，乃是一種偏激的話，在歷史沒有證據，若說儒士和方士在初起時，有密切關係，則在史記裡有許多例證；故秦漢的儒者多是陰陽家的人。

騶衍爲齊國的儒者，也是陰陽家。他倡『五德終始說』，把五行由日常行業的觀念，化爲哲學觀念，加上了宗教色彩，運用到政治制度上。在他以前氣字的觀念，由雲氣和節氣的通俗意義。已經變成了哲學意義，爲萬物的構成素。氣分陰陽，在春秋戰國時，已經相當明顯。騶衍把陰陽的氣和五行連合起來，成爲陰陽家言。記載這種思想的書爲呂氏春秋。漢書「藝文志」在陰陽家的書裡，除鄒子外，載有鄒奭子十二篇公檮生終始十四篇，其餘有六國人數十篇。

從史記和漢書裡，可以得到一些對於陰陽家的認識：

『嘗竊觀陰陽之術，大祥而衆忌，使人拘而多所畏。然其序四時之大順，不可失也。……夫陰陽四時八位十二度二十四節，各有數令，順之者昌，逆之者不死則亡，未必然也。故曰使人拘而多畏。夫春生夏長，秋收冬藏，此天道之大經也，弗順則無以爲天下綱紀。故曰四時之大順，不可失也。』(太史公序)

『雖然，禍不妄至、福不徒來。天地合氣，以生百財，陰陽有分，不離四時，十有二月，

日至爲期。聖人徵焉，身乃無災。明王用之，人莫敢欺。』（史記，龜策列傳）

『陰陽家流，蓋出自羲和之官。敬順昊天，歷象日月星辰，敬授民時，此其所長也。及拘者爲之，則牽於禁忌，泥於小數。』（漢書藝文志，陰陽家）

漢朝陰陽五行的思想，和律歷聯繫，配合一年四季，也配合二十四節氣。在農事方面，標出農時，使農夫按時作農事，『春生夏長，秋收冬藏。』在占卜方面，按照五行運流的生剋觀念，推算吉凶。這些思想的基礎，都建築在兩個哲學觀念上：第一，五行爲陰陽兩氣的五種結合；第二，整個宇宙都是氣，氣週流不息，使萬物調協合諧。

甲、五行爲陰陽的五種結合

漢朝儒者爲解釋五行，常把五行配合四時，又常把四時配合四方。四方和四季代表宇宙：四方代表空間，四季代表時間。四方和四季的變化，便是代表整個宇宙的變化。中國古人爲農人，農人所體驗的變化，乃是四季的變化。四季變化的表現，在農人的心目中，由五穀的變化去代表，於是四季的變化觀念，乃是『春生夏長秋收冬藏』。這種變化所以實現的理由，在於陰陽結合的變化：陽爲進，陰爲退。進則生長，退則收藏。陽爲熱，熱力使五穀生長；陰爲涼，涼氣使五穀凋斂。五行配合四季，又配合四方，便有了陰陽結合的意義。

『陽氣起於東北，盡於西南；陰氣起於西南，盡於東北。』(淮南子，詮言訓)

『春時，陽始長，陰始消，萬物得陽而萌生；故春配東，似乎太陽初出；又配木，似乎木生芽。夏時，陽極盛，陰極衰，萬物因陽而暢茂；故夏配南，似乎南方多熱；又配火，似乎火盛熱氣強。秋時，陽始消，陰始長，萬物遇陰而零落；故秋配西，似乎西方太陽將落；又配金，似乎金屬的冷殺。冬時，陽極衰，陰極盛，萬物遭陰而凋殘；故多配北，似乎北風的氷冽；又配水，似乎水的陰暗向下。陰陽至歲末，在中央相會合。中央為土，土代表陰陽相隱，不動不顯。所以五行與四時五方相配，便看得出是陰陽相交的方式了。』(註三)

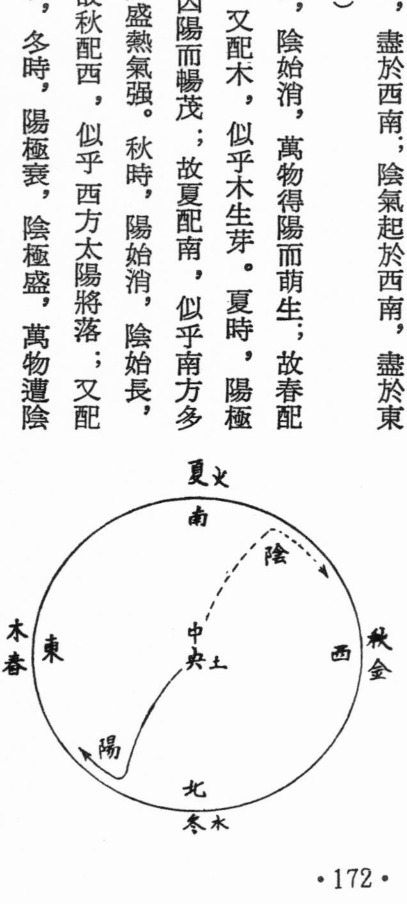

夏火
南
陰
木春 東
中央土
西 秋金
陽
北
冬水

五行既是陰陽的結合，便含有陰陽的特性；特性或多或少，則要看陰陽在結合時的盛衰。陰陽在宇宙內週行不息，不斷地結合，五行就散佈宇宙，結合成萬物。

陰陽的特性，由陰陽原先的意義而出，陽為有太陽的地方或氣候，陰為沒有太陽的地方或氣候，有太陽則有明亮、溫暖、剛健、有生氣……；沒有太陽則昏暗、寒冷、柔弱、呆滯。按照這些特性把相似的事物，和五行配合起來，便有五德配五行，五色配五行，五聲配五行，五臟配五行等等的比配。在漢朝時，幾乎沒有一樁事物，不和五行相配，五行支配了一切。

乙、萬物相調協

調協的觀念，爲儒家的一個非常重要的觀念。從書經就開始：

『曰若稽古帝先，……克明俊德，以親九族；九族旣睦，平章百姓；百姓昭明，協和萬邦。黎民於變時雍。』(堯典)

這是人類社會的調協，人和人，國和國，互相協和。然而人類社會的協和，要靠自然界的協和。舜帝登位以後就調協律歷：

『協時，月，正日；同律、度、量、衡。』(堯典)

四時，十二月，和月的首日，要有調協；就是所用歷書要和自然界的四季、月、日相合。

歷時調協，不僅自然界和人類社會相調協，天神地祇也將和人類社會協合。

『帝曰：夔，命汝典樂……八音克諧無相奪倫；神人以和。』(堯典)

神人的協和，常以人類社會的協和爲基礎，人類社會不和，則神明和人也不協合。

『王訪于箕子。王乃言曰：嗚呼！箕子。惟天陰騭下民，相協厥居，我不知其彝倫攸敍。箕子乃曰：我聞在昔，鯀陻洪水，汨陳其五行；帝乃震怒，不畀洪範九疇，彝倫攸斁。鯀則殛死，禹乃嗣興，天乃賜禹洪範九疇，彝倫攸敍。』（洪範）

書經所講的調協，在於倫理方面的調協。孔子繼承書經詩經的倫理思想，爲求社會的調協，主張守禮愛樂；禮樂成爲調協人類社會的重要要素。禮：使人人各有自己的名分和地位。孔子實行正名，也實行言行不出自己的位置。樂則使社會人士各從自己的地位上，互助融洽，互相聯合。禮樂的原則，本於天理。在禮記的樂記說：

『子夏對曰：夫古者天地順而四時當，民有德而五穀昌，疾疢不作而無妖祥，此之謂大當。然後聖人作爲父子君臣以爲紀綱。紀綱既正，天下大定。天下大定，然後正六律、和五聲，弦歌詩頌，此之謂德音；德音謂之樂。』（禮記，樂記）

『是故禮必本於天。』（禮記，禮運）

『是故禮必本於大一，分而爲天地，轉而爲陰陽，變而爲四時，列而爲鬼神…。』（禮記，禮運）

禮本於天，禮要和自然界的秩序相合。自然界的秩序有陰陽，有四時，有五行，有節氣。

『故天秉陽，垂日星；地秉陰，竅於山川，播五行於四時，和而后月生焉。……五行之動，迭相竭也。五行四時十二月，還相爲本也。五聲六律十二管，還相爲宮也。五味六和十二食，還相爲質也。五色六章十二衣，還相爲質也。』（禮記，禮運）

禮記正義註釋說：『播五行於四時者。播謂播散五行金木水火土之氣於春夏秋冬之四時也。和而后月生也者，若四時不和，日月乖度，寒燠失所，則生不得依時而生，若五行四時調和，道度不失，而后月依時而生也。』

這種思想爲戰國末年和漢朝初年的思想。天地萬物都由氣而成，氣分陰陽五行。陰陽五行之氣流轉在天地間，在萬物以內，也在人事以內。人事和物和天地，需要彼此調協。人身有五行之氣，時間空間也有五行之氣；人的行動便要和時間空間的五行之氣相調和，和則吉，不和則凶。卜卦，看相、看風水，都是爲求人事和空間時間的氣能夠相協調。一切是氣，氣流行不息，人事不宜阻礙氣的流行。人事順於氣，則和氣相調和；人事阻礙氣，則和氣不調協。陰陽家思想的中心，在於求這種調協。雖然陰陽家的行事滲入了許多迷信，可是中心的思想則是儒家的傳統思想。因此漢書「藝文志」說：『陰陽家者流，……敬順昊天，歷象日月星辰，敬授民時，此其所長也。及拘者爲之，則牽於禁忌，泥於小數，舍人事而任鬼神。』又在兵家陰陽的序說：『陰陽者，順時而發，推刑德，隨斗擊，因五勝，假鬼神而爲助者也。』

陰陽五行的學說，在漢朝的社會裡很盛行，進入了人類社會和自然界的一切現象。漢書裡有五行志五篇，由易經的一個大原則，『易曰：天垂象見吉凶。』去觀察歷史上的災異，認爲來自人事和天的秩序不相調協。又由五德終始的思想，解釋春秋戰國諸侯的興亡：

『左氏經曰：陳災。傳曰：鄭裨〇曰：五年，陳將復封，封五十二年而遂亡。子產問其故？對曰：陳，水屬也，水火妃也，而楚所相也。今火出而火，陳逐楚而建陳也。妃以五陳（成）。故曰：五年。歲五及鶉火，而後陳平亡，楚克有之，天之道也。』

『說曰：顓頊從水王，陳其族也。今茲歲在星紀，後五年在大梁，大梁昴也。金爲水宗，得其宗而昌，故曰五年陳將復封。楚之先爲火正，故曰楚所相也。天以一生水，地以二生火，天以三生木，地以四生金，天以五生土。五位皆以五而合，而陰陽易位，故曰妃。以五成；然則水之大數六，火七，木八，金九，土十。故水以天一爲火二，牡木以天三爲土十，牡土以天五爲水六，牡火以天七爲金四，牡金以天九爲木八。牡陽奇爲牡，陰藕爲妃，故曰水火之牡也。火水妃也，於易，坎爲水，爲中男；離爲火，爲中女，蓋取諸此也。自大梁，四歲而及鶉火，四周四十八歲，凡五及鶉火，五十二年而陳卒亡，火盛水衰，故曰

天之道也。』（前漢書二十七上，五行紀）

陳亡於楚，稱爲天道，天道則在於水衰火盛。這是五德終始的思想。爲解釋五和五十二的兩個數字，漢書借用了易經的數字，但在易經上沒有五行，漢書以五行配天地。水一、火二、木三、金四、土五。「五位皆以五爲合」便是水六、火七、木八、金九、土十。奇數屬天，偶數屬地。漢書的思想，已經是東漢的思想，對於漢初齊學，則更加複雜了。

二、春秋繁露的五行思想

甲、陰陽五行和天道的關係

董仲舒著春秋繁露，全書的思想以陰陽爲主，陰陽結成五行，五行在春秋繁露裡特別重要。陰陽運行於天地之間，陽在春天出顯，在秋天入隱；陰在秋天出顯，在春天入隱。春夏秋冬四時，配合四方，又配前後左右，便可看到陰陽在天地間運行之道。

『天道大數，相反之物也不得俱出，陰陽是也。春出陽而入陰，秋出陰而入陽。夏右陽而左陰，冬右陰而左陽。陰出則陽入，陽入則陰出，陰右則陽左，陰左則陽右。是故春俱南，秋俱北，而不同道，夏交於前冬交於後，而不同理。並行而不相亂，澆滑而各持分，此之謂

天之意。』（春秋繁露卷十二，陰陽出入上下，第五十）

陰陽不同出不同入，所謂出入，乃是隱顯盛衰。在冬天，陰由東方來，陽由西方來，相遇於北方。陽向左，陰向右；陰向右爲逆方向，乃左上；陽向左爲順方向，乃右下。故『冬右陰而左陽』，下煖上寒。過了冬天，陰陽都向南，歸向中央，然後陽由東北出，陰由西南出。到了春天，陽在正東，陰在正西，稱爲春分，春分爲陰陽各半。到了夏天，陰陽相遇於南方，陽往右，陰往左，故『夏右陽而左陰也。』過了夏天，陰陽都向北，歸向中央，然後陰由東北出，陽由西北出。到了秋天，陽在正西，陰在正東，稱爲秋分，秋分爲陰陽各半。

『天之常道，相反之物也，不得兩起，故謂之一，一而不二者，天之行也。陰與陽相反之物也，故或出或入或右或左，春俱南，秋俱北，夏交於前，冬交於後，並行而不同路，交會而各代理。此其文與天之道有一出一入一休一伏，其度一也。』（春秋繁露卷十二天道無二，第五十一）

陰陽的運行，合於天道。因著陰陽的運行，一切事物都應遵守天道。『事無大小，物無難易，反天之道無成者。』（同上）一切事物，皆和陰陽相配，『君臣父子夫婦之義，皆取諸陰陽之道，君爲陽，臣爲陰，父爲陽，子爲陰，夫爲陽，妻爲陰。』（春秋繁露卷十二，基義第五十二）春夏秋冬，更明顯陰陽的功化。『天之道、春煖以生，夏暑以養，秋涼以殺，冬寒以藏。煖暑清寒，異氣而同功，皆天之所以成歲也。聖人副天之所政以爲政，故以慶副煖而當春，以賞副暑而當夏，以罰副涼而當秋，以刑副寒而當冬。慶賞罰刑，異事而同功，皆王者之所以成德也。慶賞罰刑與春夏秋冬以類相應也如合符，故曰王者配天。』（春秋繁露十三，四時之副第五十五）

乙、五行次序

人事應和天道相符合，人事和天道的符合，在陰陽的運行裡實現。由陰陽而有五行。

『天地之氣，合而爲一，分爲陰陽，判爲四時，列爲五行。行者行也，其行不同，故謂之五行。五行者五官也。比相生而間相勝也，故謂治逆之則，亂順之則法。』（春秋繁露卷第十三，五刑相生第五十九）

陰陽、四時 五行，都由天地之氣而成。『列爲五行』，行是陰陽運行之道，五行爲陰陽五種運行之道。五行在『五德終始』的學說裡，已經有相生相勝的次序。董仲舒明明把這種次序提出：

『天有五行：一曰木，二曰火，三曰土，四曰金，五曰水。木，五行之始也；水、五行之終也；土，五行之中央。此其天次之序也。木生火，火生土，土生金，金生水，水生木，此其父子也。木居左，金居右，火居前，水居後，土居中央，此其父子之序，相受而布。是故木受水而火受木，土受火而金受土，水受金也。諸授之者皆其父也，受之者皆其子也，常因其父以使其子，天之道也。』（春秋繁露卷十一，五行之義第四十二）

五行相生的次序，爲常識所看見的現象，木生火，爲鑽木取火；火生土，爲土燒物而成灰；土生金，乃金屬生在土中；金生水，即金屬鎔化成爲液體；水生木，乃樹木由水而能生長。這種常識的現象應用到本體論的物體元素上，則沒有哲理的根據。

五行相勝相剋的次序：金勝木，水勝火，木勝土，火勝金，土勝水。（春秋繁露卷十三，五行相勝第五十八）這種相勝的次序，也是一些常識的現象，鐵列木，水淹火，木揷入土，火鎔化金屬，土塡塞水溝。在哲學本體論，這種五行相勝也沒有哲學的理論。但是在陰陽家則以常識的現象作爲哲學理論的根據。這種理論，在呂氏春秋的應同篇已經出現。

在春秋繁露書裡，還有『五行逆順』，『治水五行』，『治亂五行』，『五行變救』，『五行五事』。以君主行政，應和春夏秋冬的木火金土相配。春季木氣，勸農事，不奪民時，則樹木華美；若君主出入不時，好酒好色，則罪到草木，茂木枯槁。夏季火氣，擧賢才，封有德，則火順人而甘露降；若人君惑於讒言，內離骨肉，外疏忠臣，則火氣作殃而有大旱。夏中爲土氣，百穀成熟。人君好好整頓宮室的制度，謹守夫婦的分別，加親以恩，則恩及土而五成，嘉禾興；若人君過於喜歡婚姝妻妾，侮辱親戚，咎及於土則五穀不成。秋季爲金氣，人君執旄鉞，警百官，誅不法，恩及於金則涼風出；若人君好戰，侵陵諸侯，咎及於金，則秋變熱，凍堅不成。冬季爲水氣，人君祭宗廟，郊天地，恩及於水則醴泉出；若人君簡慢宗廟的祭祀，咎及於水則霧氣冥冥，必有大水。（春秋繁露卷十三，五行逆順第六十）

在一年四季裡，五行的氣循環在天地間，四季的氣候，就是四行的氣的表現。

『日多至，七十二日木用事，其氣燥濁而清。七十二日火用事，其氣慘陽而赤。七十二日土用事，其氣濕濁而黃。七十二日金用事，其氣慘淡而白。七十二日水用事，其氣清寒而黑。七十二日復得木，木用事則行柔惠誕。』（春秋繁露卷十三，治水五行第六十一）

五個七十二日，合爲三百六十日，成爲一年。一年分隸於五行，五行的表現，由氣的功用和顏色而顯。這種五行的次序，乃是天然的次序。假使這種天然的次序，遭了擾亂，擾亂的緣因或來自物，或來自事，就會引起不調協的怪現象而發生災異。

『火干木，蟄蟲蚤出，雷蚤行。土干木，胎夭卵殰，鳥虫多傷。金干木，有兵。水干木，春下霜。土干火，則多雷。金干火，草木夷。水干火，夏雹。水干火，則地動。

金干土，則五穀有傷，有殃。水干土，夏寒雨霜。木干土，倮蟲不爲。火干土，則大旱。

水干金，則魚不爲。木干金，則草木再生。火干金，則草木秋榮。土干金，五穀不成。木干水，冬蟄不藏。土干水，則蟄蟲多出。火干水，則星墜。金干水，則多大寒。』（春秋繁露卷十四，治亂五行第六十二）

干是干犯，反背五行的次序，侵入另一行的氣節裡，天地間就會有反應，因著反應乃產生不適合氣節的現象，生物遭受壞的影響。

董仲舒對於五行，建立了一個相生相尅的系統，也藉用漢朝易學的卦氣思想，講解五行之氣，在一年四季的運行情形。

三、白虎通的五行思想

甲、五行爲行事法則

後漢書「章帝紀」記載，建初四年（西元七九年）十一月，聚群臣於白虎觀，討論五經同異，作白虎通德論，令班固纂集成書。在白虎通德論或白虎通有五行一篇，在這篇書裡載有五行相生相勝，和董仲舒的春秋繁露相同。但是這一篇書有些特點：第一，說明五行的意義，第二列舉了許多人事在五行方面的意義。

『五行者 何謂也，謂金木水火土。言行者，欲言爲天行氣之義也。』(白虎通德論卷三，五行)

五行，爲天行氣的五種變化，即是陰陽結合的五種變化。陰陽周行於天地之間，互相結合。結合的變化，有五種，稱爲五行。五行再結合乃成萬物。

『五行所以更王何？以其轉相生，故有終始也。木生火，火生土，土生金，金生水，水生王。……五行所以相害者，大地之性，衆勝寡，故水勝火也；精勝堅，故火勝金；剛勝柔，故金勝木；專勝散，故木勝土；實勝虛，故土勝水也。……』(同上)

五行相生相剋的次序，在漢朝時已經是一個大家公認的主張。白虎通對於相剋的次序，稍加有說明，然並沒有新的思想，在白虎通的五行篇裡，最特出的一點，就是解釋種種人事和五行的關係，以五行的意義，作爲人事的理由，所有的人事取法五行。

『父死子繼，何法？法木終火王也。兄死弟及，何法？法夏之承春也。善善及子孫，何法？法春生待夏復長也。惡惡止其身，何法？法秋煞不待多也。主臣攝政，何法？法土用事於季孟之間也。子之復讎，何法？法土勝水，水勝火也。子順父，臣順君，妻順夫，何法？法順天也。男不離父母，何法？法火不離木也。女離父母，何法？法水流去

金也。娶妻親迎，何法？法日入陽下陰也。……長幼何法？法四時有孟仲季也。朋友何法？法水合流相承也。……』（同上）

人事不論大小，都以五行爲法。不僅以五行配萬物，且以五行爲萬事的師了。

乙、五行配人事

在「禮樂篇」裡，班固以四夷之樂配合四方五行。四夷雖爲蠻夷之人，中國先聖王配合五行作樂以樂之。

『樂元語曰：東夷之樂，持矛舞，助時生也。南夷之樂，持羽舞，助時養也。西夷之樂，持戟舞，助時煞也。北夷之樂，持干舞，助時藏也。誰制夷狄之樂，以爲先聖王也。先王惟行道德，和調陰陽，覆被夷狄，故夷狄來朝中國，於是作樂樂之。』（白虎通德論，論禮樂篇）

這些配合和師法，在我們看來都是勉强湊合的，沒有內在的理由。漢朝的儒者却認爲最重要的事，最合符天道誰也不敢違背。

人身的內外器官，由氣而成，分含五行之氣。人有五臟、肝、心、肺、腎、脾，每一臟由一行之氣而成，配合仁義禮智信：肝爲仁爲木，肺爲義爲金，心爲禮爲火、腎爲智爲水，脾爲信爲土，目屬於肝，鼻屬於肺，舌屬於脾，口屬於心，耳屬於腎。由五臟而有情，情有六；喜怒哀樂愛惡。情由五臟而生，和五行相配，喜在西方，怒在東方，好在北方，惡在南方，哀在下，樂在上。

『故人生而應八卦之體，得五氣以爲常，仁義禮智信是也，六情者何謂也，喜怒哀樂愛惡謂六情，所以扶成五性。性所以五，情所以六者何？人本含六律五行氣而生，故內有五臟六府，此情性之所由出也。……五臟、肝仁肺義、心禮、腎智、脾信也。肝所以仁者何？肝，木之精也。仁者好生，東方者陽也，萬物始生，故肝象木，色青，而有枝葉。……肺所以義者何？金之精氣者斷決，西方亦金成萬物也。故肺象金、色白。……心所以爲禮何？心，火之精也。南方尊陽在上，卑陰在下，禮有尊卑，故心象火，色赤而銳。……腎所以智者何？腎者水之精也，北方水，故腎色黑。……脾所以信者何？脾者土之精也，土任養萬物爲之象，生物無所私，信之至也，故脾象土，色黃也。……或曰：肝繫於目，肺繫於鼻，心繫於口，脾繫於舌，腎繫於耳。六府者，何謂也？謂大腸小腸胃膀胱三焦膽也。……胃者，脾之府也，……膀胱，腎之府也，……三焦者，包絡府也，……膽者，肝之府也，……小腸大腸，心肺府也。……』（白虎通德論卷八，情性）

這種配合，在學理方面，沒有根據，雖五臟六府五官都由五行之氣而成，但究竟那一臟由那一行之氣而成，在學理上則不能說明，所有相配，只是臆測。可是中國的醫藥則受這種相配的影顯很大。

四、五行思想籠罩漢朝的思想

甲、五行對學術的影響

在呂氏春秋書裡，有四季、十二紀，共六十一篇。在十二紀裡，五行的思想，配合各種事物。如以五行配十干，配五帝，配五靈，配五音十二律，配數字，配五味，配五祀，配五藏，配明產位，配五色，配禾畜，配四時四方，配政教。這種思想，在禮記，淮南子，逸周書等書中已經見到。呂氏春秋的十二紀，則收集了散見各書的五行思想，滙集在一書裡。（註四）

到了漢朝，五行的思想更傳播到各種學術和各種社會現象裡。漢朝的學術，以經學爲主，各種經學裡都受有五行思想的影響。漢朝的易學，以卦氣說爲中心，卦氣說爲陰陽五行思想的結晶。孟喜和京房等人，都根據陰陽五行去講論卦氣。『孟喜……以陰陽五行，比附天地間的事物；復取相生相剋之理，來牽合人事之吉凶的。』（註五）漢朝易經的注解家馬融和鄭玄常以五行思想注釋易經。傳釋書經詩經周禮春秋孝經等書的人，也喜歡運用五行的思想。

清朝皮錫瑞的經學歷史在「經學極盛時代」論漢朝經學，他說：『漢有一種天人之學，而齊學尤盛，伏傳五行，齊詩五際，公羊春秋，多言災異，皆齊學也。易有聚數占驗，禮有明堂陰陽，不盡齊學，而其旨略同。』指出了漢朝經學所受五行思想的影響。

然而最重要的現象，則是五行思想影響到漢朝人生活的各方面。

五行的思想影響了漢朝的政治，李漢三在所著先秦兩漢之陰陽五行學說書裡，論五行思想對於漢朝政治的影響，結語說：『綜觀上述兩漢政治，與「五德終始說」，「陰陽災異說」，「四時禁忌說」所發生的關係，是那樣的深刻，普遍，則知齊人鄒衍之學，播種於戰國末期，生根於嬴秦，花朵怒放，則在兩漢了。兩漢這樣的政治「君主」之上，還有「天主」，「天主」的意思是什麼，要由陰陽五行專家來判斷，人神揉雜，又近乎古代巫祝政治；所不同者，只是把巫祝易爲明經達讖的士子而已。……至於兩漢政治，何以接受了鄒氏之學這個問題，筆者認爲研究過西漢學術的來源（主要是經學），纔敢論定。』（註六）

春秋戰國時，對於鬼神的敬禮很盛，敬鬼神的心理在於求福免禍。禍福雖出於鬼神，但禍福的構成，常現於自然的現象；自然界現象的構成，則由於陰陽五行之氣。因著對於禍福的心理，乃求明瞭自然界現象的眞象，五行的學說便爲答覆這種要求而興。天人相應，萬事萬物都同爲一氣，一氣而爲陰陽五行，則一切事物都具有陰陽五行。明瞭了陰陽五行運行的道理，則對於大事的福禍就可以從根本上解決了。五行的思想和禍福問題相連。所謂五德終始，陰陽災異，四時禁忌，也都是政治上的福禍問題。

乙、五行和術數

對於禍福問題，關係最密切的，爲術數。術數的意義，即是從自然界的現象以求知人事的禍福吉凶。術數包括天文學的星宿和歷法，又包括推算吉凶的占卜和堪輿形相。漢代天文學所有星宿位置以及歷數的時日，處處和人事的福禍相關，這種關係的說明，由五行思想作根據。班固漢志天文類說：『天文者，序二十八宿，步五星日月，以記吉凶之象，聖王所以參政也。』漢代天文說明五星五官的佈置，按照地上五行方位去講。漢書天文志記載五星的占驗，占驗純粹是講吉凶禍福占驗的方法。『要言之、他們只是以五行配五星，把握住五行的時，方，性能，就來談占驗。』(註七)

占卜，堪輿，形相，統制人生的大小諸事。漢人凡行事，都要占卜；建屋，營墓，必定要請堪輿家；每個人又要以自己的形相，請看相先生預言命運。占卜、堪輿和形相，都根據五行而立說。

例如王充論衡詰術篇說：

『……圖宅術曰：商家門不宜南向，徵家門不宜北向。則商金南方火也，徵火北方水也，水勝火，火賊金，五行之氣不相得。故五姓之宅，門有宜嚮，嚮得其宜，富貴吉昌，嚮失其宜，貧賤衰耗。』

王符潛夫論有「相列篇」，篇中論人相說：

『詩所謂天生蒸民，有物有則。是故人身體形貌，皆有象類，骨法角肉各有分類，以著性命之期，顯貴賤之表，一人之身而五行八卦之氣具焉。』

潛夫論有「卜列」一篇，論漢時人民濫用卜筮：

『……聖人甚重卜筮，然不疑之事，亦不問也；甚敬祭祀，非禮之祈亦不爲也。故曰：聖人不煩卜筮，敬鬼神而遠之。夫鬼神與人殊氣異務，非有事故，何奈於我。故孔子善楚昭王之不祀河，惡季氏之旅泰山。今俗人筮於卜筮，而祭非其鬼，豈不惑哉。亦有妄傳姓於五音，設五宅之符第，其爲誣也甚矣！古有陰陽，然後有五行五常，右據行氣以生人民。』

漢書志中記各種術數新占的書籍很多，著龜十五家四百一卷，占家的書籍，七十六家千五百三十二卷，其他五行志和天文志的書也都含有五行的思想。漢朝的學術和人民生活，都在五行思想的籠罩之下。

註

(註一) 胡　適　中國中古思想史長編，頁二十五。胡適紀念館民國六十年版。

(註二) 馮友蘭　中國哲學史補，頁七三。香港太平洋圖書公司，一九六八年版。

(註三) 羅　光　中國哲學大綱，上册，頁二十七。臺灣商務印書館。

(註四) 李漢三　先秦兩漢之陰陽五行學說，頁八五—一〇二。維新書局，臺北，民國五十七年版。

(註五) 同上，頁二五四

(註六) 同上，頁一八八

(註七) 同上，頁三五六

附註

五行相配圖

五行	木	火	土	金	水
五星	木星	火星	土星	金星	水星
五時	春	夏	土用	秋	冬
五方	東	南	中央	西	北
五色	青	赤	黃	白	黑
五聲	角	徵	宮	商	羽
五常	仁	禮	信	義	智
五數	八	七	五	九	六
五味	酸	苦	甘	辛	鹹
五帝	青帝	赤帝	黃帝	白帝	黑帝
五情	喜	樂	慾	怒	哀
五臟	肝	心	脾	肺	腎

五位——班固東都賦：上帝宴饗，五位時序。（注）善曰：漢書曰，天神之貴者太一，其佐曰五帝。河圖曰，蒼帝神名靈威仰，赤帝神名赤熛怒，黃帝神名樞紐，白帝神名招拒，黑帝神名汁光紀。揚雄河東賦曰，靈祇既饗，五位時序。濟曰，上帝天神。……五位，五方神也。

五音——爾雅、釋樂：宮謂之重，商謂之敏。角謂之經，徵謂之迭，羽謂之柳。（注）皆五音之別名。（郝懿行義疏）唐徐景安樂書，引劉歆云：宮者，中也，君也，為四音之綱，其聲重厚，如君之德為重。商者，章也，臣也，其聲敏疾，如臣之節而為敏。角者，觸也，民也，其聲圓長經。清濁，如民之象而為經。徵者，祉也，事也，其聲抑揚遞續，其聲如事之緒而為迭。羽者，宇也，物也，其聲低平掩映，自高而下，五音備成，如物之聚而為柳。

五常——白虎通、情性。五常者何，謂仁義禮智信也。

禮樂記，合生氣之和，道五常之行。（註）五常，五行也。（疏）合生氣之和，道達人情，以五常之行，謂依金木水火土之性也。

五情——列子，黃帝：養正名，娛耳目，供鼻口，焦然肌色皯黣，昏然五情爽惑。

曹植，上責躬應詔詩表：五情愧赧。（注）良曰：五情、喜怒，哀樂怨也。

五色——書，禹貢：徐州，厥貢惟土，五色。（註）王者封五色土為社，建諸侯，各劃其方色土與之，使立社。（疏）韓詩外傳云：天子社廣五丈，東方青，南方赤，西方白，北方黑，上冒以黃土。

左傳、桓、二：五色比象，昭其物也。（註）車服器械之有五色，皆以比象天地四方，以示器物不虛設。（疏）正義曰：考工記云，畫繪之事，雜五色，東青，南赤，西白，北黑，天元，地黃，是比比天地四方也。比象有六，而言五者，元在赤黑之間，非別色也。

五星——淮南子，天文訓：何謂五星不東方木也，南方火也，中央土也，西方金也，北方水也。

說苑，辨物：所謂五星者：一曰歲星，二曰熒惑，三曰鎮星，四曰太白，五曰辰星。

羣芳譜：五星，五行之星也。木星曰歲星，曰攝提，曰重華，曰經星，曰紀星，秉東方木德之精，司春，主角，亢、氐、房、心、尾、箕、七星。火星曰熒惑，曰赤星、曰執法、曰罰星，秉南方火德之精，司夏，主井，鬼，柳，星，張，翼，軫，七星。土星曰鎮星，曰地候，秉中央土德之精，寄旺四季，主東井。金星曰太白，曰殷星，曰太正，曰熒星，曰明星，秉四方金德之精，司秋，主，奎，婁，胃，昴，畢，觜，參，七星。

水星曰辰星，曰能星，曰鈎星，曰司晨，秉北方水德之精，司冬，主斗，牛，女，虛，危，室，壁，七星。

論儒家的「誠」

「誠」字在古代哲學思想裏，代表一種修養的方法，爲儒家所重。在中庸的書裏，誠字的意義則更深了，成了倫理的一項重要原則，代表「天道」和「人道」。到了宋朝理學家，誠字的解釋更進入了形而上的境界，竟被解釋和太極相同。因此，現代有些研究儒家思想的人，認爲「誠」乃是宇宙之元，乃是絕對的自有實體。我便把「誠」作爲研究對象，加以說明。

一、中庸之誠

吳怡敎授在博士論文「中庸誠字的研究」裏，考訂誠字在書經和詩經裏很少見到，就是

見到，也和中庸的誠字，意義不相同。中庸的誠字和易經十翼的誠字，在儒家的思想裏，開始一種新的意義。（註一）

甲、誠爲天道

『誠者，天之道也；誠之者，人之道也。』（中庸第二十章）

朱熹解釋說：『誠者，眞實無妄之謂，天理之本然也。誠之者，未能眞實無妄，而欲其眞實無妄之謂，人事之當然也。』

王船山訓義說：『夫誠，所以充乎萬理，周乎萬事，通乎萬物者，何也？則所謂人道敏政，至此而極也。夫人之有道，因其有性，則道在性之中。而人之有性，因乎天之有命，則性又在天之內。人受此理於天，天固有其道矣。誠者，則天之道也。二氣之運行，健誠乎健，而順誠乎順。五行之變化，生誠乎生，而成誠乎成，終古而如一，誠以爲日新也。萬有而不窮，誠以爲富有也。唯天以誠爲道，故人得實有其道之體：乃誠爲天之道，則道之用，非天所爲功，而存乎人，於是有誠之者焉。』（註二）

天道在書經和詩經裏，常指天命，天命在書經和詩經裏常指上天之命。天道在易經裏，則指乾坤天地變化之理，也稱爲天理。中庸的天道，和易經相同，指着天地變化之道。這種

變化之道，也在人以內；王船山說：『人受之天，以爲性之體。』（註三）

誠爲天道，朱子說爲眞實無妄，乃天理之本然；即是說天地的變化，自然而然地順着自己的變化之道。這種思想和老子所說：『道法自然，』（道德經第二十五章）在原則上是相同的，在涵義裏則不相同。老子的思想以「道」的變化，自然流常，絕不會有後天加上去的規律；但是老子以爲『道』的變化，在一切萬物以內，都祇是一種自然的變化，在人以內和在物以內是一樣的，沒有倫理的價値可言。儒家則以天地的變化爲使萬物化生，是生生之理；生生之理爲仁。王船山說：『仁者，如夫人之生理而與人類相爲一體者也；相爲一體，故相愛焉。』（註四）儒家的天地之道乃是倫理最高的標準。

『言天之自然者，謂之天道；言天之付與萬物者，謂之天命。』（明道語錄，二程全書，第十一）

誠字解爲天道之自然，天道之自然即是天道本身，因此，誠便解釋爲天道，而且是天道的本體，即是生生之理。

程伊川說：『道則自然生萬物，今天春生夏長了一番，皆是道之生後來生長，不可道却將既生之氣，後來却要生長，道則自然生生不息。』（二程遺書第十五）

乙、誠爲天德

易經說：

『生生之謂易。』（繫辭上，第五）

『天地之大德曰生。』（繫辭下，第一）

『夫乾其靜也專，其動也直，是以大生焉。夫坤其靜也翕，其動也闢，是以廣生焉。』（繫辭上，第六）

易，爲天地的變易，目的在於發生萬物。乾道坤道代表天地之道，運行的目的，也在於『大生』和『廣生』萬物。天地的變易所以發生萬物，乃是因爲天地有好生之德。德，是道德，是爲善的心情，是爲善而成的習慣。天地好生之德，即是天喜愛一切生物的心情。德，另有一種意義，即是『力』或『能』。天地之大德曰『生』，乃是天地發生萬物的大力，或『大能』。天以這種『生生之能或力』，賦予萬物，即是『天命』。天命流行，自强不息，萬物乃生生不已。整個宇宙間充滿了這種『生生之德』，在整個宇宙裏，生命的洪流，繼續流行。

『天地之道，可一言而盡也，其爲物不貳，則其生物不測。』（中庸第二十六章）

誠，既是天道的本然，便是天地生生的德能。這種德能雖神秘不可見，不可捉摸，然而是眞實的力；而且自然運行，萬物順性而生。

『誠者，自成也；而道，自道也。誠者，物之終始，不誠無物。……誠者，非自成己而已也，所以成物也。成己，仁也；成物，知也，性之德也。合外內之道也，故時措之宜也。』（中庸第二十五章）

研究中庸的人，有的人根據西方士林哲學的思想，以爲『誠』乃是士林哲學是講的唯一絕對實有體，也就是宇宙之元的唯一尊神。因爲按照字面去看，『誠者，自成也；而道，自道也。』誠是自有的實體，和道字的意義相同，道在道家的思想裏，爲宇宙之元，爲自有實體。而且說：『誠者，物之終始，不誠無物。』一切萬物由『誠』而生，沒有『誠』，則沒有物。（註五）

在儒家一貫的思想裏，『誠者，自成也。』指着天地生生之德能，爲天地所自有；天地以這種德能，自己使萬物完成。沒有天地生生之德能，萬物便不能生發，便不能存在。萬物稟受天賦的生生德能，成爲物性，萬物按照自己的物性，完成各自的生命。

『一陰一陽之謂道，繼之者善也，成之者性也。』（易繫辭上，第五）

『繼之者善，是天道之流行賦予，所謂命也。成之者性，是人物之稟受成質，所謂性也。』這是朱子在周濂溪通書裏的解釋，說明儒家一貫的思想。

生生之德能，在宇宙裏周流不息；因此，萬物的發生乃能繼續不斷。春生夏長，秋收多藏，四季循環，年年如常。

『故至誠無息，不息則久，久則徵，徵則悠遠，悠遠則博厚，博厚則高明。博厚所以載物也，高明所以覆物也，悠久所以成物也。』（中庸第二十三章）

「至誠不息」，「悠久所以成物」，天地生生之德能，在宇宙間運行不息，常久使物生發成長。

吳怡教授說：『不過在這裏有一個重要的問題，就是天道既然是付予萬物以生生之理，它自己是否退避在一旁呢？如果是這樣的話，天道豈非神而又秘了嗎？事實不然，天道是寓於生生之理中，當它把生生之理付予萬物時，也把自己也納入了萬物，所以萬物的生生不已，正是天道的生生之德。』（註六）

丙、誠之者、為人道

易經以人道和天道相貫通，人道來自天道，宇宙萬物本是一體，宇宙變易的天道，當然應該是人生的大道。人稟受天命以為性，人性之理，即是宇宙之天理。人的生活，在於率性

而行，中庸說：『天命之謂性，率性之謂道。』（第一章）

人性所有之理，即是天地之理；天地之理，即是生生之理；人性乃禀有生生之理。人性所禀受的生生之理，即是仁。所以儒家常以仁爲性之本體，大學稱爲性之明德。

『誠之者，人之道也。』（中庸第二十章）使人性所有之仁，眞實地發揮出來，就是『誠之』，就是『率性』。

中庸發揮率性之道，『喜怒哀樂之未發，謂之中，發而皆中節，謂之和。中也者，天下之大本也；和也者，天下之達道也。致中和，天地位焉，萬物育焉。』（第一章）

喜怒哀樂的情感沒有發動時，人心是渾然天理，人心是靜，稱爲中。中，代表人心的天理，代表人性。和，是人心動了，而能合於人心的天理，即是率性。人心天理是什麼，是仁。率性，乃是發揚人心之仁。

仁，代表人和週圍一切萬物的關係上所該有的規律。仁本是人之爲人之道，即是人道。人，不是一個人，不是一個孤獨唯一的我。有我，便有非我，我和非我發生在生命上的關係。這種關係的原則，稱爲仁。

在仁的大原則下，包涵幾項普通的原則，孟子稱爲仁義理智，稱爲四端。這四端在人心內，生來就有，是良知良能。人的一生，繼續發揚仁義理智四端，稱爲率性，稱爲致中和，稱爲明明德，稱爲『誠之。』

『自誠明，謂之性；自明誠，謂之教。誠則明矣，明則誠矣。』（中庸第二十一章）

性，爲人所受於天之理，天理在人爲仁。人的人性自然彰明昭著，人祇要除去人欲而反觀自己的心，就能見到自己心裏的仁。彰明昭著的仁，即是誠，也就是人性。但是人心不能無私慾，人心不能不爲私慾所蔽，人便要努力去私慾，以彰明自己心裏本來彰明昭著的仁，這就是『自明誠，謂之教。』

丁、至誠

發揚人心的天理之仁，人性之理即得發揚。仁，代表我和非我在生命上的關係。天地之心，以生物爲心。朱熹說：『天地以生物爲心者也，而人物之生，又各得夫天地之心，以爲心者也。故語心之德，雖其總攝通貫，無所不備，然一言以蔽之，則曰仁而已矣。』（朱熹仁說，朱子大全通卷六十）

人心得天地之心而有仁，乃愛惜萬物的生存；既愛惜萬物的生存，則不會無理而摧殘萬物的生存，而且盡心協助萬物以求生存，在對於旁人的關係上，有兩項大原則：『己所不欲，勿施於人。』（論語，顏淵、衛靈公）『己欲立而立人，己欲達而達人。』（論語，雍也）在對於別的物體，也常懷愛惜之心，與萬物爲一體。王陽明說：『大人之能以天地萬物爲一體也，非意之也，其心之仁本者是其與天地萬物而爲一也。豈惟大人，雖小人之心，亦莫不然，彼自願小之耳。』（王陽明，大學問）

儒家的發揮人性，常以仁爲目標，而仁又是愛惜萬物的生存；儒家的發揮人性，乃是協助萬物的化育。

『唯天下至誠，爲能盡其性。能盡其性，則能盡人之性，能盡人之性，則能盡物之性；能盡物之性，則可以贊天地之化育；可以贊天地之化育，則可以與天地參矣。』（中庸第二十二章）

至誠者，是完全率性的人，是盡心發揮『仁』的人。這等聖人，在生生之理上和萬物相通，贊助萬物的化育。

『大哉聖人之道，洋洋乎發育萬物，峻極于天。』（中庸第二十七章）

至誠的人和天地相通，實現天人合一的最高精神生活，爲儒家的至善。（註七）

二、理學家的「誠」

宋朝理學家的哲學，以易經爲基礎，以中庸大學爲棟樑。中庸的思想，常和易經的思想，連貫在一起；另外在『誠』字上，更表現這種趨勢。我們現在選出講『誠』字講得多的兩位理學家：周濂溪和張載，對於『誠』字的解釋，予以說明。

甲、周濂溪論誠

周濂溪論誠，是在他的通書裏。通書的思想以誠爲中心，太極圖說的思想以太極爲中心。

A、通書論誠的處所很多，我們現在引證最重要的幾段：

『誠者，聖人之本，大哉乾元，萬物資始，誠之源也。乾道變化，各正性命，誠斯立焉。純粹至善者也。故曰：一陰一陽之謂道，繼之者善也，成之者性也。元亨，誠之通也；利貞，誠之復也。大哉易也，性命之源乎。』（通書，誠上第一）

『聖、誠而已矣。誠，五常之本，百行之源也。五常百行，非誠非也，邪暗塞也。故誠

則無事矣。至易而行難，果而確，無難矣。故曰：一日克己復禮，天下歸仁矣。』（通書，誠幾德第二）

『誠無爲，幾善惡。』（通書，誠幾德第二）

『寂然不動者，誠也；感而遂通者，神也。動而未形有無之閒者，幾也。誠精故明，神應故妙，幾微故幽。誠神幾，曰聖人。』（通書，聖第四）

『天以陽生萬物，以陰成萬物。生，仁也；成，義也。故聖人在上，以仁育萬物，以義正萬民。天道行而萬物順，聖德脩而萬民化，大順大化，不見其迹，莫知其然之謂神。』（通書，順化第十一）

『道德高厚，敎化無窮，實與天地參而四時同，其惟孔子乎。』（通書，孔子下第三十九）

通書論誠，以第一篇爲最重要，以誠的源，出自乾元，以誠的建立，來自乾道的變化，然後又以誠之用，和乾卦的元亨利貞相通。這樣，誠似乎和乾相同。

吳康先生解釋周子的誠：『濂溪之釋誠，爲出於乾元，純粹至善，無爲而爲善惡之幾，發微而不可見，充周而不可窮，性命之源，五常百行之本；則誠即大傳之易，而爲宇宙萬有之本之「純粹活動」（Actus purus）也。此純粹活動之本質，有下列名義；宇宙之本

源，……本體周徹，……無本末無終始，……。』（註八）

吳先生以周子的誠，等於易傳的易，也就是等於易傳的太極，爲宇宙的本源，本體周徹，沒有本末終始。唐君毅先生在中國哲學原論，也以通書的誠，同於太極圖說的太極，而且以誠爲寂然不動，合於太極圖說的無極，可以避免『無極而太極的爭論。』（註九）

我曾在『論周濂溪通書的誠』一文裏（註十），說明通書的誠，不是太極圖說的太極；因爲『誠』出自乾元，建於乾道的變化，太極則在乾坤之先。朱子也曾說周子的誠，即是太極。但是朱子的太極，爲萬物之理，誠爲人所得於天之正理，誠乃是太極。周子不以太極爲理，和朱子的思想不相同。

B、周子的誠，是天地生生的德能。

周子的誠，由乾道變化而立；因爲萬物因着乾道的變化而有性命，性命是人從天而稟受的理，這種性命之理就是誠。性命之理來自乾元，順着乾元變化之道而變，乾元的變化爲元亨利貞。所以說：『元亨，誠之通也；利貞，誠之復也。』

乾道的變化，和坤道相連，乾坤的變化，爲萬物生生之源，『大哉乾元，萬物資始。』『至哉坤元，萬物資生。』（易經乾坤彖辭）乾坤的變化本來就是天地的變化，也就是陰陽的變化。通書說：『天以陽生萬物，以陰成萬物。生，仁也；成，義也。』乾坤變化之道，爲使萬物化生，乃是天道之誠，聖人行人道之誠，『以仁育萬物。』天道爲誠，人道爲『誠之』，兩者都是生生之理，通書說『天道行而萬物順，聖德脩而萬民化，大順大化，莫知其然之謂神。』

聖人之中，周濂溪奉孔子爲至聖。孔子的德即在於誠。他在通書裏稱揚孔子，就用中庸第二十二章和第二十六章稱揚至誠的人的話。『道德高厚，敎化無窮，實與天地參而四時同。』至誠的人與天地參，在於贊天地之化育。孔子與四時同德，這句話出自論語，孔子自已曾說願效法天之無言，而四時運行，使萬物化生，『天何言哉！四時行焉，百物生焉，天何言焉！』(論語，陽貨) 周子以『誠者，聖人之本也。』『聖，誠而已矣。』聖人的誠，在於發揚人性之仁，化育萬物。

C、誠爲神，爲幾。

誠爲天地生生的德能，誠的動，爲神爲幾。天地化生萬物的德能，周流宇宙萬物之中，沒有形跡，而它的功效，則使萬物發生，循環不已。通書說：『大順大化，不見其跡，莫知其然之謂神。』(誠似乎是不動，但靜中有動，且動得非常神速。『寂然不動者，誠也。』) 然而誠却是神，是幾。生生之德能，由天地周流於萬物，『感而遂通』，神妙莫測，沒有形跡，『神應故妙』。一種物體發生時，生命之力和生命之化，有形可見，又無形可見；例如一顆種子萌芽時，生命由初芽發顯出來，但生命之德能還是看不見。這種可見又不可見的生命德能稱爲幾，『動而未形有無之間者』，『幾微而幽。』幾在人心，是人心動而未動之時，即是人心有動之意，由意而發動行爲之時。這種動之意而將形於行動時，乃是人心之幾，是善惡的形成。通書說：『誠無爲，幾善惡。』

『至誠則動，動則變，變則化。』（通書，擬議，第三十五）

天地至誠，故常流行生生之德能，生生德能既流行，萬物因變而化生。人之至誠則發揚人心之仁，仁之發揚可以化育萬物。至誠的動、變、化，都是無形跡，神妙迅速。

易經講天地的變易時，說：

『易，無思也，無爲也，寂然不動，感而遂通天下之故，非天下之至神，其孰能與於此。』（繫辭上，第九章）

周子講「誠」的動，用的話是易經論『易』的話。易爲天地之變易，天地的變易，即生生德能之流行；誠爲生生之德能，誠之動，所以和『易』相同。

周子通書的誠，和中庸的誠，在形上的意義上前後一轍。

乙、張載論誠

張載論『誠』，在正蒙書中頗多，有『誠』一篇，在易說上下兩卷，有關於「誠」的學理思想。我們摘要予以說明。

A、張載論「仁」

張載對於仁的解釋，和朱熹及別的理學家的解釋頗不同，別的理學家都以易經所說『生生之謂易。』（繫辭上，第五）都解爲生育萬物之德爲天地變易的目的，張子解釋爲：『生生猶言進進也。』（張子全書卷十一，易說下）進進有健行的意思，和易經天行健相同。易經又說：『鼓萬物而不與聖人同憂。』（繫辭上，第五）張子解釋說：『老子言天地不仁，以萬物爲芻狗，此是也。聖人不仁，以百姓爲芻狗，此則異矣。聖人豈有不仁，所患者不仁也。天地則何意於仁，鼓萬物而已，聖人則仁耳，此其爲能弘道也。天不能皆生善人，故以天無意也，鼓萬物而不與聖人同憂。……或說易書，或說天，或說人，卒歸一道，蓋不易術。故其矢錯，而理則同也，鼓萬物而不與聖人同憂，於是分出人之道，不可混天。鼓萬物而與聖人同憂，此言天德之至也。與天同憂樂，垂法於後世，雖是聖人之事，亦猶聖人之末流耳。神則不屈，無復同易，鼓萬物而不與聖人同憂者，此直謂天也。天則無心，神故可以不詘。聖人則豈忘憂

慮憂患，雖聖人亦人耳，焉得遂欲如天之神，庸不害於其事。』（張子全書卷第十一，易說下）

張子以天地無心，自然地完成萬物的化育。這也是易經的思想；然所謂無心，在於不必思慮，不必有動，乃是不動而成。張子以無心為不仁，引用老子『天地不仁』的話；二程和朱熹等則都以天地為仁，他們以仁為好生，易經明明講天地好生之德。張子講天地生物，也引莊子的話，他說：『氣快然太虛，升降飛揚，未嘗止息，易所謂絪縕，莊生所謂生物以息相吹野馬者歟。』（張子全書，卷十一，易說下）

張子以天地生物，自然運行，不稱為仁，稱為信，他說：『天不言而信。鼓萬物而不與聖人同憂，天道也。』（張子全書，卷之二，正蒙，參兩，篇第二）『天不言而四時行，聖人神道設教而天下服。』（同上）聖人要努力設教，要憂慮百姓的生命，則稱為仁。

張子說：『天本無心，及其生成萬物，則須歸功於天。曰：此天地之仁也。仁人則須索做，始則須勉勉，終則復自然。人須當存此心，及用得熟，却忘却了。』（張子全書，卷之五，氣質）

B、誠為天德

『天本無心』，便是中庸所說：『誠者』；『仁人則須索做』，即是中庸所說：『誠之者。』『天本無心』為天道，『仁人須索做』為人道。

但是「無心」，祗是一種狀態，「無心」的本來意義乃是天地自然生物。因此天道乃是天生萬物。張子說：『天道四時行，萬物生。』（張子全書，卷之二，正蒙，天道，篇第三）天生萬物的思想，在張子的著作中，是一個前後連貫的思想，因爲來自易經和孔子的論語，張子稱之爲天道。

天道運行時，有種天德，天德從倫理方面說是「信」，即是自然運行而不違；從動方面說，則稱爲「神」，即是生生之能，神妙莫測，張子說：『神，天德；化，天道。德其體，道其用，一於氣也而已矣。』（張子全書，卷之二，正蒙，天道，篇第三）

『天之不測謂之神，神而有常謂之天。』（同上）

人的行動須率性，爲能率性，人須努力。人性來自天，本來自然光明，然須要人日日除去私慾，反於自心。這種修養乃是人之誠。

張子以天自然光明而誠，『天不言而信，鼓萬物而不與聖人同憂，天道也。不見而章，已誠而明也。不動而變，神而化也，無爲而成，爲物不貳也。』（同上）這是天的德，稱爲天德。張子說：『有天德，然後天地之道，可一言而盡也。』（同上）

人以『誠』，和天道相通，『性與天道合一，存乎誠。』（張子全書，卷二，正蒙，誠明，篇第六）人的性和天地之性相同，『天性在人，猶水性之在冰。凝釋雖異，爲物一也。』（同上）

天性爲生物之能，人求把性上的生物之能發揚出來，人應有人爲的謀。『天能爲性，人謀爲能。大人盡性，不以天能爲能。故曰：天地設位，聖人成能。』(同上) 性和天相合，即是誠。

C、誠爲性與天相合

『天所以長久不已之道，乃所謂誠。仁人孝子所以事天，誠身不過，不已於仁孝而已。故君子誠之爲貴。』(同上)

天的誠，在於自然生物，長久不已。仁人之誠，則在日日努力，不自以爲足，須要日日常。這一點是王船山從張子所得的「命日新而性日生」的思想。至誠的人，必定日日求新。張子說：『益物必誠，如天之生物，日進日息。自益必誠，如川之方至，日增日得。』(張子全書，卷三，正蒙，乾稱篇，第十七)

『不勉而後誠莊，非性也；不勉而誠莊，所謂不言而信。』(張子全書，卷二，正蒙，誠明篇，第六)

不勉力而自然誠莊，乃是天道，不是人道。人則應窮性盡理；窮性盡理即是誠。『不誠不莊，可謂之窮性盡理乎。性之德也，未嘗僞且慢。故知不免乎僞慢者，未嘗知其性也。』(同上) 人性本來自然光明，人須知性，努力求誠。

天地生物，由於陰陽兩氣，互相感應。天地的感應自然誠明。『屈伸相感而利生，感以誠也。情僞相感而利害生，雜之僞也。至誠則順理而利，僞則不循理而害。順性命之理，則所謂吉凶，莫非正也。逆理則凶由自取，吉其險幸也。』（張子全書，卷三，正蒙，乾稱篇，第十七）天地相感以誠，人的情動則雜以僞。仁人去僞求誠。

『至誠，天性也；不息，天命也。人能至誠，則性盡而神可窮矣，則命行而化可知矣。』（同上）誠，使人性和天道相通，人便可以知道天命，也可以知道天德的神妙。爲能達到「誠」，人須要反身以存心。『性於人無不善，繫其善反不善反而已。過天地之化，不善反者也。』（張子全書，卷二，正蒙，誠明篇，第六）『反身而誠，謂行無不慊於心，則樂莫大焉。』（張子全書，卷三，正蒙，至當篇，第九）

張子的思想，在西銘一篇裏，表達到最高境，『民吾同胞，物吾與也。……知化則善述其事，窮神則善繼其志。』宇宙一體，人物同胞。人能與宇宙萬物相合相通，在於「知化」，在於「窮神」；知化窮神即是誠。誠使人與天相合。張子雖不講天地之仁，雖不以仁而言天人合一，但是他仍是在生生之德上，天人相合，而使天人相合，在於誠。

最後，我們可以結論，中庸和理學家之誠，不是一個自成的絕對實體，而是指着天地自然生物之德。在人的生活上，誠是率性，是明明德，是中和。因誠而窮性盡理，乃能與天地參，以贊天地之化育。

註

(一) 吳　怡　中庸誠字的研究。華國出版社發行。頁十二—十三。

(二) 王船山　四書訓義，卷三。頁三十一—三十二。

(三) 王船山　同上。頁二十五。

(四) 王船山　同上。頁二十五。

(五) 田永正　四書思想研究，恒毅月刊，第二十二卷第七期。頁九。民六十二年二月，『這個自成的「誠」，或稱天，或稱「天主」，或稱「道」，或稱「上帝」，或稱「太極」，名稱無大關係，只要概念正確，就可以了。』

(六) 吳　怡　中庸誠字的研究。頁四四。

(七) 羅　光　儒家的整體宇宙論。生生之理，儒家的發展哲學。俱見於牧廬文集。臺北七年第一冊，哲學篇。先知出版社，臺北，民六十二年。

(八) 吳　康　宋明理學，華國出版社，民四十四年版。頁四三。

(九) 唐君毅　中國哲學原論，上冊，人生出版社，民五十五年版。頁四一三。

(十) 羅　光　論周濂溪通書的誠。牧廬文集，臺北七年第一冊，哲學篇。

中國文化的特質

本文是作者在民國六十五年十一月十二日在陽明山基督教神學院演講詞，提出了中華文化的五個特質。

講論中國文化特點的講演和文章已經很多。早一些時期有胡適先生的文章，胡適先生常從壞的一方面去看中國文化。他曾經說過：「我的愚見是這樣的：中國的舊文化的惰性實在大得可怕，我們正可以不必替『中國本位』擔憂。我們肯往前看的人們，應該虛心接受這個科學工藝的世界文化和它背後的精神文明，讓那個世界文化充份和我們的老文化自由接觸，自由切磋琢磨，借它的朝氣銳氣來打掉一點我們的老文化的惰性和暮氣。」（註一）他便主張全盤西化，因為他想西化就是現代化。

當前中國思想界有吳經熊先生的文章。吳先生以中庸之道去看中西的文化，他說：「我們對於溝通中西文化這個問題，應該抱一種什麼態度呢？應該以和平的態度，在平等的立場上，作客觀的選擇，和平心的衡量。不僅不可懷著自卑感，更不可有誇大狂。我們中國文化自有其優越點，而西洋文化也有其優越點。我們對這些優越之點，應該抱著無所不包的雅量去吸收並且加以發展。」（註二）

今天你們要我來講中國文化的特質，我想由中國文化優點一方面去講，但這並不是說中國文化沒有缺點，而且缺點並不少。我現在提出中國文化的五個特質，分別說明如下。

中國文化廣大深遠

中國文化有廣大深遠的特質。在空間上，中華民族所有的土地是在世界各國家裏疆域最廣大的國土。北自松花江，南到珠江，西自土耳其斯沙漠，東到中國海。在這種廣大的國土裏，有喜馬拉雅山和中國五嶽的高山，有華北一望無際的平原，有滾滾長流的黃河、揚子江；有波濤洶湧的洞庭湖。中國是一個天然富庶、人口衆多的國家。中國文化便是以天地爲基礎的文化。從易經開始，中國古人的思想常以天所覆、地所載爲中國人的領土。而中國人的人生之道就是天地之道。這種文化是氣象廣大的文化，是一個大民族的文化，不是一個小島國或蕞爾小國的文化。

在另一方面，中華民族在時間上是一個歷史悠久的民族，而且所有的歷史綿延不絕，一脈相承。我們祇要到故宮博物院去看所有的陳列品，就可以知道中華民族的久長和深厚。中國文化有深厚性，有穩重性，也有惰性。因著國家地大物博，因著歷史悠遠，中國人常喜歡用「大」來代表自己所看重的人物。易經乾卦用「大人」代表偉人，中國社會就習慣用「大人」稱呼父母、祖父母、官長和在上的人。社會也習慣用「大」字稱呼事業，大學、大家庭、大飯店、大廈、大樓。中國人也有些自大，看不起外國人，稱呼他們爲野蠻人。但是中華民族也是氣魄大、胸襟廣的民族。不侵犯別人的國家，不和別的民族爭小利，懷著一種作天下主人翁的氣魄。大學的修身綱領從修身到治國平天下。中國人習慣以平天下爲自己的責任。

中國文化求生而動

中國文化有求生而動的特質。中華民族從有史以來就是農業民族。農人心目中所有的就是五穀的生長，五穀生長使人能生活；「生」字在中國人的心目中最重要。易經說：「生生之謂易。」天地的變易稱爲易，天地變易的目的爲「生生」，化生萬物，易經所以說：「天地之大德曰生。」朱熹說：「天地以生物爲心者也，而人物之生，又各得夫天地之心，以爲心者也。故語心之德，雖其總攝貫通，無所不備，然一言以蔽之，則曰仁而已矣。」(註三) 仁即是生。孔子以仁包括一切的善德，仁既是生命，又是愛。愛自己的生命，也愛惜別人的生命，孔子乃說：「夫仁者，己欲立而立人，己欲達而達人。」(論語，雍也)又說：「天何言哉！四時行焉，萬物生焉，天何言哉！」(論語，陽貨) 中庸講人的精神的發揚，在於盡自己的性，盡人性，盡物性，贊天地的化育。

中華民族乃愛惜生命，求生命的發揚，求生命的延續。這種精神在中國的家族思想中很明白地表現出來。家族是一個人生命的延續，孟子乃說：「不孝有三，無後爲大。」(孟子，離婁上) 正妻若沒有生育，便要一個妾。中國人的享受在於口腹，烹調在中國成了一種藝術。

但是儒家所注重的生命爲精神的生活，孟子以人有小體和大體，小體爲感覺之官，大體爲心思之官。小體和禽獸相似，大體纔是人的特點，爲人的精神。儒家乃注重發揚人的精神生活。發揚人的精神生活，孔子用一個「仁」字。

生活為活的現象，為動的現象。易經乃說：「天行健，君子以自强不息。」（乾卦，象曰）中華民族的文化是一種健行的文化，幾千年來中國人常是以勤儉立身，散居各國的華僑也都是以勤儉起家。

蔣總統提倡「行的哲學」，也就是代表中華民族健行的文化。

中國文化求調協

中國文化有調協的特質。儒家的哲學從開始就主張事事調協，以求居於中庸。從書經的堯典就有「以親九族」、「協合萬邦」、「允執厥中」的教訓。這種思想來之於天道；因為對於耕田的農民，最要緊的條件是風調雨順，寒暑各得其時。多雨成災，少雨成旱，過熱則五穀被曬焦，過冷則五穀被凍枯。中華民族以天道為人道，便養成調協的天性，事事求得其中，不喜歡偏激，更不愛走極端。中國人又相信物極必反，貧富盛衰互相繼續。凡人做事總不要過甚，常要留點餘地。對於國家的法律，也喜歡講「情」，不喜歡講「法」。孔子最重中庸，在中庸和論語裏特別提倡中道。「中庸之為德也，其至矣乎，民鮮久矣。」（論語，雍也）

普通常說中國人愛迷信：建屋修墳先要看風水；成婚或出門旅行必要擇日，還要卜卦。這些事雖是迷信，可是理由則在於調協的觀念。天地的事物都由陰陽五行之氣而成，五行之氣運行不止，具有一定的次序。人的行事都和這種天然次序相調協，相協合則有吉，不協合則有凶。

中國的繪畫以「入神」爲最高境界。所謂入神，即是畫中的人物山水能够表現天然的調協，似乎有種生氣在中間運行。中國繪畫畫人常用山水作背景；畫中的人要和背景相協合，相融洽。道家莊子則講自然界有種天籟，似乎是一種天然的音樂。佛敎的天臺宗和華嚴宗更講一切平等，萬法圓融。中國人作詩要叶韻，韻就是詩中的音聲調協。

從這些方面去研究，可以知道中華民族是一個愛調協、愛和平的民族。今天是 國父孫中山先生的誕辰，孫中山先生講人類進化論時，反對達爾文的物競天擇、弱肉强食的主張，以人類的進化在於互助合作。中山先生的思想就是中華民族愛調協的傳統思想。

從這種傳統思想，中華民族得有中庸和愛和平的優德，但也得有一些缺點，就是好妥協，不守法，做事不澈底。

中國文化有宗教信仰

中國文化有宗教信仰的特質。許多人講中國文化、講中華民族特性的人都說，中國人是不信宗教的人。這種說法在有些方面是對的，在根本上則是錯的。中華民族沒有自己祖傳的國教，不以宗教信仰範圍自己的生活。在哲學上只講天理人性，不講宗教信仰，從這幾方面去看，可以說中國人是不信宗教的人。但是若從中國人的生活基本上去看，則中國人是信宗教的民族。中國人的政治生活從書經一直到大淸會典，都有祭天祭地祭神的典禮。從秦朝漢朝一直到袁世凱的洪憲年，中國人都相信做皇帝的人是「奉天承運」，是奉上天的命，是承五德終始的氣運。國家所有的大遭遇、天下太平、五穀豐收或天災人禍，都歸之於上天的賞罰。中國人的社會生活都是在祭祀上去表現，例如臺灣社會上的修建廟宇，祭祀拜拜。中國人的私人生活又是事事以宗教信仰爲根基，生、病、死、嫁娶、出門、事業，都要行宗教儀禮。例如臺灣省人由大陸航海到臺灣，有海中波濤的危險，就拜媽祖。到了臺灣，有瘟疫的危險，就拜王爺。爲保有耕地，常有械鬪，就用大陸故鄉的神以聚集同鄉同地的人。所以臺灣的廟宇遍佈村莊。

原先在大陸，中國人的家庭那有不燒香拜佛，請和尚道士誦經的？佛教的和尚尼姑人數在百萬以上。儒家的學者雖然排擠佛教，然而他們的心中對於上天常有信仰。民國以來，受了高等教育的人特別是留學生，反對中國社會的宗教信仰，視爲迷信。但是他們對於祖宗仍舊保守祭祖的傳統。祭祖的典禮雖是社會儀禮，祭祖的意義則包含亡靈存在的信仰。因此，我說中國的文化有宗教信仰的特質。

這種宗教信仰有種特質。歐美和其他亞洲人的宗教信仰都是有組織的宗教，委任專人負責執行儀禮；中國人的宗教信仰由私人自己去負責，這又表現中國人的信仰出自內心。還有一種特質，中國人的宗教信仰祇限之於神靈對於生活的關係那一部分。例如媽祖是爲保佑航海的，關公是爲保佑經商的，其他許多神靈都是爲治病求福的。對於生活的別的方面則不受宗教信仰的限制，而且爲求福免禍求一神不如求多神，中國人便信佛信道。

中國人的文化是樂觀的

中國人的文化有樂觀的特質。一個勤勞工作的人不能是悲觀的人；一個在地大物博的自然環境中生活的人不能是悲觀的人；中國人因此常樂觀，以生活爲快樂。

儒家的人生觀是一種樂觀的人生觀；道家的人生觀也是一種快樂的人生觀。孔子一生常以生活為樂，他說：「君子不憂不懼。」（論語，顏淵）「飯疏食，飲水，曲肱而枕之，樂亦在其中矣。」（論語，述而）他說明自己的人格說：「其為人也，發憤忘食，樂以忘憂，不知老之將至。」（論語，述而）孔子談到最得意的弟子顏回：「一簞食，一瓢飲，在陋巷，人不堪其憂，回也不改其樂。」（論語，雍也）宋朝理學家周敦頤教二程——程明道、程伊川讀書，要他們研究顏回所快樂的是什麼？孟子也說：「萬物皆備於我矣，反身而誠，樂莫大焉。」（孟子，盡心上）王陽明曾說：「樂是心的本體。」（傳習錄）

道家老莊以避世為樂，捨棄金錢、名位、聲色的貪求，安居自然美景之中，以和天地萬物相接，覺得自己的心靈有無限的大，無限的深遠。莊子乃著有至樂篇。

佛教雖是一種悲觀的思想，然而也以快樂為最後的目標。佛教的涅槃用四個字代表：「常樂我淨」。涅槃的樂和淨，佛教以修行而開始。在出世而隱居的寺院裏，僧尼享有清淨之樂。

中國人在這種傳統的人生觀裏，陶養成一種樂觀的精神。遇事不失望，在困苦中知道自己放開心襟。

這種樂觀心理在傳統裏也造成幾種弊病：自嘲、自解、安命、不長進。

發揚中國文化的特質

我們今日在生活上起了劇烈的變化，對於衣、食、住、行接受了西洋的工具，生活的方式已開始改變。整個社會制度和習慣都和以往幾千年傳統的制度和習慣不同。一般青年人傾向西洋科學，喜歡西洋的科學文明。許多學者由五四運動以來主張全盤歐化。近年來，政府則擔心社會道德的墮落、民衆心理的紊亂，乃提倡恢復固有道德，復興民族文化。我們信仰基督的人雖然以天下爲一家，但是我們的原則在於基督信仰的本地化，基督的福音要和中國的文化相結合。我們對於復興中華文化便特別感覺有意義。今天，我簡單地提出了中國文化的五點特質，都是在現在和將來的中國社會裏應該發揚，而且和基督福音的精神也相符合。

註：

(一) 胡適 試評所謂「中國本位的文化建設」、文存、四

(二) 吳經熊 「中西文化的比較」 哲學與文化 五四頁 三民書局

(三) 朱子大全 仁說 卷六十七 中華書局本

傳統文化與現代文化融合發展

一、民族文化的原則

從歷史哲學去看歷史，歷史是人類生活的經歷史，歷史是活的生活，是繼續的生命。代表這種繼續的生命，就是民族的文化。

人若按人之所以爲人的性理說，古往今來的人都是人，都是一樣；但是人之爲人是每個具體的人，是一個一個的「我」。「我」按朱子所說包含理和氣，氣有淸濁的不同程度，每個「我」便不相同。按照西洋士林哲學所說，「我」由「有」和「存在」所成，「存在」包括具體的條件，具體的條件由「質」而有分別，所以每個「我」都有自己的特性。

「我」的特性的發展，和外面以及內面的環境有關係。外面的地理和社會環境，內面的生理和心理遺傳，使在相同的內外環境內的「我」，發展一些相同的特性。這些相同的特性，集合起來，結成一個民族的特性，造成一個民族的文化。

一個民族的文化，從歷史哲學去看，乃是民族的生活；民族的生活，就是歷史，歷史則是一道長流不斷的大江，滾滾不息。前代人的生命，流在現代人的生活中；現代人的生命，流入後代人的生活中。

因此，歷史是累積性的，是向前性的；前代人留下來的遺產越多，現代人的生活越豐富；就如長江上流的水累積越多，下流的水便更廣更深。長江的水繼續向下流，歷史也是向前的，不能停住，更不能往回流。所謂保守，所謂復古，都違反歷史的本性，也就違背民族文化的原理。

人的生活，照孟子所說有大體有小體（告子上），大體爲心思之官，小體爲耳目之官；現在人看來即是精神生活和物質生活。精神生活有理智生活和情感生活；物質生活則有衣食住行，還有男女的性生活。

理智生活從本性上說，爲累積性的生活。前代人理智生活的成績，累積下來，成爲學術遺產和藝術遺產，後代人在這種遺產上前進。前代的遺產愈多，後代人的理智生活愈能發揚。科學的進步，雖靠天才去發明新的學理；但是天才能夠有發明，需要適當的研究環境和儀器。非洲人的天才決不下於歐洲人，非洲人在科學上沒有發明，因爲非洲人沒有科學遺產可以使他們再進一步去研究。我們中國雖有科學的發明，科學却不能發達，這是因爲中國人在醫學上貴重保守密方，在學術上輕視工程，所以沒有累積科學遺產。

情感的生活，則是每個人獨立的生活。理智生活需要學習，情感生活出自天性，一個新生嬰兒，馬上表現自己的喜怒好惡，不要父母去教導。雖然後來嬰兒長大，父母和師長教導他管制情感，成效並不會很高。因此，歷史哲學說：善與惡，常在歷史上並行，理智生活可以一代一代向前進，情感生活則一代一代相似，文明社會中的罪惡較比野蠻社會中的罪惡，可以更多。然而情感生活乃是從心靈深處發出來的生活，最能代表「我」，也最能代表一個民族。

感官的生活有無窮的追求，絕對不像老子、莊子所說，初民純樸的生活，可以滿足人的慾望，使人完滿幸福。感官的追求，即是享受慾，人的享受慾常是向前邁進。從歷史哲學去研究，這個享受慾，乃是人類歷史的創造力，也是人類文化向前的推動力。沒有一種力量可以摧毀或抑止，祇能夠引導走上合理的範圍內去發展。

從上面所說的，我們對於民族文化有幾項原則：

(一) 民族文化是繼續向前進的，不能保守也不能復古。

(二) 民族文化中的理智生活，需要有學術遺產，以求發揚，若本民族文化中沒有這種遺產，則要取之於別的民族之學術遺產。

(三) 民族文化中的情感生活，常要加以敎導。

(四) 感官的生活有追求享受慾，不能夠制止，祇能夠引導。

二、民族文化的特質

中華民族的傳統文化，爲一種農業社會的文化，爲儒家主流的文化。農業社會所注重的，在於食品，食品的來源在於五穀，五穀的來源在於植物的生育。這種思想在易經裡充分地表現出來。易經的八卦和六十四卦，象徵宇宙的變化，宇宙的變化，由陰陽兩元素的結合而成，宇宙變化的目的爲生生。宇宙變化在空間以內，爲東南西北四方，在時間以內，爲春夏秋冬四季。漢代易學以四方配四季，四季再配五行，又配八卦，再配天干地支。四季的意義，代表陰陽的盛衰，代表五穀春生夏長秋收冬藏。漢朝孟喜的卦氣，更以坎、震、離、兌、四卦配四季，以復、臨、泰、大壯，夬、乾、姤、遯、否、觀、剝、坤、十二卦配十二月，配的意義也在於陰陽消長和五穀的生長。京房更有納天干，納十二支的卦說，天干地支在古代的思想，爲計算年月日時，計算的意義原來也是象徵穀物的生長，例如甲、草木初生；乙、草木寃曲而出；丙、萬物芮然；丁、夏時，萬物丁實；……子、陽氣動，萬物滋始；丑、萬物厄紐未敢出；寅、陽氣動，演生萬物；……農業社會注意五穀的生長，關心自己的食物。中國農業社會的文化重在生生。萬物的生長，系之在天，上天的信仰，爲中華民族一貫的信仰。在倫理方面以仁爲重，仁爲生生之理；在組織方面，重在宗族，宗族代表生命的延續；在道德方面，重在孝，孝象徵生命的繁衍；在享受方面，重在食色，食色爲農業社會所可有的享受，也是和生命最有關係。

中國的農業是在一個廣大無垠的國家土地上建立，中國古人雖老死不出鄉里，但是眼目所接觸的是一片廣大的自然界，胸襟擴大，有大國泱泱之風。而成一脈相傳的一元文化。

農業社會的生活，爲安定的生活，爲循環生活，爲自然界的生活。中華民族的特性，喜歡安定，厭惡極端，避免滿盈，執守中庸。農業生活隨着每年四季，周流循環；民族的思想乃信歷史也是循環不息，盛衰相繼續，分合相替代，而對於命的信念也很深。農夫生活，常在自然環境中週轉，中華民族乃以人和天結成宇宙，天地人爲三才，人和自然不能分離；中國的繪畫爲自然界的畫，中國的詩，爲自然界的詩；中國人的精神享受，也寄託於自然美景。

儒家的思想，以人爲中心，人本於天，死而完結，儒家遂把人放在天和死之間。「天命之謂性，率性之爲道。」（中庸第一章）成了儒家思想的根本；「未知生，焉知死，」（論語先進）成爲儒家思想的基本態度，既以人性爲天命，儒家以人爲倫理之人，儒家的人文主義爲倫理的人文主義。儒家倫理以禮爲規律，以君子爲人格模範，以義爲行事準則，以安心立命爲生活幸福。儒家以人文思想加入於農業生活之中，中華民族的傳統文化，乃成爲以倫理爲中心的文化，重禮，重家族，重孝，重義；守中庸，守位；樂天安命，不苟進取；以飲酒嘉餚爲樂，以多妻多子爲福。

錢穆先生曾說：「能不能够簡單用幾個字或一句話扼要說明中國文化之中心思想及其主要特質之所在，我想這個問題不易回答，但總想要回答，我此刻要大膽地提出四個字一句話，認爲中國文化的中心思想與其主要特質之所在。那四個字，是『性道合一』，出典在中庸，『天命之謂性，率性之謂道』兩句。」（中國文化十二講，頁七，三民書局，民五十七年版）

陳立夫先生講：「在世界另一方面有一個國家名叫中國，他的倫理道德到今天還沒有受到物質文明的壓迫，正在努力對物質科學迎頭趕上，他在二千多年以前，已經重視倫理，不依賴神來維持道德的信仰，他的一切研究，都以人爲中心，他認識了宇宙是一個『生生不已』的大動體，共生共存共進化乃是人類歷史進化的重心。……他從動變不已的宇宙中發現了一個最大的眞理，作爲傳國之寶，就是堯帝開始拿來傳給他所禪讓帝位的舜的四字訣『允執厥中』，這個中存，代代相傳。」（人理學研究，頁三，臺灣中華書局民六十一年版）

方東美先生說：「兩個天才的牧羊人所解答的三個問題，實可代表中國先哲人生哲學的幾層要義。他以圭杖挿入地面，認爲這是宇宙中心之所在，便是象徵中國人的生活精神，常寄於入世的熱忱，而不肯輕率作出世的幻想。他敎國王追隨太陽，從天而遊，便是象徵中國人的生活根基雖以篤實的人間世爲依據，但仍須啓發空靈理性，提神太虛，處處求與天地合其德，與日月合其明，以顯露一種溥博遠大的胸襟。他外表扮作敎主的容儀，內心含藏自家的智慧，抵死急人之難，便是象徵中國人的生活要義，即在忠恕感人，同情體物，包裹萬類，扶持衆妙，養成一種人我兩忘，物我均調的偉大人格。」（中國人生哲學概要，頁九，先知出版社，民六十三年版）

上面三段所描寫中國文化特點，都從優美的一方面去看。我由農業社會及儒家思想去看，中國文化也有這些優點。可是中國文化當然也有缺點：如過於保守，墮性力强；陶醉於自然，發揚詩歌繪畫，忽略嚴密的思考；以文人爲重，輕視工商，荒廢科學的研究；囿於現實生活以內，所有精神享受，都裹在物質以內，老莊雖願超脫，卻流於追求現世的長生。中國文化並不宜於稱爲精神文化或精神文明；文化所包含的成份很多很複雜，不能用物質或精神去概括。但是我也不同意胡適之先生所說：「一個民族的文化，可說是他們適應環境勝利的總和，適應環境之成敗，要看他們發明器具的智力如何。……東西文化之區別，就在於新用的器具不同。近二百年來西方之進步遠勝於東方，其原因就是西方能發明新的工具，增加工作的能力，以戰勝自然。……那些誇耀東方精神文明者，對於這種種事實可以考慮考慮。一種文化容許殘忍的人力車存在，其『精神』何在呢？不知什麼是低度的工資，也不知什麼工作時間的限制，一天到晚只知辛苦的工作，這還有什麼精神生活呢？」（胡適與中西文化，頁六九—七〇，水牛出版社，民六十一年版）

三、西方文化的內涵

胡適之先生認爲中西文化的區別，在於生活的工具，西方用機械，東方用人力。他說：「這才是東西文明眞正的區別了。東方文明是建築在人力上面的，而西方文明是建築在機械力上面的。」（同上）

這種文化的區別，太過於簡單了，太過於表面膚淺了，文化的成分很複雜，生活工具祇是文化的一項重要成份。

我們近來所謂的現代文化，即是西方文化。西方文化也不是現在纔有的，它的歷史也有了兩千多年的歷史，由希臘到羅馬，由羅馬發展到歐洲，由歐洲伸展到美洲。西方的現代文化繼承古代和中古的文化，加入了許多新的成份；科學產出的機械，就是許多的成份中最重要的一項。

歐洲的民族，從希臘人起，到羅馬人，日爾曼人，薩克遜人，法蘭西人等……都是慣於征伐戰爭的民族，喜愛征略，養成武士之風，造成貴族的封建制度。歐洲的文化，便是動的文化，向外擴展的文化，吸收成份頗多而成多元的文化。

在另一方面，歐洲文化具有一種使其統一的成份；這種成份爲「基督信仰」。杜蘭的世界文化史和湯恩比的歷史研究兩大著作中，都以歐洲的文化爲基督信仰的文化，基督的信仰貫徹了整個人生。人的來源，出自上帝天主，人的歸宿以身後的永生爲目的。但因人自己的愚昧遠離了生活的目的，造成無數的罪惡，天主聖子降凡成人，取名耶穌，號稱救主基督，自作犧牲，補償人類的罪債，建立教會，引人歸皈上帝天主。西方各民族的生活無論在政治上，在法律上，在倫理上，在學術上，在社會風俗上，在家庭制度上，一切都以「基督信仰」爲原則。而且在歷代的戰爭中，有許多次是宗教戰爭。這種基督信仰的文化，是追求眞美善的文化，是以神爲中心的文化，看重宗敎儀禮，看重來生的希望，傾向神秘的生活，又追求嚴格的推理哲學。

十六世紀歐洲文藝復興，希臘的人文主義，成了歐洲藝術思想的主流，希臘裸體美的風氣，開始在文藝復興的藝術作品裡風行，藝術逐漸脫離了以神爲中心的原則。接着就是歐洲的哲學和神學脫離，乃有十八世紀和十九世紀的各種學派。同時，科學的研究逐漸發達，機械進入了人的生活。機械的用途旣減輕了人的勞作，又產生各種供給人類享受的出品。人的享受慾本來是活潑的又是無止境的，一經機械的刺激，享受慾愈來愈高。歐洲人便成了物質享受的代表。歐洲文化到了美國，因美國自然資源的豐富，機械生活升到極高的程度。美國文化乃成爲物質享受的文化。物質享受旣高，對於精神的要求自然予以忽略，現代西方文化，乃脫離了上帝天主，以自我爲中心，一切都以理性爲標準。但這種改變目前正在進行，還沒有找到適當的途徑。因爲西方的文化，是工商業文化，工商業的環境不斷的變，西方的文化本身乃發生嚴重的困難。

四、中西文化的融合發展

因此，我們談改革中國的傳統文化，以吸收現代的西方文化。胡適之先生曾提倡的全盤西化，共黨更實行毀滅全部傳統，吳經熊先生說：「我們對於溝通中西文化這個問題應該抱什麼態度呢？應該以和平的態度，在平等的立場上，作客觀的選擇，和平心的衡量。不僅不可懷着自卑感，更不可有誇大狂。」（哲學與文化，頁五四，三民書局，民六十年版）

我們自由中國的社會，已經步入了工商業社會，應當發展科學，採用機械。機械的產品，加高人們的享受慾，偏重物質享受。我們既不能阻止這種享受慾，則惟有以引導的方法，導其入於正軌。西方文化倚賴「基督信仰」來引導享受慾，我們中國應當利用傳統的儒家倫理。目前「基督信仰」在西方正在努力革新自己的道德方式，以適應新的環境；中國儒家的遺傳倫理也應改革傳統的方式。現在家庭組織改成小家庭了，父子的關係當然仍舊保持父慈子孝的原則，然而今後小家庭父母子女互相尊重，子女迎養父母，方式多變。政府的制度現代實行民主了，國家和國民的關係當然仍舊保持國家保民和國民忠於國家的原則，然而是在三民主義的政綱下去實行。社會的組織現在變了，當然仍舊應當保持愛惜本鄉宗族，敦親睦鄰，然而社會關係日加複雜，每個中國人都要學西方人的守法，尊重公德。文藝是我們傳統的藝術，哲學爲我們的家產，我們當然要保守這種傳統；然而今天的工商要求高度的科學和技術，我們便應加强科學的研究和技術的訓練。生活的習慣正在加速的變動，我們當然要保持傳統的中庸精神，好禮的習慣，樂天的態度；但是也不能不接受機械所給的物質享受，衣食住行都逐漸機械化。中國人的心靈深處都藏有敬天的信仰，西方文化的根基仍舊紮在上帝天主的信仰裡，兩方的關係，並不如錢穆先生所說：「即耶教義重在個人靈魂之得救，而中國傳統觀念，則早不着重靈魂，而只重人心，尤其視人心之相互映照處，因之孝道之在中國社會，實屬根深蒂固，而與耶教靈魂觀念適成不可融和之衝突。」（東西雙方思想體系㈤自由報，民六十三年十一月十六日）要的是雙方深深瞭解，而不在膚淺處談相同談相異。

從整體的文化去看，傳統的靜的文化，要變成具有動性的文化；然而動中要有靜，不要學西方的動而使人生忙碌沒有自己安定和反省的機會。傳統文化中的循環觀念，要加上西方文化的向前觀念。傳統文化中的天地人在自然界中相諧和，要加上西方文化對自然界的研究。傳統文化中以人爲中心的觀念，不要學西方文化以我爲中心，而失去與上天相接近的知人知天，更不要失去民物同胞，萬物一體之仁的精神。傳統的仁，爲生生，爲互助，爲參天地的化育。我們要用科學，用機械，發揮生生之道，使中國人的生活更完滿，更充實，更有信心，使中華民族具有蓬勃生氣，延綿不絕。

道統與法統

王船山說：『法備於三王，道著於孔子。』（讀通鑑論卷一，秦始皇）。韓非子也說：『凡知能明道，有以則行，無用則止，故智能單通，不可傳於人。道法萬全，智能多矣。』（飾邪篇）荀子也說：『無道法則人不全。』（教士篇）

道法：道是道德，爲人類生活的道理；法是法度，是社會生活的規矩。荀子所以說，沒有道法，人之所以爲人和人的生活，都不能成全，也不能達到完全的境界。

人的生存，不是一個單獨的生活，而是一種羣居的生活。羣居的生活不能是一種混亂沒有秩序的生活，却應當是一種有規律有制度的生活。羣居生活的規律制度便是道法。

人的生命由血統而延續，人的生活由歷史而發展。血統的延續乃有家族，家族的延續乃有民族；歷史的發展以前人的成績爲基業，在基業上繼續建造文化。因此，人類羣居生活的道德法度，藉着民族和民族文化，繼續流傳，而成爲道統和法統。使道德法度，『合而不離，存而不絕之謂統。』（王船山，讀通鑑論）

一、道統

道統爲民族文化的傳統。

一個民族的成立，以血統爲主要因素；血統純，則民族純。然而民族的歷史越長，血統的純淨性越縮小；民族在生存的歷史過程中，常和他種血統滲合，而起血統上的同化。中華民族的血統固然爲漢族的血統，但是在幾千年的歷史裏，原先所稱爲蠻夷的民族，在血統上和漢族同化了。歷史上有兩次很明顯的史例，第一次是漢朝亡後的五胡亂華，第二次是唐朝亡後的五代十國。兩時的胡人和蕃人，後來也多混入了漢族的血統。血統的延續，雖然爲民族生存的重要因素，但不是唯一的因素。

民族的血統，爲生理因素。生理生活在人的生活裏，孟子稱爲小體，小體和禽獸沒有分別。可以代表人的生活的部份，稱爲大體，大體爲心思之官。民族的心思之官在生活上創造的成績，稱爲民族文化；民族的文化，代表一種民族。

文化是民族的傳統生活方式，又應該是合理的生活方式。中國古代聖賢所講究的，特別注意『合理』兩字。易經講天理，書經詩經講天道，孔子乃講『率性之謂道』和『大學之道，在明明德。』從孟子開始的性善性惡論也是爲着生活的合理化。

儒家的傳統，第一在於求做一個有人格的人，作一位君子，成一位聖人。孔子講求學，在於知爲人之道，所以孔子祇以顏回爲好學。

儒家做人之道，在於『仁』。『仁』是人的人際關係。儒家的人際關係，乃是『生生之道』，發揚自己的生命，也發揚其他人物的生命。『立己立人』，『達己達人』稱爲仁人。一部易經即是講『生生之道』，全部理學家的思想，也是繼承易經的『生生之道。』這種『仁』的人際關係的發揚，按照中庸第二十二章所說：盡人性而盡物性，然後參天地的化育，造成禮記上的大同理想，產生了張載的『民吾同胞』，和王陽明的『萬物一體之仁』。

人際關係常很複雜，『仁』是人際關係的總綱，在總綱之下爲應付不同的關係，乃有不同的原則，於是儒家有智仁勇的達德，有忠孝仁愛信義和平的八德。

在複雜的人際關係中，在不同的相應八德中，有一種共同的原則，便是中庸。中華民族傳統的生活精神，是居中庸，不偏不依，不過也不及。孔子講天的生生之德，以『四時行焉，百物生焉。』（論語，陽貨）四時的運行，意義在於節制陰陽冷熱，使萬物能生育成張。人的生活要在中庸的原則下進行。中庸乃是中和，中和在於動而皆中節，合於天性。（中庸第一章）

中庸雖是庸常之道，匹夫匹婦皆知；然而爲能中庸必要有節制。節制之道在於『禮』。儒家乃重禮。重禮的缺點造成了繁褥的虛文，可是重禮的意義，在於守天地的節文。（朱子集註，論語顏淵）

儒家所講的人生之道，創造了中華民族的傳統生活方式，製定了中華民族的道統。道統的名詞，第一次被正式提出，是在宋朝的李元綱所寫的一卷『聖門事業圖』。這卷書的第一圖的『道統相傳圖』：

伏羲—神農—黃帝—堯—舜—禹—湯—文武—周公—孔子—顏子、曾子—子思—孟子—周子—程子、張子—朱子。

十駕齋養新錄說：『道統二字，始見於李元綱聖門事業圖，其第一圖曰傳道正統，以明道伊川承孟子。其書成於乾道壬辰，與朱子同時。案道統之名，雖前古所無，至其古人所遞傳斯道之次序，韓退之既開其端，是宋儒之所本也。』（見大漢和辭典，卷十一，頁一三四）

晦。』

宋史「朱熹傳」說：『嘗謂，聖賢道統之傳，散在方册，聖經之旨不明，而道統之傳始蔣總統說：『中國傳統的思想，不僅是天地定位，萬物並育，而且繁衍綿延生生不息。』（解決共產主義思想與方法的根本問題）又說：『我們的正統哲學，乃是以天理和人性，並局是以科學與眞理爲根據。就是相信一個人只要其自强不息，日新又日新的話，乃是任何人也不能「否定」他的，更無法使其變質，滅絕的可能。』（同上）再又說：『今天我要將中國古代最精微正確的人生哲學即中庸之道講授給大家，這是我們個人修己立身成德立業之要道，我們將領要完成革命的任務，不可不透澈明瞭這個哲學的理論。』（中庸之旨與將領的基本學理）並且說：『中國的正統哲學，就只是一個仁字。不過其仁要在能行。』（軍事教育與軍事教育制度之提示。）蔣總統提倡復興中華文化，就是在繼續中華民族的道統。

在另一方面，道統表現在民族的生活裏；道統並不是一個懸空的思想，由學者互相傳授，而是民族生活之道，中華民族在五千年的歷史裏，常常依據這種生活之道去生活。在有的時代，這種人生之道表現得明顯，便成爲治平有這之世；在有的時代，這種人生之道忽然隱晦，便成變亂無道之世。但在無道之世，這種人生之道隱隱存伏在民族生活裏。蔣總統提倡恢復固有道德，便是把亂世隱隱存在的道統，恢復光明而達到治平有道之世，使國內人民發揚傳統的精神道德。

所以中華民族的道統，由蔣總統繼承；蔣總統所繼承的道統代表中華民族的文化。大陸的人民，當然是中國人，也是中華民族；祗因共產黨斬絕了中華民族的道統，毀棄了中華民族傳統的文化，便不能代表中華民族。目前大陸同胞所代表的，乃是共產主義的生活。

二、法統

法統爲國家法制的傳統。

中國史家常以正統爲主，在編修歷史時，周秦的繼承，東晉後漢的繼承，五代十六國的繼承，究竟誰是正統呢？歐陽修說『傳曰：君子大居正，又曰：王者大一統。正者，所以正天下之不正也，統者所以合天下之不一也。由不正與不一，然後正統之論作。……』（正統論，歐陽文忠集卷十六）正統在於一個政府的名義正不正，在現代國際法上即是一個政府合法不合法。這種正統名義，根據事實，不根據理論。中國古人常說：『成則爲王，敗則爲賊。』國際法也以實際統治一個國家經過相當長久時期者，則爲合法政府。因此歐陽修、司馬光、朱熹對於中國的歷代正統繼承者，意見不同，王船山則根本摒棄正統論而談道統。

一個國家的構成因素：有人民，有土地，有法制，（法度）孟子說。『民為貴，社稷次之，君為輕。』（盡心下）民是人民，社稷是土地，君主是法制從政治的理想說，在國家裏，國民居第一；從構成因素說，國民也居第一。沒有國民當然沒有國家。但是，若以國家為一種合法團體，則法制的因素，便成為最重要的因素。人民的團體很多，國家所以和其他人民團體不同，就是在於法制。在一個國家滅亡時，人民和土地都還存在，祗是法統絕了。法制所以是國家構成的最重要因素。

法制為一個國家的組織法制，包括國家的主權。王船山說：『法備於三王』。中國的法制，從堯舜禹就制定了。堯王成立了中國，舜王和禹王繼承了王位，制定了中國的法制。我們從書經的『堯典』，『臯陶謨』，『甘誓』和『禹貢』等篇去研究，可以知道三王所創的法制：皇帝操掌管國家的主權，羣臣作帝的肱股。皇帝以德政治國，『克明俊德，以親九族；九族既睦，平章百姓；百姓昭明，協和萬邦。』（堯典）制刑罰，定禮樂，敎民為善，行祭以享天帝。『天命有德，五服五章哉，天討有罪，五刑五用哉。政事懋哉懋哉。天聰明，自我民聰明；天明畏，自我民明威。達於上下，敬哉有土。』（臯陶謨）

三王的法制，不僅是一種法律制度，尤其是一種法制的精神，因此稱為『度』。法律制度隨着時代可以變，法律精神則應繼續不絕，而成爲國家的法統。

吳德生資政論 國父的思想說：『依 國父的遠大眼光，中華文化中所應特別寶貴而且發揚光大的，不一而足，而王道精神實最能代表我們民族的精神。這個名詞，首見於尚書洪範篇：無偏無黨，王道蕩蕩；無黨無偏，王道平平。無反無側，王道正直。』（國父思想之綜合觀，見於哲學與文化，頁一一四。）

因此法統乃有兩種意義：第一種意義是外在的意義，即一個國家的主權憲法的繼承，這種意義和『正統』相合；第二種意義是內在的意義，即是法制精神的繼續，也就是王船山所說的法統。在通常的情況下，這兩種意義互相結合，同時存在。中國歷代的皇帝，都奉堯舜禹湯文王武王爲先王，以法先王爲目標。孔子和孟子主張王道仁政，宣揚了中國法制的精神。但是在非常的情形下，兩種意義的法統都可以中斷。歐陽修曾說中國的正統，斷了三次：『故正統之序，上自堯舜歷夏商周秦漢而絕，晉得之而又絕，隋唐得之而又絕，自堯舜以來，三絕而復續。』（正統論）王船山則以中國在元朝和清朝時，外族入主中華，正統雖有，法統中絕，而祇有亂統。清帝退位，民國成立，自堯舜以來的帝制改了。中國成爲民主共和國，歷代的法統並沒有中斷。民國成立以後，政府多次變換，且分南北， 蔣總統統一中國，重建中國法統。不幸共匪竊據大陸，建立政權，僞充中國正統。

蔣總統所繼承的法統，是中國傳統的法度，因為　總統在共匪未竊據大陸的政權時，為統治中國的正式主權，這種主權至今未斷。又因為　總統的統治精神，為中國的王道仁政。這種法統將來可以由　蔣總統傳授給繼承人，也不會因在大陸所選的國民大會代表和立法委員，陸續去世，將來都由新人充任而中斷。即使將來修改憲法，也不防礙法統的繼續。法統的繼續是主權的繼續，是法制精神的繼續，不在於拘守呆板形式，更不以原先在大陸所選的民意代表為要素。否則，二十年後，這批民意代表都凋謝了，難道中華民國的法統就斷絕了嗎！

大陸共匪的政權，不是中國國家的政權，而是共產黨的政權，不代表國家，祇代表黨。黨的首領高於一切，居在國家元首以上，何況大陸偽政府現在沒有國家元首！黨的政權絕對不能繼承中國的法統，何況共黨極權根本違背中國歷代的法制精神，竟把『民為貴』的人民作了黨的犬馬！

蔣總統曾說：『一個人若是沒有靈魂僅剩一個軀殼，這個人就是一個死人，甚至還不如死人！僅有軀殼是沒有用的。國家和民族也是這樣的，立國於世界之上，他一定有一個立國的精神，就是國家的靈魂所在。』（革命哲學的重要）

國家和民族的靈魂，就是道統和法統。靈魂在軀殼內，給軀殼以生命，道統和法統在國家民族內，給國家民族的生命。

民國六十二年七月廿五日　天母牧廬

第二編　專論

孔子思想系統觀

講述孔子思想系統的著作，近年來雖不能說很多，但也不算很少，在中國學術史論集裏就有好幾篇文章，討論這個問題，本來用不着我再來說廢話，但是因爲自己研究儒家思想，心中頗有所得，而所得的，又不盡和他人所說的相同；因此我想把研究孔子思想所得的系統，簡說幾句，以就正於高明。

一、孔子思想的系統

孔子自己聲明是『述而不作，信而好古。』(述而)除春秋一册小史書外，孔子沒有留下著作。論語一書，古今認爲孔子思想的代表書，也是弟子們的作品，其餘述有孔子言論的書，有史記、有孝經、有易經，禮記，還有孟子。

假使我們按照孔子的聲明『信而好古』，以詩經、書經、周禮，作爲他所信服的思想，於是在解釋孔子的言論時，至少不能違背這些經書的大義。若遇着孔子的言論隱晦不明時，我們還可以按着經書，去求正確的解釋。

這一點是我研究孔子思想的方法；當然我也不能把後來儒家對於孔子言論的注解，都一筆抹殺，但總以不違背經義爲限。不單是程朱的論語注，裏面滲加了自己的理學主張，不能全部接受；就是清朝考據學者注解論語時，也補入了許多考據學以外的意見，也是不能全部接受。至於孔子的思想，附會歐洲哲學的思想，更不能接受了。

說了上面幾句引論，於今就話歸正題。

每一個大思想家，他的思想必定常是一貫，自成一個系統。即使一個思想家的思想，前後有變更，就是在變更裏，他的思想也必定有中心點，前後有線索可尋，若是一個人的思想，零碎中斷，互相脫離，或甚至互相衝突，不能彼此連貫，那只是胡思亂想，決不是思想家。孔子在中國學術史上，至少可以稱爲一大思想家，他的思想，一定各部相連，可以結成一個系統。

但是孔子自己沒有著書，所留下的只是簡單的問答詞，從這些言論裏，是否可以理出一個系統呢？

第一，弟子們所述的，不能代表孔子的全部思想。第二，問答的言詞，都是隨機而發的，不是孔子講學的記錄，即使是講學的記錄，從我們於今看大學學生對於教授講學所記錄的講義，也可以知道中間能有多少的缺點。

幸而當時孔子的講學法，不像於今大學裏教授在講壇上講了一遍就完了職務。孔子教授學生，乃是朝夕薰陶，數年不絕。孔子曾說：『二三子以我爲隱乎？吾無隱乎爾。吾無行不與二三子者，丘也。』（述而）而孔子把自己的思想，都教授給弟子們。弟子們對於孔子所教的，都默記於心：『回雖不敏，請事斯語矣。』（顏淵）『雍雖不敏，請事斯語矣。』（顏淵）因此我認爲弟子們所述孔子的言論，雖不代表孔子的全部思想，至少可以代表孔子思想的重要部份。

把孔子的言論，全盤加以比較的研究，我們便不難看出他的思想線索。找到了線索，然後按着線索，去求他的思想的各部份裏的關係，我們便可以歸結成一個思想系統。

孔子曾說：『參乎，吾道一以貫之。』（里仁）又說：『賜也，女以予爲多學而識之者與？……非也！予一以貫之。』（衛靈公）

可惜孔子自己沒有明白說出他的『一以貫之』，究竟指的什麼。曾子雖加解釋爲忠恕，但在字面上忠恕兩字，不能概括孔子的思想，於是研究孔子思想的人，各憑自己研究所得去解釋孔子一貫之道，以致於孔子之『一』變成了『多』，孔子的思想不是一個系統，而是多個系統了。

但是於今多數學者，主張孔子的一貫之道，應該是『仁』。（註一）我認爲這種主張符合孔子的思想（註二），然而在『仁』道的解釋，學者的意見又不完全相同，大都把『仁』字孤立了，使『仁』道缺少根基。

我主張孔子的『仁』爲人道，人道則在於效法天道，天道的背後有主宰者天的天意。孔子的人道，是以天道爲準則，人道和天道的連接詞，稱爲法天。因此孔子的中心思想，是在於法天。

二、法 天

『法天的思想，出自經書。儒家既信天爲至上之神，又爲宇宙萬物的造生者，便也信天爲至善的神明。人是天所生的，人的行善，當然該仿效天的行動。』（註三）

孔子說：『巍巍乎唯天爲大，惟堯則之。』（論語泰伯）『子曰：予欲無言，子貢曰：子如不言，則小子何述焉？子曰：天何言哉！四時行焉，百物生焉！天何言哉？』（陽貨）孔子一生常自負有天所予的特別使命。這種使命即是：『文王既沒，文不在茲乎！天之將喪斯文也，後死者不得與於斯文也。天之未喪斯文也，匡人其如予乎！』（子罕）孔子負有傳述古先聖王之道之使命，古先聖王之道何在呢？孔子簡單地說：『巍巍乎唯天爲大，惟堯則之。』聖賢之道，乃是在於法天。

弟子們尊敬孔子的偉大，『仰之彌高，鑽之彌堅，瞻之在前，忽焉在後。夫子循循然善誘人，博我以文，約我以禮。』（子罕）但是孔子的敎育，不在多言，祇在力行。怎樣力行呢？『予欲無言，……天何言哉！四時行焉，百物生焉！』

孔子一生力行的標準，就是在於法天。禮記上記有孔子的話說：『孔子曰……天有四時，春秋冬夏，風雨霜露，無非敎也。地載神氣，神氣風霆，風霆流行，庶物露生，無非敎也。』（孔子閒居）

易經說：『天生神物，聖人則之，天地變化，聖人效之。』（繫辭上第十一章）

禮記說：『天垂象，聖人則之。』（郊特牲）

張載說：『天道四時行，百物生，無非至敎。聖人之動，無非至德，夫何言哉。』（正

蒙天道)

法天的原則，爲儒家古今一貫的原則。

法天這項原則，究竟有什麼意義呢？

法天說效法天行動之道，即是說遵行天道。

天道又何在呢？天道見於宇宙萬物運行之道，孔子說四時行而百物生。宇宙萬物，或動或靜，常常遵循一定的規則，有條有序。宇宙萬物的規則，就是天道。

天道由何而來？天道爲造生宇宙萬物的主宰者所造。『天生神物，聖人則之。』(繫辭上第十一章)

『天作高山，大王荒之。』(詩經天作)

『天生蒸民，有物有則。民之秉彝，好是懿德！』(詩經蒸民) 天在造生宇宙萬物時，給予它們運行之道，天在造生蒸民時，也授予人行動的規則。天所予人的動靜規則，便是人之道，遵守人所受的天道，豈不是法天嗎？

人之道又何在呢？中庸說：『天命之謂性，率性之謂道，修道之謂教。』(第一章) 天所予人的天道，可以稱之爲天命，天命在人，即稱爲人性，人性又代表天道。率性而行，也便是遵行天道了！

因此法天，遵行天道，和『率性之謂道』，意義都相同。但是六經和孔子，重在遵行天道，不言率性，論語說：『子罕言利與命與仁。』（子罕）中庸和宋明理學重在率性之謂道，以天道爲性理。

於今我們回到孔子法天的思想，提出一項重要的問題：孔子的『天』指着什麼？書經、詩經和禮記所說的天，常指主宰天地之上帝。易經一書裏的天，所指的對象，可以是上帝，可以是蒼天，可以是乾陽。朱熹曾答覆天字的意義：『問經傳中天字？曰：要人自看得分曉，也有說蒼蒼者，也有說主宰者，也有單訓理時。』（朱子語類）

論語裏說：『子曰：務民之義，敬鬼神而遠之。可謂知矣。』（雍也）『子貢說：夫子之文章，可得而聞也，夫子之言性與天道，不可得而聞也。』（公冶長）因此許多人便懷疑孔子的宗教信仰，進而主張孔子棄宗教而重人事，以人道而立人文主義。（註三）。田炯錦氏且說：『天與命兩個概念，是由神權時代遺留下來的老觀念。……所以他（孔子）對於天是否有意志，好像沒有肯定的判斷。』（註四）張元夫氏更說：『孔子對於中國最大之功，是澄清已往之歷史，使神權與人事，分之爲二，而以人道爲歷史演進之中心。』（註五）

『神權』和『神權時代』，都有確實的意義，不能隨便附會。中國的歷史上，根本沒有神權時代。若說在有史以前，中華民族也有過神權時代，那還等待考古學去發掘。我們研究學術，不要以附會外國學說爲美爲新。假若以爲『天降下民，作之君，作之師。』（書經泰誓）爲神權，那麼孔子不但沒有清除這種神權，而且以這種神權爲中國歷史變換的樞紐。中國歷代君主的踐位，朝代的建立，誰說不是受命於天，代天行道呢？

我們再回到論語書上去：『子曰：不然，獲罪於天，無所禱也。』（八佾）『夫子矢之說，予所否者，天厭之，天厭之！』（雍也）『天之未喪斯文也，匡人其如予乎！』（子罕）『子曰：天生德於予，桓魋其如予何？』（述而）『無臣而爲有臣，吾誰欺，欺天乎？』（子罕）『顏淵死，子曰：噫！天喪予！天喪予！』（先進）『子曰：不怨天，不尤人，下學而上達，知我者其天乎！』（憲問）子曰：『君子有三畏：畏天命，畏大人，畏聖人之言。』（季氏）

從上面所引孔子的話裏，我敢斷定孔子信天有意志，怎麼可以說：『他對於天是否有意志，好像沒有肯定的判斷？』

論語「堯曰」章引書經的話：『堯曰：咨，爾舜，天之歷數在爾躬。……舜亦以命禹。』『子曰：禹，吾無閒然矣！非飲食，而致孝乎鬼神，惡衣服，而致美乎黻冕，卑宮室，而盡力乎溝洫。禹，吾無閒然矣。』（泰伯）看了這兩小段的話，我們又怎麼可以決定孔子使人事和神權分之爲二呢？又怎樣可以說孔子創立以人事爲中心的人文主義，捨天而不顧呢？孔子自己說：『述而不作，信而好古！』講孔學的人，却硬要以孔子不述而創作，不信古而好新！

有人說，孔子既然主張『四時行焉，百物生焉，天何言哉？』孔子的天，便是大自然，和易經的思想相同。

『易之爲書也，廣大悉備，有天道焉，有人道焉，有地道焉。』（繫辭下第十章）『昔者聖人之作易也，將以順性命之理，是以立天之道，曰陰與陽，立地之道，曰柔與剛，立人之道，曰仁與義。兼三才而兩之，故易六畫而成卦。』（說卦第二）

假使我們把孔子和易經的法天，僅僅爲效法自然；儒家的思想和老莊的思想，又有什麼分別呢？老莊不是極力主張『法自然』嗎？若說老莊在於法自然之無爲，儒家在於法自然之生生不息。道儒兩家的分別，也不過是方式問題，並不是根本上有分別。按我的意見，儒家在宇宙自然的背後，承認有主宰者天。道家則祇承認盲無意志的自然。儒家孔孟之法天，雖是以宇宙的自然律爲標準，但信自然律爲主宰者天所造，受主宰者天所管。易經以『天地之大德曰生』（繫辭下第一章），『德』字不能用之給盲目的自然。朱子說：『天地以生物爲心者也。』（仁說）心字也不能用於盲目的自然。荀子雖說：『故錯人而思天，則失萬物之情。』（天道論），那是說不要專靠天的福佑而不盡人事。書經說：『皇天無親，惟德是輔。』（蔡仲之命）並不是說天不主賞罰，祇是提醒人『惟上帝不常；作善，降之百祥；作不善，降之百殃。』（伊川）既是天降賞罰，人事便逃不出天的掌握。

朱子註中庸首章說：『首明道之本原出於天而不可易，其實體備於己而不可離。』孔孟儒學之人道，以天道爲根基。若把儒家的人道和天道脫離，把儒家的天道和主宰者天脫離，那就任憑你把儒家的人文主義講的怎樣天花亂墜，已經不是孔孟的人文之道了！

三、仁

仁爲孔子的人道，在中國學術史論集裏鄧公玄氏也有同樣的主張。鄧氏說：『他（孔子）諄諄教誨的無宅，只是在於教人如何做人，如何完成人格。孔子的仁字，一言以蔽之，就是本於人性自然的做人道理。』（註六）但是我有兩點和鄧公玄氏的主張不相同。鄧氏主張『仁』的人道，完全以人性爲根基，我認爲在人性的背後有天道。人道以人性爲直接根基，間接以天道爲根基，所以說人道效法天道。鄧氏主張孔子的仁是本着人與人的關係而定，假使像魯濱遜漂流在無人的荒島，便無所論人道了。這一點我認爲不是孔子的思想，人道不單單是人對人的關係，還包含人對己和人對天的關係。孔子曾說：『五十而知天命』（為政），

『君子有三畏：畏天命……』，『獲罪於天無所禱也』，『吾誰欺，欺天乎？』而且禮記「孔子閒居」有言：『是故仁人之事親如事天，事天如事親。』即使一個人單獨在世上，也有畏天、敬天、事天的職務。同時一個人單身獨居時，也有對自己的職務，中庸說：『道也者，不可須臾離也，可離非道也。是故君子戒愼乎其所不睹，恐懼乎其所不聞，莫見乎隱，莫顯乎微，是故君子愼其獨也。』像魯濱遜在無人的荒島上，並不是『故無道德問題存在』，他仍舊有不可離的人道。若是人道有一時候可離身，便不是人道了！

仁爲效法天道之人道。在天道內究竟有甚麼可效法的呢？孔子說：『四時行焉，百物生焉。』四時的運行，有兩種原則：一是有次序，一是互相調節。春夏秋冬繼續不斷，常常守着一定的次序，絕對不會變亂。不但四季的運行有次序，宇宙間的自然物品，沒有一件不守着固有的次序。宇宙間的次序，是使宇宙間的萬物互相調和。四季的次序是爲調節氣候的冷熱，以便於五穀的生長。在一生長爲農夫的人，四季的調節，意義很重大，直接影響一年的收成。不僅是冷熱的調節，爲農產收成最重要；自然界的風雨，也應該有調節。向農家的人賀年，不是祝新年內風調雨順嗎？風雨不調，五穀就不能長成。因此『四時行焉』包含着次序和調節。『百物生焉』則顯示天道的精神。宇宙間的次序，在於調節自然界的現象，協助有生物能够發育生長，然後人可以藉着生物以維持生命。這種助長生物的精神，表明上天好生之心，而造成天地好生之天德。

孔子羨慕這種天道，願意身體力行之，於是在他的人道裏也應該有『次序』，有『調節』，有『好生』。孔子的『仁』因此包含着代表『次序』的禮，代表『調節』的中庸，代表『好生』的仁愛。

『顏淵問仁。子曰：克己復禮。……非禮勿視，非禮勿聽，非禮勿言，非禮勿動。』(顏淵)

『仲方問仁。子曰：出門如見大賓，使民如承大祭，己所不欲，無施於人，在邦無怨，在家無怨。』(顏淵)

『樊遲問仁。子曰：愛人。』(顏淵)

『子張問仁於孔子。孔子曰：能行王者於天下，爲仁矣。請問之。曰：恭寬信敏惠。恭則不侮，寬則得衆，信則人任焉，敏則有功，惠則足以使人。』(陽貨)

『樊遲問仁，子曰：居處恭，執事敬，與人忠，雖之夷狄，不可棄也。』(子路)

論語裏還有幾處孔子講仁，但是最重要的幾處，都引證在上面了。從上面所引孔子的話裏，我們很容易看出，孔子的仁包含有守禮、中庸和仁愛。

孔子曾向曾子說：『參乎！吾道一以貫之。曾子曰：諾。子出，門人問曰：何謂也！曾子曰：夫子之道，忠恕而已矣。』（里仁）忠恕的解釋雖多，但最確當的訓詁，應當是忠爲『盡其在己』恕爲『推己及人』。朱子曾註說：『盡己之謂忠，推己之謂恕。』盡己之忠在於心得其中；心得其中，在於守禮而有中庸。推己之恕，則是仁愛。忠恕便是爲人之人道，即是仁。

孟子不談忠恕，不多談仁，却常講仁義。實際上孟子的仁義，相當於曾子的忠恕，也就相當於孔子之人道之仁。所謂仁義，仁是愛人，義是正己；仁便是恕，義便是忠。仁義便包括對己對人的人道。

後來宋明理學家，也特別注意仁字。朱子說：『天地以生物爲心者也。而人物之生，又各得夫天地之心以爲心者也。故語心之德，雖其總攝貫通，無所不備，然一言以蔽之，則曰仁而已矣。』（朱子仁說）

一、禮　『孔子曰：夫禮，先王以承天之道，以治人之情。故失之者死，得之者生。』（禮記禮運）

禮之重要，關係人之死生，所謂死生，不是肉體之死生，而是精神之死生。孔子曾教自己的兒子伯魚說：『不學禮，無以立。』（季氏）人不能立身，在精神上等於已死之人。

禮的根由在於『承天之道』，不是先王和聖人隨意可以製造的。

天道很廣，禮是承行天道的那一部份呢？禮是實現天道的次序！宇宙萬物運行有序有則，人的行動，也應效法天道的次序，人道的次序即稱爲禮。

『禮者，天地之序也。……大禮與天地同節。』（禮記樂記）

『禮者，天地之節文也。』（朱子集註論語顏淵）

把天道的次序，用之於人事；這是禮的意義，禮記說明祭祀之禮，以人事的十項次序敎訓給人：『夫祭有十倫焉：見事鬼神之道焉，見君臣之義焉，見父子之倫焉，見貴賤之等焉，見親疏之殺焉，見爵賞之施焉，見夫婦之別焉，見政事之均焉，見長幼之序焉，見上下之際焉，此之謂十倫。』（禮記祭統）

禮既爲人道中之次序，禮便含有『義』。孔子講達德時，只講智仁勇。『子曰：君子道者三，我無能焉！仁者不憂，智者不惑，勇者不懼。』（憲問）中庸也說：『智仁勇三者，天下之達德也。』（第二十章）孔子並不是忘記了義德，他是以『義』包含在禮以內，『義』叫人作自己名分應該作的事；凡不合自己名分的，守『義』的人必不貪求。禮則是給人指定名分，因此守禮的人，即是守名分，也就是守義。

『哀公問於孔子曰：大禮何如？君子之言禮，何其尊也？孔子曰：丘也小人，不足以知禮。君曰：否！吾子言之也。孔子曰：丘聞之，民之所由生，禮爲大。非禮無以節事天地之

神也，非禮無以辨君臣上下長幼之位也，非禮無以別男女父子兄弟之親，昏姻疏數之交也』（禮記哀公問）

君子以禮規定人道之次序，制定人倫之大義。

然而禮的精神，則在於仁。『子曰：人而不仁，如禮何！人而不仁，如樂何！』（八佾）『顏淵問仁。子曰：克己復禮爲仁。一日克己復禮，天下歸仁焉。』（顏淵）孔子主張守禮，不是在於呆守外面的儀式節目，是在求實現禮的精神。孔子曾嘆息說：『禮云！禮云！玉帛云乎哉！樂云！樂云！鐘鼓云乎哉！』（陽貨）

二、中庸 『子曰：師爾過，而商也不及。子產猶衆人之母也，能食之，不能敎也。子貢越席而對曰：敢問將何以爲此中者也？子曰：禮夫禮！夫禮所以制中也。』（禮記仲尼燕君）天道中之次序，在於使宇宙萬物之運行，各得其中，互相調協。人道中之禮，也是在於使人的行動，常得其中；禮便是『所以制中也』。

錢穆氏說：『然則天地雖大，萬物雖繁，其得安住與滋生，必其相互關係處在一中和狀態中，換言之，即是處在一洽好的情況中。……天道如此，人道亦然。……人類之有孝慈，即在求父母子女雙方兩情之得和。』（註七）

錢氏解釋中庸的這篇文章，過於物質化，我不能贊同；但是錢氏對於中和的觀念，說得中肯。

程伊川曾說：『天地之化雖廓然無窮，然而陰陽之度，日月寒暑晝夜之變，莫不有常，此道之所以爲中庸。』（伊川語錄）

孔子因此很看重中庸，『子曰：中庸之爲德也，其至矣乎，民鮮久矣。』（雍也）在中庸一篇裏，引有孔子的許多話。『子曰：中庸其至矣夫！民鮮能久矣！』（中庸第三章）『仲尼曰：君子中庸，小人反中庸。君子之中庸也，君子而時中。小人之中庸也，小人而無忌憚也。』（中庸第二章）『子曰：天下國家可均也，爵祿可辭也，白刃可蹈也，中庸不可能也。』（中庸第九章）『子曰……君子依乎中庸，遯世不見知而不悔，惟聖者能之。』（中庸第十一章）

中庸之道，爲人道中最高又最重要的，但也是最難的，『民鮮能久矣！』『唯聖者能之』。

然則中庸之道，究竟若何？

三、仁愛 『天何言哉，四時行焉，百物生焉。』『致中和，天地位焉，萬物育焉！』天道中有中和，目的在發育萬物。人道中有中和，目的也應該是好生。好生稱爲仁。

仁在廣義上說，稱爲人道；仁之成爲善德，則爲愛。

『哀公問政，子曰……故爲政在人。取人以身，修身以道，修道以仁。仁者，人也；親親爲大。義者，宜也；尊賢爲大。親親之殺，尊賢之等，禮所生也。』（中庸第二十章）

『仁者，人也。』仁爲人道，人道中以親親爲大；因爲人道在於愛人，愛人以愛親爲第一。愛人的法度，『禮所生也』。

禮爲仁的節度，孔子講得很清楚。『顏淵問仁。子曰：克己復禮爲仁。……非禮勿視，非禮勿聽，非禮勿言，非禮勿動。』（顏淵）論語和中庸却又述有孔子所言『己所不欲，勿施於人。』以自己的心去推度他人的心，『恕』字便似乎是仁愛的標準。近人錢穆氏講儒家的人文主義，就完全以人心爲仁愛的基礎和法度（註八）。但是孔子所說的推己及人，雖是仁愛的大原則；然而應該怎樣去實行這項原則呢？是在於守禮。人的人心在根本上雖然因人性相同而相同，但是人心能因私慾和習慣而變成各不相同。孔子曾說：『性相近也。習相遠也！』（陽貨）在行仁愛時，不能用主觀而又變動之心爲標準，該用客觀不變之禮爲標準。從這一點也可以看出孔子不以人心具有一切天理，因爲聖人們制禮時，雖順着人情，然而爲制禮所根據的天理，則是觀察天象所得。後世陸象山、王陽明主張心外無禮，專講良知不講守禮，不完全合於孔子的思想，而且也落於虛空。

仁愛雖是對於他人的，但應該由自己出發。不單是因爲愛人如己，自己是仁愛的出發點；而且因爲孔子主張『愛人以德』，愛人特別在於幫人做成完人，因此便應該先使自己做成完人。『子曰……夫仁者，己欲立而立人，己欲達而達人，能近取譬，可謂仁之方矣。』（雍也）仁者愛人，近以自己一身作例，以自己立身達身之道，作爲仁愛之方。沒有一個不修身的人，知道愛人的。孔子說：『惟仁者，能好人，能惡人。』（里仁）

一個人對於別人的第一層關係，是家庭親屬關係。親屬關係，以父子爲最大。孔子因此說：『仁者人也，親親爲大。』孝道後來在儒家思想裏成了『德之本也敎之所由生』（孝經），就是發揮仁道。在父子關係以下有兄弟關係。兄弟係以『弟』爲道。因此『孝弟也者，其爲仁之本與。』（學而）

一個人走出家庭，便有社會關係。社會關係可以用君臣作代表，君臣一倫雖主『忠』……然而君臣一倫的目標，在於『政』，則完全主張『仁』。

『子路問君子。子曰：修己以敬。曰：如斯而已乎？曰：修己以安人。曰：如斯而已乎？曰：修己以安百姓，堯舜其猶病諸！』（憲問）

孔子所謂政乃是安人和安百姓。『安』字不是用暴力和刑法所能做到的，『安』字是仁愛的效果。後來孟子說：『親親而仁民，仁民而愛物。』（孟子盡心上）孟子並且把自己的政治主張，用「仁」字作標語，稱爲『仁政』。

社會關係，除君臣以外，還有與各等人的關係，孔子簡單地用三句話包括一切。『子曰：老者安之，朋友信之，少者懷之。』（公冶長）安老、懷少、信友，又都是仁愛的精神。朋友的關係，更爲孔子所重視，視爲五倫之一。交友之道，在於彼此精神上的互助。『子貢問友。子曰：忠告而善道之，不可則止，毋自辱焉。』（顏淵）曾子乃說：『以友輔仁。』（顏淵）

論語上講仁愛的話很多，我們不能都引來加以解釋。我們祇就大綱節目上解釋了仁愛。仁愛的標準是推己及人……仁愛的節度是守禮；仁愛的起點，在於修身；仁愛的實行，親親爲大，仁民爲上。

孔子的仁愛和墨子的兼愛，最不同的，是孔子以禮爲愛的節度，愛便有層次，墨子廢禮廢層次，一心兼愛世人。孟子罵他爲無父無君，形同禽獸。

於今在這裏我結束全文，再重覆一遍孔子思想的系統。孔子主張人道在於效法天道。天道爲主宰者天所製。天道運行，常有次序，能有中和，以發育萬物。人道稱爲仁，仁的次序爲禮，仁的中和爲中庸，仁的精神爲愛。凡是一種善德，都應該具有這三項要素：凡是善德，都應合於禮，合於中庸，合於立己立人。

孔子思想的系統，可以列表表解如後：

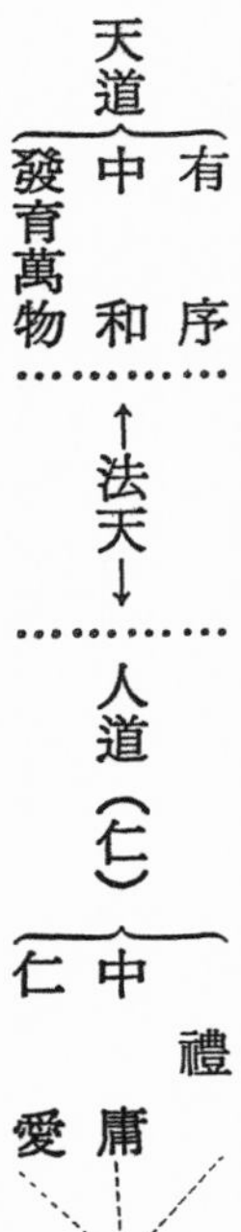

天道 { 有序 / 中和 / 發育萬物 }
……↑法天↓……
人道（仁） { 禮 / 中庸 / 仁愛 } → 德

註：

(一) 錢穆——中國思想史上冊。（現代國民基本知識叢書）。徐復觀——釋論語的仁，民主評論第六卷第六期。
馮友蘭——中國哲學史上冊，第一〇一頁。

(二) 羅光——中國哲學大綱上冊，第一一一至一一九頁。

(三) 錢穆——中國思想史上冊，第八頁。

(四) 田炯錦——孔孟學說中之仁與天命——中國學術史論集上冊。（現代國民基本知識叢書）

(五) 張元夫——六經真面目。（同上）

(六) 鄧公玄——中國主流思想的衝激及其混融——中國學術史論集下冊。

(七) 錢穆——中庸新義——民主評論第六卷第十六期第五頁。

(八) 錢穆——中國知識份子，第十四頁，香港，一九五一。

孔子的人格

孔孟學會臺南支會成立大會致詞

「叔孫武叔毀仲尼，子貢曰：無以爲也，仲尼不可毀也。他人之賢者，丘陵也，猶可踰也。仲尼，日月也，無得而踰焉，人雖欲自絕，其何傷於日月乎？多見其不知量也。」（論語子張）

「仲尼，日月也」。日月懸在天空上，光照宇宙。地上的人，誰不喜歡日月的光明？誰又不依靠日月的光明？就是假使有人不喜歡日月的光明，咀咒日月的光明，他也沒有辦法可以掩蔽日月！孔子的人格，就像日月一樣，在中國發放光明，光照中國人的生活。使中國人在兩千多年來，都追隨他的指導。

孔子的人格怎樣？

「子曰：吾十有五而志於學，三十而立，四十而不惑，五十而知天命，六十而耳順，七十而從心所欲，不踰矩。」（論語為政）

孔子好學，從少到老，常是發憤忘食。孔子自己介紹自己說：「其爲人也，發憤忘食，樂以忘憂，不知老之將至云爾。」（論語述而）又說：「吾非生而知之者，好古敏以求之也。」（論語述而）他更具體地說：「十室之邑，必有忠信如丘者，不如丘之好學也。」（論語公冶長）

孔子所說的學不是讀死書，乃是「下學而上達」（論語憲問）由近及遠，以知立身之道。孔子好學以求自立，自己建立了自己的人格，而又以自己的人格去教導弟子。孔子曰：「德之不修，學之不講，聞義不能徙，不善不能改，是吾憂也。」（論語述而）他常孜孜地以求健全自己的人格，不善則改，聞義就照著做，修德講學，使能够「己欲立而立人，已欲達而達人。」（論語雍也）

既然知道立身處世，而又能立人達人，孔子乃能遇事不惑。孔子對於人，認識的很清楚，他曾說：「觀其所以，觀其所由，察其所安，人焉廋哉！」（論語為政）對於事情，他也曾經教訓子路說：「由，誨汝知之乎！知之爲知之，不知爲不知，是知也。」（論語爲政）而且孔子又主張正名，每件事有每件事的名字，每個名字有自己的意義。孔子說：「故君子名之必可言也，言之必可名也。」（論語子路）

孔子對於事件，心中不亂，不僅僅因爲自己有主張，而是因爲知天命。孔子以天道爲立身處世的原則，以天命爲一切人事的主宰。「子畏於匡，曰：文王旣歿，文不在玆乎？天之將喪斯文也，後死者不得與於斯文也，天之未喪斯文也，匡人其如予何！」（論語子罕）又一次桓魋想謀殺孔子，門生都害怕，孔子鼓勵他們說：「天生德於予，桓魋其如予何。」（論語述而）知道了天命，便也知道畏天命，孔子曾罵子路曰：「由之行詐也？無臣而爲有臣，吾誰欺？欺天乎！」（論語子罕）

知道了天命，處處以天命爲依歸。耳朶所聽見的事，在心裡不會引起慾情的亂動。事事心定，內外相合，人便成爲至誠的人。孔子在中庸上說：「誠者，天之道也；誠之者，人之道也。」（中庸第二十三章）中庸又說：至誠的人可以通天地。旣然與天地通，當然對於自己本人的內外，一定通順，由耳到心，由心到耳；由眼到心，由心到眼；由口到心，由心到口，常常是通順的，常常是內外一致，沒有口是心非，也沒有心淫而眼淫，內外都以天理爲歸依。

孔子能夠修身修到這一地步，於是乃能「從心所欲，不踰矩」。他一心的規矩，就是天理，就是仁道。孔子曾說：「君子無終食之間違仁，造次必於是，顚沛必於是。」（論語里仁）每時每刻都常守著仁道，養成了仁德。常是「非禮勿視，非禮勿聽，非禮勿言，非禮勿動。」（論語顏淵）因此他能夠說：「不怨天，不尤人，下學而上達，知我者其天乎？」（論語憲問）

達到了這種境地，無論外面的遭遇怎樣，心裡常是愉快。又能體貼旁人的痛苦，孔子說：「唯仁者能愛人」（論語顏淵）又言自己的志向說：「老者安之，朋友信之，少者懷之」（論語公治長）愛人因此便善於教導人。顏淵讚美孔子說：「夫子循循善誘，博我以文，約我以禮。」（論語子罕）而且又因此願意教導社會的人，都遵行聖賢之道，栖栖皇皇，在各國奔走，「微生畝謂孔子曰：丘何爲是栖栖者，與無乃爲佞乎？孔子曰：非敢爲佞也，疾固也。」（論語憲問）孔子爲化俗而栖栖皇皇，不是爲富貴。他自己曾說：「飯疏食，飲水，曲肱而枕之，樂亦在其中矣。不義而富且貴，於我如浮雲。」（論語述而）

孔子這樣高的人格，眞眞是像日月一樣的光明，眞不愧萬世的師表。乃不料在中華民國的時代，有人提倡打倒孔子。更料不到有中國共匪，實行毀滅孔子的遺教，使中國人成爲禽獸。然而「仲尼，日月也，無得而踰焉。人雖欲自絕，其何傷於日月？多見其不知量也。」

打倒孔子和毀滅孔子遺教的人，都是自己願意絕於人道，自己不量自己的力量，對於孔子不能有傷害。

臺灣於今成立了孔孟學會，不是替孔子做宣傳。「仲尼，日月也。」用不著人替他宣傳。孔孟學會的目的，是要使中國人不要自己願意閉著眼，不看日月的光明。白天閉著眼睛撞，較比黑夜開著眼睛還要危險。我們中國人本來有一個指路的太陽，現在許多中國人，偏不願意開著眼看太陽。尤其是青年人，願意自己作瞎子，弄的無法無天。這樣的社會，眞要像齊景公所說：「雖有粟吾得而食諸。」（論語顏淵）

孔孟學會的各位會員們，我希望各位努力，每人要以孔子爲師表，自己造成君子的人格，再以自己的人格去感化社會人士。恢復大陸，要靠武力。恢復大陸，更要靠自由中國同胞的道德。自由中國政府人員以及到社會的普通國民，都有道德，中國的國運，一定可以昌盛。

孔子的人文主義

一九六八年講於孔孟學會第四十八次研究會

現代的人生哲學，都趨向於人文主義。人文主義以人作爲人生的中心，以人作爲社會制度的目標，以人作爲宇宙的主人。

古代人的心理，宗教的成份很多，人常屈服在神的權威之下。歐洲中古的人生哲學和神學結合在一起，人生的中心，是以來生爲中心，社會風俗，宗教的氣氛很濃厚。文藝復興以後，歐洲的思想突然轉變以人爲中心。這種轉變，急轉直下，變成了唯我主義，而且蔓延到各處，當前的人生哲學，便都趨向唯我的人文主義，美國詹姆士和杜威的唯物功利主義，是以我爲中心；法國柏格森的唯心爲唯我主義，是以我爲中心；易卜生和尼采的超人，也是以我爲中心；海德格的存在主義，更是以我爲中心！馬克思的共產主義，則模仿德國唯心哲學的大我，而以勞工爲大我以作人生的中心。可是現代人文主義，越提倡唯人獨尊，人的生活則更痛苦，人的人格，反更墮落，這是現代思想的一種慘劇。緣因是在那裏呢？緣因是因爲現代人文主義的基本觀念有些錯誤。人固然是宇宙的主人翁，宇宙的自然物質固然都是供人使用；但是人的生活不限制在物質宇宙以內，人要有一個無限的精神境界，以答應人的精神要求。這種精神境界，才是人的眞正生活。在無限的精神境界，人的精神乃能找到自己的處所。爲能有一種無限的精神境界，必定要有一種無限精神體的神明，即是天地人物的主宰。

孔子的人文主義，應該把中庸大學論語以及易經的經傳各篇合起來研究，才可以得到一個完全的大綱；但是我們今天所研究的，則只限於孔子的論語，由論語裏我們去看孔子的人文主義。

一、人是自己的主人

現代的人文主義，最注重人的自主，提倡人的自由，人要創造自己，也要創造宇宙。

孔子的人生，不是消極的而是積極的。他主張人生的一切，由本人自己去創造。「子曰：「我非生而知之者，好古，敏以求之者也。」（述而）孔子以自己一生的成就，完全是他自己努力所得來的，他形容自己努力好學的習慣，不是一般人所有的，「子曰：十室之邑，必有忠信如丘者，不如丘之好學也。」（公冶長）

從他自己的經驗，他斷定別人的成就，也應該是靠自己。「子曰：譬如爲山，未成一簣，止，吾止也。譬如平地，雖覆一簣，進，吾往也。」（子罕）

孔子教訓門生，很注重這種自動的精神。「冉求說：非不說子之道，力不足也。子曰：力不足者，中道而廢；今汝畫。」（雍也）孔子最不喜歡自暴自棄的人，因爲他們沒有高遠的目標，自己限制了自己的努力，對於自知努力的門生，孔子則特別稱揚：「子曰：語之而不惰者，其回也與。子謂顏淵曰：惜乎！吾見其進也，未見其止也。」（子罕）

好學，就是學做人。做人是要自己去做，不是靠天。墨子的人生觀以天爲主，一切以天爲重。孔子的人生觀，雖以天道爲人道的根本，可是要人在天道的基礎上，建造自己的人格，建造自己的生活。在中庸裏孔子說：「道不遠人，人之爲道而遠人，不可以爲道。」（第十三章）人要努力做生活裏面最平常的事，便能建立自己的人格。

二、人生的意義

人文主義的重心，在於人生的意義。人是什麼？人的生活是爲什麼？現代的人文主義，都以人爲自己生活的目的，人是爲自己而生活；只有集權主義，才以個人是爲團體而生活。人爲人而生活，生活的範圍便限制於宇宙以內，不能超出宇宙以上，但是經驗告訓人們，這樣的生活，不足以使人有幸福；因而存在主義的人文主義，乃充滿悲觀的色彩，而且一般的歐美青年，都不滿意現實，都追求超於現實的美夢。目前未來派的藝術，披頭以及迷你裙的怪現象也由於這種不滿於現實的心理所造成。

天主敎的人生觀，以人爲天主所造，人的生活在求自己的幸福，人的幸福則在於和眞善美的本體，即是和天主相結合。這種人生觀是現世的又是超世的，是由物質而達到精神的。

孔子對於人生的意義，有什麼見解？

「季路問事鬼神。子曰：未能事人，焉能事鬼。敢問死，曰：未知生，焉知死。」孔子在論語裏面，和弟子們所談的，都是人生的切實問題。可是撇下鬼神和生死的問題而不談，人生問題就要有許多缺點。不過孔子雖不談這些問題，他並不是否認這些問題。他的人生意義不合於現代的人文主義。

儒家的一貫思想，常以天地人爲三才，在宇宙萬物之中，人爲最貴。中庸說：「唯天下至誠，爲能盡其性。能盡其性，則能盡人之性，能盡人之性，則能盡物之性。能盡物之性，則可以贊天地之化育，可以贊天地之化育，則可以與天地參矣！」（第二十二章）人能參天地之化育，人的身價最高。

人是什麼？中庸說：「思知人，不可以不知天。」（第二十章）孔子在論語裏幾次提到了天。「子曰：不怨天，不尤人，下學而上達，知我者其天乎！」（憲問）「獲罪於天，無所禱也。」（八佾）「子畏於匡，曰：文王既歿，文不在茲乎？天之將喪斯文也，後死者不得與於斯文也；天之未喪斯文也，匡人其如予何！」（子罕）「子曰：予欲無言。子貢曰：『子如不言，則小子何述焉？』子曰：天何言哉！四時行焉，百物生焉，天何言哉！」（陽貨）「子曰：大哉堯之爲君也！巍巍乎唯天爲大，唯堯則之。」（泰伯）

孔子敬拜「天」爲至上的神明，人是在天以下，受天的掌管。所謂天地人三才，都按天道而運行。人的生活之道，以天道爲標準。

孔子對於人的認識，以人在宇宙萬物中，最秀最靈，人的生活受至上之神明的統制。人生的意義何在？在於按照天道，以發揮人所得於天的天性。中庸說：「天命之謂性，率性之謂道，修道之謂敎。」（第一章）率性則誠，至誠之人，則能盡物性而參天地之化育，即是能够參加天地生生之動作，孔子稱之爲成己成人。

三、人生之道

「子曰：志士仁人，無求生以害仁，有殺身以成仁。」（衛靈公）「子曰：富與貴，是人之所欲也；不以其道得之，不處也。貧與賤，是人之所惡也；不以其道得之，不去也。君子去仁，惡乎成名。君子無終食之間違仁，造次必於是，顚沛必於是。」（里仁）孔子把生命、富貴、貧賤，和仁相比較，以仁爲重。仁乃是人的生活之道。不仁，則不如死。仁是什麼呢？仁是率性之謂道；仁是盡人之性。率性和盡性，都是充分發揚自己的人性。

人性是善的，孔子說：「人之生也直。」（雍也）人的生活之道，在於發揚生來正直的人性。中庸乃主張：「喜怒哀樂之未發，謂之中；發而皆中節，謂之和，中也者天下之大本也；和也者，天下之達道也。」（第一章）中和也就是發揚人性，以人性爲生活的準則。「子曰：參乎，吾道一以貫之。曾子曰：唯。子出，門人問曰：何謂也？曾子曰：夫子之道，忠恕而已矣。」（里仁）忠恕代表孔子一貫之道。忠恕兩字的意義，和中和的意義一樣。心得其中爲忠，行動合於心爲恕。忠恕所以就是仁，就是做人的大道。

仁，不單是代表各種德行，代表各種善習慣，而且代表一種神力量，德字，本來也有力量的意義。老子的道德經，德字就代表道的內在能力。因此仁也代表人的內在精神，能力即是中庸之「誠」。

中庸說：「誠者，天之道也。誠之者，人之道也。」（第二十章）「誠之者」，是誠於人的天性；所以說：「唯天下至誠，爲能盡其性。」（第二十二章）「盡其性」，即是完全發揚自己的天性。發揚天性，第一是在一切事上，都按照天性去做，漸至習慣成自然。孔子曰：「吾，十有五而志於學，三十而立，四十而不惑，五十而知天命，六十而耳順，七十而從心所欲，不踰矩。」（為政）從心所欲而不踰矩，這就是至誠之人了。

這等至誠之人，在精神方面，有種特殊的力量。第一，特殊的理智力量，對於事理看的非常清楚，孔子所謂：「知天命」，「耳順」，這是種特殊的理智力。中庸也說：「唯天下至誠，爲能經綸天下之大經，立天下之大本，處天地之化育。」（第三十二章）不但知道天之化育，而且能够參與天地之化育；這就是第二種特殊的創造力。至誠盡性的人，乃是乾乾不息的人，常是有創作的人。他創作自己的人格，創作自己的事業。因著這種創作力，便能參與天地的化育。中庸說：「唯天下至誠……能盡物之性，則可以贊天地之化育，可以贊天地之化育，則可以與天地參矣。」（第二十二章）因此孔子是一位很積極的人。他是「窮則獨善其身，達則兼善天下。」「子路曰：願聞子之志。子曰：老者安之，朋友信之，少者懷之。」（公冶長）又說：「夫仁者，己欲立而立人，己欲達而達人。」（雍也）這是一種非常積極的人生觀，在精神方面有種和天地合作的力量。古人所說：「氣蓋宇宙」，孔子在大難臨頭時，能夠從容地說：「天生德於予，桓魋其如予何！」（述而）孟子後來乃說：「浩然之氣。」

四、人生的幸福

精神的力量，使人常積極創作。精神的力量，也使人常快樂。「子之燕居，申申如也，夭夭如也。」（述而）孔子自己介紹自己說：「其為人也，發憤忘食，樂以忘憂，不知老之將至。」（述而）他有積極工作的精神，又有忘憂和不知老的快樂。

這種精神快樂，在各種環境中都可以有。「子曰：飯疏食，飲水，曲肱而枕之，樂在其中矣。」（述而）顏回在門生中，最能了解夫子的精神。因此他在陋巷中也有快樂，孔子讚美說：「賢哉回也！一簞食，一瓢飲，在陋巷，人不堪其憂，回也不改其樂。賢哉回也！」

（雍也）

若是經濟稍爲充裕，生活的快樂也不在物質的享受，而是在精神的愉快。孔子問門生們的志趣，「曾皙曰：暮春者，春服既成，冠者五六人，童子六七人，浴乎沂，風乎舞雩，詠而歸。夫子喟然嘆曰：吾與點也。」（先進）

孔子以人生多有這種精神快樂，只是人不知道享受。論語的第一篇第一段，便提醒人享受日常生活裏的快樂。子曰：「學而時習之，不亦悅乎！有朋自遠方來，不亦樂乎。人不知而不慍，不亦君子乎！」（學而）這一段裏，有悅字有樂字有不慍；這都是表示快樂；而這些快樂，常是在日常的生活裏可以享受。「子曰：君子坦蕩蕩，小人長戚戚。」（述而）君子知道享受這種人生的幸福，小人追求物質的利益反而常常在憂戚裏。孔子的生活，不是板著面孔，永遠沒有笑容的生活，乃是充滿愉快的生活。

我們便可以說，孔子的人文主義，是中庸的人文主義。人是宇宙萬物之靈，然而人受最高神明——天的主宰。人按著天道，發揚自己的人性，創造自己的精神生活，參與天地化生萬物的工程，而使人文進化。在不斷的努力創作中，人享生活的幸福，在各種環境中，都能心中常有快樂。

中庸的人文主義，不是消極的，不是保守的，不是脫離現實的，而是在現實的日常生活裏，積極建立人生的意義。

（孔孟月刊第六卷第三期）

孔孟的生活修養

民國六十年五月卅一日講於陸軍總部週會

現在歐美的青年，一心嚮往將來。傳統的道德規律，傳統的制度和習慣，對於他們都失去了吸引力。他們只想創造一個新的自我，和以往的社會歷史脫離關係。因此產生了許多的奇形怪狀；可是眞正的新自我並沒有創造出來。因爲人生是相連續的，只能在以往的歷史上去改建新的制度和習慣。

現在在自由中國，　總統指示恢復中華民族的倫理道德，便是在傳統的倫理道德裏。建設現代中國人的人生觀，尋取現代中國人修養的途徑。今天我向各位將官所要講的，乃是孔孟的生活修養，中國古人曾奉孔子爲至聖，孟子爲亞聖。至聖和亞聖都是我們生活的導師。

一、上天的使命

孔子和孟子的一生，懷著一種抱負。他們一生的修養，都以這種抱負爲目標。孔孟的抱負，在於自認上天給予他們一項使命，爲傳授堯舜文武的大道。論語上說：

『子畏於匡，曰：文王既沒，文不在茲乎？天之將喪斯文也，後死者不得與於斯文也。天之未喪斯文也，匡人其如予何？』（子罕）

孟子說：

『五百年必有王者興，其間必有名世者。由周而來，七百有餘歲矣，以其數則過之矣，以其時考之，則可也。夫天未欲平治天下也！如欲平治天下，當今之世，舍我其誰哉？』（公孫丑下）

『我亦欲正人心，息邪說，距詖行，放淫辭，以承三聖者。予豈好辯哉！予不得已也。』（滕文公下）

孔子孟子懷著這種抱負，以『繼續先聖之道』爲自己一生的使命。孔子孟子週遊列國，謁見各國的諸侯，但是他們謁見諸侯，和當時政客們謁見諸侯，在目的和方法上完全不同。政客們謁見諸侯，目的在求做官，方法是從政治的利害去遊說。戰國策這本書上所記載的文字，都是這般政客的說詞。孔孟謁見諸侯，目的在行先王的大道，方法是勸君行仁政。孟子說：

『我非堯舜之道，不敢以陳於王前。』（公孫丑下）

『孟子見梁惠王。王曰：叟，不遠千里而來，亦將有以利吾國乎？孟子對曰：王，何必言利，亦有仁義而已矣。』（梁惠王上）

謁見諸侯，都沒有遇到可行先王之道的機會，乃退而授徒，將先聖之道，傳授給弟子們，敎他們再傳下去。結果創立了儒家，使堯舜文王之道，傳留到後世，造成了中華文化的特色。

二、好學

堯舜文王之道，不僅僅是爲治國平天下，更是爲修身。大學的第一章說的很淸楚，

爲平天下，應該從修身開始。論語上也說：『季康子問政於孔子，孔子對曰：政者正也，子帥以正，誰敢不正。』（顏淵）

孔孟既以傳堯舜文王之道爲自己的使命，更該先修自己的身。修身即是生活修養；研究孔子和孟子怎樣修身，就是研究孔孟的生活修養。

孔子和孟子的生活修養，第一步在於好學，孔子說：

『十室之邑，必有忠信如丘者，不如丘之好學也。』（公冶長）

『我非生而知之者，好古敏以求之者也。』（述而）

孔孟的好學，在於『下學而上達』（憲問）上達於天理，下學即是大學所講的格物致知。

『哀公問弟子孰爲好學？孔子對曰：有顏回者好學。不遷怒，不貳過，不幸短命死矣！今也則亡，未聞好學者也。』（雍也）

人是理性的動物，理性不知道，意志更不會動。生活的修養在於行善，行善而不知道善惡的標準，怎樣可以行動呢？孟子雖然講性善，以仁義禮智爲人心所有的天生善端，人可以有不學而知的良知和不學而能的良能。然而良知良能只是對於人心的善端，善端則是需要培養的，不加培養則要變爲牛山濯濯，爲培養善端應該知道培養之道，培養之道即是堯舜文王之道。

宋明理學有致知格物的爭論；朱熹以致知格物爲求學，王陽明以致知格物爲致良知。從學術史上，朱熹的解釋是孔孟的眞傳，只是朱熹講的太瑣碎！

三、守　禮

好學在於篤行，篤行在於守禮。孔子愛禮守禮，乃是古今所公認的事實。

『子曰：非禮勿視，非禮勿聽，非禮勿言，非禮勿動。』（顏淵）

論語的「鄉黨」篇講述孔子在各種場合裏，遵守禮節，一點不敢苟且。

『割不正不食……席不正不坐，……君命召，不俟駕行矣。……升車，必正立執綏，車中不內顧，不疾言，不親指。……』

『子曰：恭而無禮則勞，愼而無禮則葸，勇而無禮則亂，直而無禮則絞。』（泰伯）

『子曰：知及之，仁不能守之，雖得之，必失之。知及之，仁能守之，不莊以涖之，則民不敬。知及之，仁能守之，莊以涖之，動之不以禮，未善也。』（衛靈公）

孔子主張禮爲人生規範，一舉一動，必定遵守禮規。他在自己一生的行動上，堅守這條原則。

孟子以人性為善，人性表現於人心，有仁義禮智的善端。可是這些善端，要好好培植，為培植人心的善端就要守禮。孟子的性格和孔子的性格不同，孔子的性格謙和，孟子的性格剛強。孟子在一些節目上，不大拘守禮節的規定，但是他卻常遵守禮的精神。

『孟子將朝王（齊王），王使人來曰：寡人如就見者也，有寒疾，不可以風，朝將視朝，不識可使寡人得見乎？對曰：不幸而有疾，不能造朝，明日出弔於東郭氏，公孫丑曰：昔者辭以病，今日弔，或者不可乎？曰：昔者疾，今日愈，如之何不弔？王使人問疾，醫來。孟仲子對曰：昔者有王命，有采薪之憂，不能造朝，今病小愈，趨造於朝，我不識能至否乎？使數人要於路曰：請必無歸而造於朝。不得已，而之景丑氏宿焉。景子曰：內則父子，外則君臣，人之大倫也。父子主恩，君臣主敬，丑見王之敬子也，未見所以敬王也！曰：惡！是何言也！齊人無以仁義與王言者，豈以仁義為不美也，其心曰是何足與言仁義也云爾，則不敬莫不乎是。我非堯舜之道，不敢陳於王前，故齊人莫如我敬王也。景子曰：否！非此之謂也。禮曰：父召無諾，君命召，不俟駕。固將朝也，聞王命而遂不果，宜與夫禮若不相似然。曰：豈謂是與！……天下有達尊三：爵一，齒一，德一，朝廷莫如爵，鄉黨莫如齒，輔世長民莫如德。惡得有其一，以慢其二哉。故將大有為之君，必有所不召之臣，欲有謀，則就之。……湯之於伊尹，桓公之於管仲，則不敢召。管仲猶不可召，而況不為管仲者乎？』

（公孫丑下）

禮的作用，在於克慾，孟子很注重克制情慾。

『孟子曰：盡其心者，知其性也，知其性也，則知天矣。存其心養其性，所以事天也。』（盡心上）

『孟子曰：耳目之官不思，而蔽於物，物交物則引之而矣。心之官則思，思則得之，不思則不得也。此天之與我者。先立乎其大者，則其小者不能奪也。』（告子上）

人守禮以節制情慾，不以耳目之小體而害心官之大體，乃成大人。

四、義利之分

禮的目的在於節慾，禮的意義則是在於規定名分。做名分以內的事就是義。孔孟最看重這個義字，一生的修養都爲實行義德。

孟子說：『義，人路也。』（告子上）

人生該走的路，就是『義』。孔子對義利之分，非常注意：

『子曰：君子喩於義，小人喩於利。』（里仁）

『君子以義爲尚。』(陽貨)

『子曰：飯疏食，飲水，曲肱而枕之，樂亦在其中矣。不義而富且貴，於我如浮雲。』(述而)

『孟子曰：魚，我所欲也；熊掌，亦我所欲也；二者不可得兼，舍魚而取熊掌者也。生，亦我所欲也；義，亦我所欲也；二者不可得兼，舍生而取義者也。生，亦我所欲，所欲有甚於生者，故不爲苟得也。』(告子上)

不爲苟得，乃孔子孟子的生活修養之一原則。寧願意窮，寧願意賤，決不願意得不義之財，取不義爵位。孟子在上面所引的一章裏繼續說：若爲著萬鐘的俸祿，爲著宮室的美好，爲著妻妾的侍俸，不合於義而取得，『此之謂失其本心。』

因此，孔子常常講正名，事事要合於名份。

『名不正則言不順，言不順則事不成，事不成則禮樂不興，禮樂不興，則罰不中，刑罰不中，則民無所措手足。故君子名之必可言也，言之必可行也。君子於其言，無所苟而已矣。』(子路)

正名不僅是不亂說話，而是不亂作事。君是君，臣是臣，父是父，子是子，夫是夫，妻是妻。社會上一切的人，都有自己的名分，都做自己名分的事。孔子乃主張『不在其位，不

謀其政。』（憲問）

『子疾病，子路使門人爲臣，病閒曰：久矣哉，由之行詐也。無臣而爲有臣，吾誰欺，欺天乎？』（子罕）

孔子曾任過大夫，大夫有家臣。孔子病時已經不是大夫，沒有家臣，子路却使門人充家臣，爲孔子侍病。孔子在病稍輕，精神淸明的時候，知道了這椿事，就責備子路行詐，不按名分辦事。

孔子和孟子的精神，都在於：

『君子謀道不謀食。……君子憂道不憂貧。』（衛靈公）

五、止於至善

禮義在生活的修養上，是修養的方法，修養的目的則很高，在於止於至善。

孔子有一次對門生說：

『予欲無言。子貢曰：子如不言，則小子何述焉？子曰：天何言哉！四時行焉，百物生焉，天何言哉！』（陽貨）

這幾句簡單的話，包括了孔子的全部思想。孔子以人生之道在於法天，天道的表示由四時的運行可以看出來，四時運行常有次序，使寒暑得宜，這就是中庸，也就是禮義之道，四時運行的目的在於使百物發生，生就是仁。因此，孔子和孟子的生活修養，目的在於仁。仁的最高程度，按照中庸所說：乃是參天地的化育。所以孟子常講仁義。孔子則講立己立人，達己達人。生活修養常要趨向這個目標，孔子說：

『夫仁者，己欲立而立人，己欲達而達人。』（雍也）

孟子說：

『仁者，以其所愛，及其所不愛。不仁者，以其所不愛，及其所愛。』（盡心下）

『老吾老，以及人之老；幼吾幼，以及人之幼，……故推恩足以保四海，不推恩無以保妻子。』（梁惠王上）

孔子和孟子求學修身，爲求推行聖賢之道；推行聖賢之道，爲求使天下的人受福；造福天下的人，便是孔孟生活修養的最高目標。後世儒家乃有『先天下之憂而憂，後天下之樂而樂。』（范仲淹岳陽樓記）的精神。

一天，顏淵和季路侍立在孔子旁邊，孔子要他們講一講自己的志向。他們講完了以後，便要求孔子也說明自己的志向，孔子對答說：

『老者安之，朋友信之，少者懷之。』（公冶長）

有了這種仁者的抱負，平日待人必定不會常常板著一副森嚴的面孔，冷酷無情，而是滿懷和氣。論語上說：

『子之燕君，申申如也，夭夭如也。』（述而）

『子溫而厲，威而不猛，泰而安。』（述而）

『子絕四：毋意，毋必，毋固，毋我。』（子罕）

孟子雖然剛毅，但是爲人很和靄，跟別人常談得上，而且說話還很幽默。

心中和氣的人，對於人生的樂趣知道享受。又有一次，孔子要門生講各人的志向。

『點，爾何如？……曰：暮春者，春服既成，冠者六人，童子六七人，浴乎沂，風乎舞雩，詠而歸。夫子喟然嘆曰：吾與點也。……』（先進）

人生的樂趣，就在於心中的安樂。心中的安樂，表現於安貧樂道，孔子說：

『飯疏食，飲水，曲肱而枕之，樂亦在其中矣。』（述而）

孔子很愛顏淵，以顏好學，學得了他的精神。顏淵處陋巷而樂。

『子曰：賢哉回也！一簞食，一瓢飲，在陋巷，人不堪其憂，回也不改其樂，賢哉回也！』（雍也）

這種安貧樂道的精神，不但在平日常表現出來；另外在遭遇危難的時候，更能够表現無憂無懼的精神。

『孔子遊於匡，宋人圍之數匝，而弦歌不輟。子路入見曰：何夫子之娛也？孔子曰……知窮之有命，知道之有時，臨大難而不懼者，聖人之勇也。……』（莊子）

後來又在陳蔡之野，被圍，絕糧，隨行的門生都病得不能起來，孔子則仍是講誦弦歌不衰。

『子路慍見曰：君子亦有窮乎。子曰：君子固窮，小人窮斯濫矣。』（衛靈公）

孟子也有這種知天安命，遇事不得心的氣概。

『公孫丑問曰：夫子加齊卿相，則動心否乎？孟子曰 否！我四十不動心，……曰：我善養吾浩然之氣。敢問何謂浩然之氣？曰：難言也，其爲氣也至大至剛，以直養而無害，則塞天地之間。其爲氣也，配義與道，無是餒也，是集義所生者，非義襲而取之者。』（公孫丑上）

魯平公預備親自去拜訪孟子，身邊的一個臣子臧倉向平公講孟子的壞話，平公便不去拜訪孟子了。樂正子把這椿事告訴了孟子。孟子說：

『行或使之，止或尼之，行止非人所能也；吾之不遇魯侯者，天也，臧氏之子焉能使予

不遇哉。』(梁惠王下)

孔子孟子都自認有上天所賦的使命，去傳先聖的大道。先聖之道即是仁義，傳先聖之道便是參天地之化功，爲實行這種使命，孔孟常順從天意。在順從天意之中，孔孟心中常有安樂，而達於人生的樂境。道家以人生的樂境爲與道同化的眞人，佛教則以爲涅槃。孔孟的樂境，便是參天地之化育。

六、結　論

總括上面所講，孔孟的生活修養，基礎在於知道負有上天賦與的使命，爲實行這種使命，便求修身之道，以認識天道，天道在於禮，孔孟便於禮爲修身規範。由禮而進於義，守名分，盡職責，重義輕利。由義而進於仁，立己立人，達己達人，心中懷有和氣，樂天知命，安貧樂道，以達參天地之化育的至義境界。

這種生活修養途徑，在科學最興盛的時代，還是我們生活修養的途徑。蔣總統曾勉勵軍人第一要認識自己的使命。

總統說：

『人生最重要的，就是要充實其眞善美的有目的之生活，與有意義的生命。』（蔣總統嘉言錄第一輯頁一）

『我們爲學，一定要志在天下，能以天下國家爲已任，即公伊尹所謂：「思天下之民，匹夫匹婦有不被堯舜之澤者，若已推而內之溝中」與范仲淹所謂：「先天下之憂而憂，後天下之樂而樂的意思。」（同上 第一輯頁二十四）

人生的目的既然高，生活的修養必定要嚴厲。孔孟遵守禮的規則，一絲不苟；軍人的生活修養重在守紀律，紀律可以稱爲軍人生活的規則。

由於守紀律，軍人養成守名份，盡忠守職的氣節，軍人決心『捨身成仁，捨生取義。』總統說：

『軍人必明生死之辨，然後能發揮軍人之大勇，有此大勇，然後有最大的決心，捨命不渝。』（蔣總統嘉言錄第三輯 頁一二）

『軍人第一要緊的事情，就是要有氣節。』（同上 頁一二）

軍人知道生死之辨，能够捨生取義，在義利上分得很清楚，有氣節。對於不義之財，不義之爵，決心不取。但是軍人是不是只講義，講武，而不講仁道呢？ 總統說：

『軍人的精神就是智仁勇三者，而三者之中，又以仁爲最重要；所謂仁者，就其目的而

言，即仁民愛物，「仁者爲人」；就其內容而言，仁即統攝諸德之「做人的道理」。』（蔣總統嘉言錄 第三輯 頁四七）

軍人有了仁心，精神力才會飽滿 氣概才可以廣大，然後便可以有世界大同的浩然之氣。總統說：

『以仁導於天下，以全爭於天下。』（同上）

把世界看成一個整體，把人類看成一家，爲全體人類爭自由，以仁導於天下，就是中庸所標的『參天地之化育』，而成爲一位至誠的人，至誠的人乃是聖人。

論周濂溪通書的誠

一、

周濂溪開宋朝理學的先河，奠定了宋明理學的途徑，爲宋明理學的第一位大師。宋明理學的綱要，在於以易經去解釋大學中庸，使儒家的倫理哲學具有形上學的基礎。儒家的倫理哲學稍有系統說明的，是大學和中庸兩册小書。大學的系統是『在明明德，在親民，在止於至善。……欲修其身者，先正其心。欲正其心者，先誠其意。欲誠其意者，先致其知，致知在格物。』（大學第一章）

中庸的系統，則是：

『天命之謂性，率性之謂道，修道之謂敎。……喜怒哀樂之未發，謂之中，發而皆中節，謂之和。中也者，天下之大本也；和也者，天下之達道也。致中和，天地位焉，萬物育焉。』（中庸第一章）

『……反諸身不誠，不順乎親矣。誠身有道，不明乎善，不誠乎身矣。誠者，天之道也；誠之者，人之道也。誠者，不勉而中，不思而得，從容中道，聖人也。誠之者，擇善而固執之也……』（中庸第二十篇）

『自誠明，謂之性。自明誠，謂之敎。誠則明矣，明則誠矣。』（中庸第二十一篇）

『唯天下至誠，爲能盡其性。能盡其性，則能盡人之性。能盡人之性，則能盡物之性，能盡物之性則可以贊天地之化育。可以贊天地之化育，則可以與天地參矣。』（中庸第二十二篇）

『誠者，自成也，而道自道也。誠者，物之終始，不誠無物。是故君子誠之爲貴。誠者，非自成己而已也，所以成物也。成己，仁也；成物，知也。性之德也，合內外之道也。故時措之宜也。』（中庸第二十五章）

『故至誠無息，不息則久，久則徵，徵則悠遠，悠遠則博厚，博厚則高明。博厚，所以載物也；高明，所以覆物也；悠久，所以成物也。博厚配地，高明配天，悠久無疆。如此

者，不見而章，不動而變，無爲而成……。』（中庸第二十三章）

大學和中庸思想的系統，以人性爲根基。人性來自天，表現於人心。天，性，心，互相連貫；互相連貫之道，在大學上是明明德，是正心誠意；在中庸是中和，是誠。

宋明理學家根據大學中庸的思想系統，加以說明；且是形上的說明。爲說明「天命之謂性」，理學家借取全部易經的宇宙論，由宇宙之成和宇宙的變易，說明人性。

易經的思想，由戰國到宋朝，經過了兩次修改；第一次是漢朝五行纖緯之說滲入了易經，第二次是漢晉南北朝道敎長生之術混亂了易經。宋朝理學家所有的易經思想充分地表現了這種修改了的易經，他們中間最著名的是周濂溪和邵康節。

周濂溪作太極圖說和通書，太極圖有無極太極，有陰陽，有五行，有男女，有萬物。太極乾坤是易經原有的思想，五行則是漢朝的思想，無極和陰陽男女更是道敎的思想。陸象山便反對周濂溪太極圖說的無極，因爲既是道家的學說而且和通書的思想不合，乃懷疑太極圖不是周子所寫的作品，而是僞作：

『梭山又書云：聖人發明道之本源，微妙中正，豈有下同一物之理，左右言之過矣。今於上又加無極二字，是頭上安頭，過爲虛無好高之論也。』（晦庵答陸子美書）（註一）

『象山陸九淵第一書云；梭山兄謂太極圖說與通書不類，疑非周子所爲。不然則是其學未成時所作，不然則或是傳他人之文，後人不辨也……通書中焉止矣之言，與之昭然不類，而兄曾不之察，何也？太極圖說以無極二字冠首，而通書終篇，未嘗一及無極字。二程言論文字至多，亦未嘗一及無極字。假令其初實有此圖，觀其後來，未嘗一及無極字，可見其學之進而不自以爲是也。……』（晦庵答陸子靜書）（註二）

朱子和陸子美陸子靜反覆辯論，大力辯護自己的主張以太極圖說爲周子的著作，『無極而太極』之論，和易經不相衝突；而且朱子註釋通書時，以太極圖說的思想爲基礎。通書的思想，以『誠』爲主；太極圖說的思想，以太極爲主。兩書既都是周子的著作，則必定可以互相貫通。太極和誠究竟有什麼關係？

二、

現在研究中國哲學的學者，早已注意這種問額。

(1)吳康先生在所著的宋明理學第一章論周敦頤時，說……

『太極即絕對，即宇宙之本體或第一原理亦即最高之命，此絕對或本體抑第一原理，爲周普，爲徧在，而不可指言爲某一物，某一事，故亦曰無極。』（註三）

『濂溪之釋誠，爲出於乾元，純粹至善，無爲而爲善惡之幾，發微而不可見，充周而不可窮，性命之源，五常百行之本；則誠即大傳之易，而爲宇宙萬有之本之「純粹活動」(Actus purus) 也。此純粹活動之本質，有下列名義：宇宙之本源，……本體周徹，……功能周徹，……無本末無終始。……』(註四)

吳康先生的解釋，雖然沒有明說「誠」是「太極」，實際則是以「誠」等於「太極」。他說『誠即大傳之易』。

但是吳康先生又以誠爲宇宙本體的純粹活動，而附加拉丁術語。所附的拉丁術語和中文術語『純粹活動』，兩者的意義不相同。拉丁術語爲士林哲學的術語，意爲『純粹的現實』。『純粹的現實』乃是不含潛能的現實，沒有變易的現實，是絕對的有，是完全的自立主體。純粹的現實則不是活動，更不能成爲宇宙本體的活動了。

捨了拉丁術語而只取中文術語，「誠」爲宇宙本體的純粹活動；但又以這種活動爲宇宙的本源，爲無本末無終始，則又互相衝突，意義混亂不清。而且這種思想必不是周子所想到的。

(2)唐君毅先生在所著中國哲學原論第一冊第十三章「原太極上」，特別提出了這個問題。君毅先生且以通書解太極圖說，以周子的『無極而太極』是較易經更進一步的思想，而太極的意義，則由通書的誠去解釋。他說：

『而通書之概念，可與圖說中之太極相當者，則是誠或乾元之概念。誠之概念，原自中庸。吾人如以誠之概念同於太極，爲足以規定太極之涵義者，則吾人復可說濂溪在儒學史上之特殊地位，即其綜合易與中庸之思想爲一，或以中庸釋易。而此亦昔所未有。後張橫渠之學，亦以通中庸與易傳爲宗。伊川進而以中庸論孟之旨注易，是皆開宋代易學之義理一路之先河，而別於王弼韓康伯注易，求兼通於老子之玄理者也。』（註五）

『今本此意以釋圖說，誠既相當於太極，則太極之本，只當以無說之，而且說之以無極。此正猶通書之以無思無爲，寂然不動，說誠也。而太極之用，則首先於動有，正如誠之動之爲有。……』

『唯以通書之誠，原出中庸，原爲一道德性之天道與人道人德，涵具眞實存在及至善之義者；則吾人今以誠之義，規定太極之義，便可確立太極爲一涵具眞實存在之性質及至善之性質者。……』（註六）

唐先生很費心思，又多加說明，並且也說：

『然吾人於此，却未嘗如朱子之確定太極一名之所指者爲至極之理，自亦不須如朱子之於無極之極及太極之極，分作二解，謂一極指形，一極指理。而唯是據通書，以圖說中之太極之一名之義，翻譯之爲一眞實存在之天人一貫之誠道，而無極之名則爲遮詮。易之太極之名，亦正賴吾人之此翻譯，而得其進一步之實義。』(註七)

我對於唐先生的解釋，新穎而且深入，很表欽佩；但是我却不完全表示同意。我所同意之點，是通書的誠和太極圖說的太極，互有關係，互相說明；不同意之點，是唐先生所說誠即是太極。

三、

1.通書的誠不是太極圖說的太極

唐先生說：

『通書言誠之爲源，謂即乾元，即萬物所資始；正同於圖說之以太極爲萬物之所自生。是即萬物之所以爲一也。』(註八)

但是通書的『誠上第一』說：

『誠者，聖人之本。大哉乾元，萬物資始，誠之源也。』

通書開端第一句說：『誠者，聖人之本』，沒有說：『誠者，萬物之本。』太極是萬物之本，而不是聖人之本。聖人之本乃是聖人之所以成聖人，這是倫理方面的事。萬物之本，則是萬物之所以成萬有，這是形上本體方面的事。兩者互不相同，不能混爲一談。

通書又說誠有自己的本源，本源是乾元。太極則是萬物的本源，太極自己不再有源。因此太極在上，誠在下，誠不是太極。

唐先生說：『通書言誠爲聖人之本，正同圖說之言人性之本於太極，爲人極之所以立。』(註九) 實際上兩者不同：圖說言人性本於太極，爲形上本體論，由本體論轉到倫理論，乃以太極變易之道，以立人極。我們決不能以人極就是太極。

唐先生所以把誠和太極相混，緣因乃是他以中庸之誠，爲形上的實體。然而他又處處以誠爲德，『誠在中庸，原爲一道德性之天道天德與人道人德，涵具眞實存在及至善之義者。』(註十)

『誠』既爲德，只能說是太極之德，或說是天地在變化中所守之德，而不能便以爲是太極。

朱子也曾以周子的誠爲太極，他在通書第一章的註解裏說：『誠者至實，無妄之謂。天所賦，物所受之正理也。人皆有之，聖人之所以聖者，無他焉，以其獨能全此而已。此書與

太極圖相表裏，誠，即所謂太極也。』（註十一）

朱子的解釋，和自己的思想相連貫。他以太極爲理，以誠爲人所得於天之正理，誠乃是太極。但是周子，並沒有以太極爲理，而且也不可能以太極爲理，誠又不是爲理，因此誠決不是太極。

2. 誠是太極之德

老子的道德經以『道』爲宇宙的本源，『道』變化無窮，化生萬物。『道』的變化乃是自化，『道常無爲而無不爲，王侯若能守之，萬物將自化。』（道德經第三十七章）『道』自化的原則爲『自然』，『人法地，地法天，天法道，道法自然。』（道德經第三十七章）

『道』的自然而自化的力，稱爲德。莊子說：『動不得已之謂德。』（莊子 庚桑楚）『道』自化而不得不動因爲自然要動，『道』自然而動的原則規律，也稱爲德。

自然而動，是必定要這樣動：必然要這樣動便不會有另一樣的動；所有的動作，完全和本性相合；這就是誠。道家稱道的動常爲自然，儒家稱太極和天地之動常是誠。

誠便是太極之德，也是天地之德。

中庸第一處講『誠』的，是第二十章，章上說：

『誠者，天之道也；誠之者，人之道也。誠者，不勉而中，不思而得，從容中道，聖人也。』

『誠者……聖人也。』這種思想和周子通書的第一章所說相同。通書第一章開端就說：

『誠者，聖人之本。』

第二篇又說：

『聖，誠而已矣。誠五常之本，百行之源也。』

『五常之本，百行之源』即是說『人道』之本。這一點即是中庸所說『誠』為人道之本。

『誠者，天道也；誠之者，人道也。』

『誠』，為天道或天德，因為天地的運行，必定按照自己運行的規律而動，絕對不能有僞。朱子也曾解釋誠『為至實無妄之謂。』

我所謂的德，是行為之道。在倫理學方面，以按行為之道而行，有所得於心，有所得於行動之動，按行道之道造成習慣，乃稱為德。通書第五篇「愼動」說：

『動而正曰道，用而和曰德。』

這是從人一方面說；天地之動，則常是正，常是和，故天地之動便稱為天道天德，天道天德的所以然究竟怎樣，就是誠。人之動，則不常是正，不常是和；因此，便該是『誠之』『誠於自己的人性天理，使行動常是眞實無妄』。

天地之道，也是太極之道；天地來自太極。太極不可見，不可言。太極生乾坤，乾坤爲天地，乾坤則可言了，故易經常說乾坤之道，中庸大學則說天道。

通書乃說：『大哉乾元，萬物資始，誠之源也。』誠爲乾元之德，誠發源乾元。

3. 誠是太極變化之能（力）

德，本來也有能的意思，有力的意思。在道德經，德也代表道的自化之能；由自化之能，進而代表道之自化，代表道之變動。太極之德，便可以指着太極變化的德能，指着太極變易的動。

在中庸上，『誠』除指天道天德以外，又指天地乾坤之動。『誠者，自成也。……誠者，物之終始，不誠無物。……』『故至誠不息，不息則久……。』

周子通書裏也有這種思想。

『乾道變化，各正性命，誠斯立焉。……元亨，誠之通；利貞，誠之復。大哉易也，性命之源乎。』（第一篇誠上）

誠由乾道變化而立；因爲萬物因着乾道的變化而有性命，按着性而行乃稱爲誠。物之性命，由太極的變易而有根源。誠因着性命而立。這個誠字是指着德性。元亨利貞，則是乾道的變化；周子以元亨爲『誠』的通和復，便是以誠爲乾元的變動了。

通書且以『誠』有幾有神。『幾』爲將動未動的狀態，『神』則是靈妙的行動。通書說：

『寂然不動者，誠也；感而遂通者，神也，動而未形有無之閒者，幾也。』（第四篇聖）

朱子註解說：『本然而未發者實理之體，善意而不測者實理之用，動靜體用之間，介然有頃之際，則實理發見之端，而衆事吉凶之兆也。』（註十二）

朱子以誠爲理爲太極，乃以神爲誠之用，或爲誠之動的端倪。我不以誠爲理爲太極，只以誠爲太極之動，或說乾元之動。太極之動，乃動而不動，故曰寂然不動，然而太極有動，太極之動有神，有幾。在人一方面，人的動，可以是誠，因此，也有神有幾。人眞能誠而神而幾，便是聖人。『誠神幾，曰聖人。』（通書第四篇聖）

4. 誠的特點

通書既以『誠』爲太極或乾元的德能，爲太極或乾元的動，通書就說明『誠』的幾種特點；這些特點乃是易經所說乾元變易的特點。通書說：

『靜而有動，至正而明達。』（第二篇誠下）

『誠無爲。』（第三篇誠幾德）

『寂然不動者，誠也。』（第四篇聖）

『天道行而萬物順，聖德修而萬民化，大順大化，不見其迹，莫知其然之謂神。』(第十一篇順化)

『動而無靜，靜而不動，物也。動而無動，靜而無靜，神也。物，則一通；神，妙萬物。……』(第十六篇動靜)

『至誠則動，動則變，變則化。』(第三十五篇擬議)

易經講解乾坤變化之道，說：

『範圍天地之化而不過，曲成萬物而不遺，通乎晝夜之道而知，故神無方而易無體。』(繫辭上第四章)

『夫乾，其靜也專，其動也直，是以大生焉。夫坤，其靜也翕，其動也闢，是以大生焉。』(繫辭上第五章)

『易，無思也，無爲也，寂然不動，感而遂通天下之故，非天下之至神，其孰能與於此。』(繫辭上第九章)

易經以易爲變易，爲動；周子以誠爲變動；誠即相當於易。易無爲，寂然不動；誠也是無爲，寂然不動。然而易，感而遂通，稱爲天下之至神；誠也是靜而動，至正明達，動而不見其迹。因此可以看到周濂溪以誠爲太極的變易。

5.以誠通貫易經與中庸大學

宋明理學家的旨趣，趨向於修身之道，儒家修身之道，在於大學的明明德和中庸的率性，怎樣明明德？在於正心誠意。怎樣率性呢？在於誠。

誠，爲眞實無妄，無妄故能率性，率性故能明明德。這是從倫理學方面去講，誠爲聖人之本。

從形上學方面去講，人性來自乾元的變化，『乾道變化，各正性命。……大哉易也。性命之源也。』誠是易，是乾元，誠又是人性之本。

易和誠，是無爲，是寂然不動，在不動中有動，中庸乃說：『喜怒哀樂之未發，謂之中；發而皆中節，謂之和。中也者，天下之大本也。和也者，天下之達道也。』七情未發謂之中，乃是寂然不動之中，中，謂之天下之大本，即是說『大哉易也，性命之源也。』『誠者，聖人之本。』把本體論和倫理論結合在一齊，易和中庸相貫通。因此通書乃說：『易何止五經之源，其天地鬼神之奧乎。』（第三十篇）

以中庸之誠貫通大學的正心，周子的遺書中有「養心亭說」一篇。「養心亭說」中有云：

『……予謂養心不止於寡而存耳，蓋寡焉以至於無。無，則誠立明通。誠立，賢也；明

通，聖也。是賢聖非性生，必養心而至之。』（註十三）

養心莫善於寡欲，爲孟子的正心法，周子以寡欲應至於無欲，無欲則『誠』立。『無欲』來自佛教，以無欲能正心，本不合中庸大學之道；但周子以無欲作爲中，作爲明明德，無欲代表寂然不動，無欲便是誠了。他又回到他的一貫的思想上了。

（民國五十八年十一月十九日天母）

註：

(一) 見周濂溪全集，國學基本叢書，商務本卷二，頁三二。
(二) 同上、頁三三。
(三) 吳康、宋明理學、華國出版社，民四十四年版，頁三九。
(四) 同上，四三頁。
(五) 唐君毅，中國哲學原論上冊，人生出版社，民五十五年版，頁四一三。
(六) 同上，頁四一七。
(七) 同上，頁四一七。
(八) 同上，頁四一四。
(九) 同上，頁四一四。
(十) 同上，頁四一六。

(十一) 見周濂溪集，卷五，頁七四。

(十二) 同上，卷五，頁八七。

(十三) 同上，卷八，頁一三九。

王陽明論心

一、中國歷代哲學對心的解釋

唐君毅先生在所著中國哲學原論上册第三章和第四章，論中國哲學的「心」，題爲「原心」，他認爲研究中國哲學應以「論心」爲主。「然在中國哲學思想，則毋寧是自歷史文化之省察，以引出人生哲學，而由人生哲學以引出宇宙觀形而上學及知識論。則論中國之哲學思想，正無先由知識論宇宙觀下手之必要，而儘可直從先哲之人文觀人生觀下手，而人生人文之本，則在人心也。」(註一)

就中國哲學一般地說來，唐先生的看法是對的；但就宋朝理學家如周濂溪、張載、程頤和朱熹來說，則爲易經的學派，先要知道「天地之道」，而後知道「人道」；先要從宇宙觀和形上學研究天地運行之道，以知人的生活之道。

但是在宋朝理學家中，陸象山則是專論心的學者。明朝王陽明繼承陸學，又加以發揚，更以「心」爲全部學說的根本。普通講陽明學說的人，都注意他的「致良知」和「知行合一」的思想。實際上王陽明的致良知，乃是他對於「心」的思想的結論。王陽明論「心」，獨到之處很多；然而基本的思想乃是繼承前代學者，尤其是佛家心性的思想。因此，我們先簡單地看一看歷代哲學家於心的解釋。

宋朝理學家喜歡談「天心」或「道心」，道心和人心的出處，在於尚書「大禹謨」篇：「人心惟危，道心惟微，惟精惟一，允執厥中。」「大禹謨」爲古文尚書，清朝考據家以爲僞。我們不能以尚書這一篇作爲中國論心之始。

中國哲學家中論心的學者，當推孟子爲第一。孟子論心，根之於他對性善的主張，孟子的性善，乃是人心自然傾向於善，或者說人心具有善端。人心爲心思之官，爲人之大體，對於善，具有良知良能。人爲修德修善，宜在心上下工夫，克制慾情，培養心的善端。

大學和中庸的修養論，啓發了孟子的主張，「天命之謂性，率性之謂道，修道之謂教……喜怒哀樂之未發謂之中，發而皆中節謂之和。」「大學之道在明明德。」和中庸的

「誠」，都假定人性是善。人性的表現，則在於人心。情爲心之動。中庸的中和即是誠，也即是明明德。

荀子立在孟子的對面，主張人性是惡。荀子的性惡，就是人心自然傾向於惡，可是荀子同時主張人心能知，且能認識天道和人道。

「人何以知道？曰：心。心何以知道？曰：虛壹而靜。」（解蔽）

因爲心是虛壹而靜，心乃能「徵知」。徵知，第一是自覺之知，自己知道自己有知識；第二是徵集之知，把所有的單獨感覺，集成觀念，乃集觀念，而成類而成判斷；第三是徵召之知，把已往所有知識，能夠回想起來。（註二）因此，心雖是自然而傾於惡，但既是虛靈徵知，便可以加以敎養，使趨於善。荀子因此稱善爲僞，僞乃是人所爲，而非天生。荀子對於心的主張，重點在於心爲虛靈，又以心爲主宰。

莊子最重「心知」。「心知不用耳目，也不用心去推論，只用心去直覺。心由氣而成，萬物也由氣而成；心知者能用自己之氣，與萬物之氣相接；這種相接，就是心知。」（註三）莊子以心爲虛，而又爲一身之主。

「心者，一身之主，神之帥也，靜而生慧矣，動則生昏矣。學道之初，在於收心離境，入於虛無，則合於道焉。……毀譽善惡，不入於心，其名曰虛：心虛則安，安則道自來

矣。」(坐忘篇上)

唐君毅先生講解莊子的虛心說：「莊子所講之人心，乃吾人之心暫停對外在事物之感應，亦暫不求對外物之知識，而回顧反省時，乃眞覺其存在者。」(註四)人心的存在，是存在道以內。

佛敎的「心論」，雖不是中國古代哲學思想的繼承者，然而對於宋明理學家的思想，影響很大。

佛敎以明心見性爲修養途徑。心是什麼？

「心也者。冲虛妙粹，炳炳靈明，無去無來，冥通三際，非中非外，朗微十方，不滅不生。」(宗鏡錄)

「心本無名，亦即無名。心名不生，亦復不滅。心即實相，初觀爲因，觀成爲果。以觀心故，惡覺不起。」(大藏經，智顗，妙法蓮華玄義，卷一)

「心的本體爲眞實的「眞如」，原來是空是虛，對自己有一念時，便有自覺的意識。……自覺意識的本體是空，意識便是非常自由的；自覺意識的本體是虛，意識則能創造萬法。」(註五)人的眞實存在乃在於這自覺意識的一念，自覺意識是自觀自心的本體，把一切外物都擺脫。這就是明心見性。

陸象山的理學，和朱子的理學不同，朱子以理氣爲主，象山以心爲主。王陽明序象山的全集說：

「聖人之學，心學也。堯舜禹之相授受曰：人心惟危，道心惟微，惟精惟一，允執厥中。此心學之源也。中也者，道心之謂也。道心之謂也。道心精一之謂仁。……自是而後，有象山陸氏，雖其純粹和平，若不逮於二子（周程）而簡易直截，有以接孟氏之傳。……故吾嘗斷以陸氏之學，孟氏之學也。而世之議者，以其嘗與晦翁之有同異，而遂詆以爲禪。……今禪之說與陸氏之說，孟子之說，其書具存，學者苟取而觀之，其是非異同，當有不待於辯者。」（註六）

陸象山學有兩點爲最重要：第一，心即物理；第二，一切求諸心。

「蓋心，一心也；理，一理也。至當歸一，精義無二，此心此理，實不容有二。……孟子曰：『……諸物皆備於我矣，反身而誠，樂莫大焉。』此吾之本心也。」（註七）

陸象山爲王陽明所崇奉的老師，雖說一位在宋朝，一位在明朝，沒有師生關係，通常則都以陸王並稱。陽明和象山相同之點。就是在心學上。

二、心的本體

王陽明的哲學思想，很有系統。他一生由儒入道，由道入佛，由佛再返於儒。他返於儒時，在謫居龍場時，身歷人世的痛苦，求足以培養自己精神之道，乃悟孟子收心養性以成浩然之氣的主張。遂以心即理，絕不外求於他物他事。因此，陽明的思想和朱子的思想便不相同。朱子由形上本體論的理氣二元，到宇宙萬物的性理，然後才論人性的善惡。陽明則由心出發，而又從宇宙萬物再回到心。他的學說以心爲起點，以心爲終點。

朱子以人之所以爲人，在於具有爲人之理，又具有爲人之氣。理成人之性，氣成每個人的個性；人由理氣而成。然而在實際上孟子以爲每個人有大體和小體，小體爲感覺之官，大體爲心思之官；人之所以爲人而異於禽獸者，在於心思之官。心思之官眞正代表人之所以爲人；朱子乃隨荀子的主張，以心爲自我之主宰，以心統性情。

王陽明接受孟子和荀子的主張，特別注重人心。他注重心，不是像孟子以心去講性善，而是以心去貫通他的全部哲學。他的哲學可以用他的四句敎作代表：「無善無惡心之體，有善有惡意之動，知善知惡是良知，爲善去惡是格物。」這四句話裏，雖只有在第一句裏提出心字，然而在其他三句裏也都包含着心字。

朱子講人以人性爲中心，陽明則以心爲中心。

心的本體是性，是理；但又不是抽象的性理，而是具體的性理。因此可以說心是性的具體表現。王陽明在語錄裏說：

「心即是理」（王文成公全書卷一，五十六頁）（註八）

「性是心之體，天是性之原，盡心即盡性，惟天下至誠爲能盡其性。」（王文成公全書卷一，五十九頁）

「心之體，性也，性即理也，天下寧有心外之性，寧有性外之理乎？寧有理外之心乎？」（王文成公全書卷八，二六六頁）

心和性的關係，性爲天理，受之於天，即中庸所謂「天命之謂性。」人之所以爲人，在於有爲人之理。然而朱子主張宇宙間只有一個天理，理在萬物之中。然而理在萬物中因氣的清濁不同，因此「理一而殊」。王陽明以天地萬物只有一理，理在萬物中相同；只是理所表現的程度不同。每種表現程度的理便是性。在萬物之內的理相同，可是各物的物性則不相同。

性由何而來？由於天所賦。天規定理的表現程度。土石無知，天理在土石中一點也不能表現，譬之於在石室內的燈光，完全不能外射。草木有生機，天理在草木裏有生理的流行，鳥獸有知覺，天理在鳥獸裏表現於感覺之知。人心有靈，能知能思，天理乃可全部表現。人性天理的表現，在於人心。天理本是明德，然只有在人心，才能表明出來。人心能表明天理，即是能够明明德，因爲人心是靈。靈是靈明，是神妙，一切動作不拘於形迹。

「虛靈不昧，衆理具而萬物出，心外無理，心外無事。」（王文成公全書卷一，六七頁）

人心靈明，才能知，能思；乃且反省時，能够見到心底的天理。人心好比一間四面玻璃窗的房子，房中的燈光，明白照射房外。

人心又是虛。假使四面玻璃窗的房子裏，四面堆滿東西，擋住了窗戶，房中的燈光仍舊不能明瞭地照射室外。人心要虛空，才能光明。心中的障礙物，乃是慾情。人心慾情多，人心便昏暗。尙書裏乃有道心和人心的分別。道心就是虛靈的心，天理完全表現出來；人心要是有慾情障礙，天理便不能完全表明。

「心，一也；未雜於人，謂之道心；雜以人僞，謂之人心。人心之得其正者，即道心；道心之失其正者，即人心。初非有二心也。」（王文成公全書卷一，六十頁）

陽明又以人心爲天淵，因爲人心裏有天理，天理無所不包，無所不含，有如深淵。

「人心是天淵，心之本體，無所不該，原是一個天，只爲私慾障碍，則心之本體失了。心之理無窮盡，原是一個，淵只爲私慾窒塞，則淵之本體失了。於今念念致良知，將此障碍窒塞一齊去盡，則本體已復，便是天淵了。乃指天以示之曰：比如面前見天，是昭昭之天。四外見天，也是昭昭之天。只爲許多房子牆壁遮蔽，便不見天之全體。若撤去房子牆壁，總是一個天矣。不可道眼前天是昭昭之天，外面又不是昭昭之天也。于此便見一節之知，即全體之知，全體之知，即一節之知，總是一個本體。」（王文成公全書卷三，一三三頁）

三、心之用

心，虛靈不昧，有知識，有思慮；然而心的自然能力，乃是知道天理。陽明說：

「聖人無所不知，只是知箇天理，無所不能，只是能箇天理。聖人本體明白，故事事知箇天理所在，便去盡箇天理。不是本體明後，却於天下事物都便知得做得來也。天下事物如名物度數草木鳥獸之類，不勝其煩，聖人須是本體明了，亦何緣能盡知得。但不必知的，聖人自不消求知，其所當知的，聖人自能問人，如子入太廟每事問之類。」（王文成公全書卷三，

一三四頁）

心自然能夠知道天理，這種知稱爲良知，良知爲人心自然而然所有的知，不必學。這種良知乃是對於人當前所有的行動，是好是壞的判斷。

「夫良知者，即所謂是非之心，人皆有之，不待學而有，不待慮而得者也。」（王文成公全書卷八，二六八頁）

人心的天理，本來昭明，大學稱爲明德。好比房中點的燈，本來光明，人心虛靈好似玻璃窗，自然透過房中的燈光。玻璃窗透過燈光，便可稱爲良知。

「良知是天理之昭明靈覺處，故良知即是天理，思是良知之發用。」（王文成公全書卷二，一一四頁）

良知因此是每個人所有的，在每個人心中都是一樣；因爲天理一個，人心靈明是一樣。

「良知之在人心，不但聖賢，雖常人亦無不如此。」（王文成公全書卷二，一一一頁）

「蓋良知之在人心，亘萬古塞宇宙而無不同。」（王文成公全書卷二，一一六頁）

但是人心若有私慾，良知便遭私慾的蒙蔽，便不能顯明。

「良知本來自明，氣質不美者，沓滓多，障蔽厚，不易開明。質美者，沓滓原少。無多障蔽，略加致知之功，此良知便自瑩徹。」（王文成公全書卷二，一一一頁）

玻璃窗上面若塗了許多污泥或顏色，玻璃便不透明；若是房中再堆積許多高的東西，把窗子擋住，房中的燈光當然不能透射窗外了。爲使燈光外射，就是陽明所說的致良知，該採的辦法，便是擦去玻璃上的污穢，搬去房中的障碍，這就是陽明所講的格物。格去私慾，以致良知，使良知光明昭著。致良知乃成爲陽明學說的中心。

「若鄙人所謂致知格物者，致吾心之良知於事事物物也。吾心之良知即所謂天理也。致吾心良知之天理於事事物物，則事事物物皆得其理矣。致吾心之良知者，致知也，事事物物皆得其理者，格物也。是合心與理而爲一者也。」（全書卷二，七二頁）

「格物如孟子大人格君心之格，是去其人之不正，以全其本體之正。但意念所在，即是去其不正，以全其正，即無時無處不是存天理，即是窮理。天理即是明德。窮理即是明明德。」（全書卷一，六〇頁）

王陽明主張致良知，致良知就是大學的明明德，也就是中庸的誠，和致中和。

「性無不善，故知無不良，良知即是未發之中，即是廓然大公，寂然不動之本體，人人之所同具者也。但不能不昏蔽於物欲，故須學以去其昏蔽。然於良知之本體，初不能有加於毫末也。」（全書卷二，一〇六頁）

「未發之中即良知也，無前後內外而渾然一體者也。有事無事可以言動靜，而良知無分

於有事無事也。」（全書卷二，一〇七頁）

「理一而已；以其理之凝聚而言，則謂之性，以其凝聚之主宰而言，則謂之性，以其主宰之發動而言，則謂之意，以其發動之明覺而言，則謂之知，以其明覺之感應而言，則謂之物。故就物而言，謂之格，就知而言，謂之致，就意而言，謂之誠，就心而言，謂之正。」（全書卷二，一一八頁）

「是故不欺，則良知無所僞而誠，誠則信矣。自信，則良知無所惑而明，明則誠矣。明誠相生，是故良知常照常覺。常照常覺則如明鏡之懸，而物之來者自不能遁其妍媸矣。」（全書卷二，一一六頁）

「誠字有以工夫說者，誠是心之本體，求復其本體，便是思誠的工夫。」（全書卷一，八四頁）

陽明的知行合一主張，也是他的心論的結論。心是主宰，主宰發號施令爲施行天理，良知是對於天理之知，天理之知，由心表現於外，號令五官去施行。五官的行動若能和良知一致，良知便表現於外。人心的天理表現於事事物物，於是便有致知，便是知行合一。好比房子的玻璃窗，明淨無染，透出房中燈光，窗外的圍牆也是玻璃，明淨無染，窗戶透出的燈光，透出牆外。房中的燈光才眞正地透到了外面。五官是人心的圍牆，五官的動作若和良知一致，五官的行動便透出良知天理的光明，良知便完成了自己的任務。假使五官的行動和良知不一致，人而不誠，五官便擋住了人心良知的光明，就好比圍牆又高又厚又是磚石砌成，把窗戶的燈光完全擋住，燈光便不能射到外面。人心的天理，達不到事物上，良知沒有完成任務，不足以稱之爲良知。知行合一，乃是人心天理達到外面的事事物物，乃是心物合一，王陽明說：

「知之眞切篤實處即是行，行之明覺精察處即是知。知行工夫不可離。……眞知即所以爲行，不行不足以謂之知。」（全書卷二，八九頁）

眞知，即完全的良知，要達到外面事物上。良知的目的本來爲指導意之動，使動而中節。這就是中庸的誠。

王陽明的致良知思想，和朱子的思想不同，所以不同的理由，在於王陽明主張天理在人心，人心以外沒有天理。但是王陽明論心，則接受了朱子的許多思想。王陽明和朱子一樣，主張心的本體是性，本體的性無善惡；主張心爲主宰，統管性情；主張人心能由私慾所蔽，每人的私慾可多可少。朱子以私慾來自氣，聖人之氣清，心便光明，沒有私慾之累；凡人之氣較濁，便有私慾。王陽明雖不談理氣，然而他既然以人的私慾可多可少，私慾多少的原因，應該在於氣之清濁。

王陽明論心之本體時，以心之本體，爲「廓然大公，寂然不動。」又說：「心之良知，光明朗照。」這種思想來自佛教禪宗。

禪宗眞覺禪師心要一書，多有這種思想：

「得底人，心機泯絕，照體已忘，渾無領覽，只守閑閑地，……才有纖毫，便覺如泰山，似礙塞人，便即擺撥。雖淳是理地，亦無可取。若取著，即是見刺。所以道，道無心合人，人無心合道。」（禪學大成，第四冊，三頁）（註九）

「佛祖以心傳心，蓋彼彼穎悟透脫，如兩鏡相照，非言象所拘。」（禪學大成，第四冊，一五頁）

六祖大師訓誡弟子說：

「此性須從性中起，於一切時，念念自淨其心。自修自行，見自己法身，見自心佛。」（禪學大成，第一冊，一七頁）

見自心佛，乃是佛教心觀的目的。陸象山和王陽明以儒家的傳統，改正佛教的心觀，而以見心之天理爲致知。

江西馬祖道一禪師教弟子求自心的法寶。

「大珠初參祖，祖問曰：『從何處來？』曰：『越州大雲寺來。』祖曰：『來此擬須何事？

』曰：『來求佛法。』祖曰：『自家寶藏不顧，拋家散走作什麽？我這裏一物也無，求什麽佛法。』珠遂禮拜問曰：『阿那箇是自家寶藏。』祖曰：『即今問我者是汝寶藏，一切具足，更無少欠，使用自在，何假向外求覓。』珠於言下，自識本心，不由知覺，踊躍禮謝。』」(禪學大成，第一冊，五頁)

佛法在心裏，一切具足，不須外求。王陽明以天理全在我心，絕對不能向外追求。當然佛教禪宗最後以心爲空爲妄，不能拘束在自己心內。宋圓悟禪師解釋雪竇禪師的頌曰：

「三界無法，何處求心。白雲爲蓋，流泉作琴。一曲兩曲無人會，雨過夜塘秋水深。」(禪學大成，第一冊，一〇九頁)

「聞見覺知非一一，山河不在鏡中觀，霜天月落夜將半，誰共澄潭照影寒。」(禪學大成，第一冊，一一八頁)

這種心空法，爲王陽明所不見。出從佛教的思想返回儒家思想，把心空的思想拋棄了。

四、萬物一體

王陽明語錄有一篇大學問，以萬物爲一體。這種思想和中庸的至誠之人，盡人性以盡物性，最後參天地之化育，互相協調，成爲陽明思想的最高點。

萬物怎麼是一體呢？

天地萬物之理相同，只是表現的程度不同。天理在人心完全可以表現，人心所表現的天理，是萬物的本體，同時也是人心的本體，因此，人和萬物便是同一本體。

「故夫爲大人之學者，亦惟去其私慾之蔽以自明其明德，復其天地萬物一體之本然而已耳，非能於本體之外而有所增益之也。」（全書卷二十六，七三六頁）天地萬物同體由人心而實現人心實現萬物同體而生仁，仁即是體貼萬物同體而生的愛心。

「大人之能以天地萬物爲一體，非意之也，其心之仁本若是。其與天地萬物而爲一也。」（全書卷二十六，七三六頁）

人因此愛人，愛禽獸，愛草木，愛惜瓦石。仁民而愛物之心，人人都有。

「是其一體之仁也，雖小人之心亦必有之。是乃根於天命之性，而自然靈昭不昧者也。

是故謂之明德。」（全書卷二十六，七三六頁）

王陽明講天地萬物同體，還有一種講法。他主張天地萬物的存在，是存在我的心中。朱子主張理氣而成之事物，離開心而獨存，理存在事物中，王陽明主張心中無理，也主張心外無物。

「問人心與物同體，如吾身原是血氣流通的，所以謂之同體。若於人，便異體了。禽獸草木益遠矣。而何謂之同體？先生曰：『你只在感應之機上看，豈但禽獸草木，雖天地也與我同體，鬼神也與我同體的。』請問。先生曰：『你看這個天地中間，甚麼是天地的心？』對曰：『嘗聞人是天地的心。』曰：『人又是什麼教做心？』對曰：『只是一個靈明。』可知充塞天地中間只有這箇靈明。人只為形體自間隔了。我的靈明便是天地鬼神的主宰。天沒有成的靈明誰去仰他高？地沒有我的靈明，誰去俯他深？鬼神沒有我的靈明，誰去辯他吉凶災祥？天地鬼神萬 物離却我的靈明，便沒有天地鬼神萬物了。我的靈明離却天地鬼神萬物，亦沒有我的靈明。如此，便是一氣流通的，如何與他間隔得。』（全書卷三，一五七頁）

「先生遊南鎭，一友指巖中花樹問曰：『天下無心外之物，如此花樹，在深山中，自開自落，於我心亦何相關？先生云：『爾未看此花時，此花與爾心同歸於寂。爾來看此花時，

則此花顏色，一時明白起來。便知此花，不在爾的心外。』」（全書卷三，一四三頁）

馮友蘭以王陽明爲唯心論者，他說：「朱子以爲吾人之心，具有太極之全體，故心亦具衆理。然心但具衆理而已，至於具體的事物，則不具於吾人心中也。陽明則以爲天地萬物皆在吾人心中，此種唯心論，朱子實不持之。」（註十）

據我看來，王陽明的萬物一體，不是歐洲的唯心論。他並不否定外面的物體，不然他便是佛教萬法皆空的信徒了。他承認外面的物體，可是物體對於我們的關係，則要靠我心的靈明去認知，我若是不知，萬物對於我一點關係也沒有，就等之於不存在。「此花與此心同歸於寂。」

人的一生，完全靠着心，心知萬物，心包萬物之理。人能體驗心內的天理，便是盡人性又盡物性，便能參天地之化育，乃是至誠之聖人。王陽明所以看聖人並不是非常的人，只是能致自己的良知於事事物物。

陽明的學說，全部繫在一個心字上。他說：「蓋天地萬物與人原是一體，其發竅之最精處，是人心一點靈明。」（全書卷三，一四三頁）

（民國六十年六月十七日天母）

（中華學術院王陽明四百週年論文集）

註：

㈠：唐君毅。中國哲學原論。上册。香港人生出版社，七三頁。
㈡：羅　光。儒家形上學。現代國民基本知識叢書第四輯。一七五頁。
㈢：羅　光。中國哲學大綱。臺灣商務印書館。下册。五四頁。
㈣：唐君毅。同上。一〇三頁。
㈤：羅　光。中國哲學大綱。下册。三一六頁。
㈥：王陽明。象山先生全集敍。見王文成公全書卷之七。
㈦：陸九淵。與曾宅之。見象山先生全集卷之一。
㈧：王文成公全書。四部叢刊初編縮本。〇八四號。商務印書館。
㈨：禪學大成。中華佛敎文化館影印。
㈩：馮友蘭。中國哲學史下册。九五八頁。商務印書館民國二十四年再版。

王船山的易學

船山先生的遺書裏，以易經、四書和歷史的注釋，數量最多，而其中易經註疏的數量則居第三；有周易內傳六卷，周易內傳發例一卷，周易大象解一卷，周易稗疏四卷，周易考異一卷，周易外傳七卷，共二十卷。易經註疏的數量雖居第三，因爲四書的注釋共五十卷，讀通鑑論和宋論共四十五卷，但是在思想內容上，易經的注釋堪稱第一。我們研究船山史論中的評論原則，我們知道多爲引伸易經的思想，對於四書的注釋我們也看到同樣的現象。這種現象本來就是儒家思想的系統；誰不知道易經是儒家人生哲學和歷史哲學的根基呢？宋明理學家由易經到中庸大學，而後講春秋和四書。

爲研究船山先生的思想，我以爲也該從他的易學思想入門，然後再研究他的史學思想。

易學和史學爲船山先生思想的兩大成就，兩大特點，易學代表他的宇宙觀，史學代表他的人生觀。

一、更正前人的錯誤

船山先生爲研究易學，頗以歷代學者誤解易學爲憾，他爲使研究易經的人找出途徑，乃對前人的錯誤都一一說明：

1. 批評京房

西漢易學家，都有師承，唯獨京房受易於焦延壽，焦延壽受業於一隱士，再上的師承則不可知。京房的易學在西漢爲象數派，創卦氣說，成立了一串占術。

船山先生批評京房卦氣之說，以機械化的變易，範圍天地的變化，實在是不懂天地變化之道。

『自京房卦氣之說，以多至一日當復之初爻，限十二卦爲十二月之氣，拘蔽天地之化於十二卦之中，既無一安措餘卦，則又强以六日一爻，文致之說愈不通。……天之有四時十二中氣，自其話之一端，而八卦之重為六十四卦，又別為一道相錯而各成其理，竝行而不相襲，自不相背，造化之神所以有恆而不可測也。京房者，何足以知此哉，其說行，而魏伯陽竊之以為養生之術，又下流為爐火，彼家之妖妄，故不可以不辨。』（周易內傳，卷二，周易上經，頁三八）

批評京房而提出魏伯陽，船山先生指明了易經在東漢以後的變化；易經因著魏伯陽的錯解，乃進入道家的門，成了道家的專有品。

對於京房的批評，不僅在於卦氣之說，也在於京房的占術，船山先生以「易」雖為占，然不能把易完全為吉求凶。

『然易之蘊，「文」「周」之辭，已括盡無餘矣。外此而穿鑿象數，以謂易惟之人意求，而別揣吉凶，則妄矣。』（周易內傳，卷一，周易上經，頁一四）

2. 批評王弼

王弼在西漢的易學家裏，算為後出。他的貢獻，在以十翼的義理注釋易經，掃除象數之易。也和京房可以說是對立的，但是他的錯誤，則在於把象數一概摒棄，使易的原意不明。

『繫辭云者，數以生畫，畫積而成象，象成而得著，德立而義起，義可喻而以辭達之，相爲屬系而不相離，故無數外之象，無象外之辭。辭者，即理數之藏也。而王弼曰：得意忘言，得言忘象，不亦舛乎。』（周易內傳，卷五，繫辭上傳，頁二）

『而弼學本老莊虛無之旨，既詭於道，且其言曰：得意忘言，得言忘象，則不知象中之言，言中之意，爲天人之蘊所昭示於天下者，而何可忘耶？自是以後，易乃免於鬻技者猥陋之誣，而爲學者身心事理之要典。』（周易內傳發例，頁三）

3. 批評漢易

易經在漢朝，成了一門很複雜的學術，卦氣，爻辰，納甲，卦變，加上緯書，使易經迷離彷彿，不可捉摸。船山先生力闢邪妄：

『秦焚書而易以卜筮之書，不罹其災，故六經惟易有全書，後學之幸也；然易之亂也自此始。孔子之前，文周有作，而夏商連山歸藏二家雜占之說，猶相淆雜，如春秋傳之繇辭，多因事附會，而不足以垂大義，而使人懼以經始。孔子贊而定之，以明吉凶之一因於得失，事物之一本於性命，則就揲策占象之中而冒天下之道。乃秦既夷之於卜筮之家，儒者不敢講習。技術之士又各以其意擬議，而詭於情僞之利害。漢人所傳者，非純乎三聖之教。而秦以來，雜占之說，紛紜而相亂。故襄楷郎顗京房鄭玄虞翻之流，一以象旁搜曲引而不要諸理，

王弼氏知其陋也，盡棄其說，一以道爲斷，蓋庶幾拾三聖之意。』（周易內傳發例，頁二）

『故周易者，準天地之神以御象數，而不但象數測已然之迹者也。後之爲易者，如卦氣，如游魂歸魂世應，如納甲納音，如乾一兌二，方圓整齊之象，皆立體以限易，而域於其方，雖亦一隅之理所或有，而求以肖無方之神，難矣哉。』（周易內傳，卷五，繫辭上傳，頁十一）

船山先生以「神無方而易無體」，天地之道，「無心成化，周流六虛。」不可用機械化的卦氣納甲等法術，去限制天地的變化。

4. 批評通儒

「通儒」在船山的眼中，是漢朝一般研究易經的學者。船山先生批評他們研究易經，得著皮毛而失精義，尤其是一般假借易經，以行旁門左道。

『顧自連山以後，卜筮之官，各以所授受之師說而增益之，爲之繇辭者不一，如春秋傳所記，附會支離，或偶驗於一時，而要不當於天人性命之理，流及後世如焦贛關朗之書，其私智窺測象數而爲之辭，以待占者，類有吉凶而無得失。下逮火珠林之小技，貪夫淫女訟魁盜師，皆得以猥鄙悖逹之謀取決於易。則惟辭不繫於理數甚深之藏，而又旁引支干五行鬼神妖妄以相亂。若夫文王周公所繫之辭，皆人事也，即皆天道也，皆物變也，即皆聖學也，皆禍福也即皆善惡也。其辭費，其旨隱，藏之於用，顯之於仁，通吉凶得失於一貫，而帝王經世，君子窮理以盡性之道，率於此而上達其原。夫子慮學易者逐於占象而昧於其所以然之理，故爲之傳以發明之，即占也，即學也，即以知命而不憂，即以立命而不貳，其以喻斯人於人道之所以立，而貞乎生命體咎之大常，意深切矣。而傳易者，或謂但爲筮設，其因象立辭，不過如火珠林之卦影，爲學者所不必學，則夫子作傳，又何爲而加以象卦之理乎？此通儒之蔽，不可不辨者也。』（周易內傳，卷五，繫辭上傳，頁一）

在這一段文章裡，船山說明了易經的意義和價值，易經不是單單爲占卜用的，易經會有天地乾坤的變易之理，爲人事的規範，文王周公孔子作辭和傳，說明變易的至理。學者絕對不可僅從占卜之術以看易經。

(5) 批評邵雍和朱熹

王弼雖喜歡以老莊的思想注釋易經，可是他能夠把漢易掃除卦氣等說，回歸到漢初學者以義理注易，開唐宋學者研究易經的途徑。

『要唐宋之言易者，雖與弼異，而所尙略同。蘇氏出入於佛老，敝與弼均，而開引之，以言治理則有合焉，程子之傳，純乎理事，固易大用之所以行，然有通志成務之理，而無不疾而速，不行而至之神。張子略言之，象言不忘，神化不遺，其體潔靜精微之妙以益廣。周子通書之蘊，允矣至矣，惜乎其言約，而未嘗貫全書於一揆也。』

宋代理學家本來走義理一路，遠承孔子繫傳的思想；不幸忽然出了邵康節，又把易經引入漢易的路徑。

『至宋之中葉，忽於杳不知歲年之後無可授受，而有所謂先天之學者。或曰邵堯夫得之江休復之家，休復好奇之文士，歐陽永叔嘗稱其人，要亦小智而有所窺者歟。或曰：陳摶以授穆脩，脩以授之才，之才以授堯夫。則爲摶取魏伯陽參同契之說，附會其還丹之術也，無疑。所云先天者，鐘離權呂嵓之說也，嗚命！使摶與堯夫有見於道，則何弗自云一說，即不盡合於天，猶可如揚雄之所爲，奚必假伏羲之名，於文字所不傳之邃古哉，其經營方圓圖者，明與孔子不可爲典要之語相背。……故立一有方有體之象以言易，邪說之所由興，暴行之所由肆，人極之所由毀也，魏伯陽之言丹術，李通玄之言華嚴，又下，而素女之淫妖亦爭託焉。故學易者，不闢先天之妄，吾所不知也。』（周易內傳發例，頁二）

易內傳發例，頁二）

『邵子之圖，如織如繪，如飣如砌，以意計揣度，域大化於規圓矩方之中。嘗試博覽於天地之間，何者而相肖也。且君子之有作也，以顯天道，即以昭人道，使崇德而廣業焉，如邵子之圖，一切皆自然排比，乘除增減不可推移，則一何用勸，勸於德業爲邪？疏節闊目，一覽有盡天地之設施，聖人之所不敢言，而言之如數家珍，此術數家擧萬事萬理而歸之前定，使人無懼而聽其自始自終之術也……文王周公孔子之所不道，非聖人之書也。而挾古聖以抑三聖，曰伏羲之易，美其名以臨之曰先天。伏羲何授，邵子何受，不能以告人也。……朱子錄之於周易之前，竊所不解。』（周易內傳發例，頁十二）

先天後天的卦圖，朱子也接受。朱子又反王弼義理易說，偏重占策，船山因此也反對朱子的易說：『朱子學宗程氏，獨於易焉，盡廢王弼以來引伸之理，而專言象占，謂孔子之言天，言人，言性，言德，言研幾，言精義，言崇德廣業者，皆非羲文之本旨，僅以爲卜筮之用，而謂非學者所宜講習，其激而爲論，乃至擬之於火珠林卦影之陋術，則又與漢人之說同而擧孔子繫傳窮理盡性之言，顯相牴而不恤。由王弼以至程子，矯枉而過正者也，朱子則矯正而不嫌於枉矣。若夫易之爲道，即象以見理，即理之得失以定占之吉凶，即占以示學，切民用，合天性，統四聖於一貫，會以言以動以占以制器於一原則，不揣昧，竊有所事者也。』

(周易內傳發例，頁三)

在講易的各書裏，船山先生多次批評邵子和朱子，引他們的文據，加以批評。上面我們所引的兩段，乃是關於周易的全部思想，船山先生反對邵子和朱子的先天圖和後天圖，又反對僅僅以象占解釋易經。在上段引文的最後幾句話，我們看到船山先生自己說出註解易經的目標。

二、註解易經的目標

1. 研究易學的目標

船山先生爲人，志節很高。他一生的抱負，本在恢復明室。時勢旣去，這種志向不能成功，他乃矢志著書，以聖人之道以昌正人心。他的易說，便是爲辯駁歷代對於易經不正的學說，把伏羲文王周公孔子四聖的易經大道，連成系統，以正人心。船山先生自己說：

『合四聖於一軌，庶幾正人心，息邪說之意云。』(周易內傳發例，頁一)

在周易內傳「發例」的書尾，船山先生紀述自己研究易學的原委，文子雖很簡短，但却能總括船山先生研究易學的目標和途徑。

『夫子自丙戌始有志於讀易。戊子，避戎於蓮花峯，益講求之。初得觀卦之義，服膺其理，以出入於險阻而自靖，乃深有感於聖人畫象繫辭的精義安身之至道，立於易簡，以知險阻，非異端竊盈虛消長之機，爲翕張雌黑之術，所得與於學旨之旨者也。乙未於晉寧山寸，始爲外傳，丙辰始爲大象傳。亡國孤臣，志無可酬，業無可廣，惟易之道，則未嘗旦夕敢忘於心，而擬議之難，又未敢輕言也，歲在乙丑，從遊諸生，求爲解脫，形枯氣索，暢論爲難，於是於病中，勉爲作傳。大略以乾坤並建爲宗，錯綜合一爲象，象爻一致，四聖一揆爲釋。占學一理，得失吉凶一道爲義，占義不占利，勸戒君子，不瀆小人爲用。畏文周孔子之正訓，闢京房陳摶日者黃冠之圖說爲防。誠知得罪先儒，而畏聖人之言，不敢以小道俗學異端相亂。則患其研之未精，執之未固，辨之未嚴，敢辭罪乎……。傳曰：默而成之，不言而信。存乎德行，豈徒以其言哉。躬行不逮，道不足以明，則夫子之所疚愧於終身者也。』（周易內傳發例，頁十九）

船山先生於明萬曆四十七年，（西曆一六一九年）「丙戌始有志讀易」，丙戌年爲清順治三年，（西曆一六四六年），先生時年二十八歲。戊子年，爲順治五年，先生三十，益講求易學。乙未年「於晉寧山寸，始爲外傳」，時在清順治十二年，（西曆一六五五年），先生年四十。「丙辰始爲大象解」，丙辰年爲清康熙一五年，（西曆一六七六年），先生年已五十八歲。乙丑年，門生弟子請講易學，時爲康熙二十四年，（西曆一六八五年），先生六十四歲。雖多病，然尚多活了十年，周易內傳當是在這十年內寫成的。

船山先生從二十八年有志讀易，一直到死，幾乎用了五十年的功夫，「未嘗旦夕敢忘於心」，可見用功的勤奮。他教學生讀易，有兩項原則：「使讀易者，即約以該博，勿執典要以廢道。」（周易內傳，卷一，周易上經，頁十四）這兩項原典是針對漢易的弊病，漢易最複雜，船山先生教門人讀易要簡約，易經的卦變雖多，變化的理論則有簡約的理論，漢牽强解釋，而和變易的理論不合。

『蓋讀書者，一句求一句之義，則句議必惑，況於易之爲學，以求知天人全體大用於一爻，而求一爻之義，則爻義必不可知。』（周易內傳發例，頁十二）

2. 易經的性質

易經這本書，古今都視爲占卜的書。秦始皇焚書時，按照李斯的奏議：『所不去者，醫療卜筮種樹之書。』易經既視爲卜筮之書，便沒有被燒掉。班固漢書「儒林傳」乃說：『及秦焚學，易爲卜筮之書，獨不焚，故傳授者不絕也。』

但是易經既列爲六經之一，書中又有孔子的「十翼」，絕對不能僅爲卜筮之用，乃是講人道與天道相合的要典。秦始皇禁書所沒有禁的，是易經的經文，經文用為解經卦象和爻變。「十翼」為傳，傳為易的義理，也就遭了秦始皇的禁止。漢朝易學幾乎全體學者都在發揮易經的占卜之術，到了王弼，才把易經的義理予以發揮。

船山先生認為易經有象數，有義理，易經講論天地變易之道，以卜吉凶，以定人道。人道為人生大道，應在吉凶以上，因此他主張發揮易經的義理。

『以易為學者問道之書，而略筮占之法，自王弼始，嗣是言易者不一家，雖各有所偏倚，而隨事以見得失之幾要未大遠於易理。惟是專於言理，廢筮占之法於不講，聽其授受於筮人，則以筮玩占之道，不能得先聖謀鬼謀百姓與能之要。』（周易內傳發例，頁十五）

『易之垂訓於萬世，占其一道歟。故曰：易有聖人之道四焉，惟制器者尚其象。在上世器未備，而民用不利，為所必尚，至後世而非所急耳。以言尚辭，以動尚變，學易之事也，故占易學易，聖人之用易，二道並行，不可偏廢也。』（周易內傳發例，頁四）

易經之學，以人道和於天道，以吉凶通於善惡，因此易經可以稱為知天命以盡人性之書：

『前章由易而推天道之所自合，見易為至命之書。此章推人所受於天之性，而合之於易，見易爲盡性之學。蓋聖人作易以詔吉凶而利民用者，皆佑人性分之所固有，以獎成其德業，而非天道之遠人，吉凶聽其自然也。修之者吉，修其性之良能也；悖之者凶，悖其性之定理也。所性全體之外，無有吉凶。於此占，即於此學矣。』（周易內傳，卷五，繫辭上傳，頁十一）

『周易者，天道之顯也，性之藏也，聖功之牖也，陰陽動靜幽明屈伸，誠有之而神行焉，禮樂之精微存焉，鬼神之化載出焉，仁義之大用興焉，治亂吉凶生死之數準焉。故夫子曰：猶論天下之道，以崇德而廣業者也。』（張子正蒙注，序論，船山全集，卷十二）

3. 四聖作易

船山先生研究易學，講解易經，他認爲是繼先聖之學，而且非聖人之學不講。漢易和邵子朱子等學者對易經所有學說，他都以爲和先聖的思想不相合，視爲邪說。

先聖是四人，伏羲文王周公孔子。四聖作易的思想是前後互相連貫的，以相發明。

『伏羲氏始畫卦，而天人之理盡在其中矣。上古簡樸，未遑明著其所以然者以詔後世。幸筮氏猶傳其所畫之象而未之亂。文王起於數千年之後，以不顯亦臨無斁亦保之心得，即卦象而體之，而繫之以彖辭，以發明卦象得失吉凶之所由。周公又即文王之象，達其變於爻，以研時位之幾而精其義。孔子又即文周彖爻之辭，贊其所以然之理而爲文言，與彖象之傳。又以其義例之貫通與其變動者，爲繫傳說卦雜卦，使占者學者，得其指歸以通其殊致。蓋孔子所贊之說，即以明彖傳象傳之綱領；而彖象二傳，即文周之彖爻；文周之彖爻，即伏羲氏之畫象，四聖同揆，後聖以達先聖之意，而未嘗有損益也，明矣！……由此思之，則謂文王有文王之易，周公有周公之易，孔子有孔子之易，而又從曠世不知年代之餘，忽從畸人得一圖一說，而謂爲伏羲之易，其大謬不然，審矣！世之言易者，曰易者易也，惟人之意而易在，嗚呼！安得此大亂之言，而稱之哉！』（周易內傳發例，頁一）

船山先生極力反對以先天卦圖爲伏羲的卦，就是歷代所傳文王周公孔子所傳的卦。假使先天卦圖是周以前的卦，必定是當時占筮的人所作雜說。

『是周易之義，建諸天地，考諸前王，而夏商以上，雖有筮人之雜說，孔子之所不取。況後世之僞作，而駕名上古者乎。文王之卦，伏羲之卦也。文王取其變易神妙之旨，而名之曰易。』（周易內傳發例，頁二）

船山先生又將易經裏面現有的書，稍加考訂。他說明「大象」和彖爻不同一義，彖爻用爲占，大象則專講義理。

『大象之與彖爻，自別爲一義，取大象以釋彖爻，必齟齬不合，而强欲合之，此易學之所由晦也。易以筮而學存焉，惟大象則純乎學易之理而不與於筮。』（周易內傳發例）

船山先生辨明「序卦」不是孔子所作，非聖人之書，因爲卦的次序，神妙莫測，不可呆板加以規定。

『序卦非聖人之書，愚於外傳，辨之詳矣。易之爲道，自以錯綜相易爲變化之經，而以陰陽之消長屈伸變動不居者，爲不測之神。嘗分經緯二道以爲三十二象，六十四卦之次序，亦未敢信爲必然，故不次之此篇。然需訟可以繼屯蒙，而訟之繼蒙，以象數無一可者，於理尤爲不順，故確信序卦一傳，非聖人之書，而此篇置之不論。』（周易內傳發例，頁十五）

『序卦非聖人之書也，乾坤竝建而捷立，周易以始，蓋陰陽之往來，無淹待而嚮背，無吝留矣。……是故六六陰陽十二皆十皆備，統天行地極，盛而不缺，至純而奠位以爲之始。則萬物之生，萬物之化，質必達情，情必成理，相與參差，相與夾輔，相與補過，相與進善，其情，其才，其器，其道，於乾坤而皆備，抑無不生，無不有，而後可以爲乾坤。天地不先，萬物不後。而序傳曰：有天地而後萬物生焉，則未有萬物之前，先有天地，留而以待也，是以知序卦非聖人之書也。河內女子獻於購書之時，傳於

專家之學，守文而困於理，昧大始而破大成。故曰：非聖人之書也。』（周易外傳，卷七，序卦傳，頁十）

周易稗疏和周易考異兩書，解釋字義，稗疏的釋文較長，兼說義理。考異則以說文或他種易經本，互考某字的同異。兩書在易經字義方面，頗多說明。

三、易經的易理

船山先生以爲易學，在於解釋易經的義理。易經的義理包括兩大部份：一部份爲天道，一部份爲人道，兩部份互相連結，人道來自天道，天道規範人道。天道爲宇宙變易的定理，人道爲人生的倫理原則。船山先生解釋易經，在每一書和每一章都奉這一條原則爲規律，隨處加以發揮。因此他的易學不是一篇短文章所能講明。現在只能將船山先生對於易經在天道和人道兩方面的思想，提綱挈領，予以說明。

1. 乾坤並建

船山先生曾經自己說明易學的原則：「大略以乾坤並建爲宗，錯綜合一爲象，彖爻一致，四聖一揆爲釋。」

「乾坤並建」，「錯綜合一」，兩項原則，爲天道的原則。我現在首先解釋「乾坤並建」。

「乾坤並建，爲周易之綱宗，篇中及外傳廣論之。」（周易內傳，發例，頁五）

易經的宇宙論，在於「繫辭傳」所說：『易有太極，太極生陰陽，陰陽生四象，四象生八卦。」（繫辭上，第十一）

船山先生註釋「生」字說：『生者，非所生者爲子，生之者爲父之謂。使然，則有太極無兩儀，有兩儀無四象，有四象無八卦之日矣。生者於上發生也，如人面生耳目口鼻，自然賅具，分而言之謂之生耳。』（周易稗疏，卷三，頁五）

「生」字解釋爲「於上發生也」，則太極不在陰陽之先，陰陽也不在四象之先，四象也不在八卦之先。八卦，四象，陰陽都在太極的裏面。因此船山先生不主張太極一元論，而是

甲、太極

『故曰易有太極，言易具有太極之全體也。是生兩儀，即是而兩者之儀形，可以分而想像之也。又於其變通之言之，則爲四象，又於其變通而析之則爲八卦。變通無恆，

『故曰易有太極，言易具有太極之全體也。是生兩儀，即是而兩者之儀形，可以分

不可爲典要，以周流六虛，則三十六象六十四卦之大用具焉。乾極乎陽，坤極乎陰，乾坤並建，而陰陽之極皆顯。四象、八卦、三十六象、六十四卦，摩盪於中，無所不極，故謂之太極。陰陽之外無理，乾坤之外無太極。……是則易有太極者，無卦而不有之也。』（周易內傳，發例，頁六）

太極之名，始見於此，抑僅見於此，此聖人之所難言也。太者極其大而無尙之辭，極至也。語道至此而盡也。其實，陰陽之渾合者而已。而不可名之爲陰陽，則但贊其極至而無以加，日方極，太極者。無有不極也。無有一極也。惟無有一極，則無有一極，則無所不極。故周子又從而贊之有極而太極。陰陽之本體，絪緼相得，和同而化，充塞兩閒，此所謂太極也。

船山先生解釋太極，有些傳朱子，朱子以太極爲「理之極至」，每一物有一太極。船山雖不以太極爲理，然也不以太極爲氣，而以太極爲乾坤和象爻之極至。所謂極至，即能盡所有之道。「乾盡陽道，坤盡陰道」。所以他主張陰陽不分爲太極，分則爲陰陽；但是合與分，沒有先後。

『陰陽者，太極所有之實也』。

『合之則爲太極，分之則可謂之陰陽，不可强同而不相悖害，謂之太和。』（周易內

傳，卷五，繫辭上傳，頁十一）

太極在易經裡，只在傳文中有，在經文裏不顯。經文常以乾坤並立，傳文則以太極爲萬物之元，經文却以乾爲元，坤也爲元。船山先生乃想協調太極在經文和傳文中的意義，主張乾坤並建，太極在乾坤之內，而不在乾坤之先。

『無有陰而無陽，無有陽而無陰，兩相倚而不離也。……此太極之所以出生萬物，成萬理，而起萬事者也。』（周易內傳，卷五，繫辭上，頁十一）

乙、乾坤、陰陽、天地

陰陽乾坤，爲易經的中心，天地則附在乾坤之上。船山先生解釋：

『陰陽者，太極所有之實也。』（周易內傳，卷五，頁十一）

『天者，象也；乾者，德也。是故不言天而言乾也……天地其位也，陰陽其材也，乾坤其德也。財無定位而有德，德善手材以奠位者也。故曰：天行健，行則周乎地外入乎地中，而皆行矣。豈有位哉。……天不偏陽，地不偏陰，所以使然者誰也？曰：道也。曰：老氏之言曰：有物混成，先天地生。今日道使天地，然則老子之言信乎？曰：非也。道者，天地精粹之用，與天地並行而未有先後者也。使先天地以生，則有有道而無天地之日矣。彼何寓哉，而誰得字之曰道。』（周易外傳，卷一，頁一）

船山先生以陰陽太極之實，乾坤爲太極之德，天地爲太極之象；實際上陰陽，乾坤，天地都在太極之內，和太極同一，沒有先後之分。船山反對老子的主張，不承認在天地以先有道或太極，而以陰陽爲萬物之元，也就是陰陽以乾坤的德用而成萬物，萬物以天地爲代表。然而陰陽並不是在天地之先，陰陽生物之道，也在萬物之中。

『道，體乎物之中，以生天下之用者也。物生而有象，成而有數，數資乎動以起用而有行，行而有得道而有德。』(周易外傳，卷一，頁一)

『象傳之言陰陽，皆曰剛柔，何也，陰陽者，二物未體之名也，盈兩閒皆此二物，凡位皆其位。』(周易內傳，發例頁六)

『乾坤並建於上，時無先後，權無主輔，猶呼吸也，猶雷電也……抑邵子之圖易，謂自伏羲來者，亦有異焉！太極立而漸分，因漸變而成乾坤，則疑夫乾坤之先有太極矣。如實言之，則太極者，乾坤之合撰，健則極健，順則極順，無其極而無專極者也。無極則太極，未有位矣。未有位而孰者爲乾坤之所資以成乎！』(周易外傳，卷五，頁五)

乾坤並建，爲船山先生解釋易經的第一個大原則，因此陽陰在他的易學裏當然佔最重要的位置。「陽陰爲太極之實」，則宇宙之間，只有陰陽「盈兩閒皆此二物」；則充乎宇宙之間的元素，只有陰陽。乾坤爲陽陰之德，德爲能爲力，陽之能爲陽，陰之爲陰；但是兩者不相離，常相結合。易經八卦六十四卦，都是由陽陰兩爻結合而成，兩爻在結合時，同時存在。

2. 變　化

甲、動靜

船山先生解釋易經的第二種主要原則，為錯綜合一，陽與陰的結合於動靜。周濂溪曾說：「動而生陽，動極則靜，靜而生陰，靜極復動。一動一靜，互為其根。分陰分陽，兩儀立焉。陽變陰合，而生金木水火土。」（太極圖說）船山先生在解釋易經的書裏，幾次引周子的話，他以周子的「無極」乃是沒有一個太極，沒有一個太極然後纔有太極，所謂太極即是理或道之極至，周子說：「動極而靜，靜極而動」，動靜都有太極。

動靜怎麼解釋？

『周易曰：一陰一陽之謂道。一元一元云者，蓋以言主持而分劑之也。陰陽之生，一太極之動靜也。動者，靈以生命，以晰天下而不塞；靜者，保而處重，以凝天下而不浮，則其為實既可為道之體矣。動者，乘變以為常，銳而處先，故從一得九；靜者安居以待化，闢以任變，故從二得十，則其數既可備道之用矣。』（周易外傳，卷五，頁十二）

『周子曰：動而生陽，靜而生陰，生者其功用發見之謂。動則陽之化行靜則陰之體定，爾非初無陰陽，因動靜而始有也。今有物於此，運而用之則爲動置而安處之則曰靜，然必有物也以效乎動靜。太極無陰陽之實體，則抑何所謂，而何所置邪？抑豈止此一物，動靜異而遂判然爲兩邪？夫陰陽之實有二物，明矣。自其氣之沖微而未凝者，則陰陽皆不可見；自其成象成形者言之，則各有成質而不相紊，自其合同而化者，則渾沌於太極之中而爲一，自其清濁虛實大小之殊異，則因其二就其二。而統言其性情功效，則曰剛曰柔。陰陽必動必靜，而動靜者陰陽之動靜也。』（周易內傳發例，頁七）

從上面的這一段話，我們可以懂得船山先生對於陰陽的主張。他主張陽陰是一氣的形象氣，在未成形象時，陰陽不可見，這種氣『沖微而未凝』有似張載的太虛之氣。船山先生很推崇張子對於易經的解釋，也就援受張子的思想。

動靜不是普通所講的動作和安靜，陽陰也不由於動靜所生。動靜乃是陰陽的交感，剛柔則是陽陰的性情，易經常用剛柔而不用動靜，以免除誤會。

『易故代陰陽之辭曰柔剛，而不曰動靜。陰陽剛柔不依動靜，而動靜非有恆也。』（周易內傳發例，頁七）

『動則陽之化行，靜則陰之體定。』動靜使陰陽的功用表現，爲陰陽交感的微妙。

『動靜者，陰陽交感之幾也。動者，陰陽之動。靜者，陰陽之靜也。其謂動屬陽，靜屬陰者，以其性之所利而用之所圍者言之爾。非動之外，無陽之實體；靜之外，無陰之實體，因動靜而始有陰陽也。故曰：陰陽無始，言其有在動靜之先也。』（周易內傳，卷五，頁十二）

船山先生這種主張，也是他自有的主張，以陽陰乾坤並立，不從他物而來動靜，只是陰陽的交感。

乙、神與位

陰陽的變化，非常靈妙，易經「繫辭」說：『陰陽不測之謂神』。在陽陰未成形，動靜還沒有顯靜的時候，氣的變化莫可測，這種變化之道稱爲神。

『神者，道之妙萬物者也。易之所可見者，象也，可數者，數也。而立於吉凶之先，無心於分而爲兩之際，人謀所不致，其動靜無端，莫之爲而爲者，神也。』（周易內傳，卷五，繫辭上傳，頁十五）

「神」爲易之變化，沒有形象，「繫辭」說：『神無方而易無體』，船山先生解釋說：

『無方者，無方而非其方，無體者，無體而非其體，不據以爲體也。吉凶之數，成物之功，晝夜之道，皆天地已然之迹，有方者也。而所以變化屈伸，知大始而作成者，

其神也。』(周易內傳，卷五，繫辭上傳，頁十一)

神在先，吉凶在後。神在先，位在後。船山先生很注意「神」字，乃反對邵子和漢易以方圓圖形去範圍易的變化。

『然則列次序列方位，方而矩之，圓而規之，整齊排比，舉一隅則三隅盡見，截然四塊八段以爲易，豈非可觀之小道，而鬻術之小人，亦可以其小慧成法，坐而測之乎。』(周易內傳，卷五，繫辭上傳，頁十五)

但是易的變化，已成形象，則有八卦六十四卦，卦以爻而成，而卦全在於所居的「位」，單卦三爻，重卦六爻，每爻都以所處的位而定，如初九，九二，九三，九四，九五，上九；初六，六二，六三，六四，六五，上六，這些稱呼，都以位爲主。

易「繫辭」說：「天地設位，而易行乎其中矣。」船山先生解釋說：

「崇卑之位設，而卦象爻辭所有之德業，行乎其中，非但其位然也。」(周易內傳，卷五，頁十七)

「易之有位也，有同異後有貴賤，有應感而後有從違。……惟既已成乎卦也，則亦有序也，不名之爲貴賤，而名之曰先後。先後者，時也。故曰六位時成，君子之安其序也，必因其時，先時不爭，後時不失，盡其道以俟命也。」(周易外傳，卷一，頁三)

「乾之九五，乾之位也；坤之六五，坤之位也。五位正而坤道盛，地化光，故乾言造而坤言美，皆極其盛而言之也。」（周易外傳，卷一，頁七）

六十四卦的爻辭，明明以位爲標準：初九，潛龍勿用；九二，見龍在田利見大人；九三，君子終日乾乾；九四，或躍在淵；九五，飛龍在天，利見大人；上九，亢龍有悔。」坤卦的爻辭，也是一樣。九五和六五，視爲陽和陰的正位，孔子在論語上說：『不在其位，不謀其政』（論語泰伯）「位」的設施，按時而成，「時」字在易經裏和後代的儒家思想也很重要，「識時務者爲至賢」。船山先生說：

「大明終始，六位時成。……此通釋利貞之義。大明，天之明也。六位，六龍之位。時成，隨時而剛健之德皆成也。」

易的變易，有神，有位，有時。在未成形時，神妙莫測，在成形以象，按時而有位。

3. 人事之道——人道

甲、法 天

易經以天道治人事，天道爲宇宙變化之道，人爲宇宙萬物之靈，人事的變化也該以天道爲法，人道便是仿效天道。「法天」的思想，在書經和詩經裏，已經很具體化，在易經裏更得了學理方面的說明和根據。乾卦象辭說：『天行健，君子以自強不息。』以天之道，作人之道。乾卦文言說：『九三……是故居上位而不驕，在下位而不憂，故乾卦因其時而惕，雖危無咎矣。』

船山先生曾說，象和爻不同義，爻辭講解天道，象則講解人道。易經的文言和象辭，更是引天道入人道，沒有一章不是按天以講人生的大道。船山先生當然注重這端大原則。他說：

『聖人效法天地，惟健順而已矣。故易者，聖以致知復禮之極功，夫子所謂卒學而無大過也。於此，推極其實而要歸之於知禮，以使學者循循於博文約禮，而上達於天德，意至切矣。世儒不審，乃謂易爲盈虛消息之道，聖人學之，以審於進退，而不致亢龍之悔，乃王弼何晏師老莊之機械以避禍而瓦全之術，其與聖人知必極高明，禮必盡精微之道，天地懸隔。』（周易內傳，卷五，繫辭上傳，頁十七）

易經爲小人，有卜算吉凶之用，爲君子則有知天以崇德之功。

乙、吉　凶

易經有卜之用，人卜以知吉凶，人爲知道吉凶乃去占卜。但是船山先生認爲卜用象數，象數是陰陽變化已經成形，吉凶只能代表這樁事在一時的得失，至於天道和人道的變化原理，則爲陰陽未成形以前的變化神妙莫測。聖人所求的知，是求知道神妙莫測之天道。船山先生說：

『聖人有以見天下之動而觀其會通，以行其典禮。繫辭焉，以斷其吉凶，是故謂之爻。

爻，效也，著於動而呈其爻也，占者，事物之定體，爻，其一時一事之幾也。會，所遇之適當乎此也。通者，所遇之動，適在於此，而自通乎全卦之理也。典禮，常法也。……古者，國有大事，謀及鄉士，下逮庶人，猶未決焉，乃以命著，著非小人之敢用典禮之所取裁也。會通者，在一時一事，而必因時以求當其不易之大法，則典禮無不行矣。吉凶者，得失之影響也。聖人之斷吉凶，斷之得失而已。』（周易內傳，卷五，繫辭上傳，頁十七）

聖人不言吉凶，只講得失。得失在於陰陽的變化，在這時候在這地方，是否與理相合。合爲得，不合爲失，君子知道吉凶，爲知道對於理合不合，不是謀一事事的順逆。

『爻之取義有二：一爲值其動之時者言也，一爲於其時位於而有動之情者言也。……占者，非有其情則當其時而趣之，苟有其情則因其情之得失而愼之；此所以明於憂患之故，而爲通志成務之道，即占即學，豈有二哉。』

『易爲君子謀，不爲小人謀。君子之謀於易，非欲知吉凶而已，所以知憂知懼而知所擇執也。』（周易內傳發例，頁十三）

丙、命

君子所懼所憂的事，在於害怕不知道不認識『命』，知道了，認識「命」，則「擇執」。

『蓋筮者，知天之事也。知天者，以俟命而命者也。樂天知命而不憂以俟命，安土敦仁而能憂以立命。』（周易內傳發例，頁十五）

「命」爲天命，天命在人爲性，船山先生主張「命日降，性日生」。船山先生說：

「昊天曰明，及爾出王；昊天曰旦，及爾游衍。出王游衍之頃，天日臨之，人日憂之，命之自天，受之爲性。主初生之造，生後之積，俱有之也。父母出生以前，今日是也。」（尚書引義，卷二，太甲一）

「命」由天降，人由「命」爲性，中庸常講盡性，因此人對於性，並不是一成不變，而是要常常努力以完成自己的性。易經「繫辭」說：『繼之者善也，成之者性也。』「道外無性，而性乃道所函，是一陰一陽之妙，以次而漸凝於人，而成乎人之性，則全易之理，不離乎性中，即性以推求之，易之蘊豈待他求象數哉。」（周易內傳，卷五，繫辭上傳，頁十二）

但是天道在宇宙中，繼續流轉；況且陰陽之變，神妙莫測，不但是吉凶沒有一成不變之理，就是「命」也不能一定，這種「命」，是人事之道在一時一地的得失，人能知道一時的得失「不足」以影響自己的人性之道，人便能夠是天安命，又更能夠盡自己人性之理，建立自己的「命」，即是「敦仁而能愛以立命」。

丁、仁

人性之理爲仁，人能敦厚自己的仁，則能盡自己的性而立自己的命，這一點是張載西銘的主張，船山先生景仰張子，在解釋易經時，常注重仁道。

『夫一陰一陽之始，方繼乎善，初成乎性，天人授受往來之際，止此生理爲初始；故推吾之所自生，而贊其德曰元。成性而還，凝命在躬，元德紹而仁之名乃立。天理日流，初終無間，亦日生於人之心。』（周易外傳，卷一，頁三）

「仁」爲生之理，由天流人心。若說天有心，天之心爲仁，人受天命而有性，性心相各，人心便是仁。

『仁也，性之能麗於事物而不窮其所施用也。仁函於心，本隱也。而天理者未動而不測其所在，雖或聞見有得，而終不與己相親，測然內動，乃以知吾心之有此，而條緒照察於心目之前，則惟仁爲道之所顯也。』（周易內傳卷五，繫辭上傳，頁十三）

「仁爲道之所顯」，船山先生在接着上一段，解釋「生生之易」，又說：

『此以下正言易之所自設——皆一陰一陽之道，而人性之全體也，生生者有其體而動，幾必萌以顯諸仁，有其藏，必以時利見而效其用』（周易內傳，卷五，頁十四）

仁爲性之德，顯於心之動。人能發揮此道，就能盡自己的性。船山先生說：『君子之道，美不私諸己，惡不播於人，故善長而惡短。』（周易外傳，卷三，頁十四）。這種君子之道即是仁道。孔子以仁總攝各種善德，爲善德的總名，能發揚仁道，則爲仁人，仁人較諸聖人更高。船山先生的易學自乾坤並建，以講易的變化之道，歸到天命之仁，從天道到人道，易經的思想，全部包括無餘了。

這篇文章，倉卒寫成，只能算爲初稿。將來有暇時要再加修改，予以補充，尙望諸位鄉賢和學者，不吝與以指教。

民六十一七月二日天母牧廬（湖南文獻第五第六期合刊）

聖多瑪斯哲學的特點

（理則推論方程，形上的有）

現代的歐美哲學離開了傳統的士林哲學，各闢門徑，五花百門。天主教的哲學思想也謀新的構想，擺脫聖多瑪斯哲學的系統。今年適逢聖多瑪斯逝世七百週年，四月間，在羅馬聖多瑪斯大學舉行了一星期的學術講演會，約有一千五百人參加，講演的人都指出聖多瑪斯的哲學思想，在當代的哲學界還要被認爲是合於時代的思想，有助於清理當代哲學思想的功能。

我也贊成這種主張，爲使人相信我不是憑空說話，我就簡單地舉出聖多瑪斯哲學的兩個特點；這兩個特點在當代哲學思想中，都仍舊可以作爲哲學的基石。

一、聖多瑪斯的理則學

四月廿一日，敎宗保祿六世往羅馬聖多瑪斯大學參加紀念聖多瑪斯哲學講演會，發表演講，特別就聖多瑪斯的理則學，予以讚揚。

『求學應該注意理則學，我們所說的理則學，是從廣義方面去說：即是爲追求事物和人生的眞理，理智應有嚴密的和正確的方法。爲什麼緣故我們今天要提醒你們加以注意呢？因爲我們憂慮年青一代人的認識能力，容易被感覺方面和學術現象方面輕而多的智識所吸收，就認爲滿足，不再嚴密系統地去追求人的智識和事物本身的最高根由。我們怕因此缺少一種正確的哲學，即是缺少一種足以支持人的思想的哲學，使人可以繼續在學術上循序而進，另外使人的理智受有訓練，能夠認識眞理，開擴人的精神，加深人的視線；人的精神乃能達到天生的期望。否則，缺少這種哲學，將使人得不到那些基本的，而又最高的智識，人便不能滲入自己生命的眞正目的，也不能享受應有的初步神學智識。我們相信一種正確，嚴密，沒有偏見的理則學訓練，可以引導人的精神，接受天主神光的超性福音，即是信仰。基督自己曾經說過：『執行眞理的人，便進入光明。』

（若望福音第三章第二十一節）

聖多瑪斯的哲學爲我們可以作一種最適宜的基本訓練，使我們無論在哲學上或神學上，能夠爬上理智的高峯，對於思想的原則常加注意，即是保持在演繹的研究上和在歸納的結論上爲登上眞理高峯不可缺的原則，避免人的理智遭受輕薄學說或幻想的欺騙。』（註一）

在現在保留的聖多瑪斯兩大名著：神學大全和駁異大全的篇章裡，篇篇都是使用亞里斯多德的三段推論式。每個名詞和每個觀念都有確定的意義。前後推理，線索相連，來龍去脈，嚴密精確。中國古代的思想家中唯一使用理則方法的人，是墨翟，墨子有自製的三表法；但是實際上三表法祇是使用權威爲證據的一種理則法，聖多瑪斯所用的三段推理程式，乃是理則學的推論法，而不涉及證據的內容。這種方法非常嚴密，對於學生的思維在長久予以訓練之後，在學術研究以及普通演講或辯論上，都能有很大的幫助。當然，這種理則方法若用之過嚴，則不免造成呆板的習慣，失去臨機應變的奧妙。我們教會的神哲學院，以往很忠誠地敎授這種方法，也很認眞地使用。目前，因着他種邏輯學的影響，驟然停止使用，學生的思維，在理論上便難有精確性了。這就是敎宗保祿六世在演講裡所提可憂慮的一點。

現代理則學有數學邏輯和語意邏輯，這些新的邏輯學對於亞里斯多德的邏輯有所改進，乃是學術上可以有也應該有的事，在數學上歐幾里德的幾何學現在也有了改進；但是誰也不能說亞氏的理則學在現在已經廢棄不用了。數學邏輯和語意邏輯所注重的事，在於命辭和語法，至於使用數學方式則為覆驗語法的正確，在推理的程式上還是不及亞氏三段式的方便。因此，我說聖多瑪斯的理則方法，嚴密正確，在現在的哲學院系裡，仍舊是訓練學生的優良方法。

胡適之曾說：『大膽假設，小心求證。』（註二）假設應是結論，求證即是大小前提。大前提在理則學上應該藉已經證明或不須證明的原理原則作基礎，例如甲等於乙，乙等於丙，所以甲等於丙。大前提的原則即是同一律。假設得到了證明，假設便成為原則，用為證明相關的事理，例如：假設甲某於本年五月十日在臺北，他便對於本年五月十日乙某在臺北的犯案，可能參加。這個假設是一個很重要的證據，可是最重要的在於這種假設本身要有精確的證明。所以在這種的情形下，推理的方程式有很大的作用。但是普通所說的假設就是不要證明，或無法證明，殷海光曾經討論假設是什麼，『我們依前面說過的可知，任一假設必須以一個或多於一個的理論為背境。任何一個或一組語句，如果不在任何理論背景之中，那末說不上是一個假設或不是一個假設。』（註三）殷海光引格陵吾（Thomas Greenwood）的話說：『假設是我們提出的一個原則。我們利用這個原則對於一個事實或一羣事實作條件式的說明。』（註四）在同一段文字裡殷海光引柏普（Arthur Pap）的話：『一個假設是我們不能藉着直接的知覺而知其存在的潛在或隱伏的事態之陳述。』在科學上，假設的用途很廣，但都經過長久的研究，又在已知的理論系統裡有了根據，纔建立假設。把這種建立假設的心理，推用到哲學或普通生活上，大膽而爲，缺乏嚴密的理則；便使思想界混亂，也使青年學生盲目附從。

二、「有」的哲學

法國國家學院院士祁爾松教授（Etienne Gilson），爲歐洲中古哲學史的權威，曾在所著聖多瑪斯學說書中說：『人常以爲聖多瑪斯對於「實有」和「有」的概念，統攝了他的全部形上學，因此也統攝了他的全部哲學。這種評判最爲正確。我以爲我們更好進一步說：因爲有了聖多瑪斯的哲學，「有」的概念纔正式被研究。有些出名哲學歷史作家，沒有深入研究聖多瑪斯思想的特點和深奧，乃說聖多瑪斯不過是重覆亞里斯多德的思想，而且在重覆時並沒有正確地說明亞氏思想的涵義，有的說聖多瑪斯不過收集以往哲學家的各種不同

的觀念混合在一齊，他並沒有統一的視線，把它們連合起來。』（註五）

祁爾松說聖多瑪斯自己也體會到「有」的概念非常重要，他在自己初期作品中，就寫了一册論有和性（De ente et essentia）。不幸後代有些聖多瑪斯學派的哲學家，解釋聖多瑪斯的思想沒有把他的「有」的概念解釋清楚，乃招引別人的誤會。

有的人認爲聖多瑪斯對於形上本體論的結構，和他在理則學關於人的智識的結構一樣，理則學關於人的智識用語句去表達，語句的結構有主詞和賓詞，兩詞之間用「是」去連接，例如『人是理性動物。』「是」在拉丁文爲 Esse，這個拉丁詞也被聖多瑪斯用爲『有』，這樣，聖多瑪斯在形上學所用的「有」，祇是一種形式，不是實有。這種看法很不正確，英文的是「be」，也用爲有「being」；法文的是「Etre」，也用爲有「Etre」。我們的中文「有」不代表「是」，但是「有」也不代表「在」，爲代表萬有我們用有（Ens），爲代表『有』的實現行爲我們用「在」。(Esse)在拉丁文裡，爲表示一個「有」或中國所稱的物，則用 ens，爲表示「在」的行爲，則用 esse。這種「在」，可以釋爲「存有」。

聖多瑪斯論「有」，常用 Ens。「有」的概念不是像近代西洋哲學所說的：「有」祇是一個象，代表一個濛朧的概念，這個概念象徵一切萬有，但脫離實體，內容空虛。因此近代的哲學，都攻擊中古哲學，鄙視聖多瑪斯的形上哲學爲空虛的幻想。

加耶當諾樞機（Card Gaetano）註解聖多瑪斯的論有和性一書說：『有……指着一個具有「在」者；具有「在」者必涵有性。』聖多瑪斯所論的「有」，爲一實體。我們對於一切實體所有的第一個概念就是「有」，「有」包括整個的實體，但不加以分析。普通常說「有」爲一個最抽象的概念，由於理智把萬有的一切特性除開了以後，從中抽出一個最簡單的概念。假使聖多瑪斯所論的「有」，眞是這麼的一個概念，他的形上學當然是懸空的幻想了。這樣的一個最簡單的抽象概念，甚麼內容都沒有，那就等於無。

「有」是一個最切實的觀念，在「有」內包括實體的一切，祇是不加分析。因爲若加分析，實體的一切特性也是「有」。

聖多瑪斯進一步追求「有」的構成形上因素，乃說「有」包含「在」（有）和性。性給「有」一種理解性，性即是理，沒有理，「有」便不能懂。然而「有」之成爲「有」，是在於「在」（存有 Esse）。

聖多瑪斯以 Esse「在」（存有）爲「有」的先決條件。「存有」爲行，爲實現，爲完成（actus）。聖多瑪斯乃以「行」爲第一。

「有」爲一完成的有，而不是抽象的有，也不是象徵之有。從這一方面去看，聖多瑪斯的哲學乃爲一種「實在論」（Realismus）。但聖多瑪斯的「實在論」，不是在於以感覺的物質對象爲實有，也不在於以實驗科學的對象爲實有，而是在於以「有」爲實有。

「有」既是實有，「有」的概念便不能是一義名詞，因爲實體和實體各不相同；而是類似或類比的名詞，因爲實體和實體在「實有」上則是相同的。

「有」爲「實有」，「有」的重要成素爲「存有」或「在」，「存有」或「在」爲行，行爲實現，實現則是把潛能完成。

完成的實現，是把可以實現的潛能予以肯定，予以確斷，予以完成。行便較比潛能爲高。潛能不是無，而是隱藏的能，沒有確定，含有各種的可能性。行則是完成了，不再是可能的變動性。聖多瑪斯以「完成」之行，最有價值。

「有」是行，則最完全的有爲最完全的行，最完全的行，不含有任何的潛能，而是一純淨的行 (actus purus)。純淨的行爲「有」的整個實現，整個完成。因此祇能有一個純淨的行，便是第一的絕對實體。

『絕對實體』既是純淨之行，便是本體完全確定，不會有變化，在本體上爲全美全善全眞。

中國的形上學以潛能爲重爲先，以「存有」或「行」爲後。太極的內容在易經裡雖不明顯，道在道德經裡則很突出，道的本性不定，繼續變化，以生萬物。道集一切潛能於一身，自己不是完成，不是有，所以稱爲無。這一點爲中國形上學和西洋形上學根本不同之點。(註六) 聖多瑪斯以「有」爲實有，實有以「存有」或「行」而有，第一實有的絕對之有，必定該是最成全和最純淨之有。至於宇宙萬有由絕對實有而來，不是由絕對實有的變化而生，而是由絕對實有的至高的德能所造。中國古代形上學則以爲萬有由道或太極而生，既然是由道或太極所生，道和太極便有變化。道和太極自身旣有無限的變化，它們的本體便不是完成，而是潛能。

中國哲學史上着重「行」的哲學家，乃是王陽明。王陽明主張知行合一，知沒有行則不完全。『知是行之始，行是知之成。』(傳習錄上) 陽明所講的行，爲倫理方面良知之行，聖多瑪斯所講的行，爲形上本體之行；但兩者間有類似之點。

蔣總統講力行哲學，以『行爲性之表，與生俱來。人之生也爲行而生，我們亦要爲生存而行。』(註七) 又認爲『動並不就是行，動是臨時的，偶然的，他發的。行是經常的，必然的，自發的。動有善有惡，行則無不善。行是繼續不斷的，動是隨作隨止的。』(註八)

蔣總統所講的行，有似於聖多瑪斯所講的行，行是完成，動是變動，在宇宙萬物裡，常有變動，所有變動不一定就有成。

聖多瑪斯以宇宙萬物有變動，因爲萬物之有「存有」，不是必然之有，在生以前就是沒有，在死以後也是沒有，所以萬有之性和有，不是同一，而互相區分，唯獨第一實有即絕對實有之性和有乃是同一的。

「有」（存有）使「有」成爲實有，一個東西沒有就沒有，就不存在；有了這個東西，東西就存在了。東西有了，這個東西是一個整體，不能分，分了就不是這個東西了。「有」（存有 esse）給與實有體單一性（unitas）。這所謂單一性不是唯一性，有和性相結合，使性成一單體。例如人性和有相結合，便有這一個人；這一個人是單一的，即是他而不是別人，然而並不祇他這一個人。「有」使性具有單一的實有，同時也使性有許多同類的單體。聖多瑪斯以「有」爲一和多的根由。

「有」由性和「存有」相合而成，性爲理；凡是「有」便都具有理解性（Intelligibilitas），可以由理智去認識。『有』的理解性來自性，性爲「有」所具之理，「有」的理解性應該不能有錯，錯了就不是這種東西了。因此『有』是不會錯誤的，在本體上「有」就是眞。

凡是『有』都是『成』，成比不成功的潛能更好。從「有」的存在和完成之行的一方面說，凡是「有」都是有價值的。這個價值是本體方面的價值，不是人事方面或倫理方面的價值。中國理學家討論人的善惡，由人性本體的善惡去講，則是把本體之性和行爲之性相混，把本體的價值和倫理的價值相混，沒有辦法可以講清楚。

但是聖多瑪斯也承認宇宙萬有，包括人在內，一旦有了，就常生變動，變動便是由（存有）「有」而產生，『有』和動相聯，存有的性也就是變動之性，萬有乃按着自己的性而變。人雖具有自由，常有自由的行動，自由卻不能反違人性。所以『存有之理也是行動之理』(ratio essendi est ratio operandi)，中國儒家則祇講了後一段，說『率性而行』，而沒有講前一段，『性爲存有之性。』

「有」既具有理解性，人的理智對於萬有的智識，便是實際的，並不是虛幻的。人的智識也不僅是感覺的印象，而能是對於物性的智識。

費南斯神父曾說：『藉着聖多瑪斯學說系統的成立，使亞里斯多德的思想配合了基督信仰，這一件事爲士林哲學歷史上的一件極重大的事，它的影響到現在還沒有完。我的理想，不是妄想討論聖多瑪斯的全部學說，祇是選擇其中最重要的一方面去討論：這一方面乃是形上學的中心點；我是要說明聖多瑪斯學說怎樣藉着深入研究「有」的意義和「有」的神秘因由，乃能保全「有」的「實有」，又建立「行爲」的價值，使宇宙整體的「行健不息」能有眞眞的意義。』（註九）

因此，我們可以知道「有」的概念在聖多瑪斯思想裡居在根基和中心的地位，從「有」的概念，聖多瑪斯建立了他的神學和哲學。我們今天若想澄清哲學界混亂不清的思想，我們還是要從「有」的概念下手，把「有」從黑格爾的純粹精神之有，從馬克斯的純粹物質之有，從現象派的現象之有，從存在論的自由追求將來之有，歸到實際的「實有」。我們今天若願整個中國的哲學思想，重建中國的理學，我們也要把恍恍惚惚的道，解釋爲純淨之行的第一實體，再把理和氣的概念，配合元形和元質，以成物之性，然後以「存有」使物之性而建立一個實有。中國理學的名詞和概念，纔可以具有確定的清楚意義，纔可以結成一個嚴密的系統。

註：

(一) 見羅馬觀察報 Orrervatore Romano。一九七〇年四月二十二日號

(二) 胡適文存，第三集頁一〇九。遠東圖書公司民國四十二年

(三) 殷海光，思想與方法。頁一四三。大林書局民國六十年

(四) 同上，頁一四四。

(五) Etienne Gilson. Le Thomisme. Paris 1948. p. 43.

(六) 羅光，太極，道第一實體。見牧廬文集(三)(1)。先知出版社民國六十一年

(七) 見 蔣總統嘉言錄(一)頁一八二。中央文物供應社民國五十六年版

(八) 同上，頁一八五。

(九) Joseph Finance S. J. Etre et agir dans la philosophie de Saint Thomas. Roma 1960.

聖多瑪斯的形上學

一、緒　論

中國現代思想界可以說是沒有哲學思想，尤其沒有形上學思想，在第二次中日戰爭以前，中國思想界盛行美國詹姆士的實用主義和英國的羅素哲學。遷都臺灣以後，則頗宣傳存在主義和數學邏輯。對於形上學，則從丁文江提倡打倒玄學鬼以後，沒有人敢提形上學的名字了。丁文江以科學和玄學相對抗，胡適之主張科學的人生觀，科學成了萬能的主宰。中國思想界所反對的形上學，惡意稱之爲玄學，認爲玄空虛無之學，而所指的玄學則就是中世紀的士林哲學。士林哲學以多瑪斯爲大師，中國思想界便不願研究多瑪斯的思想。

反對士林哲學的形上學，實際並不是中國思想界的人所創造的思想，乃是抄襲西方哲學的思想。西洋哲學從威廉，澳坎（William Ockham）倡唯名論，開始破壞多瑪斯的形上學，英國的經驗論導源於唯名論，洛克（Locke）柏克萊（G. Berkeley）直接攻擊形上的觀念和原理。德國的唯心論雖然極力維護形上的觀念，但是康德和黑格爾的形上思想，並不以多瑪斯的「實有」爲對象，使形上學成了邏輯的方法。現代的柏格森（H. Bergson）否認理性知識，偏重直見，胡賽爾（E. Husserl）以分析現象而不論「存在」；存在論雖研究存在，却注意自我，使形上學無法建立；美國的實用主義則更捨形上原理而求實用。因此，西方哲學久已反對士林哲學的形上學。中國的思想界追隨西方哲學的後塵，也特別顯出輕視士林哲學的態度，口口聲聲喊着中古爲黑暗時代。他們這一般學人，大約從來沒有去研究，更沒有發覺西方現代所有哲學思想，雖是五花百門，雖是都反對多瑪斯的形上哲學，但是這些五花百門的思想所研究的問題，和所用的術語，還是出不了多瑪斯形上學的範圍，祇是各種思想都想反對多瑪斯的解釋，自創一種新的意義。因此，若不研究多瑪斯的形上學，便不能明瞭西方近代哲學的來龍去脈；就像研究中國哲學，若不研究易經和道德經，就不能明瞭中國哲學發展的途徑。

多瑪斯的形上學，在西方哲學史裡，具有承先啓後的地位；承先，在於繼承亞里斯多德的思想；啓後，在於創立了士林哲學。

在柏拉圖以前的希臘哲學家，都注意宇宙的構造，他們講述宇宙什麼原素構成。「達勒士（Thales）以宇宙萬物來於一種物質，這種物質爲水。希臘赫拉頡利圖（Heraclitus）則以宇宙萬物爲一物質的循環，這種物質稱爲火。恩培多克萊（Empedocles）以宇宙原素爲四種物質，即土、水、氣、火，這四種原素常存不滅。宇宙間的生滅，乃是原素的結合或分散。原素所以能夠結合，乃是原素有愛和憎的兩種力。安納撒各拉（Anaxagoras）也主張宇宙間沒有生滅，只有原素的離合，然而原素不衹有四種，每物有每物的原素，這種原素稱爲種子。」（羅光，理論哲學，中册頁五）

這類哲學思想，後人稱之爲機械宇宙論，停留在物質體上。畢達哥拉則前進了一步，撇下了物質體，研究數量，由數目的比例與和諧，解釋宇宙的秩序。巴邁尼得斯（Parmenides）則開始研究形上的觀念了，他研究實有，以實有爲絕對之一，宇宙內所有的多數個別物體，被視爲實有的變化形式。

柏拉圖研究了一和多的問題，一爲觀念，多爲宇宙物體對於觀念的分享。每種實體的觀念爲一，先天就存在，觀念自成一世界。宇宙爲一實際世界，實際世界各有同種物體，分享種類模型觀念的特性。同時，對於認識論的普遍抽象觀念，也以觀念世界的觀念爲對象，而不以實際世界的實體爲對象。亞里斯多德雖是柏拉圖的門生，他却揚棄了老師的觀念世界，另闢途徑解決一與多的問題和認識論的對象問題。亞氏不研究宇宙是怎樣而成，而研究宇宙萬物所以成物之理，以實有爲萬物的共同觀念，觀念在另一世界，乃在物體之中，由物體抽象而成。實有體的成，由形與質而成；世界的物體都有形和質，便是有限之有，有限之有不是常在，於是便有潛能和現實，使潛能成爲現實，應有動因。由近因推到遠因，最後到第一動者，亞氏乃建立了一個形上學系統。

亞里斯多德逝世以後，希臘的哲學隨着國家的政治情形而下沉，在這時新柏拉圖主義興起，由一希臘籍的猶太人菲洛（Philo）所創，由柏洛丁（Plotinus）而完成。新柏拉圖主義從柏拉圖的觀念世界進到猶太教和天主教的神，以宇宙萬物不是分享種類觀念的特性，而是由智慧之神所造。智慧之神稱爲「邏各斯」（Logos），爲精神世界之首，由至高尊神所『分流』。智慧之神的地位，相等於柏拉圖的觀念世界，充滿眞理智慧。宇宙萬物之理，由他而生。

奧斯定接受了新柏拉圖主義，但也改變了新柏拉圖主義的思想。奧斯定以宇宙萬物由至高尊神——上主天主直接所造，爲創造萬物，天主按自己的智慧而造；因此萬物之理在天主本性之中。人爲認識萬物，需要天主的光明。而且天主的光明，爲眞美善的標準，人按照這個標準，乃能評判。

北歐蠻族入侵羅馬以後，希臘和羅馬的文化，都突然下落，八百年中僅有少數學者，逐漸發展希臘的哲學，在這些學者中，有波厄啓烏（Boethius）和斯科德（Scotus）較爲著名。波厄啓烏爲第五世紀末葉和第六世紀初葉的人，研究亞里斯多德的思想，對於物質、自立體、位稱等術語，予以明瞭的解釋。物質和精神不相混合，也不能互相變換。斯科德爲第九世紀時人，生於愛爾蘭，通希臘文頗傾於柏拉圖的思想。他以「自然」（Nature）代表實有，分「自然」爲四類：不受造而造，受造而造，受造而不造，不造亦不受造。不受造而造，是衆受造物之源，爲天主。受造而造，爲第一原因，乃是柏拉圖的觀念世界和柏洛丁的「邏各斯」，但斯科德隨從奧斯定的思想，以宇宙萬物的第一原因在天主之內。受造而不造，爲宇宙受造物；受造物分享第一原因之特性，爲天主本性的顯露。不造亦不受造，代表天主爲一切受造的目的，一切受造物反歸於天主，天主在萬物之內。前面三類『自然』，導源於亞里斯多德的動因分類；但是斯科德的解釋和亞氏的思想完全不同，特別和亞氏的思想不同的點。在於斯科德不以個體爲自立體。

西羅馬帝國亡於北歐蠻族，東羅馬則亡於回教亞剌伯人。亞剌伯人滅了東羅馬以後，漸漸研究希臘哲學，翻譯亞里斯多德的著作。第十世紀末葉，回教人亞衞賽納（Avicenna）

以亞里斯多德學派而著名。他由物的存在之動因，上溯到不動之動因，不動之動因常存在，被動者則由可以存在而到存在。對於中古哲學所研究的『共名』，他主張共名先存於造物者的理智中，次則存於物中，然後存於人的理智中。但他主張造物者天主因自然的要求而造物，對於萬物個體的種種分別，造物主並不直接了解，在這方面，他又隨從新柏拉圖主義了。

第十一世紀時，在西班牙有另一位亞剌伯人亞委洛（Averroes）傳亞里斯多德之學。亞委洛雖生於西班牙，但信回教，爲回王所重用，後因思想與回教經典不合，乃被回王充軍北非。亞委洛分實有爲物質和精神，分類的標準以潛能和現實爲依據，純淨的物質爲單純的潛能，應認爲不存在。最高的精神體則爲純淨的絕對現實，即是至高尊神——天主。宇宙萬物由形質而成，純淨物質既爲不存在，便非天主所造；物體的『本形』，則由天主由純淨物質而引出，使『本形』有十種不同的理智。理智分動力理智和被動理智，動力理智永遠不滅。亞委洛崇拜亞里斯多德，以亞氏哲學解釋回教的神學。這一點特性，對於多瑪斯的思想影響頗大。

當時哲學界特別討論『共相』問題，『共名』研究有沒有客觀的意義。巴黎大學教授亞佩拉（Aberard）反對唯物論，以『共相』不僅是一個空名；但是他極力抬舉邏輯法，看重理性，藐視前代學者的權威。這種趨勢和亞剌伯哲學家的思想相結合，造成趨向理智的潮流。

二、實在論

從上面所講的西方古代和中古哲學的概觀，我們可以看到在第十二世紀和第十三世紀時，亞里斯多德的哲學思想藉着亞剌伯學者的宣傳，在歐洲思想界漸漸發生影響。多瑪斯少年求學巴黎，在巴黎大學從名師亞爾伯讀神哲學。亞爾伯喜歡亞委洛的哲學，也喜歡亞里斯多德的哲學思想，乃引多瑪斯研究古希臘的哲學。

在近代哲學上唯一的大問題，爲認識論眞理問題；所謂眞理問題即是討論理智認識力的價值。在中古時，哲學家所常討論的，爲『共名』問題。一個『共名』，是否有實際的對象？這個問題也就是近代哲學的眞理問題，都在於研究人的理智是否可以認識外面的對象？

假使人的理智不能認識外面的對象，一切學術便都沒有價值，都是人心所造的樓閣。假使人的理智祇能依靠感覺而有具體的經驗，不能有超於形色的觀念，則一切抽象的觀念和共名，都沒有價值，形上學便不能成立。所以認識論爲形上學的基礎，也是形上學的第一部分。

多瑪斯從感覺開始，肯定感官的認識力。人由感官而得有『感覺象』，同時人心的理智悟性進而攝取外面對象的觀念。

「感覺象」不是外面客體的物質，而是客體的物質對於感官所留的形象。「感覺象」雖爲物質性，但也具有精神性。因爲人是由精神和物質合成的位格，人的認識是位格的活動。人在使用感官時，也使用心的悟性；如同中國古人所說：心不在的時候，看則沒有看見，聽則沒有聽見，吃則不知道有味。再者，「感覺象」要對悟性發生關係，作爲悟性的認識資料，「感覺象」便應該含有精神性。

由感官的經驗，進而有理性的智識。感官所造成的「感覺象」，受理智的「主動悟性」之光照，成爲可以理解的對象，使「被動悟性」有「理性象」而成觀念，乃有認識。

「主動悟性」（Intellectus agens）或稱動的理智，或稱理智動力，在光照「感覺象」時，行成抽象作用，把客體的形色撇開，採取客體的性理，成爲「理性象」（Species impressa intelligibilis）。

「主動悟性」光照「感覺象」，這種思想來自奧斯定。多瑪斯雖不主張人在認識時，需要天主的直接光照！是他認爲人的理智既然不常認識，便是一種潛能，潛能沒有動因，不能活動而成現實的行爲；然而「感覺象」乃是感官的印象，本是物質性，不能爲精神性的理智活動之動因，因此人心理智有天主所賦的主動力。

「主動悟性」的抽象作用，使「感覺象」成爲「理性象」；「理性象」爲普遍性，由「感覺象」而抽出，爲「感覺象」的外面客體之理，在外面客體之內。但是普遍性之理，在外面客體之內，和由「理性象」所成的「理性表象」(Species expressa)在性質上不相同。「理性表象」即是觀念，觀念爲普遍性的，不帶形色；理在客體內則和形色相合，成爲各別的個體。多瑪斯不主張「共名」所代表的「共相」，即客體類性之理，實際同樣存在於外面的客體內；所以他不是絕對的實在論者，而是溫和中庸的實在論。「共名」的「共相」，存在於客體之內，而存在的實際情形則和「理性表象」不相同。多瑪斯肯定理智的悟性力可以認識外面的客體，所認識的客體乃是超於感覺的普遍性理。

理智的悟性力，爲認識客體，是在「理性表象」內而回到「感覺象」。因此，多瑪斯很看重感覺的經驗，把理智的認識由感覺而起，以感覺經驗爲基礎。形上的智識乃不是憑空虛構的幻想。

柏拉圖曾以「共相」爲實際觀念，存在於一觀念世界；人所認識的，爲觀念世界而不是宇宙萬物。希臘的懷疑論既不承認柏拉圖的觀念世界，又不承認「共相」能在客體事物以內，理智的悟性力便不能達到外面的客體，亞里斯多德創「抽象化」的主張，以理智的悟性力可以由形色的客體中，抽出「共相」，肯定了悟性力的價值。

多瑪斯發揮亞里斯多德的主張，以「主動悟性」光照「感覺象」而成抽象作用，使普遍的性理脫離物質的形色；但所抽象化的性理存在於個別的事物中。

爲認識個別的事物，理智的悟性力要回到「感覺象」裡，在感覺象裡認識個別的對象。個別的對象具有性理，又具有個性，具有形色；這一切都在「感覺象」中，理智在認識單稱個體或個別的單體時，要回到「感覺象」中去認識。

後代攻擊多瑪斯的人，以這種認識，仍是主觀的認識。但誰若不承認理智的認識能力，便無法解釋人的智識。

三、論實有

在人的認識中，人所有的第一個認識，是有所認識的對象。小孩子初步的認識，祇知道有這個東西和那個東西；到了可以懂事的時候，他纔問：這個是什麼？那個是什麼？我們人對於外面事物的基本關係，在於有沒有這些東西，若是自己什麼都沒有，若是外面東西都不存在，便一切都是空虛，連生命也沒有了。

多瑪斯遵從亞里斯多德的哲學，以形上學爲研究「實有」的哲學。形上學的意義，在於研究萬物的最高理由，所以稱爲最後的哲學，又稱爲第一哲學。

對於宇宙萬物，我們所有的第一智識是「有」；但是對於宇宙萬物的本質，加以分析，追究到最後一點，也祇是「有」；這種「有」乃是實有。「有」便是人所有的第一個觀念，也是人所有的最後觀念。

「有」爲第一個觀念，乃是最不抽象的觀念，最爲具體，也最爲濛朧，包括一切的萬物。因爲一切都是有，不單是實體和自立體爲有，即一切的特性和附加體也都是有，「有」由感覺經驗而得，人心對於感覺經驗的第一個體驗，就是有。多瑪斯以人的智識，起於感受，並且以形上學也起於感受。

「有」爲最後的觀念，便是最抽象的觀念。牠的內涵最貧乏，也最清晰；就是在分析對象時，把對象的一切特性本質都撇開了，剩下來的，就祇一個空空的有。這個有，爲實有，和「無」相對。

「有」既爲實有，不是無；可是宇宙的萬有並不是常常都「有」，祇是現在「有」，在一個時期以前沒有，在相當時期以後也就沒有，而且祇是在有些地方「有」，在別的地方就沒有；所以這些實有都是有限的有。

多瑪斯爲解釋有限的有，作了一個創見，即是性和存在互相分別。性爲物的本質或本性，存在則爲實際的在。有限的有爲有限的客體，這種客體的本性不是自生就存在，而是因着外在的動因然後乃得存在。因此本性和存在互相分別；但是不互相分離，兩者都在實有中，本性不能脫離存在而在，存在也不能脫離本性而存在。

有限的存在不能由自己而得存在，需要外在的動因，因此應有一絕對之有。絕對之有的本性即是存在，兩者沒有分別。

「實有」爲一切事物的最高理由，爲解釋萬物的意義和存在，先從「實有」出發，則可以明瞭萬物的眞正意義。哲學不能解釋事物是怎麼樣構成的，祗解釋事物爲什麼是這樣構成的。解釋物的構成，是由物理學或生物學——即自然科學去講；物的構成的理由，則由哲學去講，自然科學祗講物是這樣構成，却不能講爲什麼這樣構成所有的理由，自然哲學則講物體構成的理由；形上學不但講物體構成的理由，乃講一切萬有構成之理，所以乃講「實有」。

一切萬有都是「有」，有的意義便不是同一的，而是類比的，或類似的。因爲每一個實有，都和另一個實有互相區別；但却都是「實有」。因此「有」的意義不能够是同一的。如絕對之有和有限之有，兩者之「有」在意義上不能相同。亞里斯多德沒有想到這個問題，斯科德注意「有」的意義，多瑪斯乃注意這個問題。

一切的有之意義不完全相同，所相同的是存在，所不同的是存在的方式不同。「存在」對於形上學乃是一個關鍵問題。

西方哲學的唯理論和唯心論，都不注意「存在」而祇注意本性（本質），如亞維賽納以有限的有之存在，爲偶然的附加品。現代的存在論則偏重「存在」忽略了本性。多瑪斯採取中庸之道，以本性和存在並重。不過從理論方面說，「存在」爲現實，爲完成，價值較比本性更大更高。

有限的有之存在，不是絕對之存在，不是常在，理由在那裡？多瑪斯認爲理由在於有限的有的本性和存在互相分別。爲什麼本性和存在有分別呢？理由在於有限的有的本性爲潛能。

潛能是可以存在也可以不存在，實際的存在則是現實。潛能當然不是虛無，若是虛無，便根本不能存在，實際的潛能常附在一實體上，由外在的動因而成爲現實。

附加在一實體者稱爲附加體或附體，支持附體者則爲自立體。自立體常爲個體，個體和個體，互相分別。

宇宙萬有都爲個體，「實有」則爲一，於是有一和多的問題。古希臘的巴曼尼得斯曾主張絕對的一元論，以實有祇有一個，所謂多，則祇是一種現象，而不是實有；這是否認人們的經驗。古希臘的赫拉頡利圖却主張絕對的多元論，中古的唯名論和現近的現象論也有同樣的主張，以實有都是多而殊的個體，共相祇是理智的構想，便否認「共名」的邏輯價值。

但是經驗告訴我們兩椿事；宇宙萬物有多也有一。我是我，你是你；然而我和你都是人；因此有多有一。

「實有」對於宇宙萬物都有類比的意義，因為一切萬物都是有。「實有」怎麼分成了多呢？即是「多」是怎麼樣成的呢？從「有」的本身說，「有」是無限的，是純一的；從「存在」方面說，「有」在實際上有了限制，限制便是來自存在。

凡是多都是有限的有，有限的實有之限制，來自實際的存在，因此本性（本質）和存在，互相分別，乃是「有」受了限制而成為有限的有之第一個理由。

但是我們再問有限的有因着本性和存在的互相分別，祇受了限制，然而為什麼這個限制竟五花百門，使有限的有互不相同呢？

在一與多之中，有大類之一，有小類之多；又有小類之一，有個體或單體之多，這些一與多的理由，則在於物性了，即是在物性之內，具有初步的質與在的分別，也就是玩物的本性由兩項元素而成。宇宙內的有限的有，所有本性都是由「元質」（Materia prima）和

「元形」(Forma essentialis) 相合而成。元質和元形互相分別而不相分離，元形限制了元質，以成一類之本性。元質可以視爲質，元形可視爲存在。

元質元形相合而成一類性，性和存在相合而成一實體。實體爲單體或個體，單體有個性，個性係附加體，和存在一起加在本性上，有的個性還是後來加上去的。

後來加上的附加體，使實有體起變化；變化爲「存在」的重要現象，也是宇宙間的普遍現象。宇宙間沒有不變之物，凡所有之物都繼續變化。於是有些哲學家便以爲宇宙間祇有變化，中國以往講宇宙之變，古希臘的赫拉頡利圖以宇宙因火而成，常在變動。近代的黑格爾和馬克斯在兩不相同的體系裡主張宇宙祇有變動，這些哲學家祇注重變，以變爲主體，忽略了變爲附加行動，應有主體。

變化爲實有體的行動，由起點到終點，起點和終點可以在自體可以在外體。終點在自體又可以在自己的存在，可以在自己的本性，可以在自己的附加體。

在變化中有三種現象最重要：一、變化常使主體起新形式，變化是由潛能而到現實。

三、變化要有動因。

由「實有」本身意義去看，變化是實有，因爲變化是實在的，否則沒有變化。而且由變化所有的新結果，或者是新實體，或者是新附加體，也都是實有。這樣看來，似乎沒有變化的特殊意義了，即變化已經不是變化。不過，這是從「實有」的抽象意義去看，若從「存在」方面去看，變化使存在有新的方式。

因此，形上學講實有和變，便是講宇宙萬物的最高理由，宇宙間充滿「實有」，充滿「變化」，而每一物在自己的根本上也祇是「有」和「變」。多瑪斯從感覺經驗看到「有」和「變」，由具體的「實有」和「變化」，肯定了「有」和「變化」的意義和理由，解釋了宇宙萬物的最高理由。

四、形上學的原理

「實有」和「變化」既是宇宙萬物的最後或最高基本，從「實有」和「變化」研究出來一些基本關係，便可以得到形上學的原理而成為哲學定律；這些定律應當是哲學上爲解釋各種宇宙現象的準繩。

「實有」的第一項關係，在於每一個實有是他自己，例如我是我，你是你，我不能是你，你不能是我。這項關係構成同一律。

「實有」的第二項關係，在於「有」不能同時又是「無」；例如我不能同時有我同時又沒有我。一物不能同時有同時又沒有。這是所謂矛盾律。

「實有」既然有，必定有所以然的理由，若沒有充份的理由，「實有」便不能有。這是所謂適當理由律 (Ratio sufficiens)。

在適當理由中最重要的理由，爲動因，有限的有爲自己的有和爲自己的行動，都應有動因；這就是因果律。

既然宇宙間都是「實有」和「變化」，而有限的有爲自己之有和變化都要有動因，因此因果律乃成爲形上學的最重要的定律。

因爲因果律，多瑪斯的形上學乃升到宇宙的第一動因或最高動因，即是天主。亞里斯多德雖講論絕對的實有，但很少講到絕對實有和有限實有的關係，多瑪斯則論到創造。

多瑪斯論天主創造萬物，不僅由神學的理論去講解，也是用形上學的理論去解釋。有限的有不能自己存在，必定要由絕對之有而使有限的有實際存在。絕對之有具有「有」之全部意義，即自有一切，在自己以外不能另有任何物。天主爲創造萬物，便沒有別的物可以利用，祇能由無中造物。所以創造是由無中生有。由無中生有祇能由絕對之有去行，有限的有不能做。絕對之有可以使無成有，也可以使有成無；有限的有則祇能使「實有」的存在方式起變化。絕對之有創造萬物，由無生有，所以一切「實有」的理由，是在絕對之有自己以內。

有限的有之存在理由，乃是自己的本性，凡一實有都是有自己的理由，都是他自己；因此，「有」便是「眞」，沒有一個「實有」可以在本性上是假的，絕對之有——上主天主爲絕對之「眞」，有限的有對於自己也是有限之眞。這樣「有」等於「眞」。

「有」既是「眞」，「眞」是「善」，「假」纔是惡；於是每一「實有」在自己本性上都是「善」。

「善」是「眞」，「眞」是具有自己應有的理由，具有應有的理由即是自己爲一完滿之有。完滿之有爲「美」；因此「實有」也是「美」。

有限的有所具的眞、善、美，來自本性，本性來自絕對之有。絕對之有爲絕對的眞、善、美；有限的有乃爲有限的眞、善、美。因此，宇宙間的眞、善、美，都是有限的，而不能是絕對的。

五、結　語

羅素在所著的哲學史上說亞里斯多德的形上學，是一種近乎人情的通俗形上學。我們對於多瑪斯的形上學更可以說是近乎人情的形上學。

多瑪斯的形上學由感覺經驗出發，以經驗爲基礎。我們人的第一個認識經驗，不是外面有些東西嗎？這就是「有」。中國古人不常說宇宙萬有嗎？這就表示「有」爲最普遍的觀念，也是最基本的觀念。

我們中國詩人常說花開花落，這代表宇宙萬有不是常有，既不是常有，便不是絕對的有而是有限的有了，有限的有今天在，明天不在，存在便不是牠的本性。我們講中國哲學，總覺得莊子的「齊物論」不近人情，是非不分，同時可以是是又可以是非。我們人情之常，在於是是是，非是非。亞里斯多德和多瑪斯的形上學原理，不就是這種合乎人情是同一律和矛盾律嗎？

若是說有果而沒有因，則更不合乎人情；或者說果可以知道，原因則不能夠知道；中國人會譏笑他是愚笨。形上學的因果律乃是一項普遍的定律。

當然現在是科學昌明的時代，一切該以實驗爲準；形上學的觀念和學理，沒有實驗的證明；所以現代人以爲形上學乃是玄虛的空談，但是，現代談科學的人，却又大談科學哲學、法律哲學、政治哲學、歷史哲學……等等哲學。他們都覺得科學的智識，祇能講事物之當然，而不能講事物的所以然；而且科學智識太散，又太狹，必定要有思想系統去聯繫，這些思想系統都是形而上的哲理。近代和現代反對中古形上學的哲學家，他們自己把各自的哲學主張作成了形上學，認爲確實是眞理，牢不可破。洛克有洛克的實徵派形上學，唯心論的康德和黑格爾有他們自己的形上學，唯物辯證論的馬克斯也有自己的形上學，至於存在論，現象論和數學邏輯以及語意邏輯，都各有其形上系統，沒有形上學就沒有哲學，沒有形上學也不能推理。胡適之崇拜實用主義，主張一切都要拿證據來，而且要拿經驗的證據；這就是他的形上原理。

形上的思想，在各派哲學派別中非常複雜。我認爲多瑪斯的形上學很近人情，很簡單明瞭；而且跟中國的形上思想比較近。我祇要拿朱熹的形上思想，就可以看到跟西洋各派形上學，除多瑪斯的形上思想外，沒有相近的。

當然多瑪斯的形上思想，有一個嚴密的系統，有很精密的線索，有很高深的理論，中國哲學上的形上思想則很散漫，很籠統。兩者的出發點不同：多瑪斯的形上學研究「有」，中國形上學思想則講「變」。研究「有」，看來很懸空，不接近實際；研究「變」，則很混亂不清。假使我們能把兩者聯合起來，以多瑪斯的「有」，來補充中國形上思想的「變」，使有固定的本體，則中國的新形上學可以清楚明確，又可以切近實際。

民國六十四年二月十四日天母牧廬

聖多瑪斯哲學對於中國哲學的可能貢獻

歐洲中古哲學泰斗聖多瑪斯生於一二二五年，逝世於一二七四年，今年爲他逝世的七百週年，各國哲學界都有紀念的集會和講演，我國天主教哲學教授於九月二日和三日，在輔仁大學集會紀念，研究聖多瑪斯哲學對於中國哲學可能有的貢獻，他們邀請我作一篇講演。這篇文章就是這次的講演稿。當時參加研究會的十幾位教授，對於聖多瑪斯的哲學都相當熟識，用不着我向他們詳細介紹；但是把講稿在雜誌上公佈，可能使一般讀者，不能明瞭聖多瑪斯哲學思想的來龍去脈；我覺得有點抱歉。

一、聖多瑪斯的哲學思想

1. 傳　略

聖多瑪斯爲義大利人，於一二二五年生於拿波里附近的羅卡色卡鎮（Rocca Secca）。家爲貴族，父襲亞奎納伯爵職。聖多瑪斯少年入拿波里大學，攻讀哲學六年。二十歲時，進道明會修行。次年，赴巴黎大學，往德國科倫大學，受敎於聖大亞爾伯（St. Albert Great）。二十八歲時，回巴黎大學任講師，後五年，經大學審查，取得敎授資格。三十五歲時，回義大利，在波羅讓大學（University of Bologna）和拿波里大學先後任敎，著書立說。一二七四年元月，奉敎宗額我略十世命，赴法國里昂出度大公會議，道至羅瑪附近，臥病於苦修院中，於三月四日，逝世。

聖多瑪斯的著作，分哲學神學兩部份：神學部份最重要的著作，有神學大全（Summa Theologica）、駁異大全(Summa contra gentiles)辯論問題(Quaestiones dispuatae)；哲學部份有亞立斯多德註疏（Commentarium ad Aristotelem），論有及性（De ente et essentia）。

在聖多瑪斯以前，亞立斯多德在歐洲不大爲人所知，歐洲人所知道的希臘哲學家是柏拉圖，天主教的第一位大哲學兼神學家聖奧斯定，就是柏拉圖派的學者。在聖多瑪斯時，亞刺伯學者將亞立斯多德的著作譯成亞刺伯文，亞刺伯哲學家亞委洛（Averroes 1126—98）在西班牙講述亞立斯多德多有偏見。聖多瑪斯的朋友威廉（William of Moerbeke）從希臘文的亞立斯多德著作，譯成拉丁文，供聖多瑪斯的研究，他在一二六九年到一二七一年間，寫成亞立斯多德註疏，講明亞氏的思想，並表明自己的意見。

但是在聖多瑪斯的神學著作中，充滿哲學思想；因爲他用哲學爲基礎，以解釋敎義，建立了神學系統。他的神學大全，就是正式使用亞立斯多德哲學講解神學，開天主教會神學的途徑，天主教會在他以後七百年內，常遵循這條路線。

聖多瑪斯在天主教會的權威，有如朱熹在中國所有的權威。中國從宋代以後，四書爲必讀的書，四書的註譯必以朱註爲主。而朱熹的思想，頗有似於聖多瑪斯的思想。但是聖多瑪斯的哲學在歐洲思想界，影響更大，士林哲學派奉他爲導師。

2. 形上學

亞立斯多德的哲學著作分爲四部份：理則學，自然哲學，形上學，倫理學。四部的思想雖相連貫，但並沒有以形上學爲中心。

聖多瑪斯的哲學思想，則以形上學爲中心；形上的哲學思想，又以「有」爲中心。形上學追求萬有的最高理由，萬有的代表爲「有」，聖多瑪斯便研究「有」。「有」是理智對於外界客體所有的第一概念。這個概念不是普通所說的最後的抽象概念，好像是由理智從外面客體中把各種特性都捨棄了，最後抽出了一個最單純的抽象觀念。實際上「有」是人對於外界客體的認識，所有的第一個概念，這種概念很朦朧，很不清楚，包括一切。以後，理智對於客體加以分析，認識更清楚，乃有各種別的智識，別的觀念。

既然這個「有」的概念成立了，理智馬上就體會到這個客體是一種實有，由實有馬上又體會到這個客體可以不有。聖多瑪斯所建立形上學系統的中心思想，即是「行」和「能」，或「成」和「可能」(actus et potentia)。

凡是「有」，都是「成」，即是已經完成的有，它不能是無，這就是矛盾律：有，不能同時又是無。

凡是「有」，雖是完成的有，但是沒有完成以前，尚不存在。這種「有」乃是有限的。有限的有，在沒有完成以前，是可能之有；這種「有」乃是有限的有。有限的有，在沒有完成以前，是可能之有；這種有便包含能，即可能存在在能。既然包含能，有便不是純淨之有。聖多瑪斯乃主張性和存在互有分別。

由能而到完成，一定要有相當的理由；不然怎麼樣由可能而進到完成呢？這就是「有」的相當理由定律，由這個定律便到因果律。

藉着因果律上溯到絕對之有，絕對之有爲「有」的整體內容。絕對之有是有「有」所有的含義，爲整個之有，又是整體的成。沒有不存在的一刻，沒有可以消滅的一刻，因此便不含能，爲一純淨之有。

聖多瑪斯講到絕對的有，是由有限之有上溯到絕對的有，而不是由有的概念，肯定絕對之有的存在。因是若說「有」的概念從本身上說，是沒有限制的，是整體的，因此便應該有一個整體之有的實體；那麼別的概念，譬如人，馬，白，謙遜，都應該有一個完全的人，完全的馬，完全的白，……那就是柏拉圖的思想了。

「有」的概念建立了，「成」和「能」的分別肯定了，聖多瑪斯便奠下了他的哲學思想的基礎；他的哲學系統都用這兩條線索去貫通。

3. 自然哲學

自然哲學所研究的爲「變易」，宇宙間的一切都有變易。物有生有毀，人有生理和心理的行動。

爲能解釋變易，聖多瑪斯根據「成」和「能」的原則去說明。成是單純的，能是複雜的，例如生命，生命的能，包含許多原素，在這些原素齊備時，生命突然實現了；中國易經和莊子稱之爲幾或機，神秘不可測。能在物內，爲性，性由理（Forma）和質（Materia）而成。成或行既不可說，聖多瑪斯乃詳細講解「理」和「質」。

人的行動以心理之行爲人的特點，生理之動在獸和人，沒有分別。心理之行，以理智的知識爲主。聖多瑪斯對於知識的形成，詳加說明。由感覺而有印象，印象反映到理智，理智自動採取動作而完成知識。

意志的行動也是人的特點；由意志的行動而到自由，由自由到責任，由責任而到倫理善惡。在自然哲學以後有倫理哲學。理智和意志的行動，發自人心，人心爲靈，爲精神，永久常存。人心藉人體而行。人心人體合成一個成全的自立體，稱爲有位格之人。

4. 神 學

哲學向上追溯，追溯到絕對之有。對於絕對之有，人祇能知道祂應該存有，但是對於祂的本體，則沒有知識。人既不能以有限的理智認識絕對無限之有，也沒有名詞可以予以解釋。所以絕對之有——天主，不可名，不可言。然而絕對之有卻自己告訴我們一點，關於祂的性和行，即是天主教會所稱的啓示。得了啓示，我們相信，啓示成了信仰的對象，稱爲教義。神學就是以哲學的原則，解釋教義，使之成爲系統化，成爲一種學術。

聖多瑪斯講論神學上的問題，所用的常是有行，能，性，位格，理，質，幾個基本觀念。他用這個觀念貫通一切。使他的神學系統非常嚴密，內容非常明瞭。每一個術語，有確實的定義；每一次解釋，有嚴整的推理方式；而且不枯燥之味。整套的神學更是人生哲學的基礎和引導，引導人由倫理生活進入和天主——眞善美的實體相合的生活，造成神秘的幸福。

聖奧斯定的神學著作，充滿詩人的熱情；聖多瑪斯的神學著作，充滿講道者的熱忱。兩位都是聖人，如莊子所說的至人，在一切事物事理上，看到絕對之有。心不拘在物內，而遊於宇宙之上，冥然與天主相接。然而並不以萬物爲虛，也不以知識爲空。他們所抱的主張，爲中庸的實有論（Moderate realism）。

二、中國哲學

1. 共同特點

中國哲學從大致上說，有儒道佛三家，各家的思想都不相同；然而在主要的觀點上，則有相同之點。

第一，中國哲學以人生為中心，各家哲學都在追求人生的美好，人生的美好則在於精神生活。儒家以仁道為基礎，建立倫理道德的精神生活，終止於參加天地的化育。仁的來原，來自人性天理，天理乃天地變易之道。因此，形上學和倫理學相連貫，好似天地人三才，而以人為中心。道家主張無為無欲，人心不牽繫世物而遊於方外，冥然與「道」相合。無為無欲，乃「道」法自然的原則，「道」為人生之始，又為人生之終。佛家以萬法為空，明心見性，性為唯一實在的眞如或眞心，人生的目的在於入涅槃和眞如相合。八識的唯識，戒律的修行，禪觀的成佛，都在於引人破除迷妄，以入涅槃。因此，人生在中國各家哲學裡成為中心主題，連貫各方面的思想。

第二，中國哲學重在研究自然哲學的變易。人生是連續的變易，社會更是變易的歷史，宇宙一切也沒有不變的存在。中國哲學便注意「變易」的現象，深加研究。儒家在易經裡研究了宇宙變易的原則，「易有太極，是生兩儀，兩儀生四象，四象生八卦。」(易，繫辭上，第十二)漢人以五行代替四象八卦，宋朝理學家乃講，太極，陰陽，五行。儒家沒有說明太極、陰陽和五行的本性，祗講到三者互相連貫的變易。宇宙變易的目的在於創造生命，生命的意變在人的生命裡，完全實現。因着生命，宇宙萬物聯合成爲一體，一體的表現在於仁，張載乃主張民物同胞，王陽明主張一體之仁。

道家的哲學更是以變易爲重點，「道」自化自生，常化不息，因着自化之德，「道生一，一生二，二生三，三生萬物。」(道德經第四十二章)萬物有生有毀，如同日夜相繼續，莊子以成和毀，通而爲一。『凡物無成與毀，復通爲一。』(齊物論)

在講變易的哲學上，儒道有相同的一點在於以氣爲天地萬物的構成素，氣的本性是動的，陰陽兩氣由動靜而成，動靜互相繼續。陰陽相合而成物，則物的本體內就含有動靜的變易。

佛教似乎以靜爲主，視萬法爲空，用坐禪以求心的平靜；但是佛教的哲學，以唯識爲起點。因行而有種子，種子藏在阿賴耶識，因有漏種子而誤以無爲有，造成色執我執。有了我執，人乃輪廻不止。宇宙的變易，也由識所造成。因此佛教的哲學思想，也是由變動以求靜止。華嚴宗的三觀，天台宗的止觀，禪宗的心法，都主張一切圓融，在虛靜中求解脫，有如道家的至人。

中國哲學講變易，在自然哲學以內，儒道佛雖各講到太極、道、眞如，和人性的理氣，都不是由「有」的本體去講，沒有構成形上學系統。

2. 共同精神

中國講東西文化的學者，常常以西方文化爲物質文明，東方文化爲精神文明；又常以西方文化爲自然科學的文化，東方文化爲人文科學的文化。這種論調可以有一部份的理由；然而並不完全正確。同樣，若說西方的哲學重在玄想，抽象而不着物；中國哲學重在具體生活，沒有抽象觀念，也是不正確的評判。

中國儒道佛三家哲學的共同精神：第一，注重實有；第二，重在領悟，不重推理；第三，重意志，不重理智。

第一、注重實有，共產黨現在給孔子，老莊，和佛教的各宗，都加上唯心主義的頭銜。當然，若按共產黨分天下思想爲唯物論和唯心論兩派，唯物論又是馬克思的唯物思想，當然，中國儒道佛的思想便盡是唯心論了。但是在哲學史上唯心論的名詞所包括的範圍並不廣，儒家和道家必定不是唯心論，就是佛教也不可以列在西洋所稱的唯心論裡。

中國儒道佛三家的哲學思想，最重實在的物體，思想的出發點，是實際的物體，易經說伏羲造八卦，『仰則觀象於天，俯則觀法於地，觀鳥獸之文與地之宜。』（繫辭下第二）孔子曾說：『余欲無言。子貢曰：子如不言，則小子何述焉？子曰：天何言哉，四時行焉，百物生焉，天何言哉。』（陽貨）孔子由實際的現象而體會到天道的至理。老莊雖喜歡談不可見的「道」，可是他們所講的却都是天地的實際現象。佛教以萬法為空，然而出發點，乃是人生的生老病死所生的苦痛。而且中國文字的六書，以象形為首，由象形的文字，中國人的思想也重在形色的宇宙。

中國哲學裡沒有認識論，祇有佛敎的唯識論。儒家道家在認識方面常以名有實，承認人的知識有客觀的內容。即使佛教以萬法皆空，然而人所認識的對象，還是在理智以外的客體。因此中國哲學都可以稱為實在論。

第二，中國哲學重在領悟，不重推理。中國古代的哲學思想書，沒有一册是系統的著作，都是收集一篇一篇的文章。這些文章裡雖然也有長篇說理的文章，例如莊子和荀子的書，可是都沒有使用邏輯的方法，嚴整地推論，而是把一些道理說出來，讓人去體會；不必說論語，老子，孟子，和宋明的語錄是這樣的作品，就是莊子的長篇大論，也需要體會。一個名詞的意義很難一定，例如論語所說的仁。

這種注重體會的精神有其優點，有缺點。優點在於文章的活潑生動，有文藝之美，讀起來不乾枯，令人發生興享的美感。眞正能體會的人，可以深深明瞭作者的用意和精神。缺點在於沒有邏輯系統，觀點凌亂，意義不明。因此，中國哲學沒有邏輯理則學，也沒有邏輯方法。

第三，重意志，不重理智。我說儒道佛都不是唯心論，可是都以心爲重，而在心所重的，不是知識，而是意志；即是心爲主宰。

儒家在孔子的思想裡，已經可以找到看重心的主宰作用，曾子說『夫子之道，忠恕而已矣。』（里仁）忠恕爲仁，孟子乃以『仁，人心也。』大學說：『大學之道，在明明德。』（第一章）中庸講誠，宋朝理學家便以明德爲人心的天理，誠即人心的中和。陸象山和王陽明多以心外無理。這是儒家一貫的看重人心，使人心動時能守天理。人心之動，由心自已主宰，所謂誠心，正心，以至於浩然之氣，窮天地的化育，都是注重意志。

道家的老子講無爲，莊子講心齋，達到棄聖絕智的程度，以心的知識爲小知，爲愚笨。道家最看不起心的智識。道家所重的則是排除一切智識，心和天地之氣相融洽，心不知，不貪，靜而虛。這種境界，由心的意志去造成。

佛教主張明心見性，很直截了當地否認一切知識的價值，稱知識爲無明。幾時人心除去了一切知識，靜對心中的眞如或佛，深入涅槃，人心便『常樂我淨』。

這種重心的意志而不重知識的精神，使人心對於生命懷有興享的精神。人心爲虛靈，爲精神；人心所興享的人生，乃爲精神的人生。因此，中國文化乃顯爲精神的文明。可是對於科學的研究，乃有所輕視，鄙之爲技術，不足稱爲智慧。

三、聖多瑪斯哲學對於中國哲學可能的貢獻

1. 理則學和認識論

現在我們處處喊使用科學的方法，研究學術也要有科學方法。那麼，中國古代哲學在理則學方面和認識論方面，我們要仿效聖多瑪斯講論哲學和神學的方法，嚴密地使用理則方法；理則方法就是科學方法。目前臺灣有些哲學教授在介紹提倡數學邏輯和語意學邏輯，這些邏輯方法有本身的價值，爲檢討一種評判的正誤，很有助益。但是基礎的邏輯方法，還是亞立斯多德的理解學。聖多瑪斯註解了這種理解學，也運用了這種理解學。我們若想整頓中國的哲學思想，若要建立新的中國哲學系統，必定不能不用理則方法。

有的學者說，中國的推論方式和西方的推論方式不同；據我的研究，中國的推論方式多用體會，西方的推論方式多用推論；然而體會並不排除推論。我們要用推論方式去補充體會的方式，以避免可能的誤解。

在認識方面，中國哲學的精神，旣注重實體，承認名有其實，和聖多瑪斯認識論的精神相合，同爲實在論。祇是在說明認識的成因和過程，中國哲學缺而不言，西洋現代哲學所謂實徵論，所謂唯心論，所謂懷疑論，都爲研究認識而產生。這些學說在中國近幾十年裡也曾受人崇拜。我以爲最適合中國哲學精神的學說，還算聖多瑪斯的認識論，我想這種認識論可以補中國哲學的缺點。

2. 形上學

在中日戰爭以前，中國大陸所傳的西洋哲學思想，是一種反形上學的思想，跟隨歐美一時的風氣。這種風氣在臺灣前幾年因着數學邏輯和語意邏輯的宣傳，仍舊繼續存在。近年，因存在論普遍受到歡迎，形上學乃被重視。但是所重視的是具體的形上思想，而不是抽象的形上學，因此，聖多瑪斯的形上學，還是被人視爲中古懸在空中的形上玄想，不着實際。究其實，聖多瑪斯形上學的「有」，並不是抽象的空虛概念，而是對於實在沒有加以分析的概念，後代的士林哲學家纔把這個概念變成了抽象的空洞概念。聖多瑪斯對於「有」所講的特性，所講的「成」和「能」，「理」和「質」，也不是懸空的概念，而是就實有而論「有」，就和中國哲學講理和氣，性和質，也是據物而論物。

在形上學方面，中國哲學所有的部份，是講萬有的最高因素，即是太極和道。但在西洋哲學看來，這一部份也是屬於自然哲學，因爲是講論變易的哲學。我們則認爲中國哲學的這一部份，和西洋哲學宇宙所講的物之因素不同，應歸之於形上學。中國形上學是爲倫理學構成形上基礎，不過，中國哲學祇就變易而講變易，不講「有」的本身；因此講變易時便發生許多互相矛盾的問題。例如一種混迷不清的『道』，乃是自生的最高實體，又能化生萬物。又如氣又是精神又是物質，這些問題，可能應用聖多瑪斯的形上觀念，予以釐淸。

3. 人生哲學

中國哲學注重人生，而且與享人生，既有倫理生活，又有神秘的精神生活，使中華民族五千年來，鑄成了自己的人生觀。這種人生觀，爲現世的人生觀，爲安定的人生觀，爲中庸的人生觀。由日常生活的道德，上達天人合一的妙境。但是天人合一的思想，常滯留在與天地合其德，在與道同遊，在入涅槃，都滯留在自然界以內，因爲缺乏超越自然的最高之神。

儒家雖然信上帝，然祗在於敬天，而沒有達到和上帝相參的生活。

聖多瑪斯的哲學升入神學，以哲學解釋信仰，以信仰光照哲學，使人生能有始有終，在神人相合的境界中，完成人生的幸福。這一點雖要求有宗教的信仰，但在形上哲學裡可以上溯到宇宙最高根由的上帝。歐洲現在的存在論哲學家，就有人從這條路上走。聖多瑪斯的人生哲學便可以使儒家哲學保持上帝的觀念，而加以釐清。又使天人合一的思想，獲得更圓滿的解釋。

四、後　語

上面所說的三段，是我對於本題的一點淺見，粗枝大葉，爲專門哲學的人似乎太淺，爲普通一般的人似乎太深；然而大致可以爲大家所明瞭，而不是艱深苦澀的哲學。歐美許多哲學家的思想，在中國都有人介紹，或受人崇拜。中古大哲學家聖多瑪斯在中國哲學界還沒有受重視，今後我們天主敎哲學敎授，對聖多瑪斯應盡這一份介紹的責任。

民國六十三年八月廿九日天母牧廬

太極•道•第一實有體

現在研究東西文化的人，常講東西文化的精神，常以東方文化是重精神，是重整體；西方文化是重物質，是重分析。我不否認這種看法有相當的正確，但是我也要批評這種研究過於淺薄，過於籠統。我們研究東西文化要深入研究東西文化的根基，然後再談兩者的異同。文化的根基，乃是宗敎和哲學；科學的智識則是文化的花果。

我們現在拿東西哲學的最高觀念，加以分析研究。東西哲學的最高觀念，是形上學的太極、道，和第一實有體。太極爲儒家形上學的最高觀念，道爲道家形上學的最高觀念，第一實有體是士林哲學的形上最高觀念，這三者有相同之點，有不相同之點。

一、太　極

太極的名詞來自易經，太極的形上思想也出自易經。但是易經對太極講得很少，漢朝陰陽家和道家乃以許多沒有哲學價值的道教思想，附會到太極的觀念上去。我們只要翻開太平御覽的太極一條，就可以看到這些附會的話。宋朝理學家周濂溪和朱熹擺脫漢朝的陰陽家言，以哲學的觀念去講太極；然也沒有多加發揮，當代學者唐君毅先生在所著的中國哲學原論，以一百頁的篇幅討論了太極問題，獨到之處很多；然所講的在於解釋周子和朱子的太極論，對於太極本身，所說尚少。（註一）實際上太極在儒家形上學中雖不像『氣』和『陰陽』那麼重要，而氣和陰陽的本身，則以太極爲根基。

1. 太極爲宇宙萬物之元

易經說：『是故易有太極，是生兩儀，兩儀生四象，四象生八卦。』（繫辭上，第十一）

太極的名詞出於易經，用這個名詞究竟有什麼意義呢？極字的本義，按說文解字詁林，解爲棟，居屋之正中；解爲高之極至；解爲窮盡，解爲終。（註二）

虞翻注易太極爲太一。漢書「律曆志」曰太極元氣函三爲一。極字解爲一字。宋朝陸象山和朱熹兩人對於周濂溪的太極的爭論，也是朱子以極爲至極，陸子以極爲中。

太極名詞的解釋，在哲學上沒有很大的影響；太極的意義，則就影響很大了。易經的太極，爲宇宙萬物之元，但是這一種思想在漢朝並不清楚。我們翻開太平御覽天部一看，上面列的目錄是：元氣，太易，太初，太始，太素，太極。(註三)這個排列的次序，代表一種宇宙論。列子說：

『子列子曰：昔者聖人，因陰陽以統天地，有形者生於無形，則天地安生？故曰有太易，有太初，有太始，有太素。

太易者，未見氣也。太初者，氣之始也。太素者，質之始也。氣形質具而未相離，故曰渾淪，渾淪者，言萬物相渾淪而未相離也。』(列子天端篇)

太平御覽的次序，乃是列子的次序，按照這個次序，太極乃是位居第六了。而且在這個次序裏，太極和別的幾個名詞：太易，太初，太始，太素，只是元素的五個名詞，代表元氣變化的五個階段，五個名詞所指的實體，同是一個元氣。

這種陰陽家的思想不是易經的思想，易經簡單地說：『易有太極』，由太極生兩儀，四象和八卦。宋朝周濂溪畫太極圖則以太極生陰陽，陰陽生五行，五行生男女，男女萬物。萬物便是由太極而生。易經雖不說萬物，但是六十四卦代表萬物，六十四卦乃由太極而生。

漢朝人注易，常滲以陰陽家和道教的思想，韓康伯注易，以太極爲『無之稱也。』說文釋一字說：『惟初太極，道立於一，造分天地，化成萬物。』馬融以太極爲北辰，爲太乙或太一神所居。史記正義說：『泰一，天帝之別名。』史記「封禪書」說：『天神貴者太一。』這些思想雖不合於易經的本義，但都表示太極爲宇宙之元。

傅玄風賦說：『嘉太極之開元，羡天地之定位。』

阮籍通老論：『道者化自然而爲化，侯王能守之，萬物將自化。易謂之太極，春秋謂之元，老子謂之道。』

董仲舒說：『謂一元者，大始也。』（春秋繁露，玉英）

但是易經元字，却不指着太極，而指着乾。乾卦的爻辭說：『乾，元亨利貞』。象曰『大哉乾元，萬物資始乃統天，雲行雨施，品物流行。』元字又用之於坤，坤卦的爻辭說：『坤，元亨利牝馬之貞』。象曰：『至哉坤元，萬物資生，乃順承天，坤厚載物，德合無疆。』

易經的乾坤，相當於中庸說：『天地之道，可一言而盡也。其爲物不貳，則生物不測。

天地之道，博也，厚也，高也，明也，悠也，久也。今夫天，斯昭昭之多，乃其無窮也。日月星辰繫焉。』（中庸第二十六章）

周易正義的疏說：『此既象天，何不謂之天而謂之乾者：天者定體之名，乾者體用之稱。」「蓋乾坤合體之物，故乾後次坤，言地之爲體，亦能始生萬物，各得亨通。』天地爲萬物之元，天地由太極而生；因天地爲乾坤，乾坤則是陽陰，陽陰爲兩儀，易經明明說：『太極生兩儀。』可見太極爲天地萬物之元。

2. 太極的本體

太極爲宇宙萬物之元，太極的本體是什麼？

甲　太極是實體

宇宙萬物之元，應該是實體；否則便是空話，因此，朱子說太極是理之極至，不能代表易經的思想。

『問太極不是未有天地之先，有個渾淪之物，是天地之理總名否？曰：太極只是天地萬物之理。在天地言，則天地中有太極；在萬物言，則萬物中有太極。』（朱子語類）

『太極非別爲一物，即陰陽而在陰陽，即五行而在五行，即萬物而在萬物，只是一

個而已，因其極至，故名太極。』（朱子語類）

理和氣不相離，天下沒有無氣之理，太極便不是先天地而有之實體。

乙 太極爲太虛之氣

太平御覽的天部以元氣爲首，太易，太初，太始，太素和太極，都是元氣的變化過程。但是元氣是什麼？太平御覽所引各書的解釋，却以元氣就是一種氣，多屬後期道家的思想。漢書「律曆志」說：『太極運三辰五星於上，元氣轉三統五行於下。』這樣一說，太極和元氣同在了，太極在天上，元氣在地上，完全不是哲學的思想，乃是陰陽家的附會。

太極爲氣之本體，氣之本體爲虛，張載稱之爲太虛之氣。張子說：

『天地之道，無非以至虛爲實。……天地以虛爲德。至善者，虛也。虛者，天地之祖，天地從虛中來。』（張子語錄）

『太虛無形，氣之本體。』（正蒙，太和篇）

『太虛者，氣之體，氣有陰陽屈伸相感之無窮。』（正蒙，乾坤篇）

氣之本體，沒有形像，不分陰陽，即是在分陰陽之先。陰陽由太虛之氣而生，這跟易經的『太極生兩儀』互相符合。氣之本體爲虛，虛和無相近，周濂溪在太極圖中乃以無極而太極。朱子解釋太極圖，盡力主張無極爲太極的註解，不是兩件，陸象山則反對周子的無極而太極，認爲老子的有生於無的思想，不是儒家的正傳。實則周子和張子的思想相同，只是說明太極的本體是虛無之氣。

以氣爲天地萬物的本源，乃是儒家一貫的思想，從漢朝到清朝，學者的意見相同，清朝的學者說得很清楚。王夫之，顏元，李塨，劉蕺山都有同一的主張。

劉蕺山說：

『盈天地間，一氣也，氣即理也。或曰：虛生氣。夫虛即氣也，何生之有？吾溯之未始有氣之先，亦無往而非氣也。』（劉子書卷第十一）

持不同主張的人，只有朱熹。朱熹主張太極爲理而不是氣。因此他主張理生乾坤，氣生天地。乾坤爲形而上之理，天地爲形而下之氣。但是按照朱子的主張，太極不是天地萬物之元，而是萬物所以成爲物之理，在萬物以內。有的天主教人士，認爲朱子所說太極爲理，和天主教以士林哲學解釋天主爲形上精神體相同，實際上則兩者完全不相同。因爲朱子主張理和氣不相離，太極不是先天地而有之獨立的理。朱子的理和柏拉圖的先天觀念也不相同，柏拉圖的先天觀念是獨立存在，朱子的理不獨立存在，而是和氣同在物以內。

丙　太極爲虛無

太極既是氣的本體，氣的本體是虛無，太極自身便是虛無，並不是不存在，而是說沒有形狀，不確定，乃是渾渾淪淪。

太極無形；形狀爲每一物體本性所有，太氣在氣成形以前。有形生於無形，因爲既然有了形，再變爲物，則物之形爲外加的，便不是本體的形了，物體沒有本形便不成爲物，就變成了佛教的思想，張載說：

『太虛無形，氣之本體。其聚其散，變化之客形耳。』（正蒙，太和篇）

太極的本體不確定；因爲不定，便可以變爲每件確定的事物。假使太極是確定體，便不能變易了。中國的宇宙本體論，是由不定變到定。唐君毅先生說：『故今日吾人所見之芸芸總總之萬物，其界劃若已分明者，溯其本原，應由界劃未分明者而生。……中國則有天地萬物生於一元氣或氣，或太初之混沌之說。而漢儒之謂太極爲元氣或氣，亦即將此型之思想，與太極之名辭概念相組合而成者也。』（註四）

太極生陰陽；太極虛無，不確定，乃能變易，在生身涵有一切變易之理。變易之理的最基本的，爲動靜之理，也就是正負之理。由動靜正負之變易便生陰陽。

『太和所謂道，中涵浮沉升降，動靜相感之性。是生絪縕相盪，勝負屈伸之始。』（正蒙、太和篇）

太極不完全是物質。在中國哲學裏物質和精神的分別，不像士林哲學那樣清晰鮮明，太極無形，按中國哲學的分類，太極便不是物，而是神。神不是宗教的神靈，只是本體論上的精神。

『太虛爲清，清則無礙，無礙故神。反清爲濁，濁則礙，礙則形。』(正蒙、太和篇)

然而太極之精神性，並不排除物質性，因爲氣分清濁，濁氣和清氣同是由太虛所生。

3. 太極的變化

太極生陰陽兩儀，兩儀生四象，四象生八卦，八卦生六十四卦。六十四卦代表萬物，萬物便是太極而生。

太極生萬物，生字怎麼解釋呢？生字不是從無中創造的意思，也不是父母生兒女的意思，而是普通所謂的產生。太極產生了萬物，萬物是太極所產生的；即是說太極是因，萬物是果。

太極究竟怎樣產生萬物呢？太極是產生變易而產生萬物。太極自身不定，常有變易，變易而生陰陽，陰陽相結合而成物。太極生萬物，不是直接生萬物，乃是間接由陰陽而生萬物。陰陽之氣在萬物以內，太極則不在萬物以內。朱子所說太極在萬物裏面，那是因爲朱子以太極爲理。

一物化了，再不存在，陰陽之氣相分離，回到太虛裏，就是回前太極。張子說：

『太虛不能無虛，氣不能不聚而爲萬物，萬物不能不散而爲太虛。循是出入，是皆不得已而然也。』（正蒙，太和篇）

這種聚散之道，便是易經所講宇宙變易的循環。易經最注重這種循環的原則，由天道用之於人事。

太極變易而生萬物，循環不息；這是易經所謂生生之易。生生之易，乃是太極變易的表現。儒家稱之爲天地之道，又稱之爲天地之化育。太極和萬物的關係，就是太極生生不息的能力，使宇宙間萬物生生不息。

唐君毅先生以生生之理解釋朱子所謂太極。朱子以太極爲理，唐君毅先生以朱子所說的理，乃是宇宙生生之理，這生生之理便是太極。（註五）但是生生之理只是太極變易之理和力，而不是太極本體。太極本體應是虛無而變易的太虛之氣。

二、道

道，是道家形上學的最高觀念，中外的學者都知道這個觀念的意思。儒家的太極，外國的學者不知道，中國的學者也少有人知道；道家的道則成爲中國形上學的代表，而爲外國學者所讚賞。這是因爲老子和莊子對於道有明瞭的解釋，不像儒家對於太極常多牽强附會；又因爲老莊把道當作人生的最高目的，有宗教的意味，和佛家的眞心或眞如相同。儒家的太極則和人生哲學關係很少。

1. 道是天地萬物之母

老子說：『有物混成，先天地生。……吾不知其名，字之曰道。』（道德經第二十五章）

我在中國哲學大綱曾說：『道，先天地生，而爲天地之始，萬物之母。這種先後，在理論上當然很明顯。天地萬物在本體上，對於「道」都有從屬的關係，先有道，然後纔有天地萬物。從另一方面看，天地萬物都是在時間以內。有天地，然後有時間。從天地的時間去說，道也是先天地生。』（註六）

可是道家是不是以道爲第一實體，在道以上，再沒有別的實體呢？漢晉的道家不以道爲第一實體。

嚴靈峯先生作道家哲學思想體系圖，圖上列擧體系爲：玄，自然，道，萬物。（註七）萬物由道而來，道由自然而來。自然由玄而來。玄是什麼呢？玄爲元一。老子自己曾經說過：

『道法自然』。(道德經第二十五章)『玄之又玄，衆妙之門。』(道德經第一章)但是嚴先生作體系的根據乃是列子所說的太易，太初，太始，太素。也是道家所說的體系；有，無，無有無，無無有無。我以爲這種思想和老子的思想不相符合。莊子說：

『夫道……自本自根。未有天地，以古固以存。神鬼神帝，生天生地。在太極之先而不爲高，在太極之下而不爲深，先天地生而不爲久，長於上古而不爲老。』(莊子，大宗師篇)

莊子雖只說『道』生天地，沒有說『道』爲最先的實體；但他說『道』自本自根，則按莊子的思想，『道』以上沒有別的根原。因此，道便是最先的實體。

道家所說的無有無，無無有無，和所說的有物，無物，無形，都是『道』本身的解釋。

2. 道的本體

甲、道爲實體

老子常稱「道」爲無，爲虛；然而虛無只是道的特性，而不是道的本體。道的本體爲實有體，老子明明說：『有物混成，先天地生。……字之曰道。』

乙、道無，道稱爲無，乃對於人的智識而言，即是人沒有認識道的能力；因此道不能爲人所知，對於人便可以稱爲無。『道』不能爲人所知，因爲道大無垠，超過人的理智力，人不能用一個觀念來代表他，不能給他一個名字。又因爲『道』是渺茫不定，無形無狀，本性不定。

丙、道的本體，虛靈深妙。

道的本體，極爲空虛。空虛即是無形無狀，不可見，不可聞不可博。老子說：

『是謂無狀之狀，無物之象，是謂恍惚。迎之不見其首，隨之不見其後。』（道德經第十四章）

然而在空虛之中，『道』是實體，有渾淪不定的形，有其本體，老子說：

『道之爲物，惟恍惟惚。惚兮恍兮，其中有象。恍兮惚兮，其中有物。窈兮冥兮，其中有精。其精甚眞，其中有信。』（道德經第十一章）

老子以『道』是本體是眞實的，不是虛構假想的；因爲『道』若沒有本體，沒有物，沒有眞，便不存在；既然不存在，還有甚麼可說？

道的本體很深淵，包藏萬有，老子稱『道』爲玄牝，爲谷神。

『道，盅而用之，或不盈，淵兮似萬物之宗。』（道德經第四三章）

『谷神不死，是謂玄牝。玄牝之門，是謂天地根，緜緜若存，用之不勤。』（道德經第六章）

莊子說：

『夫（老）子曰：夫道，於大不終，於小不遺；故萬物備。廣廣乎！其无不容也。淵淵乎！其不可測也。』（莊子，天道篇）

『夫（莊）子曰：夫道，覆載天地，化育萬物者也。洋洋兮大哉！』（莊子，天地篇）

道的本體，非常玄妙；因爲道的本身，恍恍惚惚，不能爲人所知；又因爲道的變化，無爲而無不爲，無欲而一切成功。道德經的第一章：『故常無欲以觀其妙，常有欲以觀其徼。此兩者，同出而異名，同謂之玄，玄之又玄，衆妙之門。』王弼注莊子說：『玄，物之極也。』『妙者，微之極也。萬物始於微而後成。』嚴靈峯先生說：「疑『極』下奪一『微』字。當云：『玄，物之極微也。』」（註八）我想玄和妙，應作爲靈妙神奇，不可推測。

『道』的本體既是虛無深淵，因此『道』的變化，神奇莫測。莊子說：

『夫子曰：夫道淵乎其居也，漻乎其清也。視乎冥冥，聽乎無聲。冥冥之中，獨見曉焉；無聲之中，獨聞和焉。故深之又深而能物焉，神之又神而能精焉。故其與萬物接也，至无而供其求，時騁而要其宿；大小，長短，脩遠，各有其具。』（莊子，天地篇）

老子道德經第十五章說：『古之善爲士者，微妙玄通，深不可識。』

『道既是虛，虛乃靈，靈乃妙，妙乃玄，稱爲玄之又玄，衆妙之門。』道於是不可捉摸，不可言，不可名，成爲一個最神奇的實體。

丁、『道』在老莊思想的意義。

唐君毅先生在所著中國哲學原論裏，曾講到『道』字在老子的思想裏有六種意義：虛理之道、形上道體、道相之道、同德之道、修德及生活之道、心境狀態之道。(註九)

唐先生討論怎樣會通這六種意義，認爲應以『形上道體』爲出發點：『吾人可由形上道體爲如何，言其相之如何？再由其體相之如何，以言其生人物時，其自身之玄德者如何，人物所得於道者如何；及人物之由道生而所得於道後，其存在所循之律則原理之實如何；以及人求更有所得於道時，其積德修德及生活之方術，宜如何；以使其心境與人境狀態合於道而具道相。斯則次第至順者也。』(註十)

實際上，儒家也講『道』。儒家之道，爲天地之自然律，稱爲天道地道，或稱天地之道，易經又稱爲乾坤之道。這種道就是唐先生所說的：『虛理之道』。儒家又講人道，聖人之道，君子之道。這種道就是唐先生所說『修德』和人生之道。儒家又講『誠』，『中和』，這種『道』就是唐先生所說的『心境』或人格狀態之道。

因此，可見道家之道的特徵，乃在於形上實體之道。道家所講的道以形上實體爲主，道相之道則是談實體之道的特性。於是道家因此稱爲道家。

至於玄學的名辭，起於魏晉，以指道術和道教哲學。『然老子書並未明以玄指道體，後楊子雲著太玄，葛洪著抱朴子，乃明以『玄』目形而上之道體。』（註十一）

3. 道的變化

道的本體虛無深淵，涵有自然變化之德，因着所涵之德，遂繼續變化而生萬物。

『道生之，德畜之，物形之，勢成之。是以萬物莫不尊道而貴德。道之尊，德之貴，夫莫之爲而常自然。故道生之，畜之；長之，育之；亭之，毒之；養之，覆之。生而不有，爲而不恃，長而不宰，是謂玄德。』（道德經第五十一章）

甲、道自動自化

道的變化，由自有之德而動，不由外力所發。道的動乃稱爲自然，稱爲獨化，也稱爲無爲。

『道法自然』，自然爲老莊的最高行動原則；自然是不得不動，是按本性而動。按本性而動，在『道』的變動則是自動自化，因爲『道』是自本自根。

道的變化爲自然，道的本身便是變動。一個恍惚渺茫的實體，本性便不固定，既不固定，當然是動。

道因自有之德而自化，使萬物循環相生。後來道教坐息之法，以呼吸眞氣而獨自變化，轉老還童，便是竊取這種思想而用爲長生之術。

乙、道的變化爲循環

道自化而生萬物；中間的過程是道生氣，氣變而有形，有形便有物；物的氣必定要散，氣散便是死，氣散仍歸於道；道繼續化氣而成物，物的氣在散後又歸於道，循環反復，周流不已。

莊子說：『變乎芒芴之間，變而有氣，氣變而有形，形變而有生，今又變而之死，是相與爲春秋冬夏四時行也。』（莊子，至樂篇）

一年的四季，互相繼續，一年過去，另一年又來，四季常是循環。人的死生，在莊子的心目中，沒有特別意義，只是氣的聚散，互相繼續。

『生者，假借也；假之而生。生者，塵垢也；死生相晝夜。』（莊子，至樂篇）

丙、道在萬物

『東郭子史於莊子曰：所謂道，惡乎在？莊子曰：無所不在。……至道若是，大言亦然。周徧咸三者，異名同實，其指一也。』（莊子，知北遊篇）

『道在萬物，沒有一物沒有「道」。莊子說周徧咸三字可以用之於「道」。「道」周在萬物，即是說一切萬物都有「道」。「道」徧在萬物，是說「道」普遍在一切物內，不分高下。「道」咸在萬物，乃是說各物之內咸在「道」。因此「道」在萬物，在各物內，又在各物的每一部份內。

『道究竟怎樣在萬物呢？在萬物之「道」，不是本來的「道」。老子明明說過：『道可道，非常道。』萬物是可道可名的，在萬物以內之「道」，必不能是不可言不可說的「道」。「道」爲無，萬物爲有；由『道』到物，有『道』之變。『道』變而生氣，氣成萬物，萬物變而歸於氣，所以說『道』在萬物，在萬物者爲由「道」而生之氣。氣既由「道」之變而生，氣有「道」之原質。由氣而生物，物內也有『道』之原質。而且萬物之變，是「道」的變，靠着「德」力而循環不息。因此，便說「道」在萬物。』(註十二)

而且萬物也是在「道」以內，「道」大若深淵，無所不包。「道」和萬物的關係，不像水源和河流一樣。河流的水，由水源發生，繼續向下流；河水和水源的水雖同是一水，但河水不在水源以內。「道」和萬物的關係，是和海中的水一樣，海水在海中滾來滾去，常是在海以內；萬物繼續變化萬物是在「道」以內變化。

三、第一實有體

第一實體，在士林哲學中爲形上學的最高觀念。形上學論「有」，「有」之成全者爲絕對之有，有了絕對之有纔有宇宙萬有，絕對之有爲一切萬有的根源，絕對之有便是第一實有體。

士林哲學把形上學分成兩部份或三部份；分成兩部份，即是形上學通論，形上學別論，在通論裏論「有」，在別論裏論第一實有體和受造實有體；分成三部份，則爲本體論，認識論，第一實有體論。因此，第一實有體的研究，是形上學的對象。

聖多瑪斯在所著的神學總論，第一册第一卷，就研究第一實有體。聖多瑪斯研究第一實有體是由神學立場出發，稱之爲「天主」；然而所用的研究方法，則是哲學方法。我們就綜合聖多瑪斯的思想，簡單明瞭地寫在後面。

1. 第一實體的本性

甲、第一實有體的名稱

聖多瑪斯對於第一實有體——天主，雖不像老子論「道」時以「道」爲不可言不可名之無，而以天主爲不可言不可名之無；但也說明天主的本性不是人所可以認識的，因此沒有一個名稱可以代表天主的本性。聖多瑪斯說：

『言語代表認識，認識代表物象。這樣就表示言語是要歸於用理智的觀念表現的事物。因此，凡一物可以由我們理智所認識，就可以由我們予以名稱。』（註十三）

天主的本性則不能被我們的理智所認識，所以我們不能用一個相稱的觀念去代表天主，也就不能用一個名詞去稱呼天主。

我們對於天主的認識，是由宇宙萬物去推論而得；宇宙萬物由天主所造，天主是因，萬物是果，由果以推因，我們由萬物的本性可以窺知天主本性的幾分特點；按照這些特點，我們可以用名字稱呼天主。舊約聖經曾記載摩西問天主叫什麼名字，天主回答說：『我是(自)有』。

在這個名稱裏包涵着：自有，第一有，常有和全有等等意義。

乙、自有：「『自有的實體』，指着一個實體是自有的，不是由另一實體而有的。所謂自有，是包括「自有的」整個的涵義。……但是「自有的」並不是說「自生的」，生的意義中，包括着原先沒有，後來生了。……『自有的實體』也不是說『自爲自因』；因爲『自爲自因』，是說自己所沒有的，自己又給自己。……自爲自因，乃是一個自相矛盾的名字，「自有的實體」，是沒有「因」的實體；他既然常常存在，當然不要「因」了……。」(註十五)

丙、第一有：『第一』的觀念，是從我們對於天主的認識去說。我們知道宇宙萬物由天主所造；因此無論從理論上或從時間上去看，天主是在一切萬物以先，便可稱爲第一實體。若從天主本性方面去看，天主是超出時間以外，沒有先後的可能。而且天主是唯一的，沒有另一天主來相比較，也就沒有同時或先後的可言。

但因爲我們談論天主，常從我們這方面去說，我們便可以稱天主爲第一實有體。

丁、常有：『自有的實體，是常有的實體，「有」或「存在」出自本性，他的本性就是有。爲什麼緣故呢？因爲「自有的實體」是完整的現實(actus purus)，沒有絲毫的潛能。所以從來不會由潛能而到現實，從來不會變化。「自有的實體」爲整個的「有」，爲完全的「有」。』(註十六)

「常有」便是無始無終，超出時間和變化以外，然而又不是死的或靜的，聖多瑪斯解釋常有爲『同時整個地完全享有無止境的生命』。(註十七)

「生命」爲「存在」中最高的存在，爲有的最高表現。有生命便有活動，有活動便有變化；那麼怎樣可以說天主沒有變化呢？但是中國哲學裏儒家和道家都講「無爲而無不爲」，精神的神妙活動，不像物質物的活動而起變化，天主的生命也就是無爲而無不爲。

戊、完全的有：完全的有也稱爲整個的有或成全的有。聖多瑪斯解釋說：

『古哲學家（亞立斯多德）曾說希臘有些哲學家，如畢達哥拉派和布樓西普（Pleusippus）主張第一實有體不是最好的有，也不是最成全的有；理由是在於希臘古哲學家們只想到物質性的第一實有體。物質物是物質物，是因爲是潛能；因此，第一實有體便應該都是潛能，而又是最不成全。但是天主說是第一實有體，不是因爲物質，乃是因爲是萬物之「動因」；萬物之動因則應是最成全的實體。』（註十八）

聖多瑪斯由潛能和現實來解釋第一實有體應該是最成全的有。萬有的動因，不能是潛能，也不能含有潛能，否則需要另一動因來發動，而不是第一實體了。第一實體爲萬有的動因，本身便該是純粹的現實，純粹的現實必定是成全的，本身再不會有變化。

己、最純淨的精神體。所謂純淨，就是不滲雜別的物體。一塊純淨的玉石，是純粹的玉，不帶有別的物質。第一實有體是純淨的精神體，絕不滲有物質。

純淨也指着不能分成若干部份，因爲本身不是由許多部份合成的。一幅純淨的絲織品，像是天工縫成，不能分割。第一實有體本身沒有部份，又不能分成部份，在第一實有體內，沒有潛能，沒有物質，沒有附加體。因此聖多瑪斯說明第一實有體爲最純淨的實體。假使第

一實有體由部份而合成，則需要另一原因使份子相結合，於是第一實有體便不是第一實有體了。（註十九）

2. 第一實有體和宇宙萬有的關係

甲、第一實有體創造宇宙萬有

第一實有體稱爲天主，稱爲神，從無中創造了宇宙萬有。

『創造，用之於神創造宇宙：第一、表示創造是神的一種動作。神創造宇宙，是用自己的一種動作使宇宙成立，不是由自身變化而產生宇宙。第二、表示神使宇宙成立，不用預先已經有的材質，完全是從無中生有。』（註二十）

第一實有體爲一最成全的「有」，沒有潛能，沒有變化；所以不能由自身的變化而產生萬物。可是，第一實有體爲純淨的現實，爲全能的動因。用自己的全能的動，便能創造宇宙。

我們人在活動時，能力越高，所用的工具越少。能力和工具成反比例。第一實有體爲全能之動，他的動力乃能不用材料和工具而造物。

乙、第一實體和萬物的關係是力的關係。第一實體創造宇宙是使用力，而不用自己的本質。因此，宇宙萬物的存在，托在他的全能之力中。宇宙是由無中生有，所有萬有的存在，不能站在預先有的物質上，而是站在第一實有體的力上，假使第一實體把自己的力收回去，宇宙萬有就歸於無了。

因此，在第一實體和萬物的關係上，只有力的關係，沒有本質的關係，第一實體創造了萬物，他的本質並沒有起變化。

丙、第一實體在萬物內　萬物的存在賴第一實體的力而存在，第一實體的力通貫萬物，從這一方面說，第一實體在萬物內。

第一實體既是純淨精神體，超出時間和空間以外，可是宇宙的時間和空間也是在第一實體以內，宇宙便也在第一實體之內。不過，這種存在，不是萬物在第一實體的本體以內繼續變化，攪亂了本體；因爲精神和物質各不相混；而是在第一實體的力以內繼續變化。

3. 第一實體爲一有位稱的神

甲、第一實體具有位稱

位稱在士林哲學代表一個有理性的單體，人有位稱，禽獸沒有位稱。西洋哲學以第一實體爲一具有理性之單體，具有位稱。

第一實體不能是一個渾淪的總體，成爲萬物的總滙。因爲第一實體旣是最成全最確定之有，則必定是一單體，而且是唯一的單體。

第一實體具有理性，由所造的人類可以推知。被第一實體所造的人，具有理智和意志，爲理性動物；創造人類的造物主，當然應該具有較比人更高的理智和意志，而成爲一理性的單體。因此稱第一實體爲全知，爲全善。全知全善即是至高理智和自由的表現。

在西洋哲學裏有所謂泛神論，以宇宙爲神，或以神和宇宙相混。泛神論的思想和亞立斯多德及聖多瑪斯的思想相違背，不承認第一實有體，或誤解第一實體的本性。

乙、有位稱之神

神是超於人的靈明，神是造物主。第一實有體旣是宇宙萬物的創造者，又是有位稱的純粹精神體，因此便是有位稱之神。

第一實體爲一有位稱的單體，而且爲唯一的第一實體，則創造宇宙之神只有一個。神是唯一的，不能有多神。若有別的靈明，應該都是第一實體所造，不可稱爲神。

創造宇宙萬物之神超出宇宙萬物以上。創造宇宙時用力而不用質，祂便不和宇宙萬物同質同體。宇宙萬物的物性來自造物主，但並不和造物主同性。雖然萬物中以理性動物爲最高，士林哲學乃以神爲理性體；然而神之理性和人的理性也不相同，而只是相似罷了。

有理性者纔能自主自動，纔可以有創造能力。人的理性創造力雖有限，然在宇宙萬物中是唯一具有創造理性的動物；因此人便可以駕馭萬物，利用萬物，創造新的環境；人便是萬物之靈，宇宙萬物的主人。

四、比較的結論註

1. 本體上的比較

太極，道，第一實有體，都被認爲宇宙萬物之源。但是在本體方面，則各不相同。太極的本體爲太虛之氣，或者就是太虛，爲一不定的實體，沒有質，沒有形，似是精神，又似是物質。

道爲無，本體恍惚不定，似是有象似是有精。道不稱爲氣，和周敦頤張載的太極不同；然也不是理，和朱子的太極不同。老子以道爲先天地而生之物。太極和道都不是單體，太極固然沒有理性，道也沒有理性；因爲道完全自然，不用知識不用自由選擇，老子因此主張眞知知至善在於順性之自然，理性之知爲小知爲愚，人爲之善爲僞爲惡。他乃主張棄聖絕智。

第一實有體，本體爲一最成全最確定的單體，有自己的本性，絕對不和宇宙萬物相混。第一實有體爲純粹的精神體，有理智，有意志自由，爲有位稱的單體。所以在本體上，第一實有體和太極和道都不相同。

2. 特性上的比較

太極爲太虛之氣，無形無像，無窮無限，至靈至妙，爲宇宙萬物之元。道爲無，無名無爲，混淵莫測，玄妙至上，强名爲大，爲宇宙萬物之母。第一實有體，爲自有，爲唯一，爲最成全最純粹，爲最成全之現實，全知，全美，全善，爲宇宙萬物的創造者。

三者的特性相同之點很多：三者都是第一，都是唯一，都是無形像，都是至大無限靈妙莫測。不相同之點也多：太極和道因本體不定，無形像，爲消極的無形像，第一實有體則因是純粹的精神體，無形無體，則是積極的無形無像；太極和道不是理性的單體，無所謂智慧美善，第一實有體則是全知全美全善，爲眞善美的本原。

3. 與宇宙的關係之比較

太極，道，第一實有體，都是宇宙的根源；但是彼此的關係則都不相同。

太極變易而生陰陽之氣，陰陽相結合而成物。太極和萬物不直接發生關係。宇宙主是陰陽兩氣的流行。

道成萬物，道不得不變，變而生物；物不得不變，變而返還於道。道在萬物，萬物也在道內，道和物同氣同質。

第一實體不變，以全能之力而造萬物，萬物生存在全能的力中，第一實體與萬物的關係，乃是力的關係。

太極和道因爲本體不定，所以可以變，因着變纔產生萬物。不定乃有潛能；愈不定，潛能愈多；潛能愈多；變化繼續不斷。

第一實體既是最確定之有，爲最純粹之現實，不含任何潛能，因此不變；既不變，爲生萬物，只有用自己全能之力，從無中造有。

4. 形上學的比較

中國儒道的形上學，以宇宙繼續無窮的變易，變易之道爲循環不息。萬有之成由不定而到定，由渾淪恍惚而變成確定的物體。形上學本體論所講的是「易」，而不是「有」。在變易之中，萬物同體。變易爲具體的現象，不是抽象的理。

西洋哲學的形上學以「有」爲出發點，「有」是確定的存在體，因此第一實有體應該是最確定的實體。一切萬有由第一實有體之力所造，分種分類，性不相同。西洋形上學研究「有」，從性方面去看。性是抽象的理，不是具體現象。

5. 宗教上的比較

太極在儒家，從來沒有被認爲神，只有漢朝的五行術士，以太極爲太乙星君。儒家的宗教信仰，信上帝或天，上帝和天爲同一異名的尊神，絕對不是太極。儒家信「天生神物」，又主張太極爲萬物之元；但從來沒有講明上帝和太極的關係，因此宗教沒有哲理的支持，宗教和哲理分野。

道家不主張有神，沒有宗教信仰；道在道家裏不是神，在道以外也沒有別的神。若以道爲神，則道家爲泛神論。

士林哲學則以第一實有體爲神，稱爲天主或上帝。形上學研究第一實體，就是宗教哲學。這是聖多瑪斯用希臘哲學建立神學的特點。

6. 文化上的比較

甲、動靜

由不同形上學而構成之中西文化，性質也就不相同。西洋的文化是靜的文化，中國的文化是動的文化。驟看來似乎正是相反，實則不然。西洋的藝術是靜的藝術，中國藝術是動的藝術；西洋法學講靜止的法，中國法學講流動的情。西洋形上學講「性」，中國形上學講「變易」。中國文化的動，是動中有靜，靜在動中，西洋文化的靜，是靜而有動，動在靜外。最近一百年西洋哲學趨於講「動」，柏格森，以及現象派和存在主義都以動爲主；西洋現代藝術也變成動的藝術，放棄了靜的形態，採取動的影像以代表生命；但是現代西洋文化的動，動中沒有靜。

乙、科學

西洋形上學由「有」而研究「性」，由「性」而研究「行」。這種步驟造成西洋研究科學的方法。對於每一個研究的對象，先研究他的「本性」和「特性」然後再研究他的動。步驟分明，意義正確。中國的學術，每一對象都渾淪恍惚，意義既不確定，本性也難決定。因此，中西的推理和思維方法也不相同。而且中國的學術，常囿於天地之道和人道之內，不曾對於天地萬物的個別性質，予以研究，因此沒有自然科學，而只有人文學。

丙、利用物質

西洋形上學以第一實有體在宇宙萬物之上，爲全能之神。人則爲神的肖像，具有創造的理性。西洋人便自視爲宇宙主人，利用物質以供享受。於是科學進步，利用物質的方法日新日多。

中國形上學以天地萬物爲一體，一體之內有調協之理。人只能在和天地萬物相合相親之中，纔有安樂。因此中國人喜樂欣享自然而不想利用自然。

丁、藝術

西洋哲學以人爲萬物的主宰，人在萬物之上。人對於自然，只想駕馭，只想利用。西洋的藝術是以人爲主的藝術，繪畫彫刻，完全以人體美爲主；一切科學也以人的享受爲中心。

中國哲學以天地萬物爲一體，人雖爲萬物之秀，然仍和天地結成三才，人和天地不能分，而且以天地之道爲人道。因此，中國的藝術是宇宙的藝術，以宇宙爲中心。中國繪畫以宇宙自然爲對象，人像畫或花草禽獸畫，都要以和於宇宙之道爲神韻。雕刻因此在中國不能發展。

戊、人生觀

西洋哲學以神爲形上學根基，西洋人的人生觀以宗教信仰爲主，以超出宇宙的來生爲目標，社會的制度也不離開宗教。西洋的聖人，是與天主在精神上相結合的人。

中國的形上學沒有宗教，中國人的人生觀乃不講後世而講現世。人的一生籠罩在宇宙以內，以延續宇宙萬物的生命爲目標。中國人的聖人，乃是爲人民服務的人。

上面的比較只是一個大綱，只是一個研究的基礎。若能詳細予以研究，必定可得到很有意義的結論。普通所說西洋文化是物質文化，中國文化是精神文化；這種評論並不正確。西洋的人生觀趨向純粹的精神體——天主；中國儒家的人生觀則囿於物質的宇宙以內。結果爲什麼西洋的文化以自然科學爲主，以物質享受爲重；中國文化反而以倫理道德爲主，以心靈之安定爲樂；原因是西洋文化研究宇宙駕馭自然，以增進人類生活，中國則以與天地相合，民物同胞爲人類生活的幸福。兩者都有所偏，東西的文化都不曾使人類生活圓滿。目前東西文化都在變動的時期，西方想採取東方的所長，東方想採取西方的所優；可是危險則在於捨本逐末，仿效皮毛，結果則將失此失彼，不能收得中西文化交流達到圓融之效。

民國六十年九月五日　天母

註：

㈠ 唐君毅，中國哲學原論，上册頁三九九—四九九，香港人生出版社，民五十五年。

㈡ 說文解字詁林，第五册，頁二四九五一。

㈢ 太平御覽卷第一，頁一三〇。

(四) 唐君毅，中國哲學原論，上冊，頁四三四。

(五) 唐君毅，同上，頁四四五。

(六) 羅光，中國哲學大綱，臺灣商務印書館，民五六年版，下冊，頁七。

(七) 嚴靈峯，道家四子新編。臺灣商務印書館，民五七年，頁十五。

(八) 嚴靈峯，同上，頁二十九。

(九) 唐君毅，中國哲學原論，頁三五〇—三六六。

(十) 唐君毅，同上，頁三六七。

(十一) 唐君毅，同上，頁三五七。

(十二) 羅光，中國哲學大綱，下冊，頁三十一。

(十三) Summa Theologica Ia 13. 1.

(十四) 出谷記，第三章第十四節。

(十五) 羅光，實踐哲學上冊，頁五十二—五十三頁。臺北文景書局，民五十九年。

(十六) 羅光，實踐哲學，上冊，頁五十三。

(十七) Summa Theologica Ia 10. 1.

(十八) Summa Theologica Ia 4. 2.

(十九) Summa Theologica Ia 3. 7.

(二十) 羅光，實踐哲學，上冊，頁八十四。

第三編　生　活

生活的快樂

佛教對於人生的大原則，認定人生是痛苦。佛教教義的基本四諦：苦集滅道，以人生痛苦爲中心，乃硏究痛苦結集的因緣，進而追求滅除痛苦因緣的正道，以能進入常樂我淨的涅槃。

儒家學者常常反對佛教的寂滅論，認爲人生不能變爲槁木死灰，以滅除人生的慾望而求人生的幸福，則形同把人弄死了而使他享受快樂。儒家主張人生是在喜怒哀樂好惡的情感裏活動，情感動時若能中於節，人生便有中和的樂趣。

論語一書中，談到痛苦的時候很少，只有在兩個門生病死時，孔子表示了沉重的痛苦：

『伯牛有疾，子問之，自牖執其手，曰：亡之，命矣夫！斯人也而有斯疾也！斯人也而有斯疾也！』（雍也）

『顏淵死，子哭之慟。從者曰：子慟矣！曰：有慟乎，非夫人之爲慟，而誰爲！』（先進）

『子食於有喪者之側，未嘗飽也。子於是日哭，則不歌。』（述而）

這是人生最傷心的時候，孔子當然心中感到很傷痛。但是孔子是一個樂觀而又達觀的人，他喜歡生活的快樂。

『子曰：賢者回也！一簞食，一瓢飲，在陋巷，人不堪其憂，回也不改其樂。』（雍也）

『司馬牛問君子。子曰：君子不憂不懼，曰，不憂不懼，斯之謂君子矣乎？子曰：內省不疚，夫何憂何懼！』（顏淵）

『子曰：飯疏食，飲水，曲肱而枕之，樂亦在其中矣！不義而富且貴，於我如浮雲。』（述而）

『葉公問孔子於子路，子路不對。子曰：女奚不曰，其爲人也，發憤忘食，樂以忘憂，不知老之將至云爾。』（述而）

『曰（曾皙說）：春服既成，冠者五六人，童子六七人，浴乎沂，風乎舞雩，詠而歸，夫子喟然嘆曰：吾與點也。』（先進）

『孔子曰：益者三樂，損者三樂：樂節禮樂，樂道人之善，樂交賢友，益矣；樂驕樂，樂佚遊，樂宴樂，損矣。』（季氏）

『子曰：知者樂水，仁者樂山。知者動，仁者靜。知音樂，仁者壽。』（雍也）

孔子的人生哲學，是生活快樂的哲學。生活有許多痛苦，誰也不能否認；但是人生的意義，却不在於被痛苦所擊敗，而是在得勝痛苦。得勝痛苦也不能像佛教於毀滅了我去滅痛苦，乃是要以精神的力量去勝過痛苦。勝過痛苦的精神力量又不是希臘的「史多依流」的冷硬無情，也並不是中國南北朝清談派的傲慢人世。勝過痛苦的精神力量，是人生的高尙目標所具有的吸引力。人生的高尙目標，吸引人心，使人心傾向目標爲樂，人生所有痛苦，都不能阻擋人傾向這個目標。

孔子以人生的目標，在於執行上天的使命。他自信上天給他一種使命，

『子曰：天生德於予，桓魋其如予何？』（述而）

『子畏於匡，曰：文王旣沒，文不在玆乎？天之將喪斯文也，後死者不得與於斯文也；天之未喪斯文也，匡人其如予何？』（子罕）

『儀封人請見……出曰：二三子何患於喪乎！天下之無道也久矣，天將以夫子爲木鐸。』（八佾）

孟子也常信自己負有上天的使命。齊王不用他，他離開齊國的時候，自己慨嘆說：『五百年必有王者興，其間必有名世者。由周而來，七百年有餘歲矣，以其數則過矣，以其時考之，則可矣。夫天未欲平治天下也？如欲平治天下，當今之世，舍我其誰也！吾何爲不豫哉。』（公孫丑上）

孔孟一生都傾向自己的使命。他們的使命是精神的使命，是立己立人，成己成人，積極地在生活裏求精神的建設，先求建設自己的人格，然後追求建設他人的人格。孔孟人這種精神建設爲樂。就是像顏回那樣貧窮，仍舊不改變自己的快樂。就是在性命受人攻擊，事業失敗的時候，仍舊能够說：『吾何爲不豫哉！』

在這精神建設中，便有人生的意義。一個人爲着這種意義去生活，外面雖有免不了的痛苦，內心則是愉快。

但是精神的建設，要求絕大的信心。信心不是自己可以憑空造成的，而是在於了解眞正的人生目標，又有使人趨向目標的力量，然後才能建立起來。孔孟對於自己具有信心。因爲自信負有上天的使命，上天將使他們把使命完成。

我們天主教就是給每個人講明上天付給的使命，又給每個人保證上天助佑我們完成使命的力量。我們的使命是精神的使命，在於把我們的精神和天主的精神相結合，使我們的精神同天主的精神一樣，包括天地又超於天地，永無終窮。死亡爲我們不是滅亡，而是精神飛揚的門戶，死亡已經不可怕，還有什麼可怕呢？因此，天主教的精神是愉快的精神，是喜樂的精神。

基督在祂的一篇最重要的訓示，可是說是祂的聖道大憲章裏說：

『貧窮的人是有福的……

『哀慟的人是有福的……

『溫良的人是有福的……

『爲義而受迫害的人是有福的……』（馬竇福音第五章）

聖保祿宗徒囑咐教友們說：

『你們在主內應當常常喜樂！我再說，你們應當喜樂！你們的寬仁應當召示於人，主快來了，你們什麼也不要掛慮，只在一切事上，以懇求和祈禱，懷着感恩之心向天主呈上你們的請求；這樣，天主那超乎各種意想的平安，必要在基督內固守你們的心思念慮。』（斐里百書，第四章，第四節）

大學上說：『知止而後有定，定而後能靜，靜而後能安。』人心的快樂就在於能安。人心怎能安呢？在於能靜。人心怎能靜呢？在於知道該向什麼目標走。我們的心的目標不是傾向金錢，不是傾向名位，不是傾向淫逸，不是傾向愛情，不是傾向世上任何一物；因為世上任何一物都不能叫我們的心滿足。我們的心是一個傾向無限精神幸福的精神力量，無限的精神幸福是天主。傾向天主，便是生活的快樂。

天主教的生活快樂，還有和人相處的快樂。道家很講究清靜無為的幸福，清靜無為是自私者的幸福。我們生在社會裏應當是與人相處而生快樂，孔子以立己而立人為樂，天主教更以同為天父的子女而共同快樂。大家都知道基督的教訓在於博愛，但不明瞭博愛的理由。基督多次聲明天主的誡命是兩條：第一，全心全靈愛天主；第二，愛人如己。因為我們都是天主的子女，子女該愛天父，子女該互相親愛。西洋有句諺語說：人和人互為豺狼。豺狼最不談恩義，只知道爭吃東西。人和人也是互相吞噬。孔孟則以五倫之道，指示人類相處的道理。五倫中的每一倫都有快樂；父子天倫之樂，兄弟友愛之樂，夫妻琴瑟之樂，朋友知心之樂，君臣也有互相敬重之樂。天主教更結五倫的天性快樂，加以為天主子女的快樂。

信仰耶穌，受洗入教者，則更結為一體。受洗是接受一種新的精神生命，這種生命即是基督的生命。在授洗時，基督把祂的精神生命分給我們，我們因此和祂結成一體。同時凡是受洗的人都也在基督以內，結成一體。聖保祿宗徒說：

『就如身體只是一個，身體的肢體則多。肢體雖多，身體卻仍舊是一個：基督也是一樣。因爲我們衆人，不論是猶太人，或是希臘人，或是爲奴的，或是自由的，都因一個聖神受了洗，成爲一個身體。……如今肢體雖多，身體卻是一個。眼不能對手說：我不需要你。同樣，頭也不能對腳說，我不需要你。……若是一個肢體受苦，所有肢體都一同受苦；若是一個肢體享受尊榮，所有肢體都一同歡樂。』（格林多前書第十二章，第十二——第二十六節）

整個教社的人若眞眞實現這種理想，天下不但可以太平，人世則更有樂趣了。可是我們的世界，在五十年裏經過了兩次大戰；而且目前因着共黨的惡計，各處民不聊生。在沒有遭受共黨破壞的歐美國家，青年們都以物質享受過高，心生厭惡，要求更有意義的生活，因缺乎經驗和學識，盲目地走向中國魏晉時期竹林七賢的極端路線。這些現象充份表現物質的享受不能使生活快樂。

缺了物質有痛苦，物質豐富，也有痛苦。

生活的快樂在於精神的幸福。凡是人，誰不想一生有快樂呢？因爲人把快樂完全放在物質上，生活便尋不到快樂，快樂也成了很難得到，而且距離很遠的東西了。實際快樂就在我們心中，就在我們的精神上，我們願意有就可以有。基督的福音便是我們尋得快樂的途徑。

我們的心和全美全善的天主相接合，我們的心可以安定；我們的心以旁人作爲手足而互相親愛，我們的感情也可以滿足。心安定了，情足了，生活便有快樂。

生活快樂，生活乃有意義。生活有了意義，工作便積極。社會文明的進步，全靠積極的人去推進。

（民國五十八年十一月六日在光仁中學向教職員講話）

奮鬪中的快樂

一、

今天，六月二十六日，在中央日報副刊讀到文濤先生的方塊文章「談尋開心」，我很有同感。

今年五月五日，教宗保祿六世，給全世界的天主教信徒頒發了一封勸諭，勸告大家享人生的快樂。這封勸諭長達萬言，跟教宗爲一些教會大事所頒發的重要文件，同樣的慎重。看起來似乎有點矛盾！天主教豈不是常講身後的永生，警戒人們逃避現世的名利財富，鼓勵人們苦身克己中，還有什麼快樂可以享受呢？

這種矛盾來自基督自身，基督說：

「貧窮的人是有福的，因爲他們要享受天國。

「哀慟的人是有福的，因爲他們要享受安慰。

「溫良的人是有福的，因爲他們要享受大地。

「飢渴慕義的人是有福的，因爲他們要享受飽飫。」（馬竇福音第五章）

貧窮、哀慟、饑餓，乃是人世的痛苦，基督却反過來說是人們的幸福，並且在這些痛苦中，享受人生的快樂。釋迦佛曾以人生爲苦痛之海，生老病死爲苦痛的泉源，他乃教導人們斷絕痛苦的泉源而獲超脫。基督教則教人不跳出人世苦海，而在苦海中爲人生的眞理奮鬪，在奮鬪中尋到快樂。

教宗保祿解釋基督的教訓，人生快樂在於人心的滿足，人心的滿足在於能够滿全自已所負的使命，達到立已立人的目標。基督一生貧窮，一生受辱，終至殉道，但是基督心中滿足而享快樂，因爲能達到救世的任務。在達到任務的歷程中，常和天父同在，自己的心融合在天父的無限神心裏，心滿意足沒有任何其他的想望。信從基督的信徒，每人要相信負有天父所給的使命，或在家庭，或在社會，或在國家，爲立已立人而工作。自己在任何環境中，能够堅定自己的心，向着目標去走，心中便能有所滿足。而天主的聖神將以天父的神樂，洋溢在他們心中，使他們心中忻然而樂。

二、

孔子曾經也有這種快樂。他曾自信負有傳道的使命，「子畏於匡，曰：文王既沒，文不在茲乎！」（論語子罕）所以他在陳蔡之間，遭了絕糧的危險，却弦歌不息。「子路慍，見曰：君子亦有窮乎？子曰：君子固窮，小人窮斯濫矣。」（論語衛靈公）易經困卦象辭曰：「困而不失其亨，其爲君子乎！」在困難中不失自己心靈的亨通，可以算得君子人了。易經乾卦象曰：「天行健，君子以自强不息。」孔子的人生快樂，爲積極的人生快樂，在困苦奮鬭裏享受快樂。「葉公問孔子於子路，子路不對。子曰：女奚不曰：其爲人也，發憤忘食，樂以忘憂，不知老之將至云爾。」（述而）「司馬牛問君子：子曰：君子不憂不懼。曰：不憂不懼，斯之謂君子矣乎？子曰：內省不疚，夫何憂不懼。」（顏淵）孔子的快樂，爲積極的人生快樂，是在爲使命任務的奮鬭中而有的快樂，不是畏難而退；逃避現實的快樂。

孔子的積極的人生目標，在於仁。仁者發揮自心的仁德，贊天地之化育，「肫肫其仁，淵淵其淵，浩浩其天。」（中庸第三十二章）心靈達到了淵淵浩浩的境界，乃能充滿浩然之氣，對於人世福地，纔能有超越的看法。「子曰：飯疏食，飲水，曲肱而枕之，樂亦在其中矣！不義而富且貴，於我如浮雲。」（論語 述而）

三、

在第二次世界大戰以後的人類，對於苦悶的感覺最深。世界一半的人類，處在共黨鐵蹄之下，喘息着而生存，失去自由的痛苦，深入骨髓，他們的生活，乃是無邊的苦海。

在自由世界的人類，於第二次大戰結束時，曾相信將有一個自由和平的新世界。但是他們所見到的世界，却仍舊是黑暗、自私、淫汚的社會，青年人乃感到失望，乃挺而走向極端，打倒傳統，攻擊權威，一窩蜂地都向左傾。然而他們所得到的結果，反更加增他們的苦悶，他們的苦喊，並不是無病呻吟。

敎宗保祿在勸諭裏，特別勸告青年們以自己的熱情趨向眞理，更以自己的活力使眞理實現，在眞理中找到心靈的快樂。

在目前自由中國所處的境遇裏，不免有人，尤其不免有青年人感到苦悶。國際的姑息風氣，使共產國家氣燄囂張，但是在這種苦悶的境遇裏，青年人要感覺快樂，自己能在民族國家危急之秋，可以貢獻自己的精力，創造民族國家的新歷史，乃是自己的光榮。蔣總統留給我們的遺訓和榜樣，正是將基督的快樂和孔子的快樂結成從事革命的快樂。蔣公曾說：

「革命的本務是行仁。」

「沉悶抑鬱，思慮不定，殊無為國為黨之良策。然吾人既可為國為黨而犧牲一切，只論是非，不計利害，則無事不可為也。」

民國三十三年九月三十日蔣公在日記上說：

「國內共匪，圖謀陷害余者，已十有九年。國外倭寇，與我惡戰者，亦十有三年之久，余實已心碎精疲，幾乎不能久持。……而今竟又遭黨內如此之凌辱，與國內如此之諷刺；此種橫逆與侮辱之來，實為自生以來未有之窘困。然余於此，如不積極奮鬭，將何以對已死之先烈乎？況今日之實力，猶遠勝十三年以來乎！」

同年除夕日記說：

「今日為三十三年除夕，光陰如矢，革命未成，責任加重；惟日課未輟，朝夕默禱，靜修終年，未有一日間斷，足以自慰也。」

蔣公在最危難的時刻，還能以精神生活自慰為樂。精神生活的基礎，則在基督的信仰。蔣公說：

「信徒應當一無罣慮，你在基督裏，必賜你出人意外的平安。」爲享受這種平安，信徒對於天父的旨意，相信不疑，又加以祈禱，使己心和天父之心相結合。總統蔣公說：

「神的行事，有程序與時候的，祈禱是下在地裏的一粒種子，還須用信心的力量去栽培他，才能生長。」

人心和天父之心相接合，蔣總統說明這就是中國古人的「天人合一」的思想：

「惟有『天人合一』的尊神論者，纔能樂道順天，不憂不懼，安心立命，生死不二。」經國先生說：「家父是一個革命者，以救苦救難的革命事業，來充實基督徒的生命；家父是一個基督徒的生命；家父是一個基督徒，以背十字架的基督精神，更堅定了革命者的意志。」

教宗保祿在勸諭文的結束時說：

「天主聖神（神的聖靈）在我們的時代裏，仍舊使許多基督信徒在各自所有使命任務的生活中，心裏有快樂。這種快樂同平安和希望相連，乃能超越所有的失敗和危難。」

宋朝理學家在修身上常講「定於一」，心定乃能安。我們時代的青年，心要定於一，定於復興國家民族的大業，而且以堅固不拔的信心，深信天父給的復興國家民族的使命，任務雖大雖重，必能有成。在百般的磨難中，心中乃享有快樂。雖然各國政府和我們政府斷絕外交關係，我們的國際關係所有的範圍日見局促；但是我們的心和天父的心相接，我們的心可以在無限的空間和時間裏神遊，心中充滿浩然之氣。

民國六十四年六月二十六日於天母

愛的哲學

一、

金恩和羅伯甘迺廸的被刺，引起我們對現代文明的許多疑問，爲什麼在最能代表現代文明的國家裏，一連串發生這樣的凶暴的事件呢？美國是最富庶的國家，美國人是最自由的人，爲什麼會在他們中間發生這樣凶殺的慘劇呢？

現代的文明，是一種極端矛盾的文明。有最民主的自由平等，又有最專制的獨裁。追求高尚的精神理想，又追求卑下的物質享受。有很堅强的自我人格，又使自己人格掃地。實行熱烈的相愛，却又實行深刻的相恨。提高女子的人權，却又戲弄女子的肉體和精神。因此，在一個最民主自由的國家裏，却發生刺殺表現高尙人格，受全國尊敬的偉人。詹森總統命令組織委員會，研究這種不幸事件的社會因素，我以爲養成這種罪行的社會因素，就是當代的極端人文主義。

把人作爲宇宙的絕對主人，把人生的幸福完全放在現世的享受，結果必定造成今天的矛盾文明，而且還可以使人類絕滅人類。人的本心，生來就有矛盾；因此才有孟子的性善和荀子的性惡論。人心雖生來具有仁義禮智的善端，但是生來也有好利好色的惡傾向，而且這些惡傾向較比善端更強更凶。

人當然是宇宙的主人；但不是絕對的主人。若是在人之上，沒有一位神的權威，人就隨便可以造法律，人就也可以不守法律。良心旣沒有更高的天命，良心也失去了制裁力。人生的目的，當然是求快樂；但是若以現生的快樂爲整個的目的，人不是失望而悲觀，必定是縱慾而放蕩。

人的尊嚴，當然是自我的人格，但是若以自我人格的尊嚴爲絕對的尊嚴，則必定排除異己，事事自私。

絕對的人文主義，便犯了這種毛病，只看人的善端，不看人的惡性，極力提高人格，把人捧到天上，反而使人墮於深淵。共產主義是人文主義的產物，却變成了摧殘人文的暴力。

凶殺案件，乃是野蠻行爲，文明社會本來不應該有，尤其是刺殺偉人的凶事，更是不文明的野蠻罪行；而竟在最文明的國家，在最談愛情的社會裏產生了，則是現代人文主義，有了錯誤。美國社會學家索羅金說：美國的文化，是感覺性的文化，變成了性的文化，性的文化乃變成了兩性的放蕩無度，乃造成美國文化的空前危機。（註一）

放任自由主義也是人文主義的產物，却也變成了摧殘人文的狂風。

人文主義的人生哲學，以人爲根基。人文主義之人，即是自我，自我即是自我的意識，意識即是人心。人文主義的人生哲學，便以人心爲根基。錢穆先生很欣賞這種哲學，把孔子的哲學，也解釋爲人心的哲學，他說：『就世界人類文化歷史看，孔子所牖啓人心的，却實在是一個新趨向。他牖啓心走向心，敎人心安放在人心裏。』（註二），『於是，我的心，可以寄寓在一家，寄寓在一國，寄寓在天下，寄寓在世界與宇宙中，我的心與家，可和合而爲一，與國與天下，也可和合而爲一。與世界宇宙，也可和合而爲一。如是，心即是神，而且心即是物。』（註三）這種思想，以人心爲出發點，以人心爲終點。人憑著自己的心去測度別人的心；人憑著自己的心，去推想宇宙萬物。雖說是自己的心，包括世界宇宙，然而這種世界宇宙，乃是我一心的宇宙。我憑我的心去做，我憑我的心去生活。我生活的標準，乃是我的心。錢先生要說：人心有人性，然而人性若不是來自超乎人的上天，若以天命之爲性，解釋爲人心自有的倫理法則，人性也就等於人心，人心便是絕對的生活標準，按照這種標準去生活，人怎麼不會自私呢？

錢先生說：西洋的文明，是宗敎和科學。宗敎和科學都是向外的文明，都是向外的人生觀，於是下斷語說：『生命自我之支撐點，並不在生命自身以內，而安放在生命自身之外，這就造成了這一種人生，一種不可救藥的致命傷。』（註四）

但是歐美人愛好科學，並沒有以科學爲人生的目的，而是以科學爲方法。他們所追求的，是生命自身的享受，他們拿科學的貢獻，以滿足自己肉慾的享受。歐美人生觀的大缺點，不是求外在的目的，而是過於追求生活自身的享受，不知道超脫現世的物質生命。他們所求的，就是求自心的滿足，除自己的心以外，不知道有別的目標。這是現代人生的一種不可救藥的致命傷。

二、

求自己一心的滿足；這種人必定是情慾强烈的人。在人的情慾中，最强而最深的情慾，要推愛情。因此第二十世紀的人，乃是有强烈的愛情的人。

看起來似乎是相衝突的事：廿世紀的人專門科學，努力工業商業，他們習慣運用理智；但是廿世紀的人却重情感。廿世紀的人重情感，和十九世紀的浪漫派的人重情感，又不相同。浪漫派的人放棄理智，偏重感情，有詩人幻想的精神。廿世紀的人重情感，講愛情，乃是自私，粗暴，注重實利。廿世紀的人的情感，即是佔有慾。

佔有慾，也是希臘人對於愛情的態度。初期希臘人以愛情爲一神靈，形似天使，蒙著眼，張弓掛箭，射著女人，女人便愛火熾熱，追求男友。柏拉圖改變了這種愛情觀念，以愛情爲對於美的人物，心起愛慕，從而想到美形事物所代表的觀念。美之觀念是先天的精神觀念，因此愛情乃超出物質的一物，而愛先天的美，柏拉圖解釋愛『爲希望永遠佔有自己的福利。』(註五)

柏拉圖的唯心的精神之愛，在第十八和十九世紀盛行的浪漫主義裏，又重新復活。浪漫主義和柏拉圖不同的，柏氏的哲學以理智爲重，理智欣賞先天的觀念。先天觀念爲一精神世界，物質世界爲精神世界的反映。柏拉圖對於美的愛，乃是理智對於精神世界的欣賞。浪漫主義注重感情，在愛的方面，主有理智和感情相衝突的主張。浪漫派對於愛的哲學，以德國史肋格爾（Schlegel）爲代表。史肋格爾著有一本小說，書名露淸達（Lucinda）出版於（一七九九年）將自由戀愛和肉感戀愛，擧揚爲精神界的享受。

浪漫派的世界，是一種想像的世界，是一種美的世界。在這種想像的世界中，追求精神的滿足。所謂精神的滿足，即是愛。愛是世界的活動力，使世界的一切都能統一，都能有生命。

浪漫派的想像世界被第十九世紀的自然寫實主義或現實主義所破壞。寫實主義是實徵主義的產物，實徵主義以感覺爲主，以感覺世界爲唯一實體。文藝方面乃有寫實主義隨之而興。法國的左拉大仲馬等小說家。把愛情縮之於肉感以內，完全以寫實的手法，按照事實而自然地寫出慾情的一切衝動，暴露無遺。而且慾情，就是性慾，就是肉感，沒有加以精神化的色彩。自從第十九世紀以來，愛情是男女的佔有慾。實徵主義的初期哲學家如霍布士（Hobbs）以情慾都是趨向一己的利益，而愛情則是對於一種環境相適合的感覺因此引起追求的願望（註六）。洛克（Locke）以爲愛情是一種感覺的慾情，目的常是追求主體的滿足，因爲所愛的客體，只是主體的一種感覺。（註七）

第廿世紀的文藝，已經轉變了路向，不再在寫實的自然主義路線上走，而走入抽象藝術，和存在主義的藝術。然而愛情仍舊限制在男女的肉感以內，而且越來越露骨，越來越粗野。法國女青年莎崗女士（Sagan）的作品，可以爲代表。

目前美國的社會，已經成了性感的社會，美國社會學家索羅金觀察美國社會各方面的表現，都要用女性作宣傳品，無論是各種商品的廣告，無論是那種事業的開幕閉幕，以至於競選總統的宣傳，都離不了女性。而這種性感的因素並不是愛情，乃是佔有而享受，享受完了，或者是不能享受了，彼此就解體。

在這種社會裏，不能談愛，談愛就是講兩性戀愛，而兩性戀愛又是肉感的享受。可是，現在各國的思想家都極力主張人文主義，又特別提倡博愛。博愛有什麼意思呢？愛字的意思已經降低，被拖到泥水裏去了，博愛又有什麼意義呢？因此人文主義的博愛不是心裏對於旁人的愛慕情緒，而是一種泛泛相交的情緒。因爲大家都是同類，同類之中，有一種彼此互相關切之情。這種情緒，即是當代人文主義所講的博愛，所謂的人類互相友愛。這種情緒，是一種泛泛的情緒，很輕微，很淡薄。而愛情則是很強烈，很深遠的感情。深遠強烈的愛情，用之於男女的性慾的放浪，而不是同類人們友情的增進。

愛情的名字，限制在性慾的關係。佔有慾的表現，則擴張到生活的各方面。現代人文主義提倡自我的人格，而自我人格的表現，則趨於唯我的自私。以唯我自私的心理去推行佔有慾，則是在一切事上，追求滿足『自我』的意向。而排除異己。因爲佔有慾所引起的反面慾情，就是恨。凡妨礙自我佔有慾的事物便恨之欲其死。暗殺羅伯甘迺廸的刺客，自稱爲愛自己的祖國約旦，而殺羅伯。刺客的父親，也說雖不贊成兒子的舉動，但是贊成兒子的動機。

對於一切的人，既沒有愛，而只有泛泛同類之情；在佔有慾被阻而發生恨時，當然是佔優勢。社會上因此多有强暴人的事件。況且共產主義還在敎人養成强烈的恨，以對抗反對共產主義的人們，殺人盈城，殺人盈野。

大家很奇怪，怎麼人文主義，能够產生强暴的恨？

人文主義乃是現代文明的產物。從文藝復興以來，人們要發現自己。從希臘的古代雕刻裏，發現了人體之美，漸漸盛行裸體畫。從日新月異的科學中，發現了理智能力之高，人便自認爲宇宙的主人，擺脫神的統治。從各種哲學的紛亂裏，發現了形上學的虛無空想，乃貶棄哲學而重科學，從交通工具和傳播工具的進步裏，發現了人們原是同類，於是提倡人類互相聯繫的友誼。因此人類日進於文明，人們的習慣也日見有禮貌。但是因爲物質的享受越加增多，自我的人格愈成絕對，自私的慾望乃更變本加厲。人文主義既加重自我人格，又以自己的心作標準，於是人們不顧良心的制裁，盡量發洩自己的慾情，當前文明的國家，乃成爲戀愛性慾的社會，成爲自私競爭的社會，又成爲因佔有慾而發生恨的社會。因此，當前的社會成了一個矛盾的社會。

三、

中國儒家思想繼承孔子之道，以仁爲德綱。孔子的仁，源自易經的生，易經說：『天地之大德曰生，聖人之大寶曰位。何以守位？曰仁』（註八）朱子說：『天地以生物爲心者也，而人物之生又各得夫天地之心，以吾心者也，故語心之德，雖其總攝貫通，無所不備，然一言以蔽之，則曰仁而已矣。』（註九）

天爲萬物之元，發生萬物；天之心乃爲仁。人之心應合乎天心，對於萬物，也應使他們能夠生存。孟子說：『君子之於物也，愛之而弗仁；於民也，仁之而弗親；親親而仁民，仁民而愛物』（註十）『孟子不用親民而用仁民，因爲他分愛、仁、親三字爲三等。愛是愛惜，仁是推己及人，親是近而好之。對於物，只能說愛惜，對於民，只能說己所不欲，勿施於人；對於親人，則說近而好之』（註十一）這一點可以說是儒家的愛的哲學。儒家以愛爲一種慾情，只可用之於物。對於人，則用仁字。因此孔子講達德，則講智仁勇。（中庸傳第二十章。論語憲問子罕）孟子講達德，則講仁義禮智。（孟子公孫丑上，告子上）孟子尤其常談仁義。儒家不以愛爲德，而以仁爲德，愛爲仁的一種動作，因爲愛乃七情之好，情則是心之動，好和惡相對，古人也知道這兩種慾情很深很強。孔子乃說：『好之欲其生，惡之欲其死。』（註十二）因此，不喜歡用愛字。對於親人，雖說近而好之；然而中國的親字是以敬爲根本。歐洲對於親人，眞是近而愛之，有點暱。中國的親字，則是敬。雖近而遠。禮記中對於家庭的儀節，處處都是敬字的表現，而不是愛字的表現。愛是一種慾情，慾情在發動時很強，但不能持久，而且不常從理智的指導。敬是一種德行，德行是經過反省而修煉成功的，在修煉時很難，修成後則持久不衰，在儒家的著述裏，不以愛字代表夫妻的情感，而以敬字代表：只有在詩詞歌曲和小說裏，才用愛情去描寫男女相好。

中國的社會是『敬』的社會，對於私人，『故君子愼其獨也，』（註十三）對於旁人，則一切守禮。『知及之，仁不能守之，雖得之，必失之。知及之，仁能守之，不莊以涖之，則民不敬。知及之，仁能守之，莊以涖之，動之不以敬，未善也。』（註十四）在社會生活中，對於每樁事都守禮，對於每個人都有敬；這種社會必是一種文雅的社會，不能成爲一種強暴的社會。

目前臺灣的社會，則已經不是敬的社會了，已經趨向歐美的愛和恨的社會。在社會生活裏禮已經不存在了，敬也沒有了；強暴的凶殺事件，越來越多。又因著爲招徠觀光客，利用性慾爲吸引工具，社會更有性慾放浪的傾向。這種社會恰恰和中國傳統文明相反，爲挽救這種危機，我們必須想出有效的辦法。但是現在若去向青年們講敬，講守禮，以恢復中國的傳統社會，青年人必定充耳不聞。我們必定要遷就青年的心理，向他們講愛情。可是在愛情的情緒裏，則應該加入合於中國傳統文化的精神。

在歐洲的傳統文化裏，天主教的愛的哲學，曾經改變了希臘的愛的哲學。天主教以天主爲愛的根源。天主的本身就是愛，聖若望說：『天主是愛，天主的愛在一樁事上已顯明出來，就是把自己的聖子打發到世界上來，使我們藉著聖子而有生命。』（註十五）這一點和希臘的神話就不同了。希臘的愛神，爲燃燒男女愛情的人。天主教的愛，乃是天主遣派聖子爲救世人的愛。耶穌在蒙難前夕，吩咐門徒說：『這是我的命令，你們應該彼此相愛，如同我愛了你們一樣。人若爲朋友犧牲性命，這種愛情便是最大的愛情。』（註十六）這種愛情和歐美哲學愛情也不相同。歐美哲學的愛情，爲男女的佔有性慾，愛的人要佔有被愛者以滿足自己的性慾。耶穌吩咐門徒的愛情，是愛的人犧牲自己以求被愛者的利益，一爲利己，一爲利人，天主教稱耶穌之愛爲 Charity 愛德。愛不是一種純粹的慾情，而是一種善德。這就有似於儒家的仁了。

天主教的愛出於天主，天主爲精神體，愛便是精神的動作，不受肉慾的限制。精神的愛出於天主，以天主爲對象，因爲天主乃絕對的眞美善。世界的人物，受天主所造，分有天主的眞善美，因此我們便愛世界的人物。但是人是有慾情的，慾情是不能消滅，只能加以克制，加以引導。愛的慾情，因著精神性的愛德，使男女兩性的追求，不減少愛的熱情，但不受肉慾的盲目驅使。同時，對於社會的人，每個人都有損己利人之心，對於仇人，也加以愛德。這樣，便不容有恨人的心，更不能因恨而殺傷。

天主教的愛，相當於儒家的仁。天主的愛出於天，儒家的仁出於天心，然而天主教的愛較比儒家的仁，在原理上，更精神化，在實行上，更具體，更明瞭，爲挽救歐美今日社會的危機，許多社會學者和宗教家正在大聲疾呼，應回到天主的愛。我們爲挽救今日中國社會的危機，也可以宣稱天主的愛。愛如能成爲社會的結合動力，必要洗去自私的心，以求有利於他人；而且還要能够普及到一切的人。這種的愛，則不能以人心爲根本，也不能以人心爲標準。因爲人心的慾情都有盲目自私的傾向。我們要以能支配人心的絕對眞善美，爲愛的根本和目的，並且也爲標準。人心接受這種愛，發揚而廣大，這種愛德才可以結合社會的人心，而又提高社會的人心。這種愛，發於人的內心，但不止於自己的內心，發於人而歸於天。

（民國五十七年七月十一日天母）

註：

(一) Ptrim A Sorokin-The American Sex Revolution 見金耀基美國的性革命。東方雜誌復刊第一卷第十二期。

(二) 錢 穆 人生十論、八一頁。

(三) 錢 穆 人生十論、八二頁。

(四) 錢 穆 人生十論、第一講。

(五) Plato-Conv 207A

(六) Hobbs-Loviathav VI De Corpore XXV21

(七) Locke-Essay II 20,4

(八) 繫辭下，第一章。

(九) 朱子仁說。

(十) 孟 子 盡心章上。

(十一) 羅 光 中國哲學大綱上册，一七五頁商務書局，民國五十六年。

(十二) 論語，顏淵。

(十三) 中庸，第一章。

(十四) 論語，顏淵。

(十五) 若望第一書第四章第八節。

(十六) 若望福音十五章第十二節。

自我的意義

一、

今年五月十日，臺灣大學歷史系的同學，請我去講話，我給他們講自我的意義。去年，我在輔仁大學教形上學時，也曾經講過「自我」的意義。自我的意義是形上學的一個問題，也是心理學的一個問題，尤其是教育上的一個重要問題。從生活一方面去說，人生的一切活動，甚至於宇宙間的各種變化，都可以說是以「我」為中心。

在社會裏有許多精神高尚的人，他們主張克除自私，在生活裏不以自我爲中心。我們天主教裏更有許多人，獻身於天主，宣誓終生爲天主服務。這等人都是願意把自己的心量放寬，把自己的精神提高，不把自己鎖在自己一個人以內。

可是無論怎樣，人的生活是以自我爲根基和範圍的，所不同的，只是在乎每個人怎樣去運用而已。

我們人做事，是用理智去想，用理智去指導，理智在每個人裏，高低的程度不同，因此每個人做事的目標和方式都不同。

我們人做事，是用意志去決斷。意志在每個人裏，强弱的程度不同，因此每個人做事的勇氣和決心都是不同。我們人做事，特別受感情的影響，感情在個人裏，都很複雜，都彼此不同。

在理智方面，我們對外界的認識，有客觀的實體，有客觀的原則。在感情方面，我們爲知道別人的感情，我們要用我們自己的感覺去推測別人的感覺。自己若沒有一種感覺的經驗，就不能懂得別人對這種感覺的情緒。這些都是有關每個人日常生活的事，這些都是以每個人的自我爲根基。

對於宇宙的認識，我們也不免以自我作根本，當然我不是唯心主義者，我也不是懷疑論者；我是相信對宇宙的認識，我們應用科學的方法；知道客體的事實，但是每個人對於宇宙的看法，尤其是對於社會事件的看法，每個人却大不相同，有的人樂觀，有的人悲觀，凡是一樁事和一個人直接發生關係時，這樁事在這個人的意識上所有的意義，必定是由這個人的自我去判斷。

二、

因此哲學家對於「自我」問題，大家都感到興趣，都有自己的主張，我們不必說古代和中古的哲學家，就只看當代的哲學家，他們對於「自我」問題，非常注意。現象論的哲學家胡塞爾，主張「自我」爲一個超越性的自我，他的哲學以直覺的現象形式作爲基礎。宇宙的存在，以及宇宙內一切物的存在，都是在於「自我」的意識以內。存在論的哲學家，以「自我」爲每個人的理想，爲每個人的可能存在。每個人都理想著一個更完全，更能滿足自己的心的存在，自己常向這個理想的存在努力，這種努力就是「自我」的自由。

法國的當代哲學家柏格森，主張「自我」是在我以內的生活力，蓬勃地繼續向前進。大文豪尼采主張「自我」是一個超人的意識，自認超出宇宙萬物以上，目空一切，不守社會的任何禮教的拘束。

這些哲學家的思想，多少都是受前一兩個世紀的哲學家的影響。笛卡兒以我知道我在思索爲自我，康德以統一所有認識的意識爲自我。休謨則以自我爲無數感覺的總合。洛克又以自我爲常是一致的意識。黑格爾主張自我爲絕對的精神，非希特乃主張絕對的精神爲自我。

在這些彼此不同的意見裏，你們可以看得到有一個共同之點，即是自我的意義，是從每個人的心裏方面去看，不是從本體方面去看。在一千年前的佛敎，已經看到了這一點。佛敎認爲人生的一切痛苦。都是我們人自找苦惱。本來沒有事，人自以爲有事，本來是虛空，人都以爲是實有。本來連自己本身都不存在，人却固執著求自己的享受，因此便造出了人生的苦惱，唯一的辦法，便是破物執和我執，把物我都看爲空。可是以物我皆空，則涅槃也空，人心沒有了目的，即便使人成了槁木死灰，人生仍舊不能有幸福，於是中國大乘的天臺宗和華嚴宗主張眞如爲我，人之小我爲空，人入涅槃而和於眞如，乃能「常樂我淨」。

三、

「自我」的眞正意義，一方面要從本體論去認識，一方面要從心理去體會，從本體論方面去看，「自我」是一個有理性的自主體，是我的動作的主體。這個自然的主體有人格的，是普通說話時的第一人稱。

我當然是一個人；然而我又不僅是一個人。每個人都是人；然而每個人又各自不同，每個人是他自己。

每個人有自己的顏色，有自己的像貌，有自己的體格，有自己的才能，有自己的聰明，有自己的性格，這一切構成每個人的個性，個性依附在一個主體上，主體又受個性的限制，受了個性限制的主體，就是「自我」。

但是在每個人所有的個性中，那一項是能代表他自己呢？是像貌嗎？是體格嗎？是性格嗎？是才能嗎？大多數的人都是這樣想。可是這一些都是天生的，不能由每個人自己作主。自己不能作主的事，不足以代表自己，可以代表我自己的事，該當是我自己作主的事。我自己怎麼作主呢？是用我的意志。不單是我用意志去決定，而是我自己知道我是自己在決定，這樣才稱爲我自己作主。這種自己作主的心境，稱爲自我意識。因此有許多哲學以意識就是自我；實際上這種意識乃是自我的體會。我們中國古代哲學家稱這種意識爲「心」。朱子乃說：『心者，一身之主宰。』（朱子語類）

本體方面的自我，要由心理方面才可以表現出來。心理方面自我的價值，乃是我們每個人的生活價值，我們每個人的一生，是在心理方面的自我上，一步一步去建設。古今中外的教育家乃教導青年人去修養自己的心靈。

四、

我要是我自己，我不能是人羣裏面的一個數目。我要是我自己，我不能事事倣效他人，我不能事事依賴他人。怎麼樣我可以是我自自己呢？我要自己作主，我要有自我的意識。

我要自己作主，第一，我要知道怎樣去作主。我不明白事情是怎樣，閉著眼亂撞，那不是自己作主，我能爲主，先要把事情看清楚，然後才能決定，因此要有學識，要有經驗。

第二，看清了事情，我還要知道應付事情的原則和正當的方法。王陽明曾經說應付事情的原理都在我心裏，我心中有不學而知的良知，按著良知可以應付一切。朱子則說應付事物的原理，應該求之於事物之中，今日格一事，明日格一事，久之自然貫通。我們普通都說：應付事物之理，即是倫理道德，人要知道倫理道德和風俗，才可以應付事物。

第三，明白了事情以後，我也不一定可以作主，因爲可以有外面的阻力和內面的阻力，外面的阻力，即是外面的壓力，不許我們做的事，或許強迫我們做我們不願意做的事。爲對付這種壓力，應該有不屈不撓的精神，中國人常說寧死不屈『三軍可奪帥也，匹夫不可奪志也』。

內面的阻力，則是我們內部的私慾。我們要是我們自己，不要被外面的壓力，牽著鼻子走路，但也不能叫我們自己內部的壓力牽著我們的鼻子走；因爲同樣地是不自由，同樣地是被驅使。每一個人有自己的脾氣，有自己的嗜好，有自己的感情。假使一個人在言語行事上，一味隨自己的脾氣，嗜好和感情的傾向，一定不能有好的結果。因此，我們中國古人，常教人克制慾情。大學中庸的修身大道，爲正心、爲誠；正心在於心不爲慾情所偏，七情發時皆能中節；誠則在於良心不爲慾情所蔽，而能明明德，天主教指導人克慾，使人能駕馭自己的慾情，引導慾情在隸。合理合法的範圍內去發揮；即是教人自己作主人，不做慾情的奴。

五、

克制慾情，以明明德，可以發揮人的天性，成爲一個完人。完人是個完全的人；一個完全的人是不是一個完全的我？今天的青年人就懷疑這一點，而且還反對這一點。「嬉痞」的流行，便是這種心理的表現。今天的青年，像尼采所提倡的超人；要自己是自己，而不是別人。他們以爲社會的習慣、倫理、法律，造成大家一律相同的人，而不是個個有別的自我。他們便破壞社會的習慣、倫理和法律，以表現自己和別人不同，而作成眞眞的自我。

錢穆先生曾說：『然我不能離人而成爲我。若一意求異於人以見爲我，則此我將屬於非人。我而非人則將爲一怪物，爲天地間一不祥之怪物。若人人求轉成爲我，而不復爲一人，此則萬異百怪，其可怕將甚於洪水與猛獸。』（人生十論第六篇）「嬉痞」之可怕，就有點像錢先生所說的話了。

『自我』和『完人』究竟有什麼關係呢？關係很明顯很簡單，『完人』等於『自我』，一個完全的人便是一個眞正的我。

從形上學方面去講，存在主義反對士林哲學的形上學，就是以爲士林哲學所講的人只是人，而不是我，應該以存在的我去代替抽象的人。「嬉痞」的思想，可以說是今日流行的存在主義。但是眞往深刻裏去看，士林哲學在本體論講論人，以人有人的定義，是抽象的人性；可是論實際的具體的人，則要加上『個性』，有了個性的人性，才成爲眞正的人。因此，在本體論上說，沒有個性的人性，是不存在的。

從人生方面去看，眞正的自我，是我自己對於我的個性，有明瞭的意識，在生活上，努力把我的個性表現出來。我怎樣去表現呢？是在人性的範圍內。每一個人爲做人，都是按照自己的個性去做。世界上沒有一個只有人性而沒有個性的人，也沒有只有個性而沒有人性的人。因此，佛敎說人人都有我執。所不同的，就是有些人有了個性，而我知道自己的個性；有些人有了個性，自己知道；即是所謂有沒有「自我意識」。

有了「自我意識」，便要在人性的範圍內，去發揮這種意識，使自己的個性，都能够表現出來。

「自我的意義」，不是在於代替『人性的意義』，而是在於完成『人性的意義』。人性的意義，在生活方面，是人性的倫常大道，自我的意義，在於以倫常大道用在自我的個性；即是每個人按照自己的個性去實行倫常大道。

人性的意義，在歷史方面，是人的活動繼續向上，繼續使人性的意義表現出來，使人類日進於文明；自我的意義，在於每個人用自己個性的所長；使人在文明的路上向前進。

當我在臺灣大學向學生們講自我的意義時，有位學生問天主敎的自我意義是怎樣？我答說：天主敎的自我意識，是在天生以內，發揮我的個性。天主教相信天人合一，人因耶穌而參加天主的神生活。天主是絕對的眞美善，每個人的自我，便是用自己個性，去追求絕對的眞美善，每人所得的不相等，便有個別的分別。

把自己的個性都表現出來，即是中國儒家所說的盡心盡性，完全盡心盡性的人乃是至誠，至誠乃參天地的化育，進爲聖人仁人。天主教以盡心盡性追求絕對眞美善的人，謚封爲聖人。天主教所敬的聖人，各世紀的人都有，各階級的人都有。聖人都是努力修德的人，然而每個人的品德都不相同。在每個聖人的品德中，完全表現每個人的個性，聖人都是完人，聖人也都是完全的自我。

自我的意義，在教育上，是教育政策和教育方法的中心。教育的宗旨，在教人做人，在教人做一個完全的我。人格教育乃成爲現代教育的代表名詞。

在智育方面，自我的意義代表學生的智力和興趣。智力的測驗，從小學就開始。興趣的分途，從初中就選課，高中就分校，更可以就興趣和智力而選擇大專的分門別類。畢業後再可以進研究所和研究中心，以完成自己智力和興趣所能研究的學術。這種教育制度已成爲歐美的通常制度。目前，歐美各國的學生罷課示威所要求的，是再進一步減少課室的灌輸教學制，加强個別研究指導制。教授少在課室講書，多去指導學生研究。學生少在課室聽課，多作自動的研究工作。

我們臺灣的教育，距離這種目標落後太遠，負責管理教育的人，並且不見得有意去改進。

在德育方面，自我意義，代表意志的鍛鍊，在個性中所能代表我的，爲每個人的意志。每個人以自己的意志而自己作主，爲使一個人能完成自我的教育，即在訓練他的意志，使他知道自己使用自由，意志的訓練，在於訓練自動的精神，同時又在於訓練接受自由的範圍。一個人所願意的事，和不願意的事，多半不是來自意志，而是來自慾情，訓練意志，便在於意志能够管束慾情，以求自己作主，自己決定。意志的訓練，最與是訓練自動，就是在接受規則時，也自信是自己願意接受。有了自動，又有持久的耐心，訓練耐心和毅力，便是鍛鍊意志。

意志的訓練稱爲鍛鍊，像是爐火煉鋼，把一塊轗鐵，變成一塊純淨的堅鋼。經過鍛鍊的意志總是堅强的意志。具有堅强意志的人，總不會同流合汚，而能顯出自我。

現在的教育，無論歐美各國和我們臺灣，都忽略了這一點，因爲忽略了德育，忽略了精神。目前青年所造的許多問題，都從這個缺點而來。今後敎育的改進，必要加强意志訓練的人格教育。

人格敎育，不僅是一種模範人格的敎育。提出某一個偉人，或甚至聖人，作爲模範人格，供青年人的仿效，只能作爲一種啓發作用。這個人的人格，按每個人的個性而成，不能是相同的。因此天主教的聖人，沒有兩個有完全相同的人格，人格愈高，對他人的啓發作用愈强，天主敎所奉爲模範的人格，乃是耶穌基督。然而有基本的訓練，仍舊是訓練每個人自動去努力。

（東方雜誌第二卷第一期）

我們的人文主義

儒家、道家、佛家、天主教等都可稱為人文主義，各有不同的理想境界。

每年我到羅馬來開會，每次都有新的感想。今年正逢義大利大選期間，這次大選又包孕着義大利自第二次世界大戰以來最嚴重的危機，因這次大選可能給與共黨執政的機會。於是義大利社會人士憂心忡忡，報章和街頭標語的宣傳五花八門，從最左到最右以及中間路線的各黨，都以保障人權自由爲號召。

我想現在一般人對於人權自由的意義混亂不清。這種混亂來自歐洲的哲學思想。我們自由中國的臺灣政治清明，但是一般人尤其青年對於人生的意義也多混亂不清，原因也是來自所接受的歐美思想。

現在臺灣一般人的思想都稱爲人文主義，儒家的思想當然是人文主義，三民主義也是人文主義，康德和黑格爾的思想也稱爲人文主義，羅素和懷德里的思想、杜威的思想、存在主義的思想以及現象論、行爲論、語言邏輯都稱爲人文主義，大家對於人生的意義便隨着他們所接受的思想而形成。還有許多沒有任何哲學思想的人，更不理會人生的任何意義了。

我們生活在自由民主制度下，我們的思想當然是人文主義；然而人文主義的名目既很多，就應該有所選擇。

人格的尊嚴

人文主義以人爲基礎，人是一個整個的人。整個的人有小體有大體；小體爲感覺之官，大體爲心靈。小體大體相合，不能分離。一個人的生活由小體和大體共同發展。一個人不能祇有感覺的生活，也不能祇有心靈的生活。人不是禽獸，也不是天使，而是一個靈性動物。

靈性是人的本色，是人的特性；靈性也構成人的位稱。每一個人有自己的位稱，位稱表示一個獨立的人，一個獨立的人有自己的人格。人格在本人方面要求自己有責任感，對自己的行動負責；在別人方面要求別人尊重人格的權利，不可輕視，更不可侵犯。

孔子和孟子都有很深刻的人格觀念。孔子曾說，富貴如以義而可追求，雖執鞭駕車也肯做；若不可求，則視富貴如浮雲。孟子曾以自己爲不可召的臣子，諸侯應先拜見他，而不是他要先去拜見諸侯。宋朝理學家嘗以人人都可以爲聖人，每個人求學應以作聖人爲志向。儒家的傳統常說「富貴不能淫，威武不能屈。」一貫地看重自己的人格。

人文主義的第一個要素便是每一個人的人格。共產主義藐視人格，摧殘人格的一切權利，乃是一種反人文主義的思想和制度。但是歐美的青年衝破一切的藩籬，廢棄傳統，推翻權威，事事以個人的意志爲主，以求自別於人。這種個人主義也不尊重人格，反使人格掃地。

人間世

佛教素以法我皆空，人間世乃人的有漏種子所造的假識。道教以人間世爲貪慾的罪藪，常以避世爲樂。歐洲哲學的唯心論以我和非我衹是精神的活動，實徵論以人間世爲感覺的認識，唯物論以宇宙都是物質。合理的人文主義應該認識人所處的世界，應該明瞭我和非我的關係。

人間世是實際存在的實體，也是一個常在變易的宇宙。在生命上，人間世的實體彼此互相聯繫，結成一個有天然和諧的整體，各種等級的生命有次序地互相協助。人則處於生命的最高峯，可以合理地利用宇宙的資源，發展自己的生命，也應有效地保障其他各級的生命，以取得應有的發展。人稱爲宇宙的主人翁，但不是絕對的主人，因爲人自己不能是自己生命的主人。

人間世的社會則是人的社會，人的社會有自己的歷史。歷史記述人類生活的變遷，人類生活的變遷常有新的事件，使人類的生活往新的方式裏發展，構成文明的社會。宇宙其他的物體都依照本身的自然法，必然地變化，沒有新的方式。雖然進化論主張因着物競天擇，低級生命進爲高級的生命，然而現在的科學所能證明的變化祇是器官的變化，而不是種的變化。新種的產生大約是造物主所給的生命力，適應環境而產生。人的社會所有變遷由人運用自己的靈性，發明新的工具而造成新的生活方式。因此，文明是有累積性的，累積前代人的發明，再進於新的發明所謂斷代的大躍進，所謂全盤外化的改革都不合於人類社會的歷史性。

人類社會乃一人際關係的社會。在哲學上說，每個人是一個獨立的人稱；但是在實際的生活上，沒有一個人可以獨立，而是互相關連的人。這些互相的人際關係，中國儒家以五倫作爲範疇。既有人際關係，便應有人際關係的原則，儒家稱這種原則爲倫常之道，普通稱爲倫理。人類社會常變，人際關係也常變，倫理便也有變。然而人際關係在基本上乃是人的關係，這些關係無論怎樣變，總是以人性爲基礎，在基本點不能變亂。

但，也不能如現在許多哲學派系所說：人性不是形上的實體，祇是我們人對於自己的認識，人的認識則隨學術的境界而有增進或改進，因此人性也隨着時代而變異。人性雖由人而認識，人對於自己在開始時就知道自己是人而不是禽獸，因爲人性的基本道理，天然地顯示給人的理智，即使最不開化的野蠻人也是有理智的人，也就生來認識人性的基本道理。我們中國的理學家常以人性的天理自然光明昭著，大學稱爲明德，凡是人都可以認識。

天主教的士林哲學常主張倫理的基本原則，每個人的良知生來就知道。但爲應付社會的各種事件，則應研究社會方面所有的法制和在變動的環境，不能完全靠天生的天理知識。良知當然是我們行事的規律，然而良知祇在對於基本的原則有天生的認識，如人天生知道應該行善避惡，應該愛父母；但在複雜的社會環境裏，何種是善，何善是惡，或者應該怎樣孝愛父母，便不能祇反觀自心就可以一目了然，要緊對於事理有所研究。陸象山和王陽明主張「心外無理」，祇能指倫理的基本原則。

在人文主義的社會，所有人際關係是有適合社會環境而又基於人性原則的倫理。每一個人自重本人的人格，他人也尊重他的人格；每一個人獨立自主，大家又互助聯繫，互相協助。孔子曾以一句話貫通人際關係，稱之爲「仁」，基督也說自己所定的誡律以一句話作總綱，即是「愛」。

自我的完成

人生來有追求享受的天性。老子所主張的棄聖絕智和返於初民的樸素，是一種反乎人性的思想。人是一個有限的實體，每一個人對於「自我」都體驗到自己非常有限：身體有限、精力有限、智識有限，所能有的物件也很有限。撒爾特便以「我」雖然是「有」，可是「非我」則是「無」，非我之無包圍着我之有，使我自己體驗到常想衝破自我的限制，然而衝出自我，便入於無，人便是以無爲有。

我們當然不接受撒爾特的思想，但是同意存在論所說：「自我」的「存我」雖有限，却懷着一種無限的志願，追求一個相當於無限的「理想自我」。

人的人格不是一個生來不變的實體，而是隨着生命常在成長。每一個人須時刻勉力完成自己的人格。儒家常講盡心盡性，所謂「盡」即是實現人性本能，使人追求眞美善的本能可以盡量實現。

人之爲人的人性則是從少到老從不會變。可是每一個人基於人性所有的本能則非常多，也各有不同。每個人的本能構成自我的範圍，在自我的範圍內，每個人都可以發展。墨子曾以利爲義，孔孟則以利和義相對。中國人遵從孔孟的敎訓，常輕視利，以追求利爲可恥。但是在哲學上利的意義是爲自己有益，有益是使自己多有一分東西。人因爲「自我」在實際上很有限，常想發展，使自己的願望能夠滿足。滿足自己的願望即是使自我多完成一分。那麼有益於自己的利當然是可以追求，而且應該追求。人無論做什麼事，都懷着滿足自己願望的意志，沒有願望則不會動作。重要的在於願望的合理。合理是義，不合理爲不義，不宜認爲利都是不義，也不能以利都是義。

人的生命雖是一個整個的生命，在各方面的表現則多不相同。人在肉體有靈魂，肉體有感官，靈魂有理智和意志。感官有感覺的活動，理智意志有靈性的活動。人以靈性爲主，以感覺爲副。人的生命復以靈性生命爲重，以感覺生命爲副。但主要生命和副要生命合成一個整體的生命，人不能祇有靈性或祇有感覺的生命。

爲發展自我、追求自我的利益，不能顚倒主要的生命使成爲副要生命。現在社會的表現正是這種顚倒主要生命的現象，大家追求感覺的享受，不顧靈性的追求。

靈性的追求是對於眞美善的追求。眞美善在人世間的表現常在物質以內。人在追求眞美善也運用感覺，儒家乃講節慾，不講絕慾。耶穌基督的教義指導人善用物質，並不禁止運用物質；且以物質爲天之所造，應宜供人善用。

因此人文主義求「整個人」的發展，不祇求靈性或祇求感覺的發展。「整個人」以靈性爲主，又在靈性和感覺間有當然的次序；「整個人」的發展便應尊重這種次序。

每一個人雖是獨立的人，然而同在一個社會以內，人的生活不能是孤獨人的生活，而是團體分子的生活。在發展「自我」的追求中，團體的意義常成爲一項指導性的原則。孔孟的義利之辯是以這種原則爲標準，沒有團體意義的利爲私利，認爲不義。墨子則以利爲兼愛，私利不足稱爲利。梁啓超曾責備中國人祇知私利，不知公利。這都不免過於偏激。每個人所有的行動願望常是爲求自己的滿足，可以說常在求私利；祇要私利不妨害公利，便不應稱做壞事，公和私並不一定互相衝突。當然在物質事物上，物質事物有限，一件事物常能同是私利和公利的對象；在這種光景內，公私當然互相衝突了。

精神的事體則不受數量的限制，可以作爲無數人共同追求的對象，也不構成公私的互相排擠。蘇軾在赤壁賦曾說江上的淸風、山間的明月用不盡，取不竭，大家都可以享受。何況眞美善的對象在精神方面乃是供整個人類的追求。

我常聽見學者批評天主教是以行善爲獲得身後永生的賞報，稱這信仰爲功利思想遠不如稱它爲儒家所說的爲行善而行善。所謂爲行善而行善實際上即是求自我的一分精神滿足，否則人將變成槁木死灰，沒有情感。天主教所說的身後永生賞報乃是享受絕對的眞美善，使人天生追求眞美善的願望能够滿足；這不是功利主義，祇是順乎人性的要求。

人性的完成

存在論哲學認爲人所追求的「理想我」在於造物主以內爲人所設的無限的「我」，人不能實現這種理想便感到內心的痛苦。儒家則認爲人性的完成爲一實際可以達到的天人合一之理想，人盡性以參天地的化育，通過人心之仁，而與天地萬物爲一體。道家更認爲人性的完成在於放棄形骸，以人之氣和天地元氣相通以合於道。佛教以佛性爲人的眞性，人若空寂自我而顯佛性，便達到完成境界。

人雖是有限的實體，心靈却懷着無限的希望。人性的完成便要使人性融會到一無限的實體，儒家認爲無限實體爲天地，道家以爲道，佛教以爲佛性眞如，存在論以爲造物主。我們認爲天地、道、佛性眞如都爲空洞無靈性生活的主體。儒家的天地有靈性的愛心則因天地通於上天尊神。存在論以造物立天主為人性完成的目標，目標正確，不幸却望之而却。天主教則以天主為人性完成的終點。

天主為絕對的眞美善，而又是一有位格的尊神。人既是有限之體，本來不能融會到無限的絕對眞美善本體，而且天主是一純淨的精神體，人不能認識，不能欣賞。因此，天主以自己的全能提攝人的有限之體，可以分享神性的生命，以達到融會於天主的境界，欣享絕對的眞善美。

在人世間的人感覺和靈性相合，便祇能開始神性的生活，以信仰而體會對絕對眞美善的欣享，心中懷着愉快，等到離開人世間，肉體和靈魂分離，靈魂的來生纔是精神生活，乃能實現神性生活，以欣享絕對眞美善為幸福。

但靈魂不是一個整個的人，靈魂來生的神性生活尚不能代表整個人性的完成。基督乃啓示我們將來有一時刻，人的屍體無論怎樣腐化，必要復活。在人世間發展了人性的人復活時靈魂再結合身體，而身體則已經為非物質體，然後這個整個的人融會於神性的生活內，到達欣享無限眞美善的目的，人性乃全部的完成。

（民國六十五年五月二十九日，寫於返國途中飛機上。）

蔣總統精神生活序

吳德生資政近著蔣總統精神生活一書，將用中文英文分別出版，囑我寫篇序文，謹遵命，寫了這篇序。

聖奧斯定在他負盛名的著作天主之城裏說：

『我們所稱幸福的領袖，是以公義治國，不因諂媚而自大的賢者。賢者記得自己是人，將自己的權力爲上主天主服務，宣揚對於上主的敬心。賢者敬畏、愛慕、朝拜眞天主；仰慕大家和睦相親的天國。賢者急於寬赦，緩於行刑；若因國家公益的需要，或爲保衞國家的權利，而執行刑罰，他們不用爲報仇，不存有私心。賢者緩於用刑，不是疏忽自己的職務，而是希望人能改過自新。他們若採取嚴厲的手段，却也知道用恩惠和慈心予以減輕。

『我們所謂幸福的領袖，是不順從私慾的賢者。賢者以克慾而正自己的心，勝於統治宇宙萬邦。他們克慾正心，不爲尋覓人們的喝彩讚揚，乃是爲求自己的永生。賢者承認自己犯有錯誤，爲着自己的錯誤，向上主天主誠心奉獻謙卑的祭獻。』（第五卷第二四章）（註一）

蔣總統堪當爲聖奧斯定所稱幸福的賢明領袖，平生以宗教信仰穩定自己的精神生活，以精神生活貫徹一切的政治設施；因此在國家多難，政途坎坷的時勢中，心安不亂。總統曾自著『事天自安箴』：

『存心養性，寓理帥義。

盡心知命，物我一體。

不憂不懼，樂道順天。

至誠不息，於穆不已。』（註二）

孔子曾說：『政者，正也。』（論語，顏淵）『苟正其身矣，於從政乎何有？不能正其身，如正人何？』（論語，子路）。大學乃說：『欲修其身者，先正其心。欲正其心者，先誠其意。』（第一章）中庸也說：『故君子，不可以不修身。思修身不可以不事親；思事親，不可以不知人；思知人，不可以不知天。』（第二十章）『誠者，天之道也，誠之者，人之道也。誠者不勉而中，不思而得，從容中道，聖人也。誠之者，擇善而固執之者也。博學之，

審問之，愼思之，明辨之，篤行之。』(同上)

蔣總統常以中庸爲中華民族的傳統人生哲學，他自己的精神生活建立在這種傳統之上。 總統說：

『今天我要將我國古代最精微正確的人生哲學即中庸之道講授給大家，這是我們個人修己立身成德立業之要道，我們將領要完成革命救國的任務，不可不透徹明瞭這個哲學的理論。』(註三)

中庸指示修身正心，應先知天；蔣總統潛心研究，深明天道，每天捧讀聖經，而且遵循曾國藩的讀書要領：『虛心涵泳，切己體察。』

吳德生在 蔣總統的精神生活一書裏指出 總統生活的源泉，在於中庸和聖經。吳先生說：『大家都知道 蔣總統爲一位偉大的政治家。 總統不僅相信一種自強不息的生活，而且身體力行這種生活。但是奧妙却在於 總統一生的行爲都從精神生活的源泉而流出，這種精神生活爲一種靜觀的生活。據我的觀察， 總統的精神生活建立在「愼獨」的堅固基石上。……愼獨出中庸，但也包涵聖詠第一百三十九首的思想：「明哉上主，燭幽洞微，諳我起居，鑒我秘思，行藏出處，明察罔遺，心聲未發，主已先知。」……關於孔子倫理思想的宗教背景，湯遜(Christopher Dawson)曾有幾句深刻的評語，湯氏說：「儒家的精神是由天命所貫注，以天命來範圍社會和自然的一切。孔子絕不否認天命的超越性，祇是他把這種超越性轉化爲支配社會和個人行爲的活的原則，以代替筮士和術士的神話罷了。」我引了這一段話，因爲這一段話和 蔣總統的思想相吻合。但有一點應該說明，儒家思想因着 蔣總統的基督信仰，天道的超越性乃更見明顯。同時精神生活的內在性在心靈裏更能深徹地體驗。』（註四）

吳德生解釋 蔣總統連貫中庸和基督信仰，在於人性，他說：『 總統認爲人性是根於神性的，因爲「天命之謂性」，人性本來就是天所稟賦的。因此，假如一個人能把人性中的仁義禮智四端擴充到極點，他便是盡了人性，盡了人性，也就是達於神性。 總統又說：「我們人類的天性受自上帝的靈性，這個靈性就是仁愛的精神，這個仁愛就是宇宙眞理之所在，也就是我們人類生命意義之所在。」這就是 總統的人生哲學與宗教思想的究竟話頭。』（註五）

吳德生更明瞭地說明 蔣總統的精神生活融合儒家哲學和基督信仰：『在 蔣總統的思想裏，中國哲學和基督信仰是融爲一體的，因此他不僅像哲學家一樣，從人心中去畫出了整個宇宙的體系，同時更進一步體驗到創造宇宙的上帝，就活在我們心靈的深處，所以宇宙萬物對上帝懷着潛意識的嚮慕，而這種潛意識的嚮慕，在人心中表現出來，最是彰明昭著的，

親切有味的。』（註六）

蔣總統的生活，安詳舒怡，優遊於大自然中，像中國的詩人聖哲，浸潤在孔子所說：『吾與點也』（先進）的心情裏，從自然美景的藝術裏，總統的精神飛騰到造物主的愛心裏，進而體驗到造物主的愛心在他自己的心裏洋溢飽滿，通於四肢百體。因此 總統的精神堅苦卓越，應援國家大事；却又和悅安詳，內心獨與天父相援。

吳德生的大作，全書浸滿詩情，文筆秀麗，引人從淺顯的事例，進入 總統生活的堂奧。有時像莊子的冥想，飄然飛在宇宙之上；有時像孔子的實踐，細看日常小事的意義。在精簡的二十八章裏，繪出了 蔣總統的內心奧妙。

吳德生的大作，還給我們一種很重要的啓示。他繪寫 總統的精神生活，證實了儒家的精神生活和基督的信仰，能够融合一體，造成優美深湛的精神生活。錢穆先生對這種事實曾深加懷疑。錢先生以爲『中國古代的宗教，乃完全屬之大羣，而小我與上帝，將漸漸失其精神之交感。如此，則小我之生命日萎縮，而大羣之團聚亦將失其憑藉而終至於解消。』孔子乃倡禮與仁，以宗廟祭祀，以解脫小我之生命而融入宗族大我的生命裏。錢先生認爲『今試以儒家教義與耶佛兩教相比，則有絕大不同者一端，孔子教義在即就人生本身求人生之安慰與希望。而耶佛兩教，皆在超脫人生以外而求人生之安慰與希望，此其所以絕不同也。……

儒家敎義終極點，即在人世大羣之修齊治平，而以人類之性善爲出發。耶敎敎義之終極點，不在此世而在將來，不在大羣之修齊治平，而在各人之贖罪得救，而以上帝之意旨爲終歸。』（註七）

蔣總統遵循孔子所說爲政在正以正己心，自心之動合於天命之性以接上帝，在上帝之愛心中融會自己的心，愛國愛民，具有范仲淹所說：『先天下之憂而憂，後天下之樂而樂。』（岳陽樓記）的精神。錢先生所言爲沒有宗敎生活經驗者的疑慮，吳德生的書則是體驗宗敎信仰和儒家精神的結晶。

儒家講至誠，道家講眞人，佛家講禪祖，三者的生活，神秘而超越現實。基督信仰的靜觀則接於上主，浸入無限的神性生活，與絕對的眞美善相接，忘己忘物，而以天父之愛懷抱萬有。 蔣總統的精神登上了這種超越的境界。

（民國六十三年七月五日天母牧廬）

註

㈠ 參考吳宗文譯「天主之城」。上册、頁一九二，臺灣商務印書館，民六十年版。

㈡ 科學的學庸（第三章附錄三）。

㈢ 中庸之要旨與將領之基本學理。 蔣總統言論彙編第十二卷，頁二九八。

㈣吳德生　蔣總統的精神生活，第十四章愼獨。
㈤同上，第十九章，邁向宇宙進化的太極。
㈥同上，第二十八章，優遊大自然中。
㈦錢穆中國民族之宗教信仰，見自由報。

（民國六十三年五月四日、十一、十五日、十八日。）

蔣總統的人生觀之體認

一、革命的人生觀

民國二十三年九月廿四日，蔣委員長出席軍官團總理紀念週，給軍官團作了一篇演講，題目爲「軍人應確立革命的人生觀」總統說：

『最後，我還要對各位簡單的講一講軍人應有之革命的人生觀。我前次曾經說過：父母生育了我們，天地間有了我們的生命，但是人生至多不過活到百年，終歸要有死的一日。這樣的生命，到底有什麼意義？所以我們爲人在世，就先要知道天地父母，生了我們，究竟是爲什麼？就是要知道人生是爲什麼？人生的意義，就是生活與生命，所以我們要知道人生的意義，就要知道生活的目的是什麼？生命的意義又是什麼？爲研究這個問題，我曾經將所得的結論，選了一付對聯，就是說：「生活的目的，在增進全人類全體之生活；生命的意義，在創造宇宙繼起之生命。」這就是我對於人生問題的一個結論，亦就是我們革命軍人整個的人生觀。』（註一）

同樣的話，在另一篇演講裏也有：

『生活的目的在增進全人類全體之生活，生命的意義在創造宇宙繼起之生命，可以說是我的革命人生觀。』（註二）

總統一生處在中國革命的時代，而又領導中國的革命，他的人生觀，當然是革命的人生觀，革命的行動以戰爭爲最重要。總統在「軍人應確立革命的人生觀」演講裏說：

『現在弱肉强食的世界上，人類因爲互爭生存，戰爭終歸是無法避免的……要使全國國民都能深切的了解：戰爭是個人以至整個國家民族圖存最要的本領，沒有這種本領，便不能生存。』（註三）

在戰爭的關頭，最重要的事，在於明瞭生存的意義而且軍人的全部精神也以明瞭生死意義爲基礎，總統說：

『如果軍人對於這些道理不懂得明白，生命關頭，不能打破，一定會貪生怕死。』（註四）

生命有什麼意義呢？人生不過幾十寒暑，死了以後，生命是否斷絕？莊子曾以生死如同晝夜，繼續循環，沒有特別意義，莊子的人生觀便是任其自然，保持初民的原始生活，如老子所說「絕聖棄智」，　總統則說明生命的意義。

『但是大家還要明白：我們個人的生命雖然微小不足道，却是整個民族生命的大流中之一涓一滴，是從黃帝祖先到今四千餘年，整個民族生命所遺傳的一分子。所以我們一個人的生命，窮本溯流，是整個民族生命延續中之一分子，同時，推演下去，又是整個民族繼續開展的一點；因此可以說我們的生命向上推溯，就是最初祖宗的生命；往下推演，就是未來無窮子孫的生命。所以我們的生命乃是整個民族生命長流中之一點，只要這個偉大的民族生命長流不滅，我們的生命便是永久不死。』（註五）

這種生命的意義，本是儒家哲學的思想。易經一書講宇宙之道，宇宙變易之道，就是生生之道。孔子也曾說：『天何言哉，四時行焉，百物生焉。』（陽貨）天地的變易，使萬物生生不息，人的生命在宇宙生生不息的變易中，由家族的生命繼續長流。儒家祭祖的典禮，代表祖宗生命的繼續。一個人最大的不幸在於絕祠，因為沒有祭祠的後人，他的生命就絕了；因此古代有立嗣子的制度，給沒有兒子的人，立子承嗣。儒家以一個人的生命，是家族生命的一滴，在族中繼續長流。

總統擴家族爲民族，以個人的生命爲民族生命的涓滴，乃是儒家思想的自然進步，也合乎三民主義的民族主義。

一個人的生命，既然是民族生命的一滴；一個人的生活意義，當然是爲全體民族的福利。但是儒家的思想，主張大同，推己及人，以治國平天下爲目的。因此，總統認爲每個人的生活目的，在增進人類全體之生活。

二、生活的目的

『生活的目的，在增進人類全體之生活。』人類全體之生活，按照歷史哲學的指示，是趨於更大的團結，趨於更高的享受。每一個人的生活，應該對於這種趨向，予以貢獻。中國古代儒家的生活目的，在於孔子所講的「立己立人」，「達己達人」。（註六）立己立人的最高點，則是大學所講的治國平天下。總統說：

『大學所講人生最終的目的是治國平天下。』（註七）

治國平天下，在儒家的思想裏，不是一種純粹政治的工作，而是整個的人生哲學；因爲儒家的政治，乃是正人心，導民於善，使每個人有生活的幸福。所謂治國平天下，即是尋求全人類的生活幸福。 總統說：

『我們不僅要求個人的幸福，而且最重要的是求人類全體的幸福。』（註八）治國平天下以求人類全體的幸福，用現代的話來講，即是提高國民的道德。爲提高人民的享受，則應研究科學以利用萬物來增益人類生活的享受。爲提高國民道德，人人該做一個眞正的完人，做一個堂堂正正的國民。 總統說：

『大家要曉得，雖然宇宙是無窮大的空間與無限長的時間之結構，而我們個人的生命却渺小於滄海之一粟，短促於曇花之一現；然而無限大的空間，却是我們的舞臺，無限長的時間，却是我們的旅程。宇宙萬物，都爲我們而生，待我們而用，所以我們就是宇宙的主宰。我們要征服自然，利用萬物來增益全人類的生活，惟有如此生活才可以找到，並增加我們人生的意義與價值，以至於無窮大，無限久。……現在爲學的目的，就是在此，我們所要的學問，就是這個基本的道理和實踐這個道理一切最必要的學問。……總之，我們從宇宙，國家和社會三方面研究，可以歸結出一個道理，就是我們所常講的兩句話：「生活的目的，在增進人類全體的生活；生命的意義，在創造宇宙繼起的生命。」我們現在首先要懂得這個道理，確立正確的人生觀。……』

『現在再要告訴各位教學的一個根本要旨，就是：在一切學術技能之先，要修養我們的精神道德，以養成完美的人格。因爲精神道德是一切學術技能的根本，一個人如果沒有精神和道德，任他有什麼好的學問和本領，都是無用，對於國家民族，一點也沒有效益，而且一切聰明才智，反可資爲濟奸作惡的工具，對於國家社會，格外有害。』（註九）

因此，總統常常提倡倫理，民主，科學，作爲全國國民生活的標準，使大家知道各人的責任，總統曾在民國二十四年七月八日向成都四川大學講中國青年之責任，在標題的大綱裏說：

『三、青年的地位與責任：

（一）在宇宙中——宰制宇宙，征服自然，創造文化。

（二）在國家中——自覺自强，建立獨立自由的新國家。

（三）在社會中——爲社會勞動服務，爲人羣謀利造福。

（四）在家庭中——發揮孝友睦姻任卹的美德，與從事家庭勞動服務。

（五）在學校團體中——（一）親愛精誠，團結一致。（二）服從領袖。（三）嚴守規律。（四）養成義勇決斷，冒險進取的精神。

四、生活的目的，在增進全體人類之生活；生命的意義，在創造宇宙繼起之生命。』（註一〇）

生活的目的和生命的意義，總統銘刻在心，常常向人昭示；特別是對於青年人，愷切指導，使他們建立確定的人生觀。

三、生活的精神

1. 傳統道德的新生命

決定了生活的目的意義，便要確實去實踐，實踐這種目的和意義的生活，便能表現出高尚的精神。總統曾在南昌提倡新生活運動，目前在臺灣又推行復興民族道德，新生活和復興民族道德的目標，就是在實踐 總統所標的生活目的和人生意義。

總統在「新生活運動綱要」的文告中曾說：

『生活即是人生一切活動之總稱。』

『新生活運動，就是提倡「禮義廉恥」的規律生活，以「禮義廉恥」之素行，習之於日常生活——「衣食住行」四事之中，故「禮義廉恥」者，乃發民德以成民事，爲待人、處事、持躬、接物之中心規律。』（註一一）

「禮義廉恥」乃是我們民族傳統的道德，昔日原是我們民族生活的精神，在五四運動以後，一般青年誤解革新兩字的意義，號召掃除傳統，摒棄固有道德。但是生活若沒有倫理道德，生活便失去精神，僅存皮毛骨架。總統乃毅然提倡「禮義廉恥」的生活，以充實生活的精神。

生活的目的，既然在於增進人類全體之生活。人類的生活是團體的生活，是相互有關的生活。爲增進團體的生活則必需有倫理道德；否則便是禽獸相爭，弱肉强食，團體生活不能增進，個人生活也不能發展。中庸以參天地之化育爲最高目標；爲能參加天地之化育，應該是至誠的人；至誠的人，乃是克制私慾，道德最高的人，是有高尚精神生活的人。

『人的生活，除了物質以外，還有更重要更高尙的精神生活，這精神生活的本質就是生命的所在。』(註一二)

2. 創造的精神

中庸所說「參天地之化育」，乃是人的活動和天地的變易相調節，人能贊助天地生生的壯舉。宇宙的萬物新陳相代，時時有舊物凋謝，新物發生。這種生生不息的現象，乃是天地的活動。人的生活，在於參加天地的這種活動，以增益人類全體之生活，以創造宇宙繼起的生命。人的生活便要有進取的精神和創造的精神，總統說：

『人生應以勞動爲本，以創造爲本務。』（註一三）

『生命是繼續不斷的，是永生的，只要宇宙存在一天，人類生命的光輝，就可以永久不熄滅。因此當我們存在一天，就一定要創造，要發明，要貢獻，使生命價值垂諸永久。』

蔣總統一生，在繼續不斷的創造中。北伐時創造了一統的中國；抗戰時，創造了抗戰的勝利；勝利後，創造了行憲的政府；共匪叛國後，創造了臺灣的繁榮，雖然所遭遇的環境，非常困難；所創造的事業，迭遭破壞；然而一生未嘗退縮，常是積極前進以創造新的環境，創造新的事業，創造民族的歷史。

『人以其短促的生命，而竟能建立事功，發展文化，就是由於他承繼前代的事業，啓示後世的努力，用個人的生命，創造民族的歷史，藉民族的歷史，延長個人的生命。』（註一四）

民國成立六十年來，內外的惡勢力，對中華民族的生存，四面圍攻。蔣總統領導中華民族的革命，若不能創造時機，以保障中華民族，中華民族早已淪爲奴隸。總統說：

『要保握一切機會，但只有自己努力創造機會，才是可靠的。不可期待儻來的機會，亦不可依賴外力所給予的機會。』（註一五）

『愈是遇到艱難，愈能運用智慧來獨立創造，這樣的人不會有依賴的心理產生。』（註一六）

能有創造精神的人，乃是自己具有信心。信心不在於自信自己的能力，而是在於誠心的信仰，因此　總統說：

『人生不可須臾無宗教的信仰。』（註一七）

3. 宗教的信仰

『距今十五年以前，我們教會，正受着人們激烈的攻擊，對於宗教，有非毀滅不可的趨勢。我個人在當時，並沒有什麼宗教信仰，因爲世人對於教會這樣的反對，我於是抱着懷疑的態度來研究反對基督教義的理由和基督教義的內容所在。最後得到一個結論，就是認識基督，不僅是一個救人救世的救主，而且他是一個民族革命，社會革命，和宗教革命的導師，實爲我們三民主義的基本精神所在。這是我於民國廿七年耶穌復活節，在「人生不可無宗教信仰，而不可有世俗迷信」，一篇證道文中，已經闡述其概要了。……

『我在西安被刼持的時候，讀了下面的幾句話：「上帝是我們的避難所，是我們的力量，是我們的患難隨時的扶助者……所以我們無所恐懼」。我從此更深信上帝已給了我們信仰其理的力量。我生平雖經過無數的患難和危險，但是結果終能獲得自由與勝利。願我們這些遭遇更大患難的同胞，終亦享受與我同樣的精神自由之福。』（註一八）

宗教信仰不僅給人以信心，另外給人以精神的自由：耶穌救主給我們的自由，是擺脫私慾罪惡的自由，使我們不被慾情所牽制，不作罪惡的奴隸；救主耶穌又給我們另一種的精神自由，使我們超出環境以上，順境不驕，逆境不餒。我們古人也常說『役物而不爲物所役』總統抱着誠心的宗教信仰，乃能在西安最危險的關頭，鎭靜不動。

『有信心的人才有希望，有信心的人才能得到天父的慈愛和祝福。』（註一九）

信心將我們的希望從人間捧到天上，我們深信自助而有天助，天主的助佑，可以增加我們工作的能力千萬倍。

『本人一生革命事業，凡是臨到危險黑暗的時期，只是我信我道，不憂不懼，自信我所做的事，如與國家和人類有益的，如與眞理和正義相合的，那是沒有不獲得最後勝利的。北伐如此，抗戰如此，今天的反共抗俄，救民復國的工作，亦復如此；因爲我的宗教經驗告訴我：「信仰是不可抗衡的力量」。』（註二〇）

宗教信仰是一種不可抗衡的力量，人藉着這種信仰安定自己的心，不憂不懼；人藉着宗教信仰，鎭定自己的慾情，動而中節；人藉着宗教信仰，振作精神，堅忍不拔。

因此，總統呼籲全國和全球的人，都要抱有虔誠的宗教信仰：

『同道們！世人往往因爲失望、悲觀、苟安、自私，就喪失了他當初對上帝的信仰，致使惡魔猖獗，正義澌泯，坐視「反神主義」和物質主義的蔓延全球，以致人類相互間，古有欺詐、恐怖、暴力與殘殺的存在，曾記我在美以美會百年大會致詞中，第一句就是「人生不可無宗教信仰」！這是十幾年前的呼籲。時至今日，我將更要加重的說，呼籲全世界的同道們：「人生不可須臾無宗教的信仰」。（註二一）

四、人生哲學

一個人的人生觀，乃是他的人生哲學的結論；但是人生哲學也可以是一個人的人生觀之解釋。

人生哲學所研究的對象，在於人生的由來和終向，又在於生活的原則。人生觀則是人生活的理想和態度。不過人生哲學和人生觀常可以聯合在一齊，也可以互相代替。因爲兩者的對象都是人生，兩者的研究對象不容易分界。

總統的兩句名言，關於人生的意義和生活的目的，總統稱之爲人生觀；因爲是從具體方面，講生活的理想和態度，而不是從哲學方面去探索人生的由來和終向。在另一方面，總統以他的「行的哲學」爲人生哲學，而從宋明理學談論人的生命；雖不是從生命根由和終向去探索，然而是從生命本性去研究，因此　總統稱行的哲學爲人生哲學。

1. 行

『照我個人從實際經驗中所得，我以爲我們第一步要分清楚「行」和「動」的區別。我們中國的文字因爲是單音字，所以一切名詞多半是兩個字連起來，譬如現在我們常常說的「行動」一個名詞，實際這古是「行」字，這個「行」字所包含的意義，要比普通所說的「動」廣博得多，我們簡直可以說「行」就是「人生」。……人生自少至老，在宇宙中間，沒有一天可脫離「行」的範圍，可以說人是在「行」的中間成長，由「行」的中間而充實人格，而提高了人格……我們要認識「行」的眞諦，最好從易經上「天行健君子以自強不息」一句話上去體察，因爲宇宙間最顯著的現象，亦即是宇宙萬象所由構成的，就無過於天體之運行。……』

『因此，我們可以明白，「行」與「動」是不同的。「動」並不就是「行」，而「行」則包括某種「動」在內。行是經常的，動是臨時的；行是必然的，動是偶然的；行是自發的，動則多半是他發的；行是應乎天理順乎人情的，動是激於外力偶然突發的。所以就本體言「行」，較之於「動」更自然，更平易。就其結果和價值來說：動有善有惡，而行則無不善。……』

『我們所說的「行」，和一般所謂「動起來」的「動」是斷斷不可混淆的。上面已經說過，所謂行，古是天地間自然之理。是人生本然的天性，也就是我所說的「實行良知」。』

按照　總統對於「行」所加的解釋，『我們簡直可以說「行」就是「人生」。』「行」是什麼呢？「行」是人按人性所有的活動。人按人性所有的活動有兩種：一種是自然之行，不受心的主宰，這種「行」是順性之行，是生理和感覺的活動；一種是由心靈主宰之行，由心靈予以節制，是心思之官的活動。在西洋士林哲學裏，這兩種「行」各有各的名詞，自然之行稱為「天性之行」，心靈之行稱為「人之行」；因為「人之行」，由自己作主，自己對行為負責，為人所有而禽獸所無之行。

人的生命以「行」為表現，人有生命則是活人，活人則有順性之行，不行，即是死，人就變為僵屍。因此總統說「行」就是「人生」。

「順性之行」來自中庸，總統講中庸說：

『天命之謂性，率性之謂道，修道之謂教。這三句是一氣相承的。而中間「率性之謂道」一句，是承接上下兩句之中心樞紐。率性是不作任何解，而率是順的意思，率性就是順

應天性，所謂道就不外乎順應着人人本身之天性而已。』（註二三）

同此，總統稱中庸爲中國的人生哲學：

『今天我要將我國古代最精微正確的人生哲學即中庸之道講授給大家，這是我們個人修己立身成德立業之要道，我們將領要完成革命救國的任務，不可不透澈明瞭這個哲學的理論。』（註二四）

中庸的人生哲學以人得有天命之性，應該順性而行。一切萬物也都得有天命之性。總統說：

『天命就是宇宙自然推演無盡之生命。論其本體，就是天性天理，也就是自然運行之理。論其跡象，則是一切動植物飛潛繁衍無窮的生命。』（註二五）

天命按本體說即是天性天理，天命的由來，總統信仰上帝，必以天命來自上帝。一切萬物深有天命之性，一切萬物也常順性而行；唯獨人則可以不順性，因爲人有自由，人以心靈作自己的主宰。中庸的人生哲學就在於指示人以心靈作主宰時，也要順性而行。

『喜怒哀樂未發之爲中，發而皆中節謂之和，中也者，天下之大本也，和也者，天下之達道也。致中和，天地位焉，萬物育焉。』（中庸第一章）

怎樣能夠致中和呢？在於誠。中庸以天地運行爲誠，「誠者，天之道」；人應以天道做人道，「誠之者，人之道也」。人生之道，在於誠。誠，就是順性，就是「率性之謂道」，即是不違背人心之天理，順照天理而行。總統說：

『古人所謂「誠者成也」，又謂「不誠無物」，就是此意。如果人生沒有誠，則智仁勇三達德，也無從發生，無從表現。』（註二六）

中庸和大學兩書互相表裏，中庸講哲學，大學講實踐，總統稱讚大學爲最高的政治哲學。「大學之道，在明明德。」「明明德」就是「誠」。總統說：

『明德本來是人生所生來具有的，但是有時不免爲氣質所拘，爲物慾所蔽，漸漸失其靈明以至於泯滅，而一切驕奢淫佚失德敗行的行爲和惡習，乃從之而生。大學之道，第一就要修明「明德」，以去人慾而存天理，亦可以說是盡天性而除物慾。』（註二七）

由中庸之誠和大學的明明德，乃有王陽明的「致良知」和「知行合一」。王陽明最注重「行」，因爲良知人人從天生都具有，使良知能完成任務，則在於人之努力去行，使「行」和「良知」相合，良知之知才成爲完全的眞知。蔣總統講「行的哲學」受王陽明的影響很大。但是「知行合一」只能用之於倫理道德，總統之行則包括整個人生之行，因此總統不以「知行合一」爲「行」的解釋，而以國父的「知難行易」爲原則。

『上面是說明如何力行的要旨，最後我要提示大家，我們要篤信總理的「行易知難」的

學說，我們要知道力行之效，是從「能知必能行，不知亦能行」的認識上出發的。』（註二八）

人的生命乃是生活，生活是行，行的原則是順性，順性則成己成人。大學的三綱領：「在明明德，在親民，在止於至善。」順性則明明德，明明德則親民，親民就是「增進人類全體之生活」，親民乃可止於至善，止善便是「創造宇宙繼續之生命」。中庸說至誠之人能盡自己的人性，又能盡萬物之性，終而能夠參天地的化育。但爲達到這種高尙的境界，人要有堅强的宗教信仰。因宇宙來自造物主，人受救主所救贖，人爲正心而誠，需要救主的精神援助。有宗教信仰，心能安而有勇氣，有勇氣才能力行，力行的人才得實現生活的目的和人生的意義。這就是蔣總統的人生觀。也就是孔子和孟子的人生觀。

民六十年九月三日寫於耕莘醫院。

註：

(一) 軍人應確立革命的人生觀。蔣總統言論彙編，第十二卷頁五十六。

(二) 自述研究革命哲學經過的階段。蔣總統言論彙編，第十卷頁五十八。

(三) 軍人應確立革命的人生觀，頁五十五。

(四) 同上，頁五十八。

(五) 同上，頁五十九。

(六) 論語，雍也。

(七) 大學之道。 蔣總統言論彙編。第十二卷頁五。

(八) 一切政治制度要以建國大綱為基礎。 蔣總統言論彙編，第九卷頁五〇。

(九) 為學做人復興民族之要道。 蔣總統言論彙編第十二卷頁一四二—一四四。

(十) 中國青年之責任。 蔣總統言論彙編，第十二卷頁一八六。

(十一) 新生活運動綱要。 蔣總統言論彙編，第二十一卷頁二十三。

(十二) 解決共產主義思想與方法的根本問題。 蔣總統嘉言錄(一)頁五。

(十三) 軍事哲學對於一般將領的重要性。 蔣總統嘉言錄(一)頁五—六。

(十四) 反共抗俄基本論。 蔣總統嘉言錄(一)頁九。

(十五) 黨的行動指導原則。 蔣總統嘉言錄(一)頁一三二。

(十六) 對當前國際局勢應有的認識。 蔣總統嘉言錄(一)頁一三二。

(十七) 民四十一年耶穌受難節證道。 蔣總統言論彙編，第二十二卷頁一二三。

(十八) 民三十三年耶穌節告全國教會書。 蔣總統言論彙編，第二十一卷頁二六六。

(十九) 民卅九年耶穌受難節證道詞。 蔣總統言論彙編，第二十二卷頁六十九。

(二十) 民四十一年耶穌受難節證道詞。 蔣總統言論彙編，第二十二卷頁一二四。

(二一) 同上。

(二二) 行的道理（行的哲學）。 蔣總統言論彙編，第十四卷頁五七—五九。

(二三) 中庸之要旨與將領之基本學理。 蔣總統言論彙編，第十二卷頁二九八。

(二四) 同上，頁二九二。

(二五) 同上，頁二九五。

(二六) 行的道理，同上，頁六三。

(二七) 大學之道。 蔣總統言論彙編，第十二卷頁五。

(二八) 行的道理，同上，頁六七。

宗教信仰與文化交流

宗教不是迷信，迷信卻可以在宗教內。看看目前本國社會道德的墮落和年輕人民族意識的低弱，可以感覺是多麼需要宗教信仰。

今年六月十九日是高雄文藻外語專科學校創校十週年，請我在慶祝會中發表專題演講，題目是「宗教信仰與文化交流」。當天也是應屆畢業生結業典禮，天氣又熱，學生都是女生，我不願使大家悶坐冒汗，便祗提綱挈要地講了二十多分鐘的話，沒有能够深入題目的哲學意義。不過，對於普通一般學生大談哲學，即使談的是歷史哲學或文化哲學，也不能引導她們進入哲學的堂奧。現在我為「綜合月刊」重新討論這個問題，還是採取深入淺出的辦法，避免把問題過於專門化。

文化隨民族的生命向前走

目前在大學生中流行一冊書，書名是西方的沒落，作者爲史賓格勒（陳曉林譯，華新出版公司），作者以文化爲有機體，由出生，發育，興盛，衰老而沒落，然後又重新出生，以週期性而循環。作者並認爲西方的文化已經面臨沒落的末期。

我們談文化交流所指的都是西方文化，假使史賓格勒的看法是對的，西方文化既是面臨沒落的末期，我們還把這種文化流到中國來幹什麼呢？可是我們中國不是也有人在喊中華民族的傳統文化也到了沒落的末期了嗎？大家想讓這種傳統文化死去，然後用西方文化來重建中國的文化！

我想這都是一些偏激的話。在根本上，文化是一個生生活潑的洪流，隨着民族的生命一直往前走。一旦民族的生命斷了，文化也就死滅了。文化爲民族生活的內外方式，每一個民族從低級和禽獸相似的生活中漸漸演進，在日常生活的各方面養成一種形態。這種形態使同一民族的人的所有生活在外型上相似。然而這種生活形態也隨着生活的內在和外在的動力逐漸改變。人和禽獸的不同點就在於人有創造性的理智，自己創造生活的形態。理智因着人心的享受慾，時時追求新的生活享受，人類乃有歷史，乃有文化。

文化的形態到了相當高的程度，形態的範圍擴廣了，形態的價值也提高了，形態便結成相當的定型。文化的定型便是文明。史賓格勒在西方的沒落書中說：『文明是文化不可避免的最終命運。』（見譯本第二十七頁）文明是外在的型態，是生活上的構架，也是生活的外面色彩。但並不必像史賓格勒所說有了文明，文化便死了，文明乃是僵屍。

文明在初成立的時期，和民族的生活相配合，文明也是生活的外形。後來民族的生活變了，外面的形態仍舊不變，文明便和生活脫節，成爲一種虛架。西方的文明在目前的西方社會裏確實是近於僵屍的時期。中華民族的文明也在同樣的狀態中。因此東西兩方面的社會都感到極度的不安，都體驗被罩在一個死硬的虛架子裏，而想要衝破這個虛架子，從傳統裏解放出來。

東西雙方各有不同的民族性

但是在人類的歷史上，文化是延續向前的，是在以往的傳統階基上向上建造的。沒有舊的文化，必沒有新的文化；舊的文化越深，建造新文化的動力也越强。建造新文化的動力越强，吸收外來文化因素的消化力便大；消化外來文化因素力大，則所建造的新文化便更充實，更多變化。由新文化而成的文明也很光彩。中華民族對佛敎文化、蒙古文化、滿洲文化都曾加以吸收和消化，中華民族的文明也有了新的色彩。

我們現在是談文化交流，不是談文明交流。西方的文化是現代西方人的內外生活方式，東方文化是現代東方人的內外生活方式。兩方面的人因着衣食住行的工具漸漸相同，生活的方式也有了互相融洽的方式。

人的生活是一種很複雜的現象。外面的生活方式是可以看見的外形；根據可以看見的外形去了解生活方式，情形相當單純。例如中國以往的有庭院的住宅和現在的高樓公寓外形不同，住的方式就不相同。但是，若認爲西方的住宅都是公寓，把中國的住宅都變成公寓，中國人住的方式就跟西方人的完全一樣，這樣的結論便錯了。因爲住在公寓裏的是人，人是有心靈的，心靈却是自由的。心靈的自由爲精神的表現，精神的表現在自由中也有自己的方式，精神自由的方式則是民族性。民族性由一個民族的精神活動在適應生活環境時而養成，由傳統的力量而流傳。中國人有中國的民族性，西方人有西方的民族性；那麼即使他們住同樣外形的公寓，所有的方式也不會完全相同。在文化相同和不同的因素中，乃有交流的作用。

宗教是產生新文化的內在力量

每一個新文化的產生都有一種內在的力量。在歷史上人類所有的文化中，產生新文化的內在力量常是宗教的信仰。歷史哲學家湯恩比曾說，一個新文化的產生在於一個民族對外在環境的反抗力。反抗外在環境的力量是由宗教信仰來支持。古代的文化無論是希臘、羅馬、埃及、印度、巴比倫和中國的文化，都以宗教信仰爲精神中心，文化的外形也根據宗教信仰而表現。歐洲中世紀的文化無論是日爾曼、法蘭西、英格蘭、神聖羅馬帝國的文化，也是以宗教信仰爲內在因素。彌格安琪洛和拉法厄爾以及文藝復興的文學和繪畫，大都以宗教故事爲題材。但丁和哥德的傑作也是宗教信仰的結晶。聖多瑪斯的哲學更以神學爲主人翁。

到了近世紀，歐美的思想逐漸脫離神學的指導，走入科學的轄區；然而康德和黑格爾都仍以宗教信仰爲精神生活的最高峯，孔德爲重建法國革命後的民族一統性，企圖創設一種人文的宗教。當代歐美人的社會生活幾乎脫掉了宗教的色彩，一切信服科學。這種科學的文明排除了天主上帝的信仰，把人作爲新宗教的尊神，以人爲宇宙的主人。可是他們的私人生活則仍舊紮根在宗教信仰內，所有的倫理道德信念也仍以宗教信仰爲根基。最近的哲學思想又回到宗教信仰上去，如存在論的祁克果、數學邏輯論的懷德海，又如科學家愛因斯坦等都以宗教信仰為思想的重點。

只輸入了西方文化的皮毛

馬克思的共產主義在蘇俄建造一種新文化，為建造這種共產主義的文化，乃崇拜自然界的生產為神，認為一切都是自然界生產力的奴隸。湯恩比在他的著作「歷史研究」第十冊中作一結論說：世界將來的文化將靠世界現有的國際性大宗教結合為一，成為一個合一的信仰。從合一的信仰將產生世界性的新文化。可惜我國在歐美的留學生都不留心這個問題，以為研究宗教信仰為反對科學，為反背時代的趨勢。結果祇認識西方文化的皮毛；回國後卻大講西方的文化！

從中華民族傳統文化去看，最古的文化以皇天上帝的信仰為中心，書經和詩經是一個很明顯的例證。漢朝後半期一尊孔子，孔子講仁。孔子的仁在於敬天法天。仁的表現成為孝道，孝道的頂點在於祭祖尊親。祭祖的觀念乃來自宗教信仰。儒家自漢以來不談宗教，宋明理學家更以天為性，性為人生的基礎，然而理學家以人性為仁，仁來自天地之心，天地之心乃天地好生之德。天地好生之德不是指着冷酷無情的自然天地。

道家老子以天地不仁，以萬民爲芻狗；自然的天地乃是不仁。儒家以天地爲仁，仁爲愛之理，天地既有愛萬物之心，則天地必定代表造物主上帝。因此，歷代皇帝保守祭天的傳統，以郊祭爲國家最隆重的大典。儒家在公開的生活裏也祭神祭鬼，祈雨祈晴；尤其在各自的私生活裏無不自認有良心，又自知良心的指責即是上天的指責。於是愼獨，謹對上天。若看民間的生活，則更離不了佛敎和道敎的信仰。

中國青年心理失憑藉

民國以來，一般企圖創建中國新文化的人一面廢除以往的傳統，一面排斥西方的宗敎信仰。結果，中國青年在大陸淪陷以前傾向共產主義；在目前自由中國的臺灣省的青年則空虛苦悶，無所適從。而臺灣的社會道德且面臨崩潰的危機。但有些人還認爲這種現象並不稀奇也不足憂，他們認爲美國和歐洲的社會道德紊亂更甚。可是歐美和自由中國有一點不同，歐美人士的心底藏有祖傳的宗敎信仰，早晚可以矯正私人生活的放蕩；我們中國人的心裏則除了「利」字以外，沒有別的信念了。總統 蔣公乃以身作則，努力以宗敎信仰來開創中國的新文化。

文化爲民族生活的內外方式，民族的生活以內在精神生活支持外在物質生活，以物質生活滋養精神生活。孟子曾說，衣食足，然後敎以仁義。民族的精神生活以私人的精神生活爲因素。私人的精神生活求眞求美求善。眞美善的來源應是超越性的絕對尊神。人生的一切問題不是人所能答覆，也不是科學所能解決。人心的要求不是現世財富名位所能滿足，也不是一切學術所能限制。當着死亡臨頭時，世界的一切都無能爲力，人的惟一想念是求能安然接受死亡。老莊的死生如日夜相繼續的哲學不能使人心安；儒家的死生有命的信念也不足以安定人心。宗敎信仰提出來生，使人對來生具有信心，信心旣誠，視死爲解脫。

民族的精神生活要有精神的根基，精神的根基不能是民族本身，民族本身只是現世的形色。精神根基應超乎民族之上，而又和民族相關連。私人精神生活的根基在於天命之爲性，天命超越人性以上而又和人性相關連；中華民族的精神生活的根基在於全民所信的天地好生之仁，仁來自天地好生之心；天地好生之心來自造物主上天之愛。蘇軾在赤壁賦裏曾以山間清風、水上明月爲造物者之恩賜，人們可以共享。

宗教信仰關係國家前途

最近我看了八月十日出版的「中國論壇」半月刊中標題爲「從現代知識看宗教和迷信」諸文，我有點驚異臺灣的宗教熱有如文章所說的那麼高。不過我們要冷靜地來分析。宗教不是迷信，迷信却可以在宗教內。宗教不能破，迷信應該破。宗教可以由人所創造，最原始的宗教信仰不能由人所造。社會學家所提出許多學說祇可以解釋許多宗教現象，不能解釋宗教信仰的本身。若說宗教信仰是迷信，足以危害臺灣的社會和自由中國的復國計劃，倒不如說缺乏宗教信仰特別是排擠宗教信仰，更能危害社會和國家的前途。祇要看大家目前憂心煎煎所關心的兩大問題：社會道德的墮落和青年人民族意識的低弱，就可以感到宗教信仰在目前中國是多麼需要；這兩個問題的根本解決途徑就是加强合理的宗教信仰。

現在臺灣的經濟繁榮，然而不必諱言大家心中都有一個問題：臺灣的將來怎樣？一般沒有信心的人，祇想往國外跑。若我們都有誠心的宗教信仰，擔起自己對國家的責任，又一心依靠上主，如總統　蔣公一樣，同基督救人而背犧牲的十字架，我們國家的前途是不是會比人心散亂更可靠，更穩定呢？

聖經的愛與儒家的仁

一、聖經的愛

聖經一書是一本愛的歷史，記述天主對人類的愛。我們講世界歷史時，稱世界歷史爲救恩史，把世界歷史分爲三個階段：救恩的預許時期、救恩的實現時期、救恩的完成時期。救恩的完成時期，將在世界終窮以後，出現未來的新天新地，而世界歷史實際上祇有救恩預許時期和救恩實現時期。救恩預許時期在基督降生以前，爲聖經的舊約時期，救恩實現時期在基督降生以後，爲聖經的新約時期。整個聖經記載天主的救恩，救恩即是天主對人的愛。

1. 舊約記述天主對人類的愛

舊約開端的第一章，記載天主創造天地萬物。天主創造天地萬物，是天主愛的表現，特別在創造人類原祖時，天主更表現祂的愛，天主按照自己肖像造人（創一26）又立人爲萬物之主，管理宇宙間的萬物（創一28）把人安置在樂園裏。（創二8）

可是人却背叛了天主，妄想成爲和天主一樣偉大（創三5），使後代的子孫——整個人類遠離了天主，陷入罪惡和喪亡的深淵。天主愛惜所造的人，乃許下給人類一位救主，使人類再歸向天主的救恩（創三15），這就是救恩預許時期的開始。

罪惡由原祖背命的一刻，進入了世界，第一次最慘酷的表現，就是加音殺死他的親兄弟。由兄弟間的互相殘殺，流爲男女的淫亂，以至於使天主後悔造了人，竟以洪水淹沒了人類（創第六章、第七章）。但天主保留了諾厄一家，而且第一次和人類訂約，不再因人類的罪而毀滅人類。

訂立盟約是天主愛人類的標記，在盟約裏天主愛人類的愛由降福來表現，人對天主的愛由遵守誡命來表現。從第一次訂約後，天主繼續和人類訂約，祂和亞巴郎、梅瑟，最後由基督訂立新約。天主和人類的愛形成了一部盟約史。這部盟約史便是聖經。

在舊約時代，天主所訂的盟約是爲預備救恩的來臨，即預備救主的降生。天主選擇了亞巴郎和他的子孫以色列民族、作爲人類的代表，成爲天主的選民。舊約明白說出天主因愛而選了以色列民族。申命記第四章第三七節說：「他由於愛你的祖先，纔選擇了他們的後裔。」申命記第七章第八節說：「由於上主對你們的愛，並爲履行他向你們祖先所起的誓，上主纔以大能解救你們。」申命記第十章第十五節說：「上主只喜歡了你們的祖先，鍾愛了他們，由萬民中揀選了他們的後裔。」在歐瑟亞先知書裏天主自己第一次說明對以色列的愛。第十一章第一節說：「當以色列尙在童年時，我就愛了他，從在埃及時，我就召叫他爲我的兒子。……是我的仁慈的繩索，愛情的帶子牽着他們，我對他們有如高舉嬰兒到自己面頰的慈親，俯身餵養他們」。這裏天主把自己的愛比作像父母對兒子的愛。厄則克耳先知書第三十四章，天主把自己的愛比作有如牧童對羊羣的愛。「因爲上主這樣說：看，我要親自去尋找我的羊，我要親自照顧我的羊。」聖詠第二十三篇歌頌上主牧人的愛：「上主是我的牧者，我實在一無所缺。」

天主訂立盟約，以父母和牧童的愛愛人，人對盟約該怎樣呢？天主在依撒意亞先知書第四十八章第十四節說：「我所愛的必實行我的旨意。」人按照和天主所訂的盟約，應該遵守天主的誡命。舊約出谷記第二十章記載天主頒佈了十誡，但在頒佈以前，天主訓示以色列人說：「除我之外，你們不可有別的神。」（出二十3）申命記第五章梅瑟重申十誡，第六章第四節梅瑟說：「以色列，你要聽着：上主我們的天主，是唯一的天主。你當全心、全靈、全力，愛上主，你的天主。」梅瑟又說：「如果你們聽從這些法令，謹守遵行，上主，你的天主必照祂向你們祖先所起的誓，對你們守約施恩。祂必愛你們，祝福你們。」（出七12～13）

人對天主的愛是人民對於君王的愛，盡心遵守規誡，以避免懲罰，而能得福。但這種人民對君主之愛，在以色列用以對於天主時，則加上報恩之情；因爲天主曾經顯靈，把以色列民族從埃及救出，將巴勒斯坦給了他們。在聖詠裡，這種知恩報愛之情很是顯明。撒落滿王卻又以另一種愛來表現以色列人民對天主之愛，就是雅歌所描寫的男女之愛，以男女之愛比喻人對天主的追求。

舊約所講的愛，就是以上所講的天主對人類之愛，人類由以色列作代表，也是以色列人對天主的愛。

至於對於旁人的愛，舊約裏祇有一句話，就是肋未記第十九章第十八節所說：「但應愛人如己，我是上主。」這是上主的一項積極的命令，消極的命令在同一章裏列舉很多，在十誡裏也有好幾條屬於消極的愛：即不可傷害別人的生命、身體、名譽和財產。

因此對於舊約聖經所說的愛，最重要的是天主對人的愛。天主的愛，第一是造物主創造人類之愛，按照天主肖像造人，立人爲萬物之主；第二是父親希望子女同家之愛，預許救恩，選擇以色列民族作爲人類的代表，以得救恩。次要的是人對天主的知恩報愛之愛，全心愛唯一的天主。最後是愛人如己之愛。

2. 新約說明愛德的本質

希臘文新約，爲表示愛，不用普通的愛，而用agapä，英文譯爲charity和love意義不完全相同，我們的中文翻譯則爲愛德。實際上相當於儒家的仁。但新約所說的愛因着基督而予以超性化。

新約的愛，在聖若望的書信裏解釋得很明白。愛是從天主來的，因爲天主先愛了我們。天主怎樣愛了我們呢？祂實現了在舊約所預許的救恩，遣派了唯一聖子，降生成人。聖若望在第一書第四章第九節說：「天主對我們的愛，在這事上已顯示出來，就是天主把自己的獨生子派到世界上來，好使我們藉着祂得到生命。愛就在於此：不是我們愛了天主，而是祂愛了我們，且派祂的兒子，爲我們做贖罪祭。」

天主聖父之愛由聖子基督顯露出來，基督說：「我來是爲叫他們獲得生命，且獲得更豐富的生命。」「我是善牧，善牧爲羊捨命。……我爲羊捨棄我的性命。」（若十10，15）基督自己承認這種爲羊捨生之愛是最大之愛：「人若爲自己朋友捨棄性命，再沒有比這更大的愛情了」。聖保祿宗徒因此說我們人應當盡心愛基督，愛天主聖父，因爲聖父聖子給我們人類一個極大的愛。他說：「誰能使我們與基督的愛隔絕？是困苦嗎？是窘迫嗎？……靠着那愛我們的主，我們在這一切事上，大獲全勝。因爲我深信：無論是死亡、是生活……或其他任何受造之物，都不能使我們與天主的愛隔絕，即是與我們的主基督耶穌之內的愛隔絕。」（羅八35～39）

基督給予人的愛有超性的神效，使我們和天主合而爲一，我們同人又在基督內合而爲一。聖穌在最後晚餐向聖父祈禱說：「我在他們內，你在我內，使他們完全合而爲一，爲叫世界知道是你派遣了我，並且你愛了他們。」（若十七23）

因着這種合一的愛，基督乃給我們一條新的誡命：「這是我的命令：你們該彼此相愛，如同我愛了你們一樣。」（若十五12）基督愛人，是因受聖父的派遣來救世人，祂在人身上看到聖父，爲愛聖父而愛人。祂命我們也該因愛祂、愛天主而愛人。聖若望宗徒說得很清楚：「因爲不愛自己所看見的弟兄的，就不能愛他所看不見的天主。我們從他領受了這命令，那愛天主的也該愛他的弟兄。」（若望一書四20～21）

因此，基督把愛天主和愛人的兩條誡命，常結合在一齊，似乎成了一條誡命。因此聖保祿宗徒也以愛的誡命包括一切的誡命。他說：「因爲誰愛別人，就滿全了法律。」（羅十三8）聖若望宗徒更上層樓，而把愛的本體說出來。「因爲天主是愛……天主是愛，那存留在愛內的，就存留在天主內，天主也存留在他內。」（若望一書四8～16）聖若望用「天主是愛」這句話說明了聖經的愛的本質。愛是將自己所有的善分給被愛的，天主是愛，因爲天主是善，善便願將自己的善向外分送，因此天主便是愛，愛就是生命。

天主向外施善，第一使萬物生存，從無中創造萬物，給人以生命。第二，使因罪而墮落於死亡的人，再得生命，所以基督說自己來爲使人得更豐富的生命。第三使生命發揚，在縱的方面，使人的生命和天主的生命相合爲一，在橫的方面使人們的生命相合爲一。這樣便達到了愛的目的，因爲愛是爲結合爲一。

二、儒家的仁

儒家的仁起源於孔子。最先講仁的書是論語和易傳。論語不是孔子所作，而是門生記述孔子的話，易傳普通說是孔子所作，現在雖有很多人懷疑，但究竟代表孔子的思想。易經乾卦的文言：『君子體仁足以長人。』這個仁字表示愛人。「繫辭」說：『安土敦乎仁，故能愛。』（繫辭上，第四）朱熹註釋說：『蓋仁者，愛之理，愛者，仁之用。』「繫辭」又說：『天地之大德曰生，聖人之大寶曰位，何以守位？曰仁。』（繫辭下，第一）在這一段話裏，易傳把聖人之仁和天地好生之德相結合，仁和好生之德意義相同，而仁爲愛之現，就在於好生之德。

論語一書講仁的地方很多，意義也很複雜，每一次門生問孔子仁是什麼，他的答覆都不相同，他是因人施教：或說是愛，或說是守禮，或說是端重，或說是謹愼言語，或說爲下學而上達。因此我們以孔子所講的仁爲全德，包含一切的善德，也就是孔子所說：「吾道一以貫之。」（論語，里仁）的一貫之道，孔子的仁字可以貫通他的全部思想。

論語的仁字和易傳的仁字，是否相同？易傳的仁爲天地好生之德，論語的仁有沒有這種意思？有一次孔子對門生說自己不想再教學，不再多講話了。門生問道：若是夫子不講話了，我們將來用什麼話去教導別人？孔子乃說：「天何言哉！四時行焉，百物生焉，天何言哉！」（論語、陽貨）孔子主張法天，天不說話而行動，天的行動在於四時運行，使萬物化生。孔子的這一段話不就是易傳所說的天地有好生之德嗎？

易經講天地的變化，變化的目的在於使萬物化生，易傳說：「生生之謂易」。（繫辭上，第五）。中華民族以農立國，農人眼中所看見的和所希望的，是春夏秋冬、季節的更替，五穀發榮滋長。他們對於整個宇宙，祗看見五穀的生長和收成。因此，易經以爲天地的變化，在使萬物化生。

宋朝理學家便以天地變易，化生萬物，稱爲天地好生之德，也稱爲天地之心。又以生命稱爲仁，如桃仁、杏仁。天地之心愛護生命。人得天地之心爲心，天地愛護萬物的生存，人也愛護萬物的生存，這種愛稱爲仁。

儒家的仁來自天地，天地在易經雖由乾坤作代表，然而在乾坤以上，天地代表上天。儒家說天地好生之德，天地之心爲仁，心和愛不是天地所有，而是掌管天地的上天，或稱皇天上帝所有。上天愛天地萬物，所以使他們生存，使人有生命。仁，來自上天之愛，上天之愛在於給萬物和人以生命。

理學家再進一步，乃說因着仁，人和天相合爲一，即人心和天心一樣有仁，這是天人合一論。又因着仁，人和萬物合而爲一。張載在西銘裏說：『民吾同胞，物吾與也。』王陽明在大學問裏說人心愛護一切物，因着這種仁乃和萬物同爲一體，因爲人在生命上，和天相合爲一，因人的生命由天而來，和萬物也相合爲一，因爲在生命上彼此相通。

這樣儒家的仁使人和上天相合爲一，使人和萬物相合爲一。既然相合爲一，乃有愛。孔子說：「是故仁人之事親如事天，事天如事親。」（禮記，大昏解）。儒家也常說「仁民而愛物。」仁，乃是愛之理，愛是仁之用。

中庸第二十二章，以至誠的人發揚了自己的人性，乃能發揚別人的人性；發揚了別人的人性，乃能發揚萬物的物性；發揚了萬物的物性，便能贊天地的化育，然後乃能與天合一。中庸的這種思想就是理學家一體之仁的根據。中庸以人性和物性相連，發揚人性就能發揚物性；發揚人性和物性，都是發揚生命，贊助天地化育萬物的大業，這就是理學家所講的仁。

中庸說明先該發揚自己的人性，以發育自己的生命，仁愛便由自己開始。發育了自己的生命，便發育別人的生命，仁愛由自己而推到別人，這是儒家的推己及人，也是孔子所說：「夫仁者，己欲立而立人，己欲達而達人」（論語，雍也）。由仁民而達到愛物，仁者乃以萬物爲一體。儒家的愛因着仁之理，由自己推到整個宇宙的萬物，因爲萬物爲天地所生，天地之心愛護萬物，人得天地之心爲心，而且在生命上和物相合爲一，人便愛了萬物。

三、結論

由上面所說，我們得到一個很有意義的結論。聖經的愛以天主爲根基，天主之愛使萬物有生存，且使人有相似天主的生命。不幸，人因罪惡喪失了這種生命，天主的愛許給人救恩，派遣聖子成人，聖子愛人，以自己的生命賜給人，人因着基督的生命，上與天主合而爲一，下與世人合而爲一。因此愛天主愛人成了最大的誡命，且成了同一的誡命。聖經的愛乃是生命，而是天主的生命。因此，愛也該是人的生命。

儒家的仁以天地之心有好生之德爲仁，天地之心爲皇天上帝的代表，仁便以上天爲根基。天地之心在天地的變化中顯現出來，因天地的變化爲化生萬物，化生萬物即是上天之仁。人之心由天地之心而來，人心便有天地之仁，人也就愛護自己的生命，又愛護別人的生命和萬物的生命，努力使生命發揚，便是人心之仁。儒家的仁也就是生命。生命以精神爲主，發育精神生活的一切善德都包含在仁之內。

兩者互相比較，聖經的愛和儒家的仁，有相同之點，也有異點，相同的是：二者都來自天主，因爲儒家的上天即是天主。聖經的愛和儒家的仁都表示生命，又是人的生命中最重要的活動，爲一切善德之首。所不同的是：聖經的愛直接由天主自己表現出來，聖經的愛給與人以天主的生命，即是超於人性的生命；儒家的仁由天主因着天地的變化而表現出來，天地的變化給人的生命，是人本性的生命。兩者在倫理道德方面，聖經和儒家都以仁愛爲最大的誡命和最大的善德。有聖經之愛的人，稱爲聖人；有儒家之仁的人，稱爲仁人，兩者都是完人。

因此我們可以說：由孔子到基督的路是一條直路，是從下向上的路，也可以說是孔子所說：「下學而上達」。（論語，憲問）

（民國六十四年十二月二十一日聖經講座講稿）

從宗教觀點談倫理

『天命之謂性，率性之謂道，修道之謂教。』（中庸第一章）中庸的這三句話，說明了宗教和倫理的關係。倫理是人生之道，即是中國古人所講的人道。人道來自天道：

『天地之道，可一言而盡也！其爲物不貳，則其生物不測……，大哉聖人之道，洋洋乎發育萬物，峻極于天。』（中庸第二十六，二十七章）

這種思想發自易經：

『天行健，君子以自强不息。』（乾元）

『地勢坤，君子以厚德載物。』（坤元）

孔子自己也以這種思想作自己思想的中心，

『子曰：予欲無言。子貢曰：子如不言，則小子何述焉？子曰：天何言哉！四時行焉，百物生焉，天何言哉』（陽貨）

宋明理學家，結合易經和中庸大學的思想，更明白提倡人道應以天地之道爲本，周濂溪說：

『立天之道，曰陰與陽。立地之道，曰柔與剛。立人之道，曰仁與義。原始返終，故知生死之說。』（太極圖說）

這種天道和人道的思想，是不是從宗教觀點看倫理？我認爲中國古代的倫理觀念是由宗教出發，又由宗教去完成。易經說：

『天生神物，聖人則之。天地變化，聖人效之。』（繫辭上，第十一）

書經和詩經更多有這種思想的文據。我就根據中國古代的倫理思想和我們天主教的倫理思想，來談倫理。

1. 倫理規律是上天之命

中庸第一章說：『天命之謂性，率性之謂道。』人生的倫理在於「率性」，「性」則是「天命」，遵照天命去生活，便是倫理。倫理規律由於上天所定，遵守上天所定倫理規律，乃是行善。

孔子最重禮，以禮爲人生的規律。他說：『非禮勿視，非禮勿聽，非禮勿言，非禮勿動。』(論語顏淵) 禮是怎麼製成的呢？禮由聖人所製，聖人按照天道而製禮。

『孔子曰：夫禮，先王以承天之道，以治人之情，故失之者死，得之者生。』(禮記禮運)

天主教倫理的基本規律是十誡，十誡由天主親自所訂，親自所頒佈，舊約出谷記第二十章詳細記述頒佈十誡的史事。同時，天主教的倫理認定人性作標準，人性有天理良心。良心所示，便是規律，人該依從。良心的天理，也是來自天主的意旨。

因此，倫理的規律，乃是代表天主的意旨。

現在許多哲學家和思想家都不承認這一項原則。他們既不承認有不變的性律，更不承認有規定人性的神。在他們看來。倫理規律乃是人因著社會環境的需要而造成的，再藉著傳統的心理潛力，在社會上變成了習慣法，於是便有管制人心的制裁權威。時勢一變，倫理規律也就隨著變。

他們對於倫理的意義也和以往哲學家的主張不同，他們主張倫理的意義不是在行善避惡，而是在使人格合理化或使人生美化，倫理使人除去野蠻的習性，使社會更進於文明。

但是我要問一句：誰造倫理規律？他們答說倫理爲人所造，在上古當先王聖賢，在中古爲皇帝和名士，在現代爲民衆。我再要問一句：倫理規律既是人所造，人造倫理依照社會的需要，因此，現在在民主社會裏，應該是每個人都可以造自己的倫理規律了？假使不是每個人都可以造倫理規律，至少一個人民團體可以造自己的倫理規律。可是這樣規律就不成爲規律，倫理也不成爲倫理了。倫理是人和人的關係所有的規律，假使父子對於彼此間的關係，各有各的理想，各按各的理想規定自己的行動，關係或者歸於破裂，或者歸於混亂。倫常之道應當具有共同的規律，這種規律的權威，不能來自每個人或每個團體。而是來自創造人物的天主。

康德對於純粹理性，嚴厲予以批評，使人對於理性智識表示懷疑；但對於人的實際理性，則非常推崇；認定人的意志，接受道德律的絕對命令，指導人的生活。『所謂善或至善，即能完全遵從此種道德律而行事之表現也。……故最高善之可能性，只有在此最高睿知者（天主）之假定下，始可設想及之。此種假定，在理論方面，即是假設，在明瞭實踐關係上之需要方面，則是信仰；此信仰爲純粹合理信仰，因純粹理性，始能爲合理信仰之所由生。故神之存在，爲純粹實踐理性之又一基準也。』（註一）

康德不是爲宗教作宣傳的人，他按形上學的觀念去推論，認定神的存在，乃是倫理道德的基礎和標準。康德所講的道德律爲行動的形式，由每個人的意志去決定，可是意志決定的執行力，則來自最高意志之神。

中庸以人性爲行動的形式或模型，人性模型來自天生不由人造，中庸因此稱「天命之謂性」。人性的道德模型來自天命。

2. 倫理制裁是怕獲罪於天

倫理規律雖是一種形式，可是這種形式不是外在的，而是內心的。人的內心是自己的意識，是自己的良心。爲善避惡，就發自每個人的良心，王陽明說：

『良知在人，隨你如何，不能泯滅，雖盜賊亦自知不當爲盜。喚他做賊，他還忸怩。』(註二)

中庸教導人愼獨：

『道也者，不可須臾離也，可離非道也。是故君子戒愼乎其所不睹，恐懼乎其所不聞，莫見乎隱，莫顯乎微，故君子愼其獨也。』(中庸第一章)

假使倫理規律是人定的，那就和法律沒有分別。守法在乎外面遵守法律，不需心裏甘心守法。人所看見的是外面的行爲，不能看到內心；人所規定的法律也只能範圍人的外面行爲，不能範圍人的內心，因此，人又何必愼獨？既然沒有人看見，自己便可任意。但是這就是倫理和法律的不同點，法律只治外面，倫理則治內又治外，法律禁止通姦，人只要沒有犯姦的行爲，便不犯法；倫理禁止通姦，不僅禁止通姦的行爲，也禁止通姦的意願。基督教訓人說：

『見婦人而起淫心，心中已犯姦。』（馬竇福音第五章第廿八節）

孔子曾談德治和法治的分別，

『道之以政，齊之以刑，民免而無恥。道之以德，齊之以禮，有恥且格。』（爲政）

倫理的制裁達到人的內心，人爲遵守倫理規律要誠心去遵守；否則，外面雖遵守了，內心不願遵守，並沒有行善，而是作惡。中庸乃特別强調「誠」。

『誠者，天之道也。誠之者，人之道也。』（中庸第二十二章）

倫理規律制裁人的內心，而人的內心不能被任何人所制裁；共產黨可殺反共義士，但不能使義士的心不反共。倫理的制裁力便不能來自任何人，必是來自神，神明鑒照人心。孔子曾說：

『吾誰欺，欺天乎！』（子罕）

人自對良心，不敢欺自己的良心；良心若是我自己造的，我隨時可以改善良心，大家都知道良心不能隨便改，人背良心，就受良心指責，良心高於自己。不是自己造的，乃是上天所命。人對良心，就是對上天；孔子所以說：難道我可以欺天嗎？

現在的相對倫理論，稱任論，和反對傳統道德論，可以使人的良心以惡爲善，以善爲惡。共產黨以鬬爭父母爲勇爲誠，嬉皮以汚穢爲美，竹林七賢以祖體裸裎爲好；但是在他們心裏，他們還是願意行善避惡，只可惜他們把善惡的觀念顚倒了。

又有一些社會學者或一些哲學者，認爲人的良心也是人的產物。人的良心是由社會環境和遺傳所造成的。中國人原先訂婚務必要有媒人，沒有媒人而直接訂婚是不好的事。這種良心乃是社會遺傳所造。中國女人原先要纏脚，以放脚爲醜，這種良心也是社會遺傳所造。因此良心上的一切規律都是幾百年或幾千年的遺傳所成。這種主張從社會學觀念去看，缺點很多，因爲把風俗和良心混合一起。假使良心不是天生的，原始的人類始祖怎樣可以由遺傳而給後人產生良心呢？進化論的學者要說，整個人類可以由猴子進化而來，何況人的良心不能由進化而來呢？然而進化的學者却又說：不進化的原始人，最怕良心指責，現代進化的文明人則知道良心由遺傳而來，不怕良心了，越進化越沒有良心，這不是自相矛盾嗎？若從哲學方面去講，良心根本不能由人所造，只能由人去培植。良心辨別善惡的能力，孟子稱爲良能，王陽明以爲是不學而能，這種良能不能由後天遺傳所生。（註三）

3. 倫理的賞罰由上天（天主）而完成

人們爲什麼怕良心的責罰呢？我們說是怕獲罪於天，爲什麼怕獲罪於天呢？怕天的責罰。無論從那個宗敎去看倫理，善惡都將得神的賞罰。

佛敎的信仰，以因果關係最重，現世種因，來世必有果報，人死後的五趣成六趣，就是因果互相對應。在現代文明人看來，這種報應未免過於機械化，而且全部屬於迷信。

儒家雖不是宗敎，卻會有宗敎信仰，儒者信有上天，信有善惡的報答。儒家以現世爲宗，以家族爲一體，儒者所信的報答便是家族的現世禍福。『積善之家，必有餘慶』；『作惡的人，子孫遭殃。』這就是儒家的倫理賞罰。

天主敎當然信來世的賞罰，信有天堂，煉獄與地獄。每個人的思言行，都要受天主的審判。善者，永遠與天主相合，欣賞眞善美；惡者，永遠離開天主，受地獄火刑。

凡是人都相信善惡必定得報應；然而現世的報應實在不足以賞善罰惡，反而作惡的人多得勢，多有現世的享受。生在窮家的人終生勞苦，忍苦耐勞，受人欺侮凌辱，他們大都是善良百姓，一生不得有現世的福樂。生在富家的人，或是奸邪的人用不法手段而起家，他們驕奢遙逸，卻一生有享受。善惡的報應究竟在那裏？只有相信身後的賞罰，以求完全的公平。

倫理的制裁力，產生於神的賞罰。一種制裁力，若沒有賞罰的實踐，制裁力就失去效用。有些人主張倫理的尊高，就是在於不用賞罰而能制裁人；若倫理有賞罰則流於與刑法同等。修德行善的人，不是用心謀求賞報；否則居心不正，情同小人。孟子明明說：

『今人見孺子將入於井，皆有怵惕惻隱之心，非所以內交於孺子之父母也，非所以要譽於鄉黨也，非惡其聲而然也。』（孟子，公孫丑上）

這一點當然對的，人行善不是爲求賞，人避惡不是爲怕罰，人行善避惡乃是因爲應該行善應該避惡。但是爲什麼應該行善避惡？那是因爲善惡的本身，爲著善而行善，爲著惡而避惡。可是賞和罰就來自善惡的本身。善是合於人性天理，惡是背於人性天理；合於人性，有利於人；背於人性，有損於人。例如飲食，若合於人性天理，則足以養身；若背於人性天理，或過或不及，則有害於人身。養身是利於人，損身是禍於人。善惡的行爲屬於人的精神生活，善惡的利害就在精神生活上實現。善行足以發揚精神生活，惡行足以損害精神生活，對於精神生活的利或害，乃是倫理的賞罰報應。這項報應出自善惡的天然，不必人去追求，自然實現出來。人的精神生活，以追求眞善美爲目的，天主乃是全眞全美全善的實體，人行善則和天主相結合，行惡則和天主相隔離；這就是天主教所信的天堂地獄，人生的最後賞罰，人生的最終目的。現世的或來世的感覺性福利災禍，不足以成爲倫理的賞罰報應，只能作爲行善避惡的助力。

倫理行爲對於精神生活的利或害，既然出自善惡的本身；因此人的天性良心就趨善避惡，人若背良心而行事就有良心的指責。這種倫理善惡的天然報應不來自人，也不成於人，而是來自創造人性的天主，也成於鑒造人心的天主。

由宗教觀點去談倫理，可以說明倫理的來源和目的，可以談的澈底，也可以脚踏實地。當然，不是一切的倫理規律直接來自天主，良心對善惡辨識也不完全出自天生，兩者都有後天人造的因素；但是人造因素要以天主的旨意作根基，否則倫理會像寄生在樹上的雀羅，以社會作寄生的樹，隨著樹的境遇而變。

良心的譴責爲精神的譴責，帶有精神的和利害；精神來自眞美善的天主又歸眞美善的天主，倫理規律乃能制裁每個人的心，不分强弱，不分貴賤，不分貧富。若是抹殺了眞美善的天主，倫理便失去制裁力。

現在世界的社會倫理，處處動搖，事事混亂，人人自私，根源就在於倫理脫離了宗教，失掉了自己的基礎和重心。

但是宗教和倫理的關係，不能反倒過來；因爲宗教必定講求倫理，講求倫理並不是宗教。普通人都認爲宗教勸人爲善，勸人爲善便是宗教的存在意義和目的。我們以我們宗教的意義，在於講解並實踐天人的關係，指示人生的目的。倫理乃是天人關係中的一種，是助人達到生活目的之途徑。

民國六十年十月七日　天母
（中央月刊第三卷第十四期）

註：

㈠吳康、康德哲學。現代國民基本知識叢書。頁二三二—二三三。
㈡王陽明全書，卷三。
㈢周克勤。道德觀要義，臺灣商務印書館，民國五十九年上册頁二五一。（中央月刊第三卷第十四期）

宗教信仰與哲學

最近張曉峯先生催促我在中國文化學院成立天主教研究所，因爲基督教、佛教和回教的研究所，已經都先後成立了，使我想到宗教和學術的關係，在現代的學術裡研究宗教的學術，有比較宗教學，宗教考古學，宗教心理學；在文化史裏有宗教史，在哲學裡有宗教哲學。在歐美的許多大學裏還有宗教神學。

在我們中國的思想界，則以研究宗教爲落後。學者如蔡元培、吳稚暉、胡適之都詆毀宗教爲文化史上的陳舊遺跡，學校裡更不能有宗教科。

中國思想界的這種現象，表示思想進步呢？或者表示固步自封呢？中國由歐美回國的留學生，他們素不留心歐美人的宗教，他們講西洋哲學，不懂士林哲學（經院哲學）；他們講西洋藝術，不能講西洋藝術和天主教義的關係。講歐美思想而不研究基督的福音和天主教教義，是如同講中國思想而不研究儒家的天道和佛教的教義。這不是學者該有的態度；尤其不是學術界的進步現象。

一、宗教與哲學

中國思想界的這種態度，有來自傳統的影響。在中國的思想史上，宗教和哲學沒有發生過密切的關係，諸子百家裏沒有人以哲學的方式去討論宗教，祇有墨子講到了天志，以天志作他的哲學根基。儒家雖主張天道，然而多由自然界去討論伸說；道家有一册宗教兼哲學的書，名爲抱朴子，然而抱朴子不是哲學書；佛經雖含有哲學，然而不是由哲學觀點去講。宋明理學家本來受佛教的影響頗深，可是他們絕對不談宗教。這種傳統的態度，影響了現代的中國學者，大家都以爲宗教處在學術的範圍以外。

歐美的哲學家從古就不抱這種態度。

希臘的大哲學家柏拉圖和亞里斯多德建立了宗教哲學的基礎，他們用哲學的眼光，研究宇宙唯一的神。在他們以前索克拉德已不贊成詭辯詆毀宗教的態度，他把神的觀念舉到超現實界，人和神的關係由自己的良心表現於宗教儀式和倫常道德，柏拉圖的一神觀念則已經洗除乾淨了，人和神的結合，是精神的結合，宗教和哲學似乎是融合爲一了。亞里斯多德是理性的導師，他用形上學的理論，說明天主的存在，而且更說明天主的本性，是至高至純的現實，絲毫不雜有潛能，超出物質宇宙以上，可是他不以天主爲造物之主，也不離宇宙的主宰；因此天主和宇宙人類脫離關係，宗教生活便失去了意義。

柏氏和亞氏的宗教思想，是和他們的哲學思想互相聯繫，宗教思想是他們哲學思想的一部份。

新柏拉圖派大師布洛丁把哲學變成了神學，宇宙由一居於天主和人的中央之神所造，這位神乃是智慧的泉源，可稱之爲『道』(Logos)。天主教大神學家聖奧斯定繼承新柏拉圖派的思想，以「道」代表基督，但承認基督是與天主同性同體。若望福音已經以「道」稱呼基督，聖奧斯定發揮若望的思想。基督降生成人，智慧的光明來照人心，人和天主的關係，在人心內形成密切的關係。

中世紀的天主教神哲學宗師聖多瑪斯，則宗繼亞里斯多德，由理性而不由感情去解析人和天主的關係，用形上的理由，說明天主的存在。天主乃唯一的神，在形上學爲至純至全的現實，而又爲宇宙人物的最高原因。天主造生宇宙人物，掌管宇宙，且救贖人類，成爲人類生存的最高目的。因此，人和天主的關係，是私人的而又是團體的，私人的關係在團體關係內乃得完成，這個團體便是天主教會。

實驗性的科學思想在歐洲文藝復興以後，逐漸興盛，人們的注意點，由宗教的超物質界轉到可感覺的科學界，人們的宗教情緒乃漸低落，哲學家對於宗教的研究也多採懷疑的態度。

第一步的表現，是第十五世紀的思想家，他們縮短人和天主間的距離，使天主和宇宙相混，天主變成宇宙的心靈。一神論變成了泛神論，有如儒家的天變成了道家的道。同時基督新教主張人和神的關係，爲每個人和神的精神關係，不必經過團體性的教會，歐洲學者對於宗教信仰便趨於自然宗教觀，人心自然有追求神的傾向，合於人心的宗教，便是自然界的宗教，而不是超自然界的啓示宗教。

可是宗教無論是超自然的，或是自然的，都含有神秘性，都不能由理性直接去解釋。實徵主義的哲學乃把宗教摒於哲學以外。休謨勉强由心理學方面去解釋宗教信仰的起源，初民信仰宗教是由於畏懼和希望的心情，畏懼自然界不可抵抗的力量，希望一種超自然的威力予以助佑。休謨可以認爲是現代宗教哲學的開始人。

唯心論的康德，由另一方面去解釋天主的存在。天主的存在超乎理性，理性不能解釋。可是人的良知確實知道天主是存在的，因爲人的良知知道有倫理規律，人一定有遵守的義務，良心的規律來自天主。天主的存在乃是人心所有一種超乎理性的絕對現象。

黑格爾反對超乎理性的絕對現象，而以宗教爲理性的辯證進步階級。理性爲絕對精神，絕對精神按照正反合的辯證式而變化，絕對精神的正，爲自我；自由我而成一非自我，非自我乃是自然宇宙；由反而合，非自我再有自我的意識，便成爲宗教。宗教信仰，即是人心有天主的意識，人的精神即是絕對的精神。

康德把宗教和倫理相合爲一，黑格爾把宗教和理性相合爲一，另外一位唯心論哲學家謝萊馬赫(Schleiermaher)則把宗教和感情相合爲一，人的精神生活不能離開神，因爲人的精神由神的絕對精神而來，人絕對應和神相聯繫，而且絕對從屬。在謝氏的思想中，各種宗教的價值相等，每種宗教都能引人的精神伸入神的精神內。

柏格森是當代的唯心論者，他的哲學是相對論和動力論，人的存在乃是永恒向前進步的精神動力，宗教助人的精神向前，宗教的教義信條則祇是精神一時的感觸。

存在論的哲學追蹤謝萊瑪赫的路線，以自我的存在，常是在精神痛苦的經驗裏輾轉，人的精神痛苦乃是自身罪惡的意識，人知道自己對於天主有虧缺，卻沒有力量可以自拔，不能上進。人的存在，便是一種求上進而不上進的痛苦經驗。天主的存在，在存在主義的哲學中，有很深的意義。

站在唯心主義反面的唯物主義，對於宗教的看法，也正相反，他們把宗教摒在學術的研究以外，且把宗教驅出人的生活範圍。

休謨的宗教心理論，被孔德應用到社會進化論，把人類進化分成神權君權民權三個階段，宗教係神權時代的制度，在君權時代被保留，在民權時代應該遭清算了。馬克思的前驅費爾巴哈(Feuerbach)認爲宗教所信仰的神，原是人的自我崇拜。馬克思和恩格思便把宗教認爲資本制度壓迫平民的工具，應予以鏟除。

二、宗教哲學

宗教正式進入現代的學術界中，應以宗教心理學爲先，休謨講宗教信仰的心理，開啓宗教心理學的路線。第二十世紀的心理學家乃正式研究宗教心理，詹姆士(W. James)以宗教純粹爲一項心理問題，宗教信仰的發生，由於人的下意識，伸入了神秘境界。溫特(Wandt)用社會心理學研究宗教信仰，以爲信仰發自民族的心理，杜克漢(Duskheim)也認爲宗教係由民族心理所形成，不宜由個人心理去解釋。福洛伊德根據他的性慾心理學，以宗教信仰爲性慾的昇華。

隨著宗教心理學的興起，遂有比較宗教考古學的發展。慕勒爾 (Max Müller) 創立語言研究派，根據各國語言，研究各國的宗教。民族學研究派何奪 (R. Otto) 則從初民的宗教和文化，抽出共同的信仰，以求宗教的原始形式。考古和文化學派的史密特神父由各民族的遠古文化和考古文獻，研究各民族宗教信仰，結論以一神論爲原始的宗教。(註一)

但是現代最新的宗教學應該是宗教哲學。

宗教哲學和神學不同，神學是按教義去講宗教，以神的啓示爲根據，沒有神的啓示的宗教，便以神話爲根據。宗教哲學則以理性爲根據。研究宗教的信仰，研究人和神的關係。

實徵主義的哲學，不承認可以研究這種關係。他們素來主張人的知識，祗限於感覺的經驗。神既超出感覺以外，不能成爲人的知識對象。人對於神的存在便不能知道，也不能置可否。因此，宗教哲學便不能成立。

但是這一點不是宗教哲學的問題，而是認識論的問題。按照我們的看法，人的智識是可以認識非物質體。孟子已經把人的認識官能，分爲心思之官和感覺之官，心思之官可以思索，思索則是靈的，不被物質所拘束。

對於宗教，我們便可以提出許多問題，我們爲什麼要有宗學信仰？宗教信仰的意義研究在那裏？神是否存在？神究竟是怎麼樣？人和神有什麼關係？人生的目的何在？這一些問題，都是宗教哲學的問題。

神，天主，當然是超於感覺的，而且也超乎人的理性。神之於人，好似道家之道，不可名，不可言，更爲稱之爲無。然而老子莊子對於不可名之道，也勉强加以說明。人對於天主便也可以勉强予以解釋。

道雖稱爲無，但是老子明明說是先天地生之物。老子對於道的存在，說的很確實，絕不懷疑，我們對於天主的存在，便也可以按理性去推論。聖多瑪斯如有形上學的五路論據，證明天主確實有（註二），羅素和現代的許多學者，譏笑五路證據爲形上學的空架，不足爲據。可是羅素提不出辯駁的理由，祇能說士林哲學爲中古的陳舊物（註三）。現代還有許多人則認爲神的存在不能有科學的證明，神便不存在了。然而在我們所有的智識中，不是一切的事都要有科學的實驗去證明。例如我們人心的思索，是不是可以拿實險去證明呢？我心裡所想的事，科學是否可以實驗呢？可是你不能因爲沒有實驗，就決定我沒有某項思索。因此羅素也說：科學不能證明天主的存在，也不能證明天主不存在。

神存在的問題，是在科學的實驗以外，但是不在理性的範圍以外。

神究竟是怎樣呢？神既超於感覺，而又超於人的理智，爲不可名不可言的實體，宗教哲學便不能講神的本質究竟是怎樣。但是從消極方面我們按照理性去推論，可以說明最高之神，應該是唯一的。唯一的神明不能和宇宙同是一體，他的本性不能是彷彿不定，不能是繼續變化，否則便不能是最高的神明。因此所謂多神，所謂泛神，所謂道家之道，所謂易經之太極，都不能是唯一的神明，不能作爲合理的宗教信仰。

再就我們理性的推論法，推論人心的精神美和精神善，應該在天主的本性裏也有；不過人心是有限而又有缺的，天主的本性則是無限而又至完全的；因此我們稱命天主爲絕對的眞善美。這種稱呼，誰也不能說不合理。

以上關於神的存在和本性的問題，是宗教哲學的主要研究對象，爲研究這些問題，宗教哲學一定要用形上哲學的觀念和原則。在天主教的士林哲學裡，宗教哲學便是包括在形上學裏，成爲形上學的三部份。形上學的第一部份爲認識論，研究人所有的認識，有什麼價值？人所有感覺，人所有觀念和推論，是否符合客體事實，有眞理的價值，形上學的第二部份爲本體論，研究萬有之「有」和「存在」，研究萬有究竟是什麼。第三部份爲宗教哲學，研究萬有的根源，研究萬有由何而來，萬有若由最高神明天主所創造，因而研究天主的存在和本性。

不接受士林哲學的人，便就不接受士林哲學的形上學，他們的宗教哲學便長成系統。如撒巴提（Sabatier）（註四）如謝菜馬克（註五）等。至於有一些哲學家根本不承認有形上學，在他們的眼中，宗教哲學就不能存在。

但是那一班不承認有形上學的哲學家或學者，他們也承認人生問題裏有人神的關係問題，有人生的目的問題。

人和神的關係乃是一普遍的事實，在時間和空間裡，都沒有間斷，這種普遍的事實，應該有一種普遍的原因，學者們多從民族心理方面去解釋，如休謨、孔德、溫特、板克漢等學者，各有各的主張，有的說是初民的心理簡單，遇到自然界的災禍，尋求超自然力量的保佑；有的說是圖騰崇拜；有的說是社會心理的要求，但是凡是心理現象而成爲一種普遍的現象時，則必具有形而上的原因。宗教哲學便應該探索這種形而上的原因。這種古今同有的宗教信仰的現象，不能用一時偶然的心理去解釋，如說宗教信仰，是因爲初民尋求超自然力的保佑；但是怎樣初民知道有超自然的力量，又怎樣知道可以求這種力量的保佑呢？馬克思和列寧則更簡單，聲明宗教是統治階級造出來以統治人民的工具，以神的賞罰威嚇人民，可是問題還是一樣，怎樣各國的統治階級那想到了神，而各國的人民怎樣又知道神的賞罰可畏呢？心理學是一種實驗科學，科學祇能說明事情是怎樣，而不能說明事情究竟的原因。這一層要靠哲學去解釋。

人生的目的在那裡？大家都知道這個問題，不能由科學去解決。主張科學解決人生目的問題，則等於不願意有答案。宗教則對這個問題列出答案，要求人們相信，人們却以爲宗教的答案乃是迷信。於是我們怎樣可以對於這個問題，予以適當的研究？適當的研究便是從哲學去研究。死了的人不能給我們講述身後究竟怎樣，活著的人又不甘心一死就完，生死兩字的意義便不是簡單的問題，更不能說本來不成問題，牛馬沒有思索，生死爲牠們不成問題，人有思索，生死爲人便成了問題。

哲學研究生死問題，即是按理性說人活著有什麼目的，有什麼意義？生的界限是死，界限的意義不清楚，人生的意義也就不能清楚。可是死既是生命的界限，也就是理性活動的界限，人的理智力便不能穿過死亡而明白死亡的意義。因此宗教乃來幫助理智超過死亡，而知道死亡以後的境遇。於是宗教的教義部指定人生的目的。

理性不能知道死亡以後的境遇，人們乃種這種境遇爲迷信。迷信爲信不合理性的事，宗教所信死後的境遇，是不是都不合理性？這又是宗教哲學的研究對象。宗教哲學當然不是比較宗教學，列舉各種宗教的身後觀；可是宗教哲學可以照理性去推論，一種宗教提出死後境遇的信仰，是否合理。

人生的目的，對於人生的倫理道德，是不可缺少的基礎。普通一班人，便都承認宗教有益於人心道德。不信宗教而談道德，等於福音上耶穌所講的譬喻，在河灘上建造房屋，風一吹，雨一打，房屋就倒塌，因爲房屋沒有基礎。（註六）目前各國社會的現象，不在證實這一點嗎？

宗教的研究，可以成爲宗教哲學，已不容置疑。宗教哲學的研究，在大學的課程中可以有，而且應該有，也不容置疑，研究宗教以明瞭世界各民族的文化，研究宗教以知道人生的意義。

三、人生的目的

我們選擇人生的目的一個問題，從宗教哲學方面加以研究，我們所本以研究的教義，爲天主教的教義；但不從宗教神學的立場，而從哲學的立場，看對這個問題的答覆，藉以表示宗教和哲學的關係。

甲、中國思想家的意見

莊子的妻子死了，惠子去弔祭，却看見莊子坐在地上鼓盆而歌，惠子很不滿意向他說：你的太太，跟你同居那麼多年，替你養了兒女，又服侍了你的老年，太太於今死了，你不哭已經够了，你却鼓盆而歌，這不是太過份嗎？莊子答覆說：不是，當妻子死的時候，我眞是想哭，後來一想，當初本來沒有她，不但沒有她，連她的形和氣本來都沒有。後來在渺渺茫茫之中有了氣，氣成了形，然後生了她，現在她又死了，回到大氣裏面去了，如同春夏秋冬一樣，循環不息。人家正安息在大氣裏，我却去噭噭地哭，我以爲是不知人生的意義，所以我不哭。（註七）

生死乃如同白天黑夜一樣，互相繼續，沒有什麼意義。人的一生就任其自然，莊子還有一個喻言，說：莊子一次作夢，夢見自己成了一隻蝴蝶，飛起來很得意，醒來了，自己又是莊周，他却懷疑自己究竟是蝴蝶呢？還是莊周呢？（註八）

因此，李白在春秋宴桃李園序說：『浮生春夢，爲歡幾何？』他們是以人生沒有目的，只要能够享受一點快樂就够了。

孔子呢？季路問事鬼神。子曰：『未能事人，焉能事鬼。』問死，曰：『未知生，焉知

死？』（註九）

儒家不談人死後的問題。既不談死後的問題，人活在世上究竟有什麼意義？儒家以天道爲人生的大道，人按著天道去生活，生活便有意義。易經說：『天行健，君子以自强不息。』（乾卦）人的一生應該常是向上，天天求進步。孔子也說了：『天何言哉！四時行焉，百物生焉！天何言哉！』君子自强不息，可以有什麼好處呢？中庸說：『唯天下之至誠，爲能盡其性。能盡其性，則能盡人之性。能盡人之性，則能盡物之性。能盡物之性，則可以贊天地之化育，可以贊天地之化育，則可以與天地參矣。』（傳第二十三章）易經說：『夫大人者，與天地合其德，與日月合其明。』（乾卦，文言）君子自强不息，可以和天地相合，永久不滅。這就是儒家所說的不朽。左傳有三不朽論，即立德立功立言。

文章、功業和德行，可以長久存在。一個人若在這三方面有了成就，便可以和日月長明了。中國的古人，有許多人是有這種抱負的。這種抱負便是他們生活的目的。

佛教傳到了中國，給中國人帶來了一個新的人生觀。佛教說：萬法皆空，唯有眞如，人因自己無明，妄以萬法爲有，以自己爲有，弄成了物執和我執。人生的目的，在破除物執與我執，明白萬法皆空，物我兩亡，以進入涅槃，而回到眞如，人若沒有達到這個境界，便要輪廻再生人世，在輪廻投胎以前，還有地獄以罰人的罪惡，這種信仰，對我們中國人的影響很大。大部份的中國同胞，都相信佛教的地獄和投胎再生。

到了民國時代，思想革新，讀過書的人，都不願信佛教的輪廻了。他們的人生觀呢？胡適之曾經答覆了這個問題。他說：『生活的爲什麼，就是生活的意思。人同畜生的分別，就在這個爲什麼上。』（註十）生活的意思何在？胡適之主張以社會不朽論，改正儒家的三不朽論。他主張：『我這個小我不是獨立存在的，和無數量小我有直接和間接的交互關係的；是和社會的全體和世界的全體都有互爲影響的關係的；是和社會世界的過去和未來都有因果關係的……小我是有死的，大我是永遠不死，永遠不朽的。……我這個現在的小我，對於那永遠不朽的大我的無窮過去，須負重大的責任；對於那永遠不朽的大我的無窮未來，也須負重大的責任。我須要時時想著，我應該如何努力利用現在的小我，方才不辜負了那大我的無窮過去，方可以不遺害那大我的無窮未來。』（註十一）

這種社會不朽論，和今天在大陸上橫行的共產主義有點相同，共產主義以物質不滅，永遠存在，物質在人類社會的變化，即是階級的變化。個人小我沒有價值，只有階級團體有價值。個人是爲階級的鬪爭，進化而生存。

不贊成這種人生觀的人，把儒家思想另外加以解釋。錢穆先生可以作這班人的代表。錢先生說：『人生只是一個嚮往，我們不能想像一個沒有嚮往的人生。……中國儒家的人生，不偏向外，也不偏向內，不偏向心，也不偏向物。……因此儒家思想走不上宗教的路，他不想在外面建立一個上帝，他只說性善，說自盡己性，如此則上帝便在自己的性分裏。……儒家思想並不反對福，但他們只在主張福德具備。只有福德具備那才是眞福。……飛翔的遠離現實，將不是一種福，沉溺的迷醉於現實，也同樣不是一種福，有福的人生只要足踏實地，安穩向前。』（註十二）。可是讀完錢先生的人生十論，你只知道儒家的新解釋，但是你並不能明瞭人生的意義究竟何在。

乙、天主教的信仰

1. 人的靈魂不死不滅

儘管反對宗教的人怎樣批評說靈魂不滅的信仰是迷信，他們也反駁不了我們的理由。我們仍舊可以相信靈魂不死不滅；而且這種信仰是一種合理的信仰。

孟子曾經說了人有大體和小體，大體爲心思之官，小體爲感覺之官，心思之官爲靈，爲精神。（告子上）

人之心爲精神，心即是人的靈魂。精神體的靈魂應該不隨物質而消滅。人在死時，他的生命停止了，我們便說這個人不存在了。但是他的靈魂既是精神體，靈魂便可以離開屍體而存在。這不是不合理的事。

人的一生，心中所有的欲望很多很高，可以說是無限的。在肉軀一方面的欲望，如飲食男女之欲，那是到了相當程度就滿足了，而且可以厭倦。在精神一方面的欲望，如對於眞善美的要求，則是無止境的，可是沒有一個人在生時，可以滿足這些欲望，假使在死的時候，靈魂也滅了；那豈不是一切的人心中所有的同樣欲望，都不能滿足；這種欲望便是不合理的。一切的人，生來心中就有不合理的要求，這是說不通的。因此便該有精神要求滿足的機會，這便是身後靈魂的永生。

在社會上人心的好壞，絕對不能由事業的成敗和生活的享受去評判。有多少的好人受苦，有多少無辜的人受寃枉，他們到死都不能表白自己的心跡，難道就這樣完結了嗎？假使是這樣，人又何必是好人？儘管你說人是爲立功立德立言，人是爲社會而生存，可是這些目的，爲這些人都沒有用，而且也沒有影響，因此便該有一個使正義昭彰的時候，這就是身後的永生。

因此我們相信，福音上所講的靈魂不死不滅。這種信仰，很合乎情理，也合乎人心。

2. 靈魂應歸於天主

靈魂是精神體，精神體的能力不受限制；精神體便應歸向一絕對的精神體。

靈魂是心思之官，心思之官追求至上的眞理，追求至高的善德，追求最完全的美好。天主乃是絕對的精神，便是絕對的眞善美，因此，便是靈魂所嚮往的目的。

一個人所求的，不能是他自己，因爲他自己不能使自己滿足。然而每個人又都是求使自己滿足；即是胡適之先生罵信敎人，行善爲求天堂的幸福，乃是自私，他提倡爲社會而犧牲。可是胡適之先生他什麼時候作事離開了自己？他所作的事，不是也求自己精神上的滿足嗎？爲社會工作而以社會爲自己的永生，這是不能使人人滿意的。人生的目的在那裡呢？應該在絕對不朽的精神體；自己的靈魂不滅，便可以永遠和絕對精神相結合，而後自己所有的正當要求，都能得有滿足。

3. 這種目的是最高尙，最完善

現代有些學者，批評我們天主敎提倡愛天主，是使人把人生目的放在我們以外，而且這個目的離人很遠，却又離人很近。若完全在我們以內求人生的目的，那是以自己爲目的，人生的意義不能完滿。若完全在我們以外求人生的目的，目的便和我們不相關，人生的意義也對不能滿全。

我們歸向天主，乃是使我們的精神趨向天主，和天主相結合，精神體不受地域限制，不受時間限制，天主和我們是沒有距離的。

我們的精神，歸向天主，嚮往絕對精神體。絕對精神是至善至美至眞，我們趨向絕對的眞善美，我們便是日常向眞美善前進。這是「君子自强不息」；這是以「天主之心爲心」，這是參加天主的化育。這種目的，還不是最高尚的目的嗎？

我們的精神歸向天主，我們相信天主愛我們，我們是天主的子女，那麼世上還有什麼事可以使我們不安呢？天主愛我們，我們愛天主，有什麼災難可以使我們害怕呢？聖保祿宗徒曾經說：「因爲我深信；無論是死亡，是生活，是天使，是掌權者，是現在的，是將來的，是有權的，是崇高的，是深遠的。或其他任何受造之物，都不能使我們與那在我們主基督耶穌之內的天主之愛隔絕。」（羅馬人書8、38—39）

有了這種目的，人心必定是穩固安定。人心安定，便是人生幸福。

註：

㈠ W. Schmidt, Der Urs prung der gottesidee, Eine historische Kritische und positive Stude 12 vol, Münster-viena 1926-55.

㈡ St. Thmas, Summa theologica, I. a. 2. a. 3.

㈢ Bertnand Russell Why I'm not a Christian (Tsaduzisne Ialiuna) Milano, gd, 9.

㈣ A. Sabatier Esquisse d'une philosophie de la religion. paris 1901.

(五) Schleiermocher. Über die Religion, Berlin 1799. Hatano Seüdhe, Philosophy of Religion 宗教哲學，吳振坤譯。臺南，民國五十七年。

(六) 馬竇福音第七章第二十六節）

(七) 莊子至樂篇。

(八) 莊子齊物篇。

(九) 論語先進篇。

(十) 新生活，胡適文存。第一集，卷四，頁七二五。

(十一) 不朽（同上）

(十二) 錢穆，人生十論，第一講，人生路向。

中國傳統文化與天主教信仰

中國的傳統文化爲儒家文化，儒家素講道統，儒家的道統以孔子爲中心，孔子上承堯、舜、禹、湯、文、武、周公，下開顏子、曾子、子思、孟子，以及宋朝周、程、朱、陸，明、清兩朝王陽明，黃遵憲、顧炎武、王船山、顏元、李塨、曾國藩、民國孫中山總理、蔣中正總統。這一脈的道統，含有一貫的中心思思，繼續不斷。這種中心思想也就是中國傳統文化的代表，是中華民族生活的基礎。

儒家道統的中心思想歸納在四個家裡：天、仁、孝、中庸。天是五經的思想，起源最字；仁是論語孟子的思想，繼承五經的源流；孝是孝經禮記的思想，發揮孔子的仁道；中庸是中庸大學的思想，發揚易經的天道。宋明理學家集合這四個字，以易經論語孟子中庸大學作根據，滲入道家和佛教的思想，成爲一種新儒學。

一、天

現在我們就把儒家傳統的四個字，分別和天主教信仰加以比較研究。

書經和詩經充滿了皇天上帝的觀念。皇天上帝無形無像，造生人物，規定天道，以人爲子民，選擇君主代爲治理，賞善罰惡，導人爲善。

『天生蒸民，有物有則。』（詩經，蒸民）

『天作高山，大山荒之。』（詩經，天作）

『惟皇上帝，降衷於下民。』（書經，湯誥）

『皇矣上天，臨下有赫。』（詩經，大明）

『巍巍乎惟天爲大，唯堯則之。』（論語，泰伯）

『皇矣上帝……監視四方，求民之莫。』（詩經，大明）

『天祐下民，作之君，作之師。惟其克相上帝，寵綏四方。』（書經，泰誓上）

『惟上帝不常，作善，降之百祥；作不善，降之百殃。』（書經，伊訓）

中華民族從有史以來，已經敬拜皇天上帝，敬拜的典禮爲郊祀祭天。天爲最尊的神靈，爲天地萬物的根本，由人類最高的君主，舉行祭禮。中國古代祭天的郊祭，祗有皇帝可以舉行，而且也不能派王公大臣代表主祭。郊祭的典禮，從堯舜一直到淸朝，每一朝代都視爲最隆重的典禮。雖然漢代的漢武帝祭祀五天帝，或六天帝，然而總以皇天上帝爲最高，漢朝以後的儒家屢次上書勸諫皇帝不能祭五天帝，都說五天帝由於鄭玄注解經書，以緯書的五行思想混亂了五經的思想，明洪武帝乃廢除五天帝的祭祀，恢復古代郊祭皇天上帝的大典。明淸兩朝都在北京的天壇，祭祀皇天上帝。

漢朝緯書的思想不僅混亂了郊祭上天的思想，也混亂了『天』的觀念。漢朝易經學者以緯書的思想專講五行之氣，乃有卦氣的學說。五行之氣和六十四卦相配，分佈在一年的三百六十日，又分佈在一天的十二辰。又因易經講乾坤陰陽天地，天和地相對，爲宇宙萬物的根源，好比陰爻陽爻爲六十四卦的根源。因此，漢朝的易經學者，把書經詩經的上天，拉下來和地相等，成爲乾坤陰陽的代表。

荀子的書裡本來已經有把天作爲自然之天的思想，經過漢朝易經學者的天地思想，到了宋朝理學家，便常以天爲自然。中國現在講中國哲學的人，便說從漢以來，中國人已經不信天，甚至有人說孔子已經不信天。這些學者都是因爲自己沒有宗教信仰，不知道信仰的意義，便用哲學的思想去解釋宗教信仰。其實，孔子信天，孟子信天，孔孟都相信天命。漢朝的學者和宋朝理學家沒有不信上天的人，祇有人不信鬼神。中國民間的宗教信仰，則從古至今都深深地信仰上天。在困苦時，都呼求上天，呼求上蒼，在行善行惡時，都深信上天的報應。祇是因爲祭天由皇帝舉行，民衆不能行祭，中國民間才沒有祭天的典禮。

天主教的信仰，信至高至尊的天主，創造天地萬物，掌管一切，賞善罰惡。天主無形無像，爲至純全的精神。天主教所信的天主，即是中國傳統文化中的皇天上帝，即是中國民間所信的上天。在天主教初到中國時，本來稱呼所信的天主爲上帝。明末利瑪竇徐光啓李之藻等人也常說明天主教所信的即是書經詩經的上帝或上天。後來因爲西洋傳教士不懂中國的古書，不知道中國的傳統，纔把上帝或上天改爲天主。天主教當然信基督，信基督爲天主；那是因爲天主教信天主爲三位一體，基督爲第二位聖子，降生救人。對於基督的信仰，在中國傳統裡沒有。但是在中國古代民間的信仰裡也有神靈下凡的信仰。天主教的信仰以信天主爲基礎爲根源，一切都建築在這個信仰上，這種信仰和中國傳統文化很相吻合。天主教的對於上天的信仰，較比儒家對上天的信仰，更加明白，更加深刻。

二、仁

孔子自稱好古，傳繼文武周公之道。孔子又自稱他的思想用一字可以貫通，這個字就是『仁』。

仁是愛，然而較比愛的意義更深更廣。易經講天地的變易，天地變易的目標在於使萬物化生。『生生之謂易』，天地有好生之德。中華民族爲農業民族，農人所見到的是春夏秋冬的變易，春夏秋多的變易使五穀生成。易經便以天地的變化爲生生。宋朝理學家繼續發揮這種思想，朱子以天地有好生之心，好生是仁，仁是生命。人得天地之心爲心，人心爲仁，仁是好之理。孔子曾以仁爲全德，包括一切的善德。他在論語裡，答覆門生問仁，所擧仁的意義，每次都不相同。但是他曾經一次用一個『生』字代表天的善德善功，孔子說：『天何言哉！四時行焉，百物生焉，天何言哉！』(論語，陽貨) 生是仁，天的善德善功，在於使萬物發生，是愛萬物，便是仁。中庸第二十二章講至誠的人，贊天地的化育，達到天人合一的境界。贊天地化育爲仁。儒家以仁爲天人合一的路線。蔣總統天人合一的天，爲上帝。

儒家的道統也是仁的道統，孔子說仁者立己立人，達己達人。孟子說仁者仁民而愛物。

禮記的「禮運篇」因仁有而天下大同。范仲淹有儒家的精神，先天下之憂而憂，後天下之樂而樂。張載以仁而講『民吾同胞，物吾與也。』(西銘)王陽明講一體之仁。孫中山先生因着仁而主張改正達爾文物競天擇的思想，以互助代替鬪爭。蔣總統因着仁而說明生活的目的在增進人類全體的生活，生命的意義在創造宇宙繼起的生命。蔣總統的話很透澈地貫通仁和生命，表現儒家的傳統。

基督的愛徒若望以天主是仁愛，仁愛來自天主。天主因着仁愛而創造萬物，因着仁感而派遣聖子救人。聖子耶穌着仁愛而犧牲自己的性命，召收門徒，建立教會繼續救人的工作。基督的福音以仁愛貫通一切，基督的誡命以仁愛包括一切。天主教乃稱博愛的宗教，以仁愛爲精神。

儒家的仁和生命相連，上天使天地變易以化生萬物，人得天地之心爲心；天主教的仁愛也和生命相連，天主創造萬物，賜給人生命；又以聖洗洗禮使人命基督結成一體，得有基督的生命。儒家的仁爲愛之理，因有天地之仁心而泛愛衆人。天主教的仁也爲愛之理，天主教信友因着天主之愛而愛人如己，且愛仇人。所以天主教的仁，和儒家的仁相通，更以愛天主之愛以固定人與人的相愛。

三、孝

中國傳統的文化所有的最特出點爲孝，孝是仁的伸展，是仁的實行。仁爲生，萬物因天而有生存，人因父母而得有生命。儒家以父母配天，在郊祭上天時，皇帝以自己的祖宗配祭。儒家又以子女的生命，爲父母生命的延續，子女的身體爲父母的遺體。儒家的孝道以生命的根基。子女的生命來自父母，返本歸原，則子女的生命要回歸到父母的生命，子女一生的生活都是爲父母。孝道便包括子女的一切行動，孝道也包括一切的美德，孝便成了行。

中國人一生要孝敬父母；父母在生時，應奉養父母，父母去世了，要追祭父母。一生的行爲，要有顯揚父母的目標，揚名顯親成了每一中國人的標語。若行爲有不善，有辱父母，便是不孝。子女所有的一切，都屬於父母；因爲子女乃是父母的遺體，父母是子女的『天』。儒家以事天如事親，事親如事天。

在天主教的信仰裡，稱呼天主爲天父，爲我們生命的根源，耶穌在生時，一生孝敬天父，有儒家的孝道。耶穌的一言一行，都聽從天父的旨意，一切都爲顯揚天父，最後順聽天父的命，爲救人而犧牲了自己的使命。天主教信友，便常仿效耶穌以子女的心情，孝敬天父。

對於自己的父母，天主教訓誡每個人要孝敬，在舊約和新約的裡都有孝敬父母的訓言，天主十誡的第四誡，訓令人孝敬自己的父母。

在實踐孝道方面，天主教採用了歐洲的傳統哲學，不以子女爲父母的遺體，一切不都屬於父母，子女有天主的人權，有自己的人格，父母應予以遵重。但是子女對於父母應該孝愛，則是天主教一貫的主張。現在中國的青少年不是我在改變中國傳統的孝道嗎？他們要求有自己的人權和人格，這一來便是和天主教的孝道相同了。

四、中庸

中國儒家的哲學以天地變易，生化萬物爲根本，即是仁道。天地的變易由一年的四季而顯露出來，四季變易的現象在於煖寒，煖寒的變易由四季予以節制，使不趨於極端，太煖太寒都不適於五穀的生長。煖寒由陰陽之氣而成，煖寒的調節，即是陰陽的調節。陰陽之氣不僅在天地間運行，在一切物體內，在人身體裡，在一切人事上也都運行不止；於是陰陽的調節，應該在天地萬物和人的生活中表現出來，成爲天地萬物的天韻，也成爲人間的大和平。中華民族行事常取中庸，孔子曾說過與不及都不好。在政治方面力求和睦相處，不喜作戰。在歷史哲學方面，知道貧富不能持久，盛衰相繼續。中庸所以是中國傳統文化的一種特點。因着中庸儒家最重禮，禮就是爲節制人的情感，便在發動時不逾矩，又使社會間的一切公共活動，都有次序。

天主教的信仰引人走向和平，罪惡是和平的障礙，每椿罪惡都破壞和平，或是本人內心的和平，或是與天主的和平，或是與人的和平。天主教信仰以人因罪違皆天主，失去了生活的最終目標，天主聖父乃遣聖子降生贖人罪債，使人與天主和好，重作天主的子女。聖子耶穌又救訓人行善之道，且給人行善的助力；人因着基督耶穌乃能脫離罪惡，得有內心的和平。聖子耶穌誕生時，有天使歌唱說：「天主在天受光榮，良人在世享泰平。」因此天主教現任教宗保祿六世提倡每年元旦日爲世界和平日，以追求人類的和平。

天主教的倫理學以美德在合於中道，偏左偏右都有虧缺，不能稱爲美德。惟獨正義和守法，必要絲毫不苟。我們中國人却因着愛中庸，對於守法則常講人情，常不澈底。現在政府正在提倡守法，以改正愛中庸的流弊。

結　論

各位教師，我講的話已經很多，但對於題目尚祗講得一個大綱。不過，在小組討論時，你們各位都可以加以發揮。天主教雖從歐美傳來，然在信仰教義上，和中國的傳統文化不僅不相衝突，而且還很吻合。現在我們教育人士，提倡教育本位化，使天主教的信仰，適合中國的傳統文化。這種工作需要我們加深研究中國文化和天主教信仰的意義，就能夠眼到教育本地化的途徑。我今天所講的，乃是從思想方面，看全者的相同點。然而這些觀念不是抽象的觀點，而是實際生活的基礎。從這一方面去研究，就是求教會在具體生活上走進中國傳統的文化裡去。

民國六六年二月二十三日在嘉義輔仁中學教師冬令營講

小組討論題目

1. 書經的上帝和詩經的天，有無分別？
2. 中國人對於善惡報應，有什麼看法？

3.中國人現在還信不信信天？
4.天主教的天主和書經詩經的上帝或上天，相不相同？
5.孔子的仁字和愛有無分別？
6.天主教講博愛和儒家的博愛有無分別？
7.愛的教育乃是天主教的教育政策。
8.在社會工商業的社會裡，自私的競爭最盛，在學校裡提倡仁愛，能改良社會風氣。

1.現在臺灣家庭父子關係。
2.現在青少所願意遵守的孝道。
3.在學校裡怎樣教育學生尊敬父母？
4.在目前臺灣社會裡，孝道怎樣可以實行？

1.中庸之道，是否適合工商業社會？
2.鼓勵青年競爭向上，和中庸之道有無衝突？
3.提倡和平，是否有違反攻復國的國策？
4.天主教在教外人眼中，是否還被看為外國教？若視為外國教，原因何在？

中國文化中罪的型態和意義

一、罪的型態

「罪」的存在，在中國文化裏不成問題，但問承認有什麼樣的罪？

1. 政治方面的罪。
   a、書經桀紂的罪。
   b、歷代興師訴伐的人，都說訴伐的人有罪——駱賓王代徐敬極伐武則天檄書。
   c、罪已詔。
2. 宗教方面的罪，祭祀消災。

a、儒家——天的賞罰。

b、佛家——五趣、輪廻、超渡、盂蘭盆。（四諦，報應）（法苑珠林）

c、道家張天師。

3. 刑法上的罪。

犯法稱爲罪，罪名由刑罰而定。（尚書，史記，唐律）

4. 倫理上的罪。

過，曾子三省，孔子論改過，孟子有時稱爲罪。

二、罪的意義

1. 罪的意義。

甲、罪的字義。

辠——促鼻辛酸。

乙、違反天意。

a、桀紂——矯誣上帝之命。b、獲罪於天。c、知天命，畏天命。

丙、犯法。

罪由法而定。

丁、倫理上的惡。

a、亂。b、惡。c、性善性惡。

2.罪的結果。

甲、客觀——受刑罰。

a、國家刑罰。b、上天刑罰。

乙、主觀犯罪者的心理。

a、怕受刑。b、受刑有違孝道。

三、結　論

第一、罪與惡分離。

第二、儒家不以罪直接得罪上天。

第三、怕刑罰而不犯罪，但現在人則以上天刑罰爲迷信。

第四、在中國文化裏——政治、宗教、修身，都沒有悔罪的儀式和詩文。

研究民族學和社會學的學人，常就原始民族的生活中，探討「罪」的形態和觀念，他們大概都以爲原始民族的罪，在於對於「圖騰」的禁止和忌諱有所違背。（註一）

圖騰的制度乃是承認一種自然物或人造物與一個親屬團體的密切關係，因而崇拜這個物體。

研究中國古代社會史的學人，也有主張中華民族曾有過圖騰的組織和崇拜（註二）。但是他們所有的史料太渺茫，太不確實，僅拿中國古代姓氏的制度去證明圖騰崇拜，不足以爲據。所以我們既不以中國文化起源於圖騰制度，我們也就不從圖騰崇拜去研究「罪」的觀念。

中國文化的史據，以五經爲最古典籍，我們便按照經書的記述，開始研究中國最古時代對於「罪」的形態和觀念，以後再按照歷代的典籍，研究「罪」的形態和觀念所能有的變遷。不過在這一次的講演裏，我只能講一個大綱，希望你們中間對這個問題有興趣的人再詳細地加以研究。

對於這個問題，我分兩層來講：第一、講在中國文化中「罪」的形態；第二、在中國文化裏「罪」的觀念。

1. 罪的形態

我們研究「罪」在中國文化裏有什麼意義，第一我們便要問，在中國文化裏，「罪」是不是存在？若是存在中國人承認怎樣的罪？

對於罪的存在問題，在中國文化裏不成爲問題，中國歷代的人都承認罪的存在，最簡單的證明，在中國文字裏有「罪」這個字，在中國歷代典籍裏也多次提到某某有罪，在中國人民的生活裏常常表示認罪。

若是問在中國文化裏，在怎樣的事件上表現有罪？這個問題便是在中國文化裏，罪的形態的問題。爲答覆這個問題，我們分做四段來講。

甲、政治方面的罪：君王有罪，爲天所棄。

翻開書經和詩經來看，書上最明顯的一樁事，就是桀王紂王作惡，對於上天有罪，上天便棄捨了他們，不要他們再作皇帝，另外選了湯王和武王來代替。

湯伐桀說：

『有夏多罪，天命殛之。今爾有衆。汝曰：我后不恤我衆，舍我穡事而割正夏。予惟聞汝衆言，夏氏有罪，予畏上帝，不敢不正。』（尚書，湯誓）

武王伐紂說：

『予有臣三千惟一心，商罪貫盈，天命誅之。予惟順天，厥罪惟鈞。』（尚書，泰誓上）

尚書在中華文化裏，爲最古的政府正式文書，乃中國最古記載君王言辭的史書。「湯誓」和「泰誓」爲湯王和武王的誓師文，是兩篇很隆重的文章。湯王和武王都不敢以臣子的身份違反皇帝，他們所以敢出師伐桀伐紂，理由是桀紂反背天意，犯了許多罪惡，他們與師爲弔民伐罪，爲代天行道。因此在我們中國最古的政府文告裡，承認「罪」的存在；而且把「罪」作爲政治改革的一個大原因。這種罪惡是一種公開的罪，是政治罪，是關於公衆的事。

後代的朝代改換時，常有這種政治罪出現，一部廿四史裏多有這類的記載。在中國的古文裏也有這類的文章。我們少時讀國文時就讀過唐駱賓王替徐敬業寫的一篇伐武則天的檄書，歷數武后的罪狀。

『僞臨朝武氏者，性非和順，地實寒微。……加以虺蜴爲心，豺狼成性，近押邪僻，殘害忠良，殺姊屠兄，弑君鴆母。人神之所同嫉，天地之所不容。……敬棄皇唐舊臣，公侯冢子……是用氣憤風雲，志安社稷，因天下之失望，順宇內之推心，爰舉義旗，以清妖孽。……』

這種罪不是按照法律所判斷的，也不是政府所決定的；而是天下人民所共同認可的罪。

司馬遷「項羽本記贊」批評項羽說：

『自矜功伐，奮其私智而不師古，謂霸王之業欲以力征，營經天下，五年卒亡其國，身死東城，尚不覺悟而不自責過矣，乃引天亡我，非用兵之罪也，豈不謬哉？』

項羽不是皇帝，沒有因罪而爲天所棄的可能。他的敗亡並不是劉邦有德該得帝位，項羽有罪該亡，乃是因爲項羽自用私智，用兵不善。司馬遷以項羽之亡爲用兵之罪。這種罪乃是軍事上的錯誤，而不是歷代史書的政治罪。

在政治上罪的存在，還有另一種證據，即是皇帝下詔罪己。最後的第一道罪己詔。是洪憲皇帝袁世凱的罪己詔。

乙、宗敎方面的罪：祭祀消災。

在中華民族的生活中，在另一方面，也承認「罪」的存在，即是在宗敎方面。儒家的宗敎傳統，信上天信鬼神。上天掌管天地人物，操賞罰之權；天神地祇分掌宇宙萬物，也可以對人加以賞罰。上天和神祇的賞罰，看人的功過而定。人犯罪，便遭罰，招到災禍。但是因罪而應得的災禍，可以用宗敎祭祀和禱告去求赦免。

書經「湯誥」說：

『肆台小子，將天命明威，不敢赦。敢用玄牡 ，敢昭告於上天神后，請罪有夏。……爾有善，朕弗敢蔽，罪當朕躬，弗敢自赦，惟簡在上帝之心。其爾萬方有罪，在予一人。予一人有罪，無以爾萬方。』

「泰誓上」說：

『予小子夙夜祇懼，受命文考，類於上帝，宜於冢士，以爾有衆，底天之罰。』

國家有天災人禍的時候，皇帝和官吏們常擧行祭祀，以求赦罪免罰。最普通的事例是求雨、求晴。曾鞏有祈雨和謝雨的文章。「諸廟謝雨」文說：

『吏之罪大矣，一切從事於謹繩墨督賦役而已。民之所欲不能與，所惡不能去，自恕以竊食，不知其可愧，安能使陰陽和風雨時乎？故吏鞏者，任職於外，六年於玆，而無歲不勤於請雨。賴天之仁，鬼祭之靈，閔人人之窮，輒賜甘譯，以救大旱，吏知其幸而已。其爲酒醴牲饔，以報神之賜，曷敢不虔？』

在佛敎的宗敎生活裏，「罪」的存在，是一個基本的信條。基本信條第一有四諦：苦集滅道。人生都是痛苦，痛苦因十二因緣所結集，十二因緣中最重要的一個因緣乃是「無明」，無明就是愚昧無知，愚昧無明由八識所造，八識的最後一識「阿賴耶識」，蘊藏前生善業和惡業的種子，惡業即是罪惡。因此人生的「無明」，來自前生的罪惡。

另外一項佛教基本信條稱爲因果報應。前生之因從生必有報應，因果的關係必然而成。一個人死後有五條路可以走，稱作五趣：天、人間、畜牲、餓鬼、地獄，按照前生的善惡而定。地獄的痛苦，層層不同，有所謂九層地獄，或十八層地獄，閻王判刑，根據人的罪惡輕重，一絲不苟。

法苑珠林一書，很詳細講明這些因果造業的關係。在第七十八卷的五趣歌以後有一頌：

『善惡相對，凡聖道合，五陰雖同，六道乖法，占矦觀容，各知先業，惡斷善修，才能止遏。』（註三）

在第八十四卷十惡部中說：若有人死後，自地獄再生人世：

『依殺生故，有短命果。依偷盜故，無資生果。依邪淫故，不能護妻。依妄語故，有他謗果。依兩舌故，眷屬破壞。依惡口故，不聖好聲。依綺語故，爲人不信。依本貪故，貪心增上。依本瞋故，瞋心增上。依邪見故，癡心增上。』（註四）

佛教宗教儀典，用意在於「超脫」。超脫是爲使人在死後能夠超脫地獄痛苦，早生人世。七月七日盂蘭盆會，自目蓮救母開始。盂蘭，梵文爲解倒懸。以盆恭食，施給僧尼以解親魂倒懸之苦。

道敎的創立人張天師開始傳道時，爲人治病，要病人寫三張悔罪書，一張放在附近山上，一張沉在附近水塘裏，一張懸樹上，爲求神明赦罪消災，使病痊癒。

丙、刑法上的罪：犯罪受刑

法律爲民族文化的重要部份，一個民族的社會生活都由法律所範圍。我國從古就有法律，漢朝有九章律，唐朝有唐律，唐以後的朝代都有各自的律書，大清律例則集歷代律書的大成，律書即是法典，法律在古代只稱爲法，法在最初稱爲刑，中國古代的法律所以常稱刑法。刑本是模型的意思，原爲型，乃是混泥爲磚的木製模型。國家制定法律，就是爲給人民一種生活的模型；但是怕人民不遵守；於是便在律文以後，規定在違反這條律文者，處某某刑罰。違反法律條文稱爲犯法，犯法便是罪，刑罰按照罪的輕重而定。

書經「皐陶謨」說：

『天命有德，五服五章哉。天討有罪，五刑五用哉。』

犯法而成爲罪，乃中國古今書籍裏的普通名詞。所謂罪人、罪犯、犯人，都是指犯法的人。司馬遷史記的「酷吏列傳」裏用「罪」字很多。例如：

『……郅都遷爲中尉……是時民朴，畏罪自重，而都獨先嚴酷，致行法不避貴戚。列侯宗室，見都側目而視，號曰蒼鷹。……奸吏竝侵漁，於是(張湯)痛繩以罪。……』

在中國古書裏所用的罪字，大多數都指着犯法的罪。若說一個犯了罪，等於說一個人犯了法。法官治罪，即是判斷犯法的罪。

孟子曾勸齊宣王行仁政，使民有恒產，敎民爲善；因爲沒有恒產，百姓便要作惡犯法，等百姓犯了法再罰，便是不仁。

『若民，則無恒產，因無恒心；苟無恒心，放辟邪侈無不爲已。及陷於罪，然後從而刑之，是罔民也。焉有仁人在位，罔民而可爲也？』（梁惠王上）

『孟子曰：無罪而殺士，則大夫可以去。無罪而戮民，則士可以徙。』（離婁下）

唐律疏議在第一冊「名例」列舉罪名，如死罪、流罪，又有減罪、贖罪。這些「罪」都是按照相等的刑罰而得名。減罪，則減少刑罰，贖罪則用金錢抵償刑罰。

因此刑法上的罪指違反法律，也指應得的刑。

丁、倫理上的「罪」。

儒家的倫理思想，在書經和詩經裏，和宗敎的「天」關係密切。書經所責桀紂的罪，都是違反天意，作惡害民。後代的儒家倫理觀念，雖沒有脫離宗敎的「天」；但遵守孔子「敬鬼神而遠之」的態度，不直接講宗敎的上天，而只談天理良心。因此後代儒家講倫理上的罪時，普通不稱爲罪，而稱爲過失。有時稱爲罪，則就聯上宗敎的觀念；如通常訃聞所說：

「某某罪惡深重，禍建考妣。」有時對人有虧缺，也稱爲罪。

論語第一篇就有：

『曾子曰：吾日三省吾身，爲人謀而不忠乎？與朋友交而不信乎？傳不習乎？』（學而）

曾子所自省的過失，爲倫理的過失，於心有虧。對於這種過失，孔子教訓弟子們改過。

『子曰：君子不重則不威，學則不固。主忠信，無友不如己者，過則勿憚改。』（學而）

『子曰：人之過也，各於其黨，觀過斯知仁矣。』（里仁）

『蘧伯玉使人於孔子，孔子與之坐而問焉，曰：夫子何爲？對曰：夫子欲寡其過而未能也。使者出。子曰：使乎！使乎！』（憲問）

『子曰：過而不改，是謂過矣。』（衛靈公）

『子貢曰：君子之過也，如日月之食焉。過也，人皆見之，更也，人皆仰之。』（子張）

論語講倫理的缺欠，常稱爲「過」，不稱爲罪。孟子有時稱之爲罪。

『萬章曰：舜流共工於幽州，放驩兜於崇山，殺三苗於三危，殛鯀於羽山，四罪而天下服，誅不仁也。……』（萬章上）

共工，驩兜，三苗和鯀都是犯法的罪人，稱之爲不仁，則也是在倫理道德上有罪。

『孟子曰：五霸者，三王之罪人也。今之諸侯，立霸之罪人也。今之諸侯之罪人也。』

(告子下)

孟子所謂的罪人，不是犯法的罪人；乃是倫理上的罪人，他指出他的罪過是倫理上的罪過。

『長君之惡，其罪小；逢君之惡，其罪大。今之大夫皆逢君之惡，故曰：今之大夫，今之諸侯之罪人也。』(同上)

『位卑而言高，罪也。』(萬章下)

『樂正子見孟子。孟子曰：……子聞之也，舍館定然後求見長者乎？曰：克有罪。』(離婁上)

後世儒家講修身之道，常求寡過和改過。過失常就良心天理而言；若過失達到違反法律，則稱爲罪；但若違反天意，也稱爲罪。「孔子曰：獲罪於天，無所禱也。」(八佾)

2. 罪的意義

我們從古代典籍中，知道古人常講「罪」，也知道「罪」在人的生活裏有多種形態，有政治上的罪、有宗教上的罪、有刑法上的罪、有倫理上的罪，現在我們要研究古人所講的罪究竟有什麼意義？

甲、罪的意義

為研究罪的意義，我們分作兩段來講：第一段，講罪有什麼意義，第二段講罪有什麼結果。

A、罪字的意義。

說文解字詁林對於罪字的字義有下面的解釋：

『陸德明曰：罪本作辠，秦始皇以其似皇字，改為罪。罪，捕魚竹罔也。按此則秦以前皆當作辠。如尚書云：四罪而天下咸服，皆後人所改也。又秦以前書罪罟即罔罟也。讀書者皆識之。』（註五）

秦以前犯法稱為辠。辠，「從鼻從辛，言辠人蹙自辛苦之憂。」（註六）為會意字，表示犯了法的人，心中發愁，促着鼻子有憂傷的神氣。秦始皇以為這個字很像皇字，他自己名叫秦始皇，很不喜歡有人把皇字讀為是字，便下令用罪字代替鼻字。

罪字本辠篆字的辠，為捕魚的罟，從罟從非聲。說文解字詁林說：

『罪罟皆捕魚具，自秦以罪為辠，以罟為辜，詩畏此罪罟，天降罪罟，皆用秦以從文也。是辠辜為正文，罪罟為通字。』（註七）

古辠字，究竟有什麼意義，說文解釋「辠，犯法也。」（註八）

罪爲犯法。這個觀念在中國歷代的思想裏影響很大。中國人一講到罪，就想到「犯法」，不犯法就沒有罪。但是「犯法」的意義則有不同的解釋。

B、違反天意

書經的「泰誓」和「湯誓」，指責夏桀和商紂的罪。

『有夏多罪，天命殛之』

『今爾有衆汝曰：我后不恤我衆，舍我穡事，而割正夏。……有衆率怠弗協曰：日時曷喪，予及汝皆亡。』（湯誓）

『今商王受，弗敬上天，降災下民，沉湎冒色，敢行暴虐。罪人以族，官人以世，惟宮室臺榭陂池侈服，以殘害爾百姓，焚炙忠良，刳剔孕婦。皇天震怒，命我文考，肅將天威。』（泰誓上）

桀紂作惡犯罪，上天震怒，命湯王文王興兵伐罪。桀紂都是皇帝，位在國法以上，他們的罪不在於犯了國家的法律，乃是違反了上天的命令。尚書「仲虺之誥」說：

『夏王有罪，矯誣上帝之命，以布於下，帝用不臧，式商受命。』

商桀的罪在於矯用上帝的命。上帝命他作人君，爲人民謀福利，他却以天給他的權威暴虐百姓，上天乃震怒，把他殺了，武王在「泰誓上」講的明白：

『天佑下民，作之君、作之師，惟其克相上帝，寵綏四方。』

桀紂乃不助天安綏百姓，反而害百姓，這是他們的罪。他們的罪是在於違反天意，天乃罰他們。

上天的意旨不可違背，違背了必定有罰。孔子也說了：

『獲罪於天，無所禱也。』（論語，八佾）

書經所講違反天意的罪，不單是在政治上人君可以犯，在私人方面也可以犯。孔子所說的「獲罪於天」，就是講的私人違反天意。

在宗教方面的罪，當然是違反天意的罪。所以為求赦罪免禍，便向上天或神祇行祭禱告。

佛教雖不信上天，不信鬼神，佛教的戒律則屬宗教性的戒律；因為這些戒律有宗教性的賞罰。身後的五趣，不是國家的刑罰，而是佛教信條上所列的刑罰。佛教為超脫地獄刑罰，也只有求佛求鬼。

天意不可違背，因為上天命人為善，給人定有法則。詩經上說：「天生蒸民，有物有則。」（蒸民）皇帝應該遵守，庶民百姓也應該遵守。孔子因此常說：「知天命」「畏天」

『吾十有五而志於學。……五十而知天命。……』（為政）

『君子有三畏：畏天命，畏大人，畏聖人之言。』（季氏）

天命雖然代表上天對於一個人的特別使命，但也指上天的一切命令。上天命人守所定的法則，這也是上天的命令。人要知道天命，而又要畏天命不敢違犯。

違反天意爲一切罪的根源。罪既是犯法，法的基礎爲禮，禮的基礎爲天理，天理的基礎即是天命。即在罪人犯法，違反國家的法律，同時也違反了天意。因此孔子訓誡弟子，行事不可欺天：

『子疾病，子路使門人爲臣。病閒曰：久矣哉！由之行詐也！無臣而爲有臣，吾誰欺？欺天乎！』（子罕）

孔子沒有官職，按禮法沒有家臣。子路使門生充當家臣，孔子責備子路說：雖是可以瞞過別人，但瞞不過上天——違反禮法，便也違反天意。

C、犯法

罪的普通意義，在於觸犯國家的的法律。犯了國法；便要受刑罰，於是罪人也稱罪犯；刑罰也可稱爲罪。罪的原意本是網，以網爲罪，表示人犯法自投羅網。

沒有法律則沒有罪；因爲既然國家沒有規定在一件事上應該怎麼做，人民便有自由，可以隨便。當然在律以外，還有許多事不可以做，也有許多事應該做。若是一個不遵守，一定不好，然而不能說他犯了罪，只能說他作惡。

唐律疏議上說：

『議刑以定其罪。』（卷一，名例）

罪由刑罰而定，乃有死罪、流罪、叛國罪、大逆不道等罪名。假使法律沒有明文規定，罪名就不能判決，社會就要紊亂。唐律疏議的長孫無忌的「進律疏表」上說：

『平反之吏，從寬而失情；次骨之人，舞智而陷網。刑靡定法，律無正條，徽纆妄施，手足安措？』（唐律疏議卷一）

法律上沒有明白的條文，刑官隨意判罪，罪名不正，刑罰不當。因此可見，罪由法律而定。罪和法分不開，罪和刑也分不開，三者互相聯繫。

D、倫理上的惡

中國古人重禮不重法，以禮在法以上。法爲禮的一部份。「禮的制裁力爲道德制裁力。道德制裁力不是對一切人都能生效。那末爲維持社會治安，便該選出禮的規條內那些最有關社會治安的規條，由政府定出刑罰，公佈於民，强迫人民去遵守。所以禮爲法的根本，法補禮的不及。」（註九）

禮在儒家的思想裏，爲人生的法則。人生應有法則，這是理所當然。人生的法則何在？

人是宇宙的一部份，宇宙的運行有法則，宇宙的法則爲天理，稱爲天道，由上天所立。易經由宇宙天理推論到人生之道，稱爲人道，聖人把人道制成條文，便成爲禮。孔子乃以禮爲人生法則。

『克己復禮爲仁。……非禮勿視，非禮勿聽，非禮勿言，非禮勿動。』(顏淵)

再進一步，天理的表現，不單在宇宙的運行上；也在人的心上。中庸說：

『天命之謂性，率性之謂道。』(第一章)

大學也說：

『大學之道，在明明德，在親民，在止於至善。』(第一章)

中庸、大學都以人行善，在於按照人性去做。後來王陽明主張良知爲喜惡標準，人的言行不能反背良知，良知即是天理。

王陽明以良知本來清明，辨別是非；但能被私慾所蒙蔽。私慾蒙蔽良知，人便作惡。人的言行若違反良知，是不是稱爲罪？儒家不稱爲罪，而稱爲惡。「說文」解釋惡字。『惡，過也。從心亞聲。』『人有過曰惡。有過而人憎之，亦曰惡。本無去入之聲，後人強分之。』(註十)

惡是犯了過。犯過的人使人憎惡。自己的貌醜也稱爲惡。毀謗別人也稱惡。

違反禮的事稱爲惡，惡爲過。過在說文上的意義爲度：禮是人生法則，越過這個法則，便稱爲過。論語常以「過」指倫理上的不當。孔子說：『過猶不及。』(先進)過了禮的範圍，便成爲惡，爲人人所憎惡。惡是不好，好則是人人所喜好。「好」字代表美女子，人人見了，人人喜愛。

『子曰：吾未見好德如好色者也。』(衛靈公)

『所謂誠其意者，毋自欺也。如惡惡臭，如好好色，此之謂自謙。故君子必愼其獨也。』(大學第六章)

好惡本來沒有去聲入聲之分，喜愛稱爲好，所喜歡的事物也稱好。憎恨稱爲惡，所憎恨也稱爲惡。

人既然憎恨惡事，爲什麼又去做呢？這是中國哲學史上兩千年爭論的性善性惡問題。告子主張「生之謂性」，人性本無善惡的分別，但可善可善。孟子以性爲人心的天生傾向，人心天生地傾向於善，惡來自私慾。荀子以人心天生地傾向於惡，善爲人努力糾正天生傾向而成，故稱爲僞。漢朝唐朝的學者，把人性分成好幾等，有善性惡性。朱子則從形上學解釋性善性惡問題，主張性爲理，無善無惡，善惡的分別來自氣，氣有淸濁。氣的淸濁，使每個人的氣質不同。氣濁的人則慾情强而偏於惡，惡是隨從私慾而掩沒了天理。

乙、罪的結果

罪的結果可以從兩方面來看：第一從客體方面來看，罪的結果爲受刑罰；第二從主體方面來看，罪的結果爲犯罪者的心理狀態，即是憎恨、怕懼。

A、受刑罰

有罪必有刑罰，這是一條定律，沒有人可以逃脫。從國家法律方面說，犯了法的人應該受罰。古來刑法上雖然有議罪的條例，議親議貴，但不能完全免刑。當然，國家的法律漏洞很多，有些犯法的人可以消遙法外。可是上天的刑罰，沒有人可以逃脫。老子說：「天網恢恢，疏而不漏。」(第七三章)

『惟上帝不常，作善，降之百祥，作不善，降之百殃。』(書經，伊訓)

上帝不是呆板的命運，對待人不常是一律，要看人的善惡而安賞罰。上帝的賞罰絕對不會缺少，若不加給作喜作惡的本人，便會加給他的子孫。

『曾孫會考，受天之祜。』(詩經，南山)

儒家不信來生，把一切的事都歸之於現生，一個人的現生不是整個的生命，人的生命在家族裏延長；因此人的善惡應有的賞罰，以家族的生命爲主體。「作善，家有餘慶；作不善，家有餘殃。」這是中國一般人的信仰。

佛教信有來生，來生輪廻繼續。佛教的賞罰便在輪廻的生命裏實現，三世的報應，乃是通常的原則。前生，現生，來生，因果報應，緊緊相連，因緣不斷。

在普通的用語中，罪和惡不同：罪是犯法，必有國家的刑罰。惡不一定犯法，不犯法的惡，不受國家的刑罰；但要受社會的罰，即是受人憎惡；而且必定受上天的刑罰。書經上說：「作不善，降之百殃。」不善，可以是罪，可以不是法律的罪而是倫理的惡。

B、犯罪作惡者的心理狀態

沒有人不怕受苦，刑罰是使人受苦，對着刑罰便沒有人不害怕的。中國法家利用這種心理，主張嚴刑峻法以法國家。儒家却反對這種主張，孔子說：

『道之以政，齊之以刑，民免而無恥；道之以德，齊之以禮，有恥且格。』（爲政）

怕懼刑罰的心理可以阻止人犯法，但不能教人有羞恥之心，使人自動不犯法。儒家另外用一途徑。把怕懼刑罰的心理和孝道相聯，以受刑罰有背於孝遠，便可以使人有恥而怕犯法了。

『欒正子春曰：吾聞諸曾子，曾子聞諸夫子曰：天之所生，地之所養，無人爲大。父母全而生之，子全而歸之，可謂孝矣。不虧其體，不辱其身，可謂全矣。』（禮記，祭義）受刑罰則是有虧於體，有辱於身，損辱先人的遺體，乃是大不孝。司馬遷受了宮刑後，給朋友寫信說：

『行莫醜於辱先，詬莫大於宮刑。……僕以口語遇此禍，重爲鄉黨所笑，以汚辱先人，亦何面目復上父母丘墓乎！』（致任少卿書）

「不辱先人」，這是中國社會的一個最有效力的誡言。即使人作惡不到受刑罰的罪，但被人所笑，受人憎惡，也就是有辱先人，便是不孝。

『曾子：孝有三，大孝尊親，其次弗辱，其下能養。』（禮記，祭義）

一個人對本人可以沒有羞恥之心，不顧面子。但是對於自己的家族。對於自己的先人，則不能不想顧全他們的面子。若是「爲鄉黨所笑，以辱先人。」自己連掃先人之墓都不敢去了，他活着還有什麼意義？

現在我們可以結束這篇講演了，從上面的研究，我們作一個簡單的結論，『罪惡』觀念對於中國人的生活，有了什麼影響？

第一、中國人把罪和惡分開，犯了法稱爲罪，倫理上的過失稱爲惡，或過。中國人不願意稱自己爲罪人，也不願承認犯了罪；只有侵犯了別人的權利，對不起別人的時候，才認罪求饒，如皇帝有時下詔罪己，如普通人向人賠罪。因此，我們向教外人講要理，說我們都是罪人，他聽得不順耳。我們在彌撒開始時，懺悔說：我罪，我罪，我的重罪；在參禮的教外人聽來，一定覺的稀罕。

但是中國人都承認自己有過失，古話常說：

『人誰無過，過而能改，善莫大焉！』

我們要理上所講的罪，在中國人看來是惡，是過，我們要他們承認，並沒有難處。

第二、在書經詩經時代，中國古人的倫理觀念和宗教觀念連合在一起。書經和詩經所講的罪，是違背上天的命令。從孟子、荀子以後，儒家的倫理以人性和人心爲根基，雖然承認人性來自天，但已經不提起上天，因此中國儒家講惡講過時，只想到違背良心天理，而不想到是違背上天的命令。中國人作惡時；他們自認對不起良心，對不起父母，也可以想對不起皇帝，但不想是對不起上天。這點和我們神學上的罪，在觀念上有區別。

第三、儒家雖不以罪惟爲直接違背天命，但却信上天對於罪惡常降以罰，上天的罰爲災禍，爲疾病，爲死亡。佛教更信輪廻的報應。若說國家的刑罰，當然大家都怕，因此，中國人因怕罪罰而怕作惡，以免辱及先人，遺害子孫。這種心理在中國人的生活裏很有影響，約束了社會人心。

現在人的心理改了，有宗教信仰的人日漸減少；他們認爲上天的賞罰屬於迷信；家族的觀念也輕了，他們不再注意有辱先人和遺害子孫；加以傳統的倫理道德被人輕視，善惡的標準也喪失了，現在的人對於罪惡，於是除了違犯國家法律以外，便不大留心。老年人和壯年人還保留一些舊日的倫理道德觀念，還知道什麼事是罪惡，年青的一代就知道不清楚了。

第四、在中國文化裏，罪惡是一個重要的成份。每次更換朝代，每次興兵造反，必定標榜爲弔民伐罪，因爲皇帝作惡，乃可以推翻他。這種弔民伐罪的義舉常是奉行天意。

在儒家佛教和道教的修身論，罪惡也佔重要的位置。佛教的修身，當然以無明罪惡爲根本，修身在洗除這種無明之罪。道教和道家都主張心寡慾。儒教是重禮，使中國文化成爲「禮」的文化，禮爲防人作惡，引人爲善。

儒家重禮的文化，引人向善的成份爲重。中國的古禮中，除了禳災的祭祀外，沒有悔罪的儀式。儒家祭祖從來不講爲父母贖罪，只能稱揚父母的善行。只有佛教的宗教生活，籠罩在罪的觀念裏，齋戒施捨都爲超渡亡者。

中華民族是一個樂觀的民族，是一個講究享受的民族。在中華民族的傳統文化裏，罪惡的觀念雖爲重要的成份，但只是隱藏在裏面而不構成生活的外形。在中國的文學裏，找不到一篇像舊約聖詠的悔罪詩和文章。中國詩人在窮苦和受壓迫時，常覆悲憤反抗，自稱無罪而遭迫害，有時還向上天提出抗議。詩經裏有這類的詩，屈原的離騷也是滿篇自表淸白。雖然古話說：「人窮則呼天」。人窮呼天，不是向天悔罪，而是向天求救，或是向天悲憤。中國人的心理，常是樂天安命。

民國六十年元月十七日天母

註：

(一) Giuseppe Graneris, Concetto e Trattameto del peccatonella scienza delle religioni見 I 1 Peccato, Eaizioni Ares, Roma 1959.

(二) 李宗侗。中國古代社會史。中華文化出版委員會出版。臺北，民國四十三年。

(三) 法苑珠林、第二冊，頁九三九、臺灣商務印書館（四部叢刊）

(四) 同上，第一〇一六頁。

(五) 說文解字詁林。臺灣商務印書館。第十冊第六五八四頁。

(六) 同上，第六五八四頁。

(七) 同上，第六冊，第三三八二頁。

(八) 同上，第十冊，第六五八四頁。

(九) 羅光，中國哲學大綱，臺灣商務印書館，上冊，第一二八頁。

(十) 說文解字詁林。第八冊，第四七四九頁。

(輔仁大學神學論集第八號)

歷史哲學的價值

一、歷史哲學的意義

現代的學術日趨專門化，歷史的研究也專門化了。研究歷史的人，祇研究一個朝代或一段時期的史，或祇專門研究一個人或一椿事的歷史。講通史的教授便被人輕視，一部通史也被視爲民衆讀物。唐朝劉知幾已經嘆惜中國史書祇是斷代史和行傳，而沒有通史。

專門研究法，是研究歷史的科學方法。一個人的精力有限，不能研究全部的歷史，祇能縮小研究的範圍以求精。但是所研究的結果，只是史事的實際經歷，是歷史的史料，而不是史事的所以然。

我們讀歷史的人，當然願意知道每樁史事的本來面目，也願意追求史事的原委；但是同時我們更想明瞭歷史對於我們的生活究竟有什麼意義。

普通我們以爲歷史對於我們生活的意義，是在於給我們一些經驗的教訓。知道了前人成功和失敗的原因，我們自己在作事上，便特加謹愼，以追踵前人成功的途徑，而避免蹈前人的覆轍。

然而歷史應該還有另一種意義。歷史應該從幾千年人類生活的經歷裡，告訴人類一樁大事，即是人類生活的意義，間接也就告訴人：人究竟有什麼意義。

歷史的這種意義，乃是一種哲學意義，而且和形上學所硏究人的意義相同。因此歷史具有哲學的意義，因此也有歷史哲學。

歷史另外還有一種意義，即是歷史的智識，有什麼價值？歷史的智識，是對於個體事件的智識，這種智識，在學術方面有什麼價值呢？是不是眞理呢？這個問題又是歷史的哲學問題。

1. 歷史哲學是什麼？

歷史是談事實的變遷沿革，凡記載一國一朝的史事，稱爲歷史（辭源）。又凡人類社會的過去變遷的記錄，稱爲歷史（大漢和辭典）。

「歷史由史料構成，史料乃往時人類思想與行爲所遺留的陳跡。（註一）」「雖然，此界限亦過於廣泛。蓋人類之動作甚多，不必均在史學範圍之內，例如家庭間之瑣事，日常間之往來，與夫日常之工作，均非史學所欲問者。然如此項瑣事，對於廣大的社會集體及人類所共有之傳統，有其意義，則亦可成爲史學之對象。蓋此種社會集體，固人類所締結，以求自存於宇宙間者，而其所共有之傳統，則亦爲人類勞動之收穫，由以構成文化者化也。（註二）」「於是吾人得一定義，可簡述之如下：史之爲學，在將人類演變之事實，視人類爲社會的動物，就其動作，加以因果的研究及敘述。」（註三）

歷史所敘述的對象，現代歷史家都認爲是人類的文化史，而不是政治史。以往的歷史以政治爲主，以文物制度爲附。中國的歷史，史記可爲典型。史記的本文爲本紀，世家和列傳。至於禮書、樂書、律書、歷書以及天官書、封禪書、河渠書、平準書，可以說是附加之書，因此乃至一半已經遺失。然而歷史也不能限於文化史，文化史沒有政治史則不能明瞭；歷史也不能限於政治史，政治史沒有文化史則不能知道前因後果。歷史要是人的活動史，但又不是單人的活動史，而是人類的活動史。

歷史既是人類活動的經歷，從人類活動的經驗，應該可以窺見人類生活的變遷。人類生活的變遷，在各民族、各時代中都不相同；但在不相同之中，有許多基本相同之點。研究這些基本相同之點，便是歷史哲學。

歷史哲學因此是從歷史史事研究人類生活變遷的原則之哲學。

但是歷史又有另外的一種意義，即是研究對於史事的智識，在眞理的價值方面，有何等的價值。這種意義乃是認識論的意義。此外，另有一種歷史哲學的意義，由第二十世紀德國歷史哲學者所構成，他們主張歷史哲學，乃是指導學者以一切學術的智識，要從歷史方面去評判，由它在歷史方面所有的地位而定。這種意義，則是方法上的意義。

研究人類生活的學術很多，有心理學、有倫理學、有藝術論、有社會學等等哲學。研究人類生活變遷的學術也有好幾門，有民族學、有民族考古學、有進化論和社會進化論等學術。歷史哲學和這些學術不同，是由歷史史事去研究人類生活變遷的原則。歷史史事供給研究的材料，研究的目的，在於人類生活變遷的原則。

這一點也可以說就是研究歷史的價值，歷史有什麼價值呢？司馬遷的史記有很高的文學價值，孔子的春秋有很高的倫理價值；可是這兩種價值並不是歷史的本身價值。我們研究歷史，可以以古人爲鑑，以古人的經驗作我們的參考，可以仰古以治今；這一點雖是歷史的本有價值，可是還不能包括一切。我們讀中國歷史，應該能夠認識中華民族演進的歷史，進而推想中華民族將來演進的趨向。爲能得到這種智識，我們必定要研究其他國家的歷史；因爲中華民族的演進和別的民族的演進，互相關連。我們便研究世界史。由世界史的演進，我們不單知道中華民族的演進，而且可以知道人類生活的演進。使人知道人類生活演進的趨勢，這是歷史的價值。知道人類生活演進的原則，乃是歷史哲學的意義。

對於這一點，許多人懷疑而且予以反對。人生是自由人的活動，自由則是不能預先被指定途徑的。在人人自由而毫無預定的活動中，怎樣可以求取人生變遷的原則呢？另一方面又有人說，人生是盲目的，是茫然沒有預定的目標的；從盲目的人生中，怎樣可以求得人生變遷的原則呢？這兩派人所說的，都是或過或不及，不居於中道。人雖然是自由的，然而自由也有一定的規範；人用自由，是受自己理智的指使。理智予自由以規範，規範便免不了受人生原則的影響。人生原則影響人的自由，影響人類的歷史；歷史便有超於時間偶然性的普遍性原則。

歷史家作史，也免不了受人生原則的影響。司馬遷在史記自序裡引孔子作春秋的理由說：「我欲載之空言，不如見之於行事之深切著明也。」孔子認爲以言論去講自己的倫理原則，還不如把原則用到歷史的實事上，更顯得明白。司馬遷自己寫史記，也是有自己的宗旨：「略以拾遺補藝，成一家之言。厥協六經異傳，整齊百家雜語，藏之名山，副在京師，

俟後世聖人君子。」（史記，太史公自序）

有思想的歷史家，寫成的史書，特別有價值。價值的所在，就是全書有系統，有一定的看法。有歷史哲學思想的史學者寫歷史，若能不以哲學思想的分量超於歷史史事分量以上，所寫的歷史，必定可以有客觀的歷史價值。

每種學術的智識，都不能說是絕對確實的眞理。學術智識的確實性，是分高低的，數學智識的確實性，通常認爲最高，物理化學的智識居其次，自然科學的智識又居其下，人文科學的智識又低一級了。史學的智識呢？和自然科學不同，屬於人文科學，是有自身的價值。歷史哲學乃研究歷史智識的價值所在，又研究歷史智識眞確性的成份，

二、歷史哲學的演進

寫歷史的史學家，無論古人今人，都有歷史的哲學觀念，或明或顯，他們在自己所作的史書裡，把本人的歷史哲學觀念都表現出來。另一方面，古今的哲學家討論到宇宙和人類社會的變遷時，多少也表現他們的歷史哲學觀念。因此歷史哲學的學術雖是最新的，但是歷史哲學的思想則是從古代已經有了。

歷史哲學的演進史，大略可以分為古代、近代和現代三個時期。

1. 古代歷史哲學思想

中國的歷史哲學思想，由兩册書可以代表。一册書是易經，一册書是春秋。易經的思想，是形上學的宇宙變化論。宇宙萬物常在變化之中，宇宙萬物的變化由陰陽兩氣而成。陰陽兩氣互相溶合，互相消長，周而復始，動靜不息。這種宇宙變易的原理，應用到人事上，便有易經的占卦，以卜吉凶。人事吉凶的原由，來自宇宙變易的原理應用於人類社會上去，乃有歷史的哲學觀念。中國人對於歷史，常有周而復始，一盛一衰的觀念；常有盈則消，功成身退以保明哲的思想；常有人事和天道相應，人事的善惡引起天象感應的思想。這些歷史哲學思想都源出易經的十翼，影響中國人的心理很深。

春秋的思想，則是儒家倫常之道，儒家倫常之道，雖從外表看來，在於尊君重禮，實際上則是一項很普遍的原則；即是政治不能離開倫理道德，民族生活的發展要以道德為根基。這種原則乃是歷史哲學思想，中國歷代的政治家和歷代修史的大臣，也都遵守。

我們中國對歷史有什麼看法呢？對人類的生活知道有什麼意義呢？我們中國人以為歷史乃一朝的興亡史，歷史的根據在於一個正統，每個人的事業也在於對於朝廷的關係而定。人類的生活有什麼意義呢？人是宇宙的一份子——一個優秀的份子，人的生活和宇宙相合，人類隨着宇宙而變易。

歐洲古代的歷史思想，有一位特出的代表人物，爲四世紀的聖奧斯定（Sanctus Augustinus）。他寫了一部書名叫「論天主之國」（De Civitate Dei），共二十二卷，說明人類歷史的演進和終結。全世界的人，同出一源，人類的歷史爲同一歷史；這部歷史乃是人類得救史。至尊之神天主，造生人類，許以身後的永生幸福，人却違背天主旨意，身陷重罪而不能自拔，喪失身後的幸福永生。天主遣發聖子降生救人，以身贖罪。自由教會繼續傳道，實行救人工作。但是在人世中善惡相混，誘人作惡的魔鬼展張勢力，直到宇宙終窮的時候，魔鬼屈服，人類得救，救人工程乃克完成。聖奧斯定用猶太和古羅馬的歷史，述說人類歷史演變的經過，說明歷史的意義。人類歷史有一定的目的，即在趨向人類得救的目標，人類歷史有至尊之神在暗中指使，受祂的管照；人類的歷史是善惡混雜，最後，善能勝惡。

聖奧斯定的歷史觀，支配了歐洲古代和中古的思想。直到現代，天主教的學者還保持他的歷史哲學原則。人類的歷史，是善與惡的鬪爭史；在這種鬪爭裡，人類漸進於善，漸進於光明。鬪爭的途徑，則是至尊之神天主所預定的。

2. 近代歷史哲學思想

歐洲的近代哲學，開始於笛克爾，在笛克爾以前，士林哲學(Scholastic Philosophy)注重客觀的眞理。人的人性雖爲一抽象的觀念，但是代表一個永恒的客觀。人性具有性律，人的一切活動按照性律而動。笛克爾開始注重思想的主體，注重思想者本人的內心；因此便開啓了近代哲學的主觀色彩，演成爲極端唯心的黑格爾哲學和極端唯物的馬克思主義，再變而爲當代的存在論哲學。

因着注重主體，乃有法國的大革命，革命的標語爲平等自由。革命時期的思想家胡爾泰(Voltaire)、盧梭(Rousseau)、孟德思鳩(Montesquieu)都具有新的歷史哲學思想。胡爾泰著有「論民族風俗與精神」(Essai sur les moeurs et l'esprit des nations)從各民族的風俗中，觀察各民族的精神，從民族的精神中摸索人生的意義。在他的歷史觀裡，神的指使已不存在。盧梭著「民約論」，歌唱自然的美好。孟德思鳩著「羅馬興亡論」(Considerations sur la grandeur et la décadence des Romains 1734)。以時勢和傳統造成一種精神力量，支配人君和政府的事業。

近代歷史哲學從笛克爾開始，以「我」，即是以人爲歷史的中心，而不以神爲歷史中心。胡爾泰和孟德思鳩等都注意文化的起源史，由文化起源以研究歷史的進展。孔德便造成了他的社會進化論，把社會進化分為神權、君權、民權三階段，人類歷史循着這種進化程序而進。又把理智的演進分為三期：一為神學，再為玄學，最後為科學。以科學的方法去研究社會心理學，以社會心理學去研究歷史。這種歷史已經不是一個人的歷史，也不是一國一民族的歷史，而是世界史，且是世界文化史。後代歷史家乃以文化史為人類歷史。

在德國方面，唯心論哲學興盛，歷史哲學便傾向唯心思想。康德為唯心哲學大家，他曾研究歷史的演進是否有規律。歷史的史事是人的自思活動，不能有既定的規律，自然界的法則不可用於歷史。但是世界的歷史，從全體方面去看，則按共同的規律而演進。規律由何而來？是來自國家。人類的歷史，沿着這個路線以求一種完善的國家組織。

黑格爾繼續這種思想，以國家為至上，卒致造成希特勒所主張國社黨的獨裁和德國民族至優的主義。黑格爾以歷史的演變為絕對精神的演變，絕對精神循着正反合的辯證方式而變，由無意識而變成有意識，歷史的意義在於精神自由意識，這種意識在國家民族的自由意識中實現出來。

3. 現代的歷史哲學

現代歷史哲學，興盛於德國。狄爾德（Wilhelm Dilthey）開其端，史班克肋（Oswald Spengler）、辛墨（Georg Simmel）、芒海（Carl Mannheim）及買能克（Friedrich Meinecke）等，繼續發揮，思想不同，主張各異。然而他們所注重的問題，乃是史學智識問題，他們追究史學智識有什麼價值？歷史的事實應怎樣去解釋。再進而主張一切學術智識，都要由歷史方面去評判。

狄爾德把歷史和自然科學相對，自然科學有規律，歷史則有自由。歷史的自由，是人的心理自由。歷史史事的解釋要由心理方面去研究。

歷史的史事智識，和客觀的事觀是否眞正符合。這是歷史哲學的一個大問題，現代史學方法進步，考古和考訂的工作很有成績；但是絕對不能使史事全部重現。歷史智識的眞確性乃是相對的；而且歷史智識的相對性，較比科學智識的相對性更要薄弱。

史事的眞確性多繫之於作者的作法。爲收集史料，爲證實史料的可靠，史學方法可以供給許多優良的方法，可是對於史料的選擇，則有賴歷史哲學的指導。史家在寫歷史時，他對於人類生活和民族生活，具有一種觀念，這種觀念會指導他去選擇材料，去平衡每椿史事的價值；因爲史家不能把每樁事的大枝小節都全盤寫出來。

史班克肋以歷史爲文化史，每支文化有自己的生命，文化的生命有生長死亡。每支文化生長成熟以後，就會死滅，歐洲文化已面臨死亡的日期。

辛墨對於歷史史料的價值評判，主張以社會價值爲標準。史事雖是一個一個人的事，可是史事的緣因效果，必要由社會環境去看，不能祇由個人心理去看。辛墨的哲學思想屬於相對論，他以歷史智識祇有相對的價值。

社會的歷史哲學，在馬克思的唯物史觀裡盡量表現了出來。但是唯物史觀不是史學的價值問題，不是史學智識問題，而是史事本身的問題。唯物史觀是和易經及聖奧斯定的「論天主之國」一樣由形上哲學去講史事變遷。唯物史觀的哲學基礎乃是辯證唯物論。宇宙都是物質，物質常在變，物質之變沿正反合辯證法而動。人類社會的變易以物質經濟條件爲基礎，經濟條件有變易，社會生活即變。社會生活的變由階級鬪爭去促進，及到無產階級專政，社會沒有階級，統由無產階級內部的整肅去推動。唯物史觀的歷史，以達爾文的進化論和摩爾干（Morgan）的母系社會主張，組成一套社會進化史，有初民、奴隸、封建、資產、共產，五級社會。凡在共產制度以前或以外的社會制度，都稱爲野蠻社會制度（註四）。

芒海與買能克和義大利的克洛齊（Benedetto Croce），因着歐洲第一次大戰對社會的影響，主張一切事件及學術智識，都要從歷史方面去看。世界常在變易之中，每一事和一種學術智識，都要看在當時的地位而定。這種主張是歷史論的主張，以歷史去權衡一切。克洛齊更以唯心論者的立場，主張世界祇有精神，而精神的變易就是歷史，因此歷史代表一切。

三、歷史哲學的重要

在現代史學方法很發達的時期，歷史方面應該創作許多很有價值的作品；可是實際上則祇有許多考據性的專門考訂著作，而沒有可貴的歷史大著。其中緣因，當然是因爲寫歷史大著的天才不常有，然而也是因爲少有歷史學者注意歷史哲學的修養。

歷史哲學對於歷史學者的影響，可以從兩方面，第一從史學方法去看，第二從史事本身去看。

從史學方法去看，有正確歷史哲學觀念的歷史學者，在讀歷史的時候，容易觀察出來作者的歷史觀念；因爲從史書的結構、筆法和史料選擇中，可以觀察出來作者的歷史哲學觀念，而後批評史書的價值。

在寫歷史的時候，歷史作者具有正確的歷史哲學，他可以權衡一個人的史事或每一樁史事，對於全局的關係，而加以取捨或重寫輕寫，又可以考慮一個人的心理和社會環境對於史事的影響，以尋求史事的前因後果。另外是能够決定一部歷史的綱要和重心，而將全部史事連貫有序。中國歷代的歷史，常以正統朝代爲中心，以正統朝代維繫全部歷史。這種作法是受儒家哲學的影響。在寫世界歷史時，中國古人的觀念，以中國爲中心爲上國，其他國家民族都是蠻夷；這也是中國古代的歷史觀念。今天歷史學者應該有新的和正確的歷史哲學觀念，以使寫史的嚮導。就是在收集史料和考訂史料時，也應該有正確的歷史哲學觀念，否則不會正確地對於證據予以解釋或評價。例如相信唯物史觀的歷史學者，他考訂天主教在歐洲某樁史事時，他必定和一位不相信唯物史觀的歷史學者所有的解釋不完全相同。

對於每一樁證據的眞確性，對於每一件史事的眞確性，從哲學方面去看，這個眞確性是可能的，而且可能性還相當的高。但是爲達到高度的眞確性，歷史作者應該在主觀和客觀的兩方面，採取適當的立場。歷史哲學上的主觀性和客觀性的研究，便可以使歷史作者爲採取適當立場，有很好的標準。

人類的歷史究竟是政治史呢或是文化史呢？對於一個國家一個民族來說，一國和一民族的大事乃是政治的變遷。但是我們爲知道一個民族的生活，則必定要從民族文化的變遷去看，才可以瞭解。我們讀了廿五史，可以明白中華民族和中國的政治變遷；但是不能明瞭中華民族的生活史，政治的變遷是一時代的事，而不是繼續的事，文化的變遷則是繼續的。有些政治的戰爭或改變，在當時的社會生活上有很大的影響；可是在一千年後的人看來，就無所謂了。同時一千年前的文化變遷，則是在一千年後還是有意義的。不過文化史不能脫離政治史，政治乃是文化變遷的一個重大原因。然而我們中華民族的歷史，我們不能從廿四史的作法中看得明白。若說對於世界歷史，則更應該注意文化史了。這種重要觀念也是歷史哲學觀念；有了這種正確的觀念，寫史的人便知道史學方法應向那一方面去用。

中國古代不注重傳記的書籍，雖說廿四史都是用傳記的體裁寫出來的，然祇是一篇一篇的傳，不是一冊一冊的傳記，因此有許多史料都遺失了。現在大家提倡傳記文學，對於自身參加的事業，用第一人稱的自傳式寫下來，出版許多傳記集。這是史學上的一種有價值的事。但是這些傳記祇是史料，還不是歷史。將來寫史的作家，看到這麼大的材料怎樣選擇，怎樣考訂，這也有待於歷史哲學的指示。

我們再從史事本身方面去看，更可以看到歷史哲學的重要。歷史是我們生活的老師；然而歷史所教訓我們的，不僅在於生活的方式和做事的方法，歷史另外教訓我們對於人類生活應有的認識。

人類的生活有沒有一個目的？人類生活的變易有沒有一個路線？人類的生活是盲目的呢

或是有意義呢？人類的生活是完全由人自由而造，或是受一超越人類的神靈所支配？

這些問題都是哲學問題，問題的答案不由形上的原則而推出，乃由人類歷史的史事比較研究而得。這種答案是人類的經驗，是人類自己造成的。

但是人類造成歷史的答案，又不是人預定的，也不是人隨意可以更改的。有人說有歷史命運，有人說是辯證唯物法，有人說是偶然的盲目機會，天主教人士則說有造物主天主對人類歷史的照顧。這一點對於歷史史事的評價，關係很大。

人類歷史是循環呢？是前進呢？是後退呢？是有階級的興亡呢？這也是歷史哲學的問題，問題的答案也影響史事本身的評價。而且也影響史書作者。

民五七年十月廿七日天母

註：

(一) 法國朗格諾瓦著，李思純譯述：史學原論，臺灣商務印書館，第一頁。

(二) 伯倫漢著，陳韜譯，史學方法論，臺灣商務印書館，第二頁。

(三) (同上) 第五頁。

(四) 參考史學方法論，第四五四頁至第四八四頁；羅光：廿世紀的歷史哲學，見二十世紀之科學，第八輯第二八九頁至三四三頁；F. Meinecke Le Origini dello storicismo. Firenze 1954。

試談歷史哲學

歷史哲學雖然已由黑格爾的提倡而成爲哲學的一部門，又因唯物辯證史觀而成爲一種寫作歷史的法則，但是這門學術，現在尚沒有成熟，尙沒有一定的內容，也沒有一定的形式。歷史哲學作者，都還在嘗試的時期。今年我在輔大講構歷史哲學，大部份是講歷代思想家對於歷史的哲學觀念，最後，嘗試講一講自己對於歷史哲學的思想。

歷史哲學之能成爲一種學術，現在的學者，大家都接受這樁事實了。從認識論一方面去看，馬里旦曾說，歷史不能成爲一種科學，然而歷史哲學可以成爲一種科學。歷史不成爲一種科學，如同藝術不能成爲一種科學；可是藝術可以作爲藝術哲學的材料，同樣歷史也可以作爲歷史哲學的材料。歷史的研究對象和歷史哲學的研究對象，各不相同。歷史的研究對象是記述史事，批評史事；歷史哲學的研究對象，則是歷史史事的共通原則。史事是單獨的事，不足以成爲科學的研究對象；史事的共通原則，則可以成爲科學的研究對象。（註一）

一、什麼是歷史史事的共通原則呢？

歷史史事雖是在空間以內所發生的事實，本身上常帶有地域的限制，但是歷史所注意的，是史事在時間以內的轉變，歷史乃是以時間爲主。因此講歷史哲學的人，都從時間方面去求歷史史事的共通原則。唯物辯證史觀由唯物辯證法去求歷史哲學的原則，乃肯定生產工具和方式，爲歷史變遷的基本原則，又肯定歷史有必然性。黑格爾由絕對精神的辯證方式得到歷史變遷的原則，是絕對精神自覺的進化。孔德則以人類歷史，是按照神權、君權、民權的方式向前進。史班克肋 Spengler 主張人類的各系文化，像有機體一樣變化，各有新陳代謝，因此歐洲文化現在已到衰弱西沉的時代。李墨 Limmel 更以爲歷史是人生變換中的一片斷，歷史的價值都是相對的價值。奧斯定則代表天主教的歷史哲學思想，以歷史的大原則，是人類歷史在天主的掌握中，向着固定的目標前進。（註二）

因此，我們可以知道為求歷史的共通原則，第一應從時間方面去看。歷史的事蹟，不能應用自然科學上的因果必然性去聯繫，可是也應該有一種原則，使史事相接，歷史史事所以然不能用自然科學的因果必然，因為史事是人的事，人則是有自由的理性動物。因此歷史哲學的共通原則應該自人的動作方面去求。狄爾德（Dilthey）乃提倡歷史哲學研究法，應該是描寫心理法。狄氏以後的德國歷史哲學作者，都把歷史哲學歸於人文精神科學，和自然科學相對，又把歷史哲學的研究對象，為人類的文化。存在論哲學家海德格說歷史是人自身的命運。每個人的命運由自己和文化方式而造成。孔子作春秋，以倫理原則為歷史哲學原則，便是由人的方面去研究歷史。歷史為人的動作。便該用人的活動所該遵守的倫理法為原則。

上面所列出尋求歷史哲學原則的途徑，是歷史哲學家通常所走的途徑，途徑雖不錯，可是都不完全；因為歷史不是幾個人，或幾個國家，或幾系文化的歷史。更不是人的一部份活動的歷史。單由認識去看歷史，是不對的；單由人的存在去看歷史，也是不對的。只由倫理道德去批評歷史，不足成為歷史哲學；只由進化論或由唯物辯證論去求歷史原則，所得的原則必定是偏於一面的。歷史的史事，雖是一個人或一個民族的事蹟；可是哲學所研究的對象，乃是整個人類的歷史；而且不僅是人類的歷史，而是宇宙的歷史。因為宇宙的存在，是爲人而存在的，人類的歷史，便牽連到宇宙的歷史。這樣，我們便從人類在宇宙中的繼續前進，去求這種前進的意義；所求得的意義，乃是歷史哲學的普遍原則。易經講論宇宙變易之道，以宇宙變易之道爲人類歷史的原則，方法是對的；但是前後秩序顚倒了；應該是以人類歷史的原則，作爲宇宙變易的實在意義。

二、

宇宙自然界的存在，是爲人的存在而存在；這並不是如同唯心論者或是佛教哲學者，以外界物體爲人的心靈所造，也不是同王陽明所說深山一株花，要因有人看見才可以說是存在。宇宙自然界乃是供人使用的，人要駕馭自然，以求生活上的需要，因此宇宙的意義，是從人的生活而取得的。

人類是一個；然而在實際上，人類分成了無數的單人，分成了許多的團體。人類在自己的生活上，常是單人和單人，團體和團體的鬪爭。在最初的時候，單人和單人相爭，所可以相親的人只有自己的父母和子女。那時候每個人所有的團體意識，只在於自己的血親以內。後來這種意識漸漸擴張到了相居相近的人而成爲部落，由部而進到國家民族。在當初，人們沒有人類爲一個整體的意識。到了文明已經進步到相當高的時代，這種意識仍舊不高，寫歷史的人也沒有這種意識。人類爲一個整體的意識，在我們的禮運篇裏，已經有「大道之行也，天下爲公」的思想。可是中國人和世界各國的人，很少想到人類的命運是同一的，人類是一個整體。在近百年以來，因著交通工具的進步，和戰爭武器的凶毒，世界各國的人民，才漸漸有共同命運的感覺，漸漸起了人類爲一個整體的意識。天主敎敎義相信人類的命運是同一的，人類的歸宿是同一的。這種信念雖然是從神學來的，雖然只是一種宗敎信仰；然而信念的根據則有歷史的實事。天主敎的敎義，出發點就在於人類爲一個整體的信念，

整個人類的歷史，在各種時代和各種民族的千萬變化中，都向着這條路上走，一個人的升沉，一個朝代的興亡，一個民族的盛衰，當然都有各自的意義。但若是把他們分成個個單體去看，所有的意義很少！我們要把他們相合起來去看，意義才可完滿。

每一個人是愛自己本人的，每一家人是愛自己家庭的，每一個人是愛自己國家的；因爲人爲自己的生存，需要這種愛情，因而這種愛情乃出於人的天性。不過，我們都知道，一個人的偉大，在於他的精神偉大；精神的偉大，在於他的愛情包括很廣，單愛自己一個人，不足成爲偉大；單愛自己的家庭，也不足稱爲偉人；愛國家而爲國家服務有卓越事業的人，才

稱為偉人，為愛全人類而犧牲一己的人，才是眞正的偉人。從此可見，人類為一整體的觀念，是出自我們人天性的要求。這種要求隨着各時代的環境，漸漸成為人的自覺心，有了這種自覺心；人便迅速地向這條路上走了；人的生活趨向這條路，人的歷史也就趨向這條路。

我們觀察歷史，便要從人類為一整體的自覺去看。我們講歷史的意義，便是人類為一整體的自覺心之演進。

這一種意義，乃是歷史哲學的一項普遍原則。

三、

不僅是人類乃一整體，宇宙也是一個整體。宇宙的存在，在本體方面是不依靠人的，在物質方面也不依靠人；可是人為自己的存在，則依靠宇宙；人要靠宇宙自然界的物質，以維持和發達自己的生存。

人類的生活，可以說是使用自然界物質的歷史。在開始時，使用自然物質的方式最簡單、最淺薄，漸漸變為複雜，變為高深。在先人類完全受自然界的統制，漸漸變為人類駕馭自然。這種進步就是文化的進步。人爲使用自然界的物質，在於運用動作的工具，工具一變，使用物質的方式和程度也就隨著變。但是工具的改良，在於人用理智去發明，更不能如同馬克斯的唯物史觀所說：工具是文化變遷的唯一基礎。

人類的鬭爭也可以說是使用物質的歷史，因爲人和人之爭，國與國之戰，都是爲搶奪一些物質的物品。雖說歐洲有宗教戰爭，然當時戰爭的目的，仍舊是爭奪幾個城池，擴張各自的勢力。

科學的歷史是什麼呢？在於繼續認識宇宙自然界，在於逐漸增高駕駛自然的可能。機械的歷史是什麼呢？是人類爲求駕馭自然的奮鬬史。現在的科學，整個地是向這條路上走，越顯明宇宙自然界是供人的使用。

但是在追求駕駛自然的科學中，人們也漸漸得有一種新的認識，即是宇宙是一個整體。不僅是由眼睛方面去看宇宙自然界是一個整體；就是在各種物體的存在上，自然界的物體也是彼此相運的。在太陽系的各種物體，是互相聯繫的；將來天文學若再發現有別的星系，這些星系和太陽系，以及其他星系，一定也是相繫的。目前科學已達到太空時代，表示人的能力，可以進一步走向宇宙聯繫的大道了。

因此，歷史學的另一普遍原則，是人類歷史，是人駕馭自然的歷史，是人邁進宇宙整體的經歷。

四、

然而不能把人類的生活，限制在物質鬪爭以內。人的生活，雖說大部份是在爭取物質；但是除了追求物質以外，人還追求精神的享受，精神的享受，雖也離不開物質；可是離開物質越遠，精神的享受越高。

研究科學的人，研究工作便是他們的精神享受。若是他們能够有一種新的發明，他的滿足更高了。新的發明，常是有關眞理的發明，看到了眞理，人心便有一種滿足，藝術家的創作，更是可以使藝術家和與賞作品的人，獲得高度的精神快樂。藝術品的創作和欣賞所引起的快樂，和物質利害相隔很遠，乃是精神上的享受。

人類在自己生活裏，自然地趨求這些精神的享受。在開始時，創作的程度很低，欣賞的程度也很低。後來這兩方面的程度，逐漸提高；提高的程度，就代表人類的文明。

另外還有一種精神的享受，在初民的時代，人類已經就有了宗教生活。許多人類學者和社會學者總認爲宗教的起源，是人類對於自然力量的畏懼。怕雷怕水怕風暴，於是便以自然界的力量爲神。這種宗教心理學，可以一部份的理由，但不能是全部的理由。人類有宗教信仰，乃是一種要求精神享受的表現。求福免禍，另外爲求來生的禍福，人乃有宗教信仰和生活。這種心理，第一表現人心要求對於福樂有種保障，使自己心理可以安定；安定乃人心的精神享受。第二宗教生活越高，越使人心超出物質以上，超出宇宙的範圍以上，而能得享無限的精神快樂，是我們人心的天生要求。

人們的生活，有意識和無意識地都向這一點走。大部份人把物質的享受，可以滿足人心的無限要求；但是當他以爲滿足時，自己的心靈立刻感到空虛。大多數人自己不知道爲什麼自己覺得不滿足覺得空虛，自己知道的人，便想能有方法可以使自己滿足，他們乃傾向宗教生活。有些學者追隨孔德的歷史分爲神權君權民權三期，又分爲神話、宗教、科學三期；他們總以爲科學發展以後，宗教就消滅了。這是表示他們不懂得人心的要求。

人類的歷史，在哲學藝術和宗教方面，就表示這種要求的經歷。這方面的經驗，可以說是代表人類歷史的史的最高部份。因爲這部份的經驗史，是人類心靈的歷史。

因此，歷史哲學的一再普遍原則，是人類的歷史，是人追求精神享受的歷史。

五、

人類的歷史是向上的，在人類整體的意識上，在駕馭自然和宇宙整體的聯繫上，在追求精神享受上，人類是繼續前進的。前進的步驟有時快，有時慢，有時可以停滯，然而常是向前走的；因為人心的追求，常不停止。

既然常向前走，而又向一目標走，人類的歷史就不能說完全是盲目的，完全是機械的，完全是偶然的。人類的歷史必定有一目標。這個目標是很遠的，又是很高的。整個人類漸漸向着目標走，而且必定向着目標走，然而單人則是自由。對於必定該到的近目標，一個沒有選擇的自由；對於一個很遠很高的目標，一個人則不覺到自己受目標的逼迫。

每個人覺得自己，自由地在創作生活；但是在他不覺得時，他的自由受時代環境的影響。同樣，每個人以為自己在自由地創作歷史，可是在他不自覺之中，他是向着歷史的目標走。

歷史的目標，不是每個人私人所創的，也不是一個團體所創造的，乃是超於宇宙人物的造物者天主所賦與的。這種目標賦在人的天性上，使人自然而向目標走。

若要把這上面所說的，作成歷史哲學的普遍原則，便可以說：歷史是有目標的，人類自然而然向這目標走，目標乃造物主所賦與。

結　論

這是一篇試談歷史哲學的文字，不敢說歷史哲學必定該這樣去講。但是，在我看來，歷史的意義是這樣，這種歷史的意義也很高。

聖保祿宗徒曾經說：『或是世界，或是生命，或是死亡，或是現在，或是將來，一切都是你們的，你們都是基督的，基督是天主的。』（註三）

簡單的這幾句話，說明了整個人類歷史的意義，也就是全部的歷史哲學。

人類的歷史是什麼？人類是在使整個宇宙屬於人，整個人類因著精神的相聯繫而結成一體，這結成的一體再和創造宇宙的神而相結合。人類的歷史，乃是天人合一史。

民國五七年二月十四日　天母

註：

(一) Iacodues Maritain-Pour une Pheophie de histoire Enitious Leuil 第一章。

(二) 羅光著——廿世紀的歷史哲學，見中正書局出版之廿世紀之科學人文科學冊內。

(三) L. Paulus. I. A×Corint. 322——23。

輔仁大學哲學年報第一期

中國和天主教的歷史哲學思想

歷史哲學爲哲學界最新的學術之一。在以往雖然有歷史哲學思想，但沒有成爲一種有系統的學術。到了當代世紀裏，歷史哲學才正式成立。研究歷史哲學的人，普通把歷史哲學分成兩部分：一部份爲理論歷史哲學，一部份爲批評歷史哲學。理論歷史哲學爲歷史哲學的正式部份，研究歷史事實的形上意義，探索人類歷史的原則。批評歷史哲學則對研究歷史的科學方法，予以分析，加以批評。我們現在所講的歷史哲學思想，是屬理論歷史哲學。我們中國的傳統思想，和天主教的神學哲學裏，研究兩方面對於歷史的哲學思想，看看兩方思想的同異。

歷史哲學聽來是一個新的名詞，實際上也是一門新的專門學術。但是歷史乃是人類生活的歷程，是人類文化的變遷途徑；研究歷史的哲學，便不是一項抽象的形上哲學，而是一項實踐生活在以往的思想。我們從以往人類的生活裏，研究人類生活的意義，這種意義並不是以往的陳舊物品，而是我們當前活的目標。在歷史裏包括人生的各方面，我雖不贊成唯史論一派人以宇宙間只有歷史的那種主張，然而人生的事實和理想，都包括在歷史裏。我們研究一個民族的歷史，就是研究這個民族的生活。因此歷史哲學思想，包括人生哲學的思想。

一、中國的歷史哲學思想

1. 人之所以爲人

歷史既是人類生活的歷程，歷史哲學思想便要以人生爲中心，歷史哲學思想的出發點必定在於「人之所以爲人」

中國歷代的思想，常以人與天地合爲三才（易經繫辭下第八章）。天地人三才的原則，包含許多重要的思想：第一、表示人的尊貴。第二、指示人生的規律。第三、說明人生的歸宿。

甲、人的尊貴　天地在經書裏，代表整個宇宙，代表萬物。中庸說：

「故至誠無息，不息則久，久則徵，徵則悠遠，悠遠則博厚，博厚則高明。博厚，

所以載物也；高明，所以覆物也。悠久，所以成物也。博厚配地，高明配天，悠久無疆。」（第二十三章）

天所覆，地所載，即是宇宙萬物。在宇宙萬物中，只提出人來，跟天地並列，成爲三才，可見人在萬物中爲最貴，足以代表萬物。

易經以宇宙乾坤而成。

「彖曰：大哉乾元，萬物資始。」（乾卦）

「彖曰：至哉坤元：萬物資生。」（坤卦）

乾坤稱爲萬物之元，乾爲資始，坤爲資生。乾坤在實際上，稱爲天地，乾爲天，坤爲地。易經在乾卦彖辭後，有象辭「象曰：天行健。」天即是乾。在坤卦的象辭後，有象辭「象曰：地勢坤。」地即是坤。乾坤天地在形上哲學究竟代表什麼？代表陽陰。所以易經八卦，全由陰陽二氣而成。

陰陽爲宇宙萬物構成的原素，人也由陰陽兩氣所成。但是人所得之氣最秀，因此人乃爲萬物之靈。周濂溪說：

「二氣交感，化生萬物，萬物生生，而變化無窮矣。惟人也得其秀最靈。」（太極圖說）

人爲萬物中最優秀，也是最靈的。靈敏的心，使人自作主宰。

乙、人生的規律　人既自作主宰，是不是自己可以隨便支配自己的生活？那是不可能的，中庸說：

「天命之謂性，率性之謂道，修道之謂敎。」（第一章）

人的生活應該有生活之道。在於『率性』，按照自己的人性去生活。就是大學所說：

「在明明德。」（第一章）也就是中庸所說的『誠』。

人怎樣去率性呢？在於效法天地之道，因爲人是宇宙萬物的一部份，宇宙運行之道，便是人生之道。易經說：

「易之爲書也，廣大悉備，有天道焉，有人道焉，有地道焉。兼三才而兩之，故六。六者非它也，三材之道。」（繫辭下第八章）

儒家所講的人生規律爲禮，孔子曾說：

「非禮勿視，非禮勿聽，非禮勿言，非禮勿動。」（論語，顏淵）

禮爲聖人所制，不是君王所立。君王所立，禮在法以上。聖人怎樣制禮呢？是效法天地之道。

「故聖人作則，必以天地爲本。」（禮記，禮運）

易經具有三易之道：簡易、變易、不易。易經是以簡單的圖象，講述宇宙的變化，以明宇宙生生之理。宇宙的生生，乃是人類的生生不絕。因此，易經便是中國人生哲學的基礎。也是中國歷史哲學的基礎。易經講宇宙的變化有幾項基本的原則。第一、陰陽互相調和。易經的思想和黑格爾的思想不同，黑氏以正反相衝突、相抵消，而沒有新的結合。易經以陰陽互相調和、互相消長，處於中庸。第二、循環不息，易經六十四卦，代表日夜和四季，循環週轉。第三、生生不停，宇宙的變化爲使萬物生生不已，人類的生命繼續延續。朱熹說：「天地以生物爲心。」（朱子語類）。二程遺書也說：「天地之大德曰生。天地絪緼，萬物化醇。」（卷十）

人生的規律，以宇宙變易的原則爲標準。易經的「彖曰」「文言」和「繫辭」都是根據宇宙之道以講人生之道。歷史是人生，歷史便受宇宙變易之道所支配。中國的歷史哲學乃以易經爲根據。

丙、人生的歸宿　易經講生生之道，生命在宇宙間繼續不斷，但是人的生命，在每一個身上，都是有限的，人的生命怎樣繼續呢？第一、在家族中繼續，子傳父母的生命，世代相傳，祭祀不絕。第二、在民族中繼續，古代，民族由朝代表。『周命維新』。大學也說：苟新，日日新，都是表示生命在民族中繼續繁衍。儒家不談身後，只談現生，現生的繼續，則不是個人，而是族。

2. 歷史哲學思想

孔子作春秋，司馬遷寫史記，成了中國後代史家的模範。兩者的思想，也導源於易經，取法於詩書。後代編史的人所有作法，雖或是傳述，或是編年；但骨子裏的思想則是相同；因此演成了中國的歷史哲學思想。民國以後，政體改爲共和，尊王正統的思想改變了；然而人生大道並沒有改換，歷史哲學仍舊繼續演進。

甲 歷史哲學思想

第一、民族的生存，有盛有衰，盛衰互相循環，民族乃生生不息。中國人常是樂觀的，對於自己民族的生存，絕不會失望。孟子所說：「五百年必有王者興。」（公孫丑下）成了中國古代的歷史觀。中華民族的生活，有盛有衰，有治有亂：盛了有衰，衰了有盛；治了有亂，亂了有治，循環不息。這是易經所說動極則靜，靜極則動，動靜相續，變易無窮。王船山說：「天下之勢，一離一合，一治一亂而已。」（讀通鑑論卷十三）

第二、天人相應。董仲舒作春秋繁露一書，極力主張天人相處。他的主張本來不是獨創，因爲書經已經有湯王和文王武王之興，都是承受天意；桀紂之亡，乃是遭受天罰。然而書經的思想祗是倫理方面的說明；董仲舒的天人相應，則由易經形上學走上物理的宇宙論了，以天人相應在物理上有所關聯，開始了後代符應的迷信。中國歷史以歷代帝王之興，必有祥瑞，以表天意，王者常受天命。因此，中國歷史，最重正統，「成則爲王，敗則爲賊」，乃歷代修史的大原則。王船山說：「一治一亂，天也；合而治之者，人也。」(讀通鑑論卷末敍篇二)

第三、民族的生活應該有倫理規律。孔子作春秋，志在貫徹這種思想。孔子以倫理原則，判斷史事，重在正名，使亂臣賊子有所畏懼。後世編史的人雖不採取春秋的作法，但對於帝王和官吏的行爲，必繩之禮法。王船山說：「古之爲史者，莫不有獎善惡之情，隨大小而立之鑑。」(續春秋左傳議卷上)。又說：「天下所極重而不可竊者二：天子之位也，是謂治統；聖人之敎也，是謂道統。」(讀通鑑論卷十三)(註一)

中國的歷史哲學思想，在民族歷史的過程中，尋到歷史變遷的途徑。歷史的史事雖然千變萬化，但是在變化不常的紛亂中，有一種常規。人是宇宙的一部份，爲萬物之靈，人的生活遵照宇宙變化之道而行；因此天道和人道，上下相連。同族的人構成一個民族，民族的生命，和宇宙的生命相結合，生生不息。國族生命向前進展。造成歷史，人類歷史和宇宙變化一樣，既遵守宇宙變化之道，又順從上天的亭毒。上天的天意，是使國族生生不息，盛衰循環和盛衰之道，在於人君和國民，是否恪遵倫理。

當民國成立以後，君主變成共和。中國的歷史哲學思想，在總理和蔣總統的思想裏，繼續不斷。中山先生以民生爲社會歷史的中心。民生乃是民族追求生存與生命發展的努力。總理先生分宇宙的發展爲三個時期：

「作者（國父自稱）則以爲進化之時期有三：其一爲物質進化之時期，其二爲物種進化之時期，其三爲人類進化之時期。元始之時——太極動而生電子，電子凝而成元素，元素合而成物質聚而成地球。此世界進化之第一期也。……由生元之始而至於成人，則爲第二期之進化。物種由微而顯，由簡而繁，本物競天擇之原則，經幾許優勝劣敗，生存淘汰，新陳代謝，千百萬年，而人類乃成。人類初出之時，亦與禽獸無異，再經幾許萬年之進化而始成長人性，而人類之進化於是乎起源。此期之進化原則，與物種之進化原則不同，物種以競爭爲原則，人類則以互助爲原則。社會國家者，互助之體也；道德仁義者，互助之用也。人類順此原則則昌，不順此原則則亡。」（註二）

中山先生的人類進化原則，就是中國歷史哲學思想，民生的進化在於有倫理道德，在於有中庸，在於互助。假使不走這種途徑，則民族必衰亡。民族衰亡，亦有天意。

「因爲天生了我們四萬萬人，能够保存今日，是天從前不想亡中國。將來如果中國

亡了，罪過是在我們自己，我們將來就是世界上的罪人。天既付托重任於中國，如果中國不自愛，是謂逆天。」(註三)

蔣總統繼承國父的思想，以歷史是人類生存的行程：

「人類生存的行程，從橫面看，是社會；從縱面看，是歷史。人是社會的動物，又是歷史的動物。」(註四)

人的生存，一方面在社會裏生存，一方面在歷史裏生存。在社會裏的生存，是結合許多許多的人共同去生活，使自己的生活擴大；在歷史裏的生存，是在同民族的生命裏，繼續自己的生命，使自己的生命延長。

「人人爲人，主要就由於人由合羣互助去擴大自己的生活，同時由繼往開來，去延長自己的生命。」(註五)

人的歷史，便是民族的歷史，因爲人的生存，在民族的生命裏延續下去，生生不息。

「我們講生命，不好以個人軀殼的存在看作生命，一定要把整個民族歷史的生命，當作自我的眞正生命，以整個民族的 生命存亡爲存亡，以整個民族的 生命之終始爲終始。」(註六)

民族生存的繼續發展，在於力行。蔣總統乃有「力行哲學」行爲生命的表現，也就是易經所說乾卦的「天行健，君子以自強不息。」

民族進化的目標，在達到世界大同，以天下的人爲一家。大同的思想，乃是人類歷史的目標。（註七）

二、天主教歷史哲學思想

天主教的歷史哲學思想，和天主教的教義密切相關。天主教教義信仰天主創造天地人物，信仰人有身後的永生，信仰人類因罪不能自拔，乃有天主聖子降生成人的救主。這幾條基本的信條，不僅範圍了每個人的生活；而且也範圍了整個人類的生活。因此人類歷史也在教義信條支配之內。天主教學對於歷史乃有下面幾點基本思想。（註八）

1. 人類的幸福

人的生活，常在追求幸福，幸福乃是人生的目的。但是人越追求幸福，幸福越離越遠，可望而不可及。現代機械文明發展很高，人類的物質享受很多；但是人並沒有享到幸福，反而更覺心中空虛。天主教教義告訴人說：人是天主所造，天主造人乃是神性美善的施與，人得有幸福而不可得。天主聖子乃親自降生，取名耶穌，爲救人脫離罪惡，使人能重新達到幸福的目的。幸福的目的，在現在開始，在身後永生完成。每個人的一生，向這目的走；人類的生存，也向這目的走，造成人類的歷史。

甲、救恩史

天主教的初期神學家，把人類的歷史，按照耶穌基督救恩的歷史，分成段落。分法雖不同，大致可爲四個階段稱爲性律期，是人按人性而生活，沒有加上天主特別的誡律。第二階段稱爲摩西律法時期。天主爲預備救主的降生，特選猶太民族作敬畏天主的民族，向猶太民族的領袖摩西，頒佈十誡。第三階段稱爲救恩時期。天主聖子降生了，傳道訓人，又犧牲自己的性命，被釘在十字架上，作贖罪之祭。門徒四出傳道，講解耶穌的福音，使人可得救恩。第四階段稱爲光顯時期，是在世界終結的時候，耶穌基督重新降臨，集合一切得救的人，實現幸福的生活，完成人類的歷史。

整個人類的歷史，以救主耶穌爲中心，以人類幸福爲目的。

聖奧古斯定是天主教的第一位歷史哲學家或歷史神學家，他寫了一本「天主之國」，從救恩史的原則，講論人類歷史的意義。（註九）

這種歷史神學思想，給歷史一種新的意義。第一、歷史是整個人類的歷史，而不是小數人或一個民族的生活史。希臘羅馬和中國的歷史，都是本國的歷史，以本國代表世界。世界史的出現，乃現代史家的作品。第二、人類歷史的前進，是向前走而不是循環。希臘和中國的歷史觀念，都以歷史循環前進，盛衰必相繼續，天主教的歷史觀念，則以時間向前進，不取循環式，歷史的每個時代都不相同。

乙、善惡並存

歷史雖是向前進，但並不是直線向前。就整個人的生活看，歷史常是向前，人類生活常常改良，能增加人的享受。然而前進的速度每時代都不一致，第二十世紀下半期的進步，可以抵得前兩世紀的進步。同時，在社會裏面，缺欠很多；而且倫理的罪惡，反而愈來愈多。依天主教的歷史觀念，善與惡在人生裏常是並存。有善也有惡，有惡也有善。不單是善人惡人同時並存，即是一個人的行爲，也是有善事有惡事。

善惡的問題，在歷代的哲學家裏，常是一個爭執難解的問題。在中國有儒家的性善、性惡論，有佛教的凡夫和菩薩。天主教以罪惡的來源，來自人類原祖罪惡的流毒。人有自由，可以作自己的主人，理智指示人向上，慾情拖拉人向下，人的自由不偏於理智，即偏於情慾。這兩方面的趨勢，不因科學的發達而減少，反而因科學加增物質享受，志情慾捧場；因此現代社會裏，惡加多，人心更形墮落。人便需要一種超凡的力量，使自己在物質中能自拔於罪惡。天主聖子降生爲人類救主，就是爲給人這種超凡的自拔神力。救主雖授給人們自拔的神力，却不强迫人失去自由，人可以接受他的援助，也可以不接受而仍趨於惡，惡的存在，並不因救主而消滅。人類的歷史沒有一個時代完全是善，沒有一個時代完全是惡。只有較善的時代，或較惡的時代。

丙　世界終局的光顯時期

善惡在各世代裏常常並存，但到了最末的一刻，惡必要消除。天主教相信宇宙有完結的終局。這個終局只是地球或太陽系的終局，或只是人類的終局，或是整個宇宙的終局，天主敎的信條沒有說明。人類要有終局，那是必定的事。當人類終局時，善惡分明，善人和惡人永遠分離。耶穌基督同善人永在一起，完成他的善人集團（天主之國），結束救恩的功程，人類的歷史於此結束。

救恩的思想，不是哲學的推理，而是神學的啓示。

2. 歷史的進展

人類歷史的整體大綱，是神學的啓示。每個人的一生，自何處去，神學的啓示講的很明白。但是一個人在自己一生裏所有的經歷，則是由自己的自由和所遇的環境所造的。當然在一切的遭遇裏，也逃不出天主的意旨；但是天主不直接干預。同樣民族的歷史和人類的歷史，在天主所預定的大目標下，自由進行。人類歷史的進展，是人類工作的成績，是人類自己所造。

關於歷史的進展，天主教的歷史哲學思想，有以下幾點，爲天主教各派歷史神學所公認的。

甲、歷史史事有本身的價值

研究歐洲思想的人，都認爲歐洲中古時代的思想，趨向超於靈性生活，以靈性生活爲重，以物質生活爲輕；甚至於否認物質生活意義，勸人捨棄物質生活的工具，度一種壓制情慾的生活。現代的歐洲思想趨向另一端，以物質生活爲重，靈性生活爲輕，甚至於否認靈性的存在，一切都成了俗化的觀點。按理說，各走一面的思想，都趨於極端，有背眞理。人是生活在物質環境以內，人的身體是物質；但同時人有靈魂，以永遠的生活爲目的。人便要在物質生活裏，追求靈性的永遠生命。物質的生活有自身的價值。歷史不是靈性永遠生活的歷史，而是現世物質生活的歷史。現世物質生活，也包括現世精神生活因爲現世精神生活由物質工具去發揮。

歷史所述說的，都是現世人類的事蹟，而不是超於現世的精神生活。現世人類的事蹟，在本身上有自己的價值。否則將如佛家所說，萬法皆空，沒有眞正歷史可說。

乙、人類歷史的演進是人性的發揮

初民的生活最爲幼稚，頭腦簡單，和理智沒有發育時的小孩一般。小孩的理智逐漸發育，到了成人時代乃能充分表現人之爲人。人類的演進非常緩慢。由初民幼稚的理智，經過幾萬萬年，演進成現代的科學文明。人乃知道自己是宇宙萬物的主人翁，自己可以約束並利用萬物以供生活的享受。

生活的幸福，爲人性所追求的目標。靈性追求幸福，乃有學術智識的追求，和意志自由的追求；物質感覺追求幸福，乃有物質享受的追求。這種追求幸福的衝動，激使人類向前進。人類歷史的進化，便是理智的進化。

在另一方面，人的自覺心也隨着時代因着理智進化而增進。小孩不知道反省，沒有自覺心；大人才會反省、自覺。人類的自覺心，也隨着文明進化而增進。不開化的人，自覺心很輕，很鈍；文明人才會反省。不過反省和自覺，並不一定使人行善，文明人所以不一定較野蠻人更好。

反省的結果，是自己體驗到自己的地位，自己對行爲負責，自己要自由。自由的享受，隨着文明的進步而增高。黑格爾曾以人類的歷史，是人爭取自由的歷史；他的主張，具有一部份的理由。

人類歷史的演進，在這幾方面最顯明，而且是繼續前進。所謂社會生活的進步，物質享受的進步，政治和經濟制度的進步，科學的進步，都是人類繼續發揮自己的人性，人更成爲人。人類進步到了現在的階段，已經自覺很高，但還沒有達到成人的（編者按：指已成長）時期。

人類在精神生活方面，因着救主的來臨，啓示給人超性的眞理，人可以成爲精神上的完人，聖保祿常鼓勵信友，不要留在小孩的時代，應勉力做個成人。精神生活之道，從耶穌宣講福音以後，人類已經有了全部生活之道，不再有所增進。耶穌所啓示的生活之道，當然在各時代的環境裏表現的方式有所不同。

丙、人類大同

人類的歷史，既是人性的發展史，人類是一個，凡是人都是人；人便漸漸體驗凡是人都是兄弟。大同的思想是人性的要求。在初民時代，人沒有走出鄉里的工具，只知道有家有族。後來交通工具進步些了，人的接觸範圍漸漸擴大，有了部落，有了民族。由小而大，由大而更大。將來的世界將是地球同一政治組織的時代，將是星球的時代。人類歷史由英雄豪傑史成爲民族史，再成爲世界史。

但在這種演進裏，每一時代的制度都有他的意義和價值。部落制度當時有價值。在部落裏的人應愛自己的部落。國家制度有自己的價值，在國家裏的人應愛自己的國家。民族制度有自己的價值，在民族裏的人應愛自己的民族。並不能因爲歷史的趨勢，將來世界大同，便不要自己的國家民族；這不是尊重歷史，而是否認了歷史。歷史乃是一時代到一時代。而不是只有一個時代人。尊重歷史的，看清自己的時代和下一個時代，努力預備或推進下一時代的實現。

丁、神的意旨

歷史由人所造，歷史所記述爲人的事蹟，而不是天主的工作不能由人去述說。

人類創造自己的歷史，人類自己負責。可是講歷史哲學的學者，有許多主張命運說，黑格爾的歷史哲學，以歷史爲絕對精神的演變，演變的程序乃爲必然的。馬克思講唯物史觀，以人類歷史的變遷爲物質變動律的必然現象。中國古代歷史哲學思想，以盛衰相繼續，物極必反。大家都認爲在人類以上，有種超然的力量支配人類的歷史。

天主教相信人類的生活處在天主亭毒之下。整個人類的生活趨向天主預定的目標，即是世界終局時，善的表揚，惡的毀滅。但是人類趨向目標的途徑，由人自己作主，自己選擇。這種自主的選擇，就是創造歷史。

但是人類在自由活動時，脫不了天主的掌握。即使人類完全不信仰天主，或一個民族完全不信神，他仍舊在天主的掌握裏生活。

天主對於私人和民族的行動，通常不直接干預，讓這些行動按照人類生活的原則去進行。然而天主可以特別有所規定，特別使命。對於世界的民族，爲預備天主聖子的降生，特別選擇了以色列民族稱之爲選民，後來因以色列人背叛誡命，遂被捨棄。以色列人中的亞伯朗和摩西，爲天主所選，作民族的領袖。我們中國人也信上天可以特別選任一人。孔子和孟子都自信受有上天的特別使命。這些負有上天使命的人，都是民族歷史的決定人。孔子雖沒有建立朝代，擴張國土，但是他的思想，創造了中華民族的文化史。

在人類的歷史裏，人的努力是歷史的成分；天主的意旨，也不能被否認，而且應認爲歷史的主動力。

三、結　論

把中國和天主教的歷史哲學思想，提綱挈要地研究了一遍，我們看出兩者間的同異。中國的歷史哲學是純粹的哲學思想，天主教的歷史哲學思想具有神學的啓示，兩者的出發點不同。但是中國的歷史學並不缺乏宗教思想，因爲相信朝代的興起常有天意，又相信決定歷史的偉人，負有上天特授的使命。

歷史的轉變，中國人相信是盛衰循環，這一點乃是天然之道。天主教的歷史觀不否認這一點；但主張歷史的循環只是外面的現象，歷史的內容常是向前進。前進可快可慢，可以停滯，不是一條筆直的線。

儒家注重倫理，以民族的盛衰，在倫理生活的高低；儒家對於物質生活不加重視，在歷史上不講物質享受的發展；中國人的物質生活可以說是停滯千多年沒有前進。天主教也注重精神生活，在中古世紀裏提倡犧牲物質，然而在近代的歐洲思想裏，天主教主張物質生活有自己的價值，物質可以協助的發揚，物質享受在本身上是善而不是惡，科學的發達和宗教信仰並不衝突；而且還承認物質享受的加增爲人類文明進步的象徵。

儒家主張大同，中國人類的歷史趨向大同。天主教本身就是大同的宗教，以人類同源同目的，都是天主所造、所救；但不主張破壞民族國家。大同之道由漸進而和儒家的歷史觀相同。

人類的歷史在天主冥冥指導之下，一代一代向前進。歷史不會往回轉，時代的轉變絕對不相同，歷史的教訓不是使人仿效古人，使現代變成古代，而是在於人心相同，由前人事蹟的變化，可以推知今人在相同環境裏可能有的行動，以求應付之道。歷史的價值在於顯示民族文化的遺產，使後人繼續前進。一意保守成規乃是否認歷史；一意求新炫異，抹殺前代遺產，也是否認歷史。

研究歷史，不應使我們悲傷一代不如一代，造成對現代和將來的悲觀，而應使我們具有信心，相信民族可以和時代一同前進。人類常向前進，人類的前進，在天主冥冥指導下，可以由我們去決定，可以由我們去創造，中華民族將來的歷史，就在於我們這一個時代的人去決定去創造，我們對於歷史，負有重大的責任。

註：

㈠ 參考東方雜誌復刊第二卷第八期。羅光著：中國的歷史哲學。參考輔仁大學文學院，人文學報，民國五十九年九月。杜維運著：王夫之與中國史學。

㈡ 胡漢民編：總理全集第四八四頁。

㈢ 國父全書二〇〇頁。參考吳經熊著國父思想之綜合觀：註七十一。

㈣ 反共抗俄基本論，見蔣總統嘉言錄下冊九〇頁。

(五) 反共抗俄基本論。（同上）

(六) 軍人應立革命的人生觀。（同書上册頁五）

(七) 參考東方雜誌復刊第三卷第三期，羅光著：當代中國的歷史哲學思想。

(八) 參考中國學術院所學報第二期（民國五十九年）羅光著：當代天主教歷史哲學。

(九) 參考國立故宮博物院編印。慶祝蔣徵〇先生七十歲論文集。羅光著：聖奧斯定的歷史哲學。（現代學苑第八卷第三期）

附錄

吳經熊・中國文化的發展方向

道心—活水源頭

中華文化，內容之豐富，歷史之悠久，即使有一千一萬部的二十四史，也是記載不完的，何況還要論到它的發展方向。在今日而要談中華文化發展的方向，勢不得不兼論西洋的文化。因爲現在東西文化，已經全面接觸了，這實在是個空前的局面。在這個局面之下，我們就不能不想如何綜合東西兩方的文化。

讓我開門見山地說一句話：我們如要綜合東西，必須先要超越東西。也許你會問我：「你既是中國人，明明是屬於東方的，你怎麼能超越東西呢？」我的同答是很簡單的。我認爲中華文化的基本出發點，已有超越東西的意趣了。比如，尙書裏說：「人心惟危，道心惟微，惟精惟一，允執厥中。」即就這「十六字訣」而言，已是超越東西了。所謂「道心惟微」這個「微」字，不是微弱之微，乃是微妙之微。我們要以這個無聲無臭的道心，來駕御千變萬化的人心。程明道所說：「道通天地有形外，思入風雲變化中。」乃是「人心惟危，道心惟微」最切當的註脚。道心是文化的活源頭，正如朱子所詠：

半畝方塘一鑑開，天光雲影共徘徊。

問渠那得淸如許，爲有源頭活水來。

朱子的「源頭活水」，也就是禪家的「無位眞人」與「本來面目」。

又如王陽明所說：「千聖皆過影，良知是吾師。」這「良知」，就是「道心」，也就是我國的文化，固然是植根於道心，西洋的文化，難道不是植根於道心嗎？我國的文化，是發源於良知，西洋文化難道不也是發源於良知嗎？我以爲先天之知固然是良知，可是後天之知，也何嘗不是良知的引伸？東西文化，是同一源頭的，所不同的，只在我們談後天之知，同時不忘先天之知；而西洋人——尤其是近代的西洋人——在現象界中流連忘返，偏重後天實驗之知，而將先天之知的大前提置之度外。但是在西洋，近數十年來，却也不乏高瞻遠矚之士，能把近世的科學文明溯源於希臘哲學，羅馬法理，和基督教義三大淵源。最可惜的，是在我國一般主張「全盤西化」的人，對於西洋文化沒有徹頭徹尾的了解，而把東西文化原屬同一心源的事實，完全抹煞。

目前在西洋頗有一班有識的學人，強調復興宗教之必要。比如湯恩比就說，要復興西方，第一要復興耶穌。又如蘇聯的反共大文豪巴士德納克，竟能大膽地說，西洋的歷史，是從基督開始。這使我聯想到中國學者也曾說過：「天不生仲尼，萬古如長夜。」現在西洋有識之士，已有「原始反終」的傾向。他們的原始反終，當然是以基督的教義爲目標。可是，在我們中國，基督的教義，至今還沒有生根。我們的原始反終，要以孔子與孔子所表彰的人性天道爲目標。

我深信，東西文化將來一定會達到一個活的綜合。無疑的，「東西文化的正統，乃是孔子學說與基督教義」。（見張其昀著中國文化新論第一冊三〇頁）這兩個正統，最後一定要綜合起來。但是目前時機尚未成熟，因爲要達到活的綜合，兩方面都先要復興起來。在西洋方面，要復興基督教義，必須盡量吸收東方的長處。同樣，我們如果要復興孔子的道理，也必須盡量吸收西方的長處。這樣才能收同明相照，同聲相應之效。國父中山先生所說：「本基督救世之苦心，行孔子自立立人，自達達人的美意。」可以視爲活的綜合的一個鈎型。不過現在還談不到眞正的全面綜合。現在所急需的，還是各自復興自己的文化。

孔子「和而不同」的心傳

上面已經說過，要復興中華文化，第一要原始反終地回到孔子及其所表彰的天道人性。我也承認儒家不能完全代表中華文化，就像錢穆先生說：

「我覺得講文化，該講文化之全體，不能偏舉一隅。即講思想，孔孟儒家以外，至少還有道家老莊。在中國人思想中，乃至一個不識字的人，可能他頭腦裏有儒家孔孟思想，同時也還有道家老莊。」(見中國文化叢談，第一冊，八八頁)

錢先生還說：「從前司馬談講六家要旨，我想舉出新六家——即儒、道、佛、墨、法、陰陽。我們講思想，只講儒家孔孟，把此外五家忽略了，如此講中國文化總是稍有所偏。」這話是十分正確的。本文限於篇幅，勢不能不稍有所偏。

不過，在這裏，我想特別提出一點：我認爲孔子的人格和思想，實在最能代表中華文化的精神。孔子的境界，確實遠超一般儒家之上。他的思想，包涵着許多老莊和禪宗的優點。比方，他說：「巍巍乎，舜禹之有天下也，而不與焉！」(泰伯)這不是老子「爲而不恃，成功而不居。」的道理嗎？又如「吾與點也」，不是有馬祖所說「超然物外」的氣象嗎？

至於墨子，我覺得他的碧血丹忱實在令人敬佩，但是孔子也有他的碧血丹忱，所不同的是在墨子尙同，而孔子則主張「和而不同」。原來人生的藝術，像音樂與烹飪學一樣。如果音樂祇用一個音符，還成什麼音樂呢？如果烹飪祇用一個味兒，怎麼能夠可口呢？照晏子的說法，必須七音相和，五味相調，才成爲悅耳的音樂，與可口的烹飪。（見左傳昭公二十年）

孔子思想的偉大，就在他能調和一與多之間的微妙關係。一方面，他主張人生要多采多姿。他說：「周監於二代，郁郁乎文哉！吾從周。」（八佾）。一方面，他却强調「吾道一以貫之」（里仁）。顏回說：「夫子博我以文，約我以禮。」「博」，所以能多采多姿；「約」，所以能避免博而寡要的弊病。孔子又說：「興於詩，立於禮，成於樂。」「興於詩」，就是「博我以文」；「立於禮」，就是「約我以禮」；而「成於樂」，則是調和綜合的工夫。這樣看來，孔子實在十足的做到「惟精惟一，允執厥中」的理想。

人生的大藝術

我常說，在中國人的心目中，一切莫非藝術，做人也是藝術；中國的倫理學，簡直可以說是欣賞和批評人生藝術的大學問。比方，論語裏載着孔子與子夏一段很有意思的談話。子夏問曰：「『巧笑倩兮。美目盼兮，素以爲絢兮！』何謂也？」子曰：「繪事後素」。曰：「禮後乎？」子曰：「起予者商也！始可與言詩矣！」（八佾）

這裏，「絢」是色采，代表「文」；「素」，是用白色以分間五采，代表「禮」。繪畫之事，先布衆采，後用素色分其間，使衆采更能顯明地透出來。這就是「博我以文，約我以禮」的妙諦。

在孔子的心目中，眞、善、美，互相含帶，融成一體。譬如說：「志於道，據於德，依於仁，遊於藝。」（述而）這裏，很顯然的，道代表眞，德與仁代表善，而藝則代表美。孔子又說：「里仁爲美，擇不處仁，焉得知？」在寥寥十一個字中，孔子竟把眞、善、美三者呵成一氣了。不可否認的，孔子的人生哲學，以仁爲中心。但同時，他談仁（善），也不忘美與知（眞）。知是仁的要素，而美是仁的風度與氣象。

以審美眼光評判人品

孔子往往以藝術眼光，欣賞人格。在禮記「聘義」章內，載着孔子以玉來形容君子一段話，實在耐人尋味。他說：

「夫昔者君子比德於玉焉。溫潤而澤，仁也。縝密以栗，知也。廉而不劌，義也。垂之如隊，禮也。叩之其聲清越以長，其終詘然，樂也。瑕不揜瑜，瑜不揜瑕，忠也。孚尹旁達，信也。氣如白虹，天也。精神見於山川，地也。圭璋特達，德也。天下莫不貴者，道也。詩云：「言念君子，溫其如玉」；故君子貴之也。」

這種以藝術眼光和象徵方法，來品評人格，在西洋文字中很少看見，獨在中國文字中，似乎是家常便飯。比方孔子又說：「質勝文則野，文勝質則史。文質彬彬，然後君子。」(論語，雍也) 又如仲弓批評子桑伯子說：「居簡而行簡，無乃大簡乎！」(雍也) 又如近思錄最後一卷名曰「觀聖賢」。這就是瞻觀和欣賞聖賢的氣象。明道先生說：「仲尼，天地也。顏子，和風慶雲也。孟子，泰山巖巖之氣象也。觀其言皆可以見之矣。」明道講到周敦頤先生則說：「周茂叔胸中灑落，如光風霽月。」伊川先生描寫他的老兄的品格說：「純粹如精金，溫潤如良玉；寬而有制，和而不流；忠誠貫於金石，孝悌通於神明。視其色，其接物也如春陽之溫。聽其言，其入人也如時雨之潤。胸懷洞然，徹視無間。測其蘊，則浩乎若滄溟之無際。極其德，美言蓋不足以形容。」這些話也許難免有些理想化，但也不至全無實際。從中華文化的立場而言，這些話的確具有不可磨滅的價值，因爲我們從這裏可以看出中國人的人生理想，而人生理想實在是文化的靈魂。總而言之，以審美的眼光，來品評人格，可以說是中華文化的特色之一。我們以後還要把這個特色，充量發揮，這樣，不但可以培養中華民族獨立的個性，而且也能對世界文化作特殊的貢獻。

藝術與科學

新近我讀了方東美先生的哲學三慧一書，裏面看到：「中國人之靈性，不寄於科學理趣，而寓諸藝術神思。」這使我非常欣慰，因爲我也有同樣的觀察。不過，話又要說回來了。我們如果仔細研究上引孔子論玉的一段話，我們就不得不承認孔子的思想中，實在也含有科學成份。比方他說：「縝密以栗，知也。」這豈不是科學的精神嗎？中庸也說：「文理密察，足以有別也。」可見理知確實是構成完美人格的一個要素。但是「文理密察，足以有別」，究竟還是「惟精」的功夫，「溥博淵泉，而時出之。」才是「惟一」的境界。至於「允執厥中」，則更需要眞、善、美的靈感和素質了。就通盤而言，孔子的確是把人生當作一個大藝術看待的；但是在此大藝術之中，科學自有它的不可替代的功用和地位。我以爲，能認清藝術與科學之間微妙關係，可以爲將來東西文化的眞正綜合作個張本。同時，我們如果要負起綜合東西的大任，第一步必須對於孔子的人格和人生觀作進一步的認識和欣賞。

全美、全善的實體。」觀於此，已可想見孔子之如何近接天主了。羅光主教新近說：「人的精神生活，以追求眞、美、善爲目的，天主乃是全眞、

心物一體的宇宙觀

在中國人的宇宙觀中，一切萬有莫不互相涵蓋，互相呼應，心物一體，天人合一。人生是藝術，而藝術也是人生。人與自然之間，並沒有什麼隔膜。所以說：「好鳥枝頭亦朋友，落花水面皆文章。」各種藝術之間，也互相貫通。所以「詩中有畫，畫中有詩。」就像蔣夫人說：「在全世界的藝術中，中國畫是獨一無二的，因爲畫與詩融爲一體，兩者使中國文化更爲豐富。」（中華文化復興論叢，第三集，八頁）

王摩詰的「江流天地外，山色有無中。」不是詩中有畫的一個好例子嗎？又如王勃的：「抱琴開野室，携酒對情人。林塘花月夜，別是一家春。」這是多麼叩人心絃的一幅圖畫啊！至於畫中有詩，我也要舉幾個例子。八大山人的「老樹鸜鵒」，令人聯想到「獨立滄茫自詠詩」的杜少陵。馬遠的「秋江漁隱圖」，把詩情畫意簡直是融合無間。我認爲這都是心物合一的妙果。因爲中國的上品藝術都是從心靈的活泉中流湧出來的，所以能在藝術世界中

成爲「別是一家春」。

在中國藝術中，書法的地位比繪畫還要高，這也是世界上所絕無僅有的。大家都會承認，王右軍的蘭亭集序，爲千古絕品。即使添注塗改，也成爲自然點綴，反增全幅之美。當時他的心境，一定與大自然融成一體了。有詩爲證：

仰視碧天際，俯瞰淥水濱。寥閴無涯觀，寓目理自陳。大矣造化功，萬殊莫不均。

非羣籟雖參差，適我無非新。（蘭亭集詩，見沈德潛所編古詩源）。

沈德潛對這首詩，下個評語說：「不但序佳，詩亦清越超俗，寓目理自陳，適我無新，非學道有得者，不能言也。」可見右軍的書法，也是淵源於道心。中國的一切上品藝術品，除了平素研究功夫以外，莫不由於學道有得。希望我們的藝術，以後還要朝着這個方向努力發展。

中國的戲劇也大有發展的前程。在西洋，喜劇是喜劇，悲劇是悲劇。一個是甜瓜徹蒂甜，一個是苦瓜連根苦。可是，中國的悲劇中，結局往往令人得到彷彿來自天上的慰悅。這是因爲我們心底裏覺得「成仁」比「成功」更爲可貴。我還記得七八年前，我在紐約一個電影院，觀賞「梁山伯與祝英臺」的電影劇。我覺得在技術上那齣戲固然可以與西洋的作品並駕齊驅，但在情節上比它們更富於人情味，更够意思，使我深深地感到成仁之樂遠超乎成功之樂，好像人間的悲戲，忽然昇華而爲一個神聖的喜劇。

當時我還連帶的想起，憑什麼遠在海外的我，竟得在銀幕上享受到這個發源於我故鄉的美妙故事呢？我對自己說：「如果沒有西方的科學，我今天在這裏怎能看到中國的戲劇，聽到中國的音樂呢？」這就是科學與藝術合作一個小小的例子，但是「此言雖小，可以喻大。」

發展的途徑與方向

顧翊羣先生說得好：「中國儒、道兩家向來互相配合，儒家陽剛進取，道家陰柔退守，兩者相輔相成，正如乾坤陰陽合爲太極。」（中央月刊，第四卷，第三期，二六頁）我也常說，儒道兩家的宇宙觀，俱淵源於易經，儒家比較傾向於乾卦之「自强不息」，而道家比較傾向於坤卦之「厚德載物」，兩者可謂平分乾坤。不過，我們的話，是就大體而論的。其實，孔子的人格與人生理想，早已兼具兩者之長了。他的人格是剛柔相濟的。最有意思是他對答子路問强的一段話了。依孔子的看法，南方之强與北方的强是不同的。他說：「寬柔以教，不報無道，南方之强也，君子居之。衽金革，死而不厭，北方之强也，而强者居之。」末了，他主張眞正的强，是要「和而不流，中立而不倚」，「國有道，不變塞焉」，「國無道，至死不變。」（中庸）這樣才是綜合了南方之强與北方之强。這豈不是「乾坤陰陽合而爲太極」嗎？

總統曾撰一聯云：

從容乎疆場之上，

沉潛於仁義之中。

這也就是融合南方之强與北方之强的妙果！

我們將來如要綜合東西文化，就該以孔子之如何綜合南北之强爲藍圖。大體講起來，東方比較近似孔子之所謂「南方」，而西方比較近似孔子之所謂「北方」。孔子之所以能綜合南北，是因爲他通過切身體驗的方法，在自己身上把南北的長處融爲一爐。他的綜合不僅是理論上抽象的綜合，乃是實際上的活綜合。同樣，我們如果眞要綜合東西的話，就該在自己身上開出一條活路。我們先要做成徹頭徹尾的中國人，同時還要徹底吸取西洋的長處。對於西洋文化，要抱中立不倚，和而不同的態度；一不要一味鄙視，二不要盲目崇拜，擇其善者而從之，其不善者而改之，這樣「高而不亢，謙而不卑」的態度，才能發揚中華民族的德性。（見秦編「蔣總統嘉言錄」，第二輯，第六十八頁），只有發揚這個德性，才能實現我們民族的最高理想：

為天地立心，為生民立命。
為往聖繼絕學，為萬世開太平。

在這裏，我不得不提出最重要的一點。我認為這個理想，是有一個大前提的，那就是有神論。所謂「天地」是指宇宙而言。宇宙不是造物主。「天」或「上天」，才是造物主，才是神。在神所造的宇宙萬物之中，以人為最靈。所以說：「人為萬物之靈。」正惟如此，人才能為天地立心。關於這點，我要引證 總統的話：

「我總以為人生在世，特別是在此反共抗俄與唯物主義戰爭期間，無論你有無宗教信仰，亦無論你對於宗教的觀念如何，但是我們必須承認宇宙之中有位神在冥冥中為之主宰的。並且他是無時不在每人的心中，而不恃外求的。」

觀此可見 總統對於上帝的超越性與內在性能兼收並攝。這才是「超以象外，得其環中」的境界，正如王陽明所說：「不離日用常行內，直造先天未畫前。」

換言之，神是超乎宇宙的，而同時因為「人為萬物之靈」的緣故，祂又「無時不在每個人的心中。」正惟如此，人才能為天地立心。就像于樞機說：「天有靈氣，賦於萬物而為生機。人類的靈氣最多，人性便是天性，人心便是天心，故人應參天地而贊化育。」這是「為天地立心」的真義。不然的話，這句話將是癡人說夢話了。同樣，「為生民立命」，這個

「命」字是指天道，也就是自然法，爲生民安身立命之所。這個道或自然法，當然也是發源於神的，正如吳草廬先生所說：「道之大原出於天。」至於「爲往聖繼絕學」，處於我們的大時代，這「往聖」必須包括東方西方所有一切的聖哲。講到「爲萬世開太平」，我就想到國父中山先生所說：「人類進化之目的爲何？即孔子所謂『大道之行，天下爲公。』耶穌所謂『爾旨得成，在地若天。』此人類所希望，化現在之痛苦世界，而爲極樂之天堂者是也。」（孫文學說第四章）那個時代的文化一定是非常高超，非常豐富，可以用朱子的詩句來作象徵：「等閒識得東風面，萬紫千紅總是春。」我們現在距離這個時代，雖是甚遠，可是我們心裏必須抱此希望，才能有蓬蓬勃勃的朝氣，而欣欣向榮，自强不息。要「爲萬世開太平」，我們現在就該拓開萬古之心胸。如此，我們目前的一切努力，也會平添無限的深度。

我也知道，我們現在所處的時代，非常黑暗，非常紊亂，比春秋戰國時代還要黑暗紊亂，但是我們中華民族有一個特性；時代的挑戰越厲害，我們應戰的志願和力量也越堅强。我深信，中華民族一定會產生比以前更多更大的聖哲，來負起創造大時代的使命。我們從許多歷史上的教訓，學得了一個顚撲不破的原則：就是「禍者福之所倚」的一句話。史記太史公自序說：「昔西伯居羑里，演周易。孔子戹陳蔡，作春秋。屈原放逐，著離騷。左丘失明，厥有國語。孫子臏脚，而論兵法。不韋遷蜀，世傳呂覽。韓非囚秦，說難孤憤。詩三百篇，大抵聖賢發憤之所爲作也。」這些不都是「塞翁失馬，焉知非福」嗎？只要能莊敬自强，不向時代環境投降，沒有不轉敗爲勝，因禍得福的。個人如此，民族亦何獨不然。新近我讀到了張曉峯先生的一段話，使我非常感動。他說：

「如今國際局勢雖在晦蒙否塞之秋，而中國人之胸懷，自有其光明正大之域。在政治上看，這是中國歷史上空前浩劫的時代，但在文化上看，這又是文藝復興，千載一時的新世紀。」

文化復興，也就是國家復興的先聲！